本书系2020—2024国家社科基金艺术学项目"上海话剧史料集成研究（1842—1949）"（项目编号20BB018）阶段性成果

《自我演戏以来（1907—1928）》校勘及研究

赵骥 著

学苑出版社

图书在版编目（CIP）数据

《自我演戏以来（1907—1928）》校勘及研究 / 赵骥著 . -- 北京 : 学苑出版社, 2024.9. -- ISBN 978-7-5077-7033-9

Ⅰ . K825.78

中国国家版本馆CIP数据核字第2024WQ4974号

出 版 人：洪文雄
责任编辑：潘占伟
出版发行：学苑出版社
社　　址：北京市丰台区南方庄2号院1号楼
邮政编码：100079
网　　址：www.book001.com
电子邮箱：xueyuanpress@163.com
联系电话：010-67601101（营销部）、010-67603091（总编室）
印 刷 厂：北京华强印刷有限公司
开本尺寸：710 mm×1000 mm　1/16
印　　张：26.5
字　　数：418千字
版　　次：2024年9月第1版
印　　次：2024年9月第1次印刷
定　　价：138.00元

鸣 谢

本书系国家社科基金重大项目"欧阳予倩文献深度发掘整理、研究及数据库建设"（项目编号 21&ZD350）阶段性成果，并得到其资助；

本书系国家社科基金艺术学重大项目"中国话剧编剧学理论研究"（项目编号 22ZD07）阶段性成果，并得到其资助；

本书得到湖南省浏阳市"欧阳予倩文艺创作奖扶专项资金"和"上海校园戏剧文本孵化中心"资助。

欧阳予倩(1889—1962)

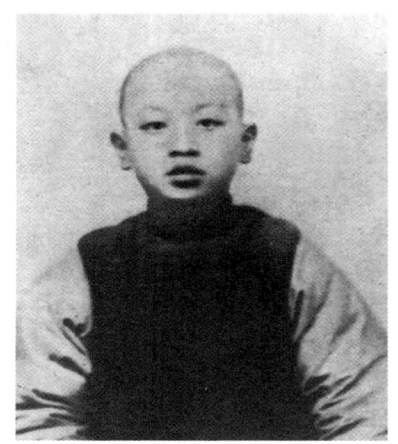

少年时期的欧阳予倩（1901）

春柳四君子，左一为欧阳予倩

春柳社 1907 年在日本演出《茶花女》纪念明信片（一）（该系列明信片原版图像由已故知名文史专家、上海图书馆研究馆员张伟先生之子张舒萌提供）

春柳社 1907 年在日本演出《茶花女》纪念明信片（二）

春柳社 1907 年在日本的排练纪念明信片（一）

春柳社 1907 年在日本的排练纪念明信片（二）

春柳社 1907 年在日本演出《桑园会》纪念明信片

春柳社 1907 年在日本演出《黑奴吁天录》纪念明信片

春柳社 1907 年在日本演出《黄金塔》纪念明信片

春柳社 1907 年在日本演出《金色夜叉》纪念明信片

春柳社1907年在日本演出《热泪》纪念明信片（一）

春柳社1907年在日本演出《热泪》纪念明信片（二）

春 蔣鋭澄
柳陸鋭若
　　姚鏡明
新羅漫士
　　馬絳士
劇金石聲
　　音　樂人早川
同師　　人日
　　佈　景日細谷
志師　　人
會吳惠仁

新剧同志会赴苏演剧合影

湖南新剧团合影

四馬路石路南首新民舞臺特請

春柳

新劇同志會全體

君恨　蒼馬石　惠鏡絳我　予鏡小　蘇鏡天　映伯雲
生濤梅二聲仁澄士尊若倩髭明新涯霞神峯

悲亞　逸俠　化民　觀漚　二我　懺紅　不平　漫游　維醒　依仁　天民　繪素　振鐸　水心

癖戲諸君論新劇莫不曰春柳第一春柳第一蓋春柳演員大都學行兼優富

有戲劇經驗志不在金錢故登場現身說法出口成章絕無半點胡鬧派之惡

習總而言之春柳戲劇極有骨子不求人嘻嘻哈哈但求人心領神會有所神

化而已矣雖然間演趣劇然必寓美術的文藝的意味於滑稽之中如我尊絳士

予倩鏡若小髭鏡澄懺紅馬二非日本留學生即一時知名士以名人演名劇

此所以夏間能轉變觀者之眼光也（春柳未演以前觀劇者另是一副眼光）

至於所演新劇或依據譯本或採取時事以及歷史科學社會政治家庭教育

等無不詞旨芬芳寄情深遠優美高尚兼而有之他若劇中點綴雖一草一木

悉依時序一舉一動不背情理而西裝戲古裝戲則海外風雲如歷遺聞軼事

疑真此有目共賞有口皆碑者也但僻處謀得利交通殊多不便茲應本舞台

之聘特於陰歷十二月初九起照常在石路中新民舞台開演高尚新劇冀達

普及社會教育之目的凡百看戲看骨子之諸君子盡觀乎來

春柳剧场广告

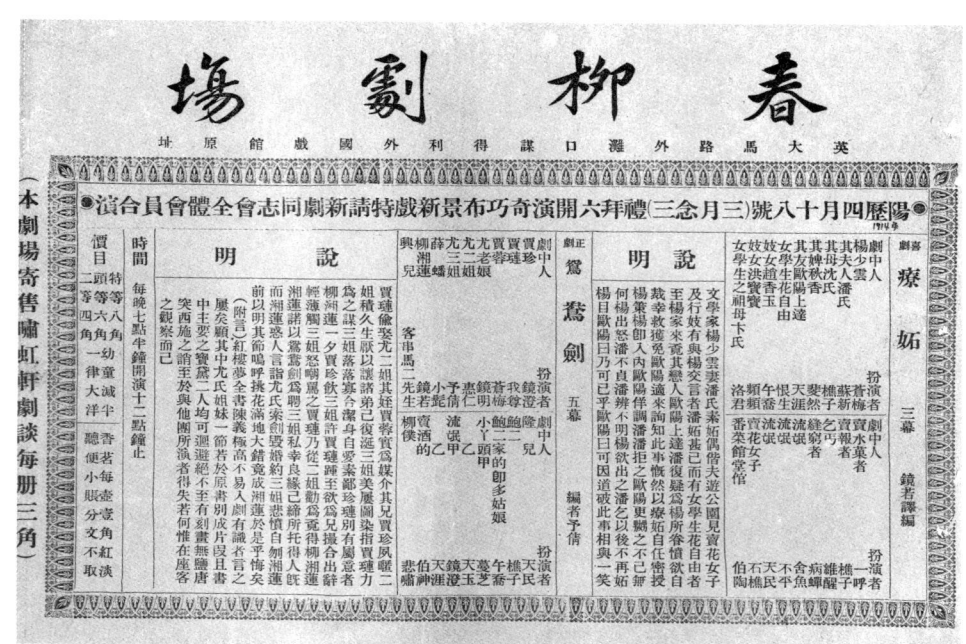

谋得利春柳剧场演出说明书

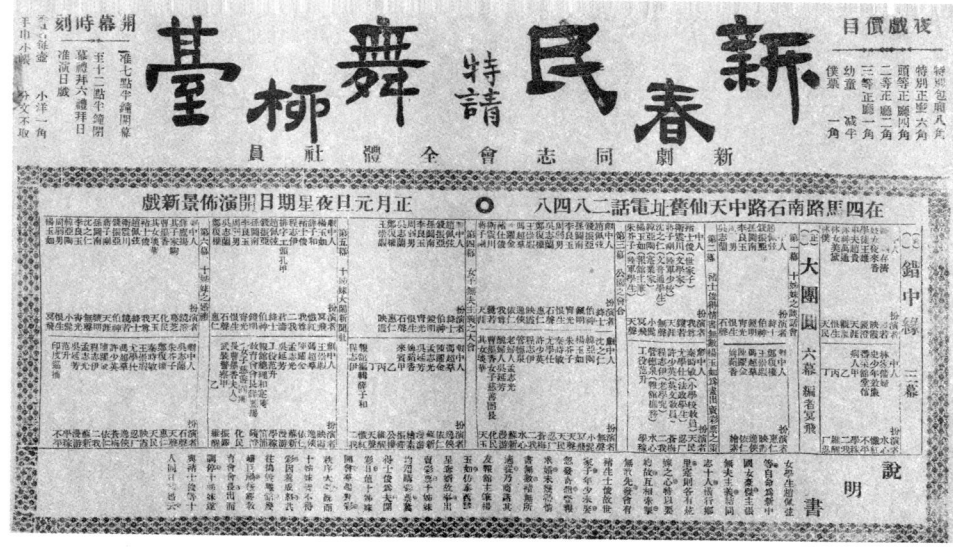

新民舞台春柳剧场演出说明书

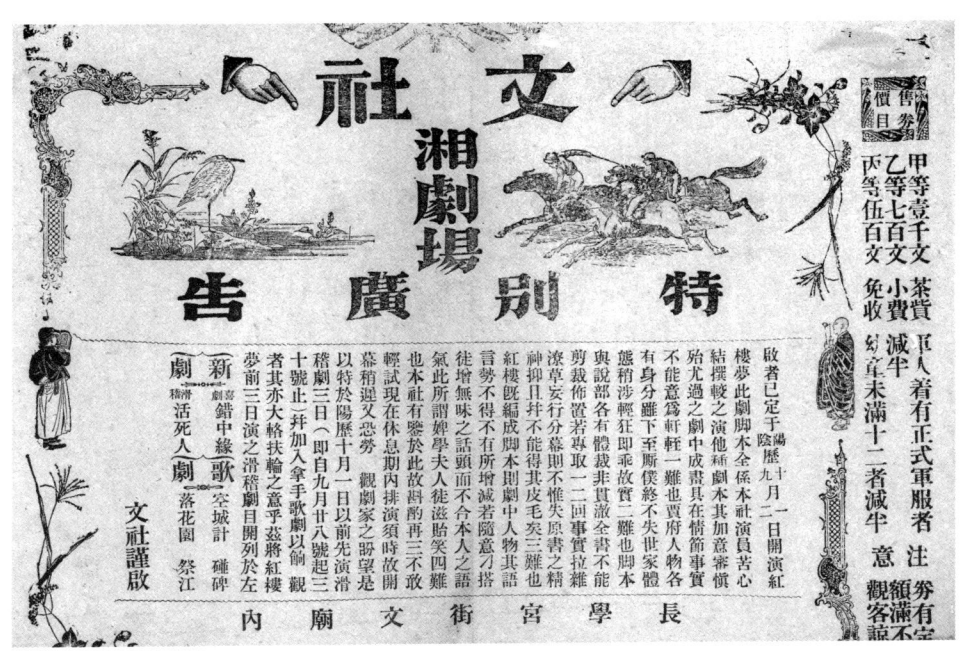

湖南文社湘剧场广告

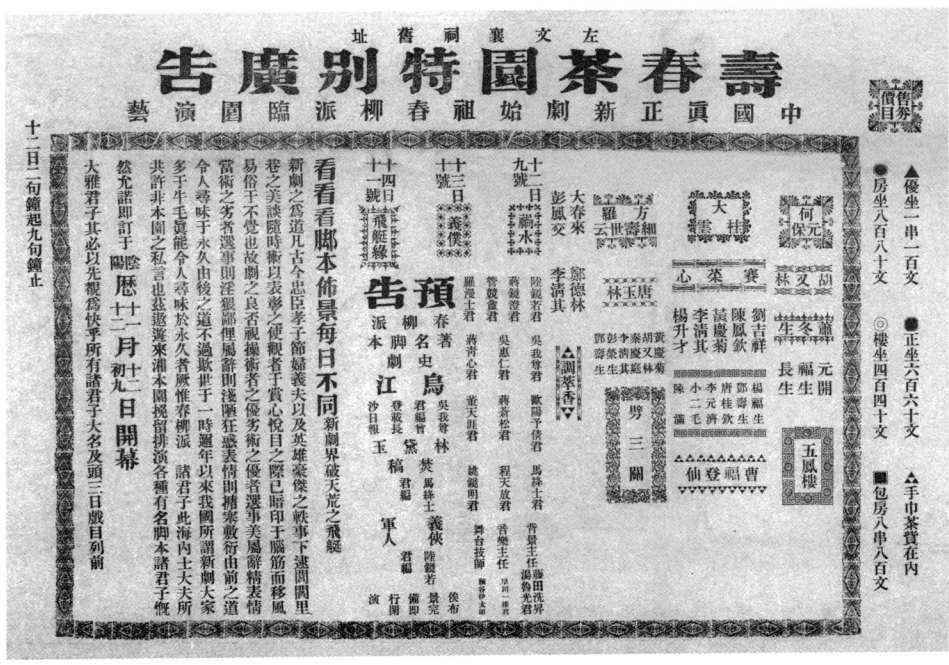

长沙寿春园演出广告

长沙同春园演出广告

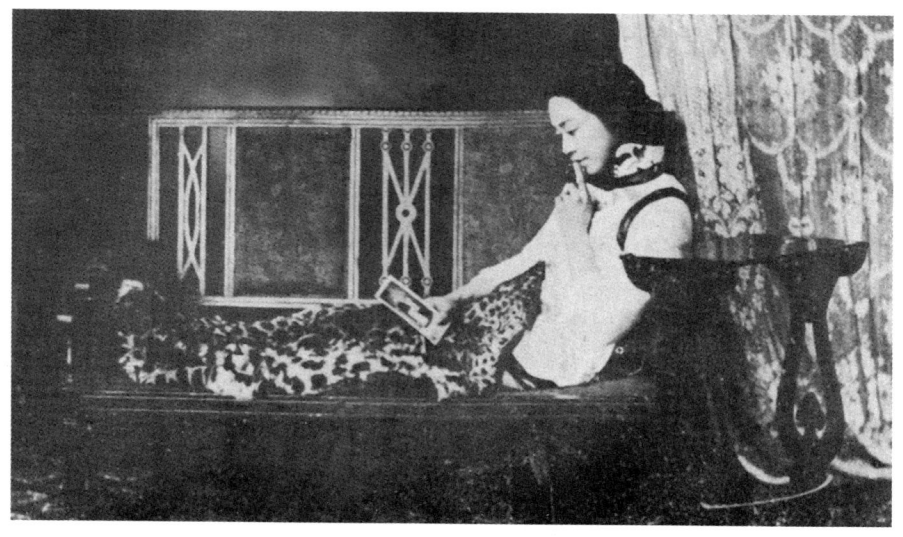

新剧《家庭恩怨记》，欧阳予倩剧照（饰小桃红）

新剧《双星泪》，欧阳予倩剧照（饰武双星）

《嫦娥》,欧阳予倩剧照(右)

《晴雯补裘》，欧阳予倩剧照（饰晴雯）

《馒头庵》，欧阳予倩、查天影剧照（右，饰智能）

《宝蟾送酒》，欧阳予倩剧照（饰宝蟾）

《打渔杀家》，欧阳予倩剧照（左一，饰萧桂英）

欧阳予倩《桑园会》插画

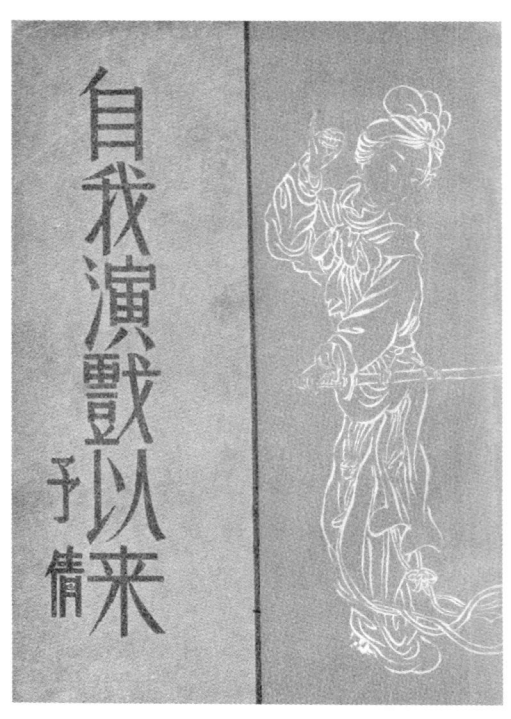

1933年上海神州国光社出版的
《自我演戏以来》书影

1959年中国戏剧出版社出版的
《自我演戏以来》书影

目 录

铭记欧阳予倩的戏剧贡献（代序） / 001

校勘说明 / 001

重新认知欧阳予倩
　　——《自我演戏以来（1907—1928）》校勘记 / 001

自我演戏以来（1907—1928） / 053

　前　言 / 055

　目　次 / 057

　自我演戏以来 / 059
　　童年的爱好 / 061
　　春柳社的开场 / 067
　　申酉会 / 079
　　广西的生活 / 088

同志会 / 093

社会教育团 / 101

文社 / 105

春柳剧场 / 108

作京戏演员的时期 / 124

在南通住了三年 / 160

离开南通以后 / 186

国民剧场的经过 / 212

附　录 / 227

回忆春柳 / 227

谈文明戏 / 256

我怎样学会了演京戏 / 326

我自排自演的京戏 / 346

广东戏剧研究所的经过情形 / 361

后　记 / 385

铭记欧阳予倩的戏剧贡献（代序）

上海戏剧学院的赵骥教授，是我特别敬仰的学者，他在中国话剧史论研究方面，特别是在早期话剧的文献收集与整理，剧目、剧场、思潮、现象、文化的研究方面，不辞辛苦，贡献卓著，令我深深感动，由衷佩服！

这本文集是他对于欧阳予倩先生早期论著的整理、集纳，沉甸甸一大摞，内容丰实。如果历史会说话，我们会感受到前人真诚的表达；如果今人还记得历史，那么每天的太阳都是对前夜的感激。

对于欧阳予倩先生，我研究得不深，理解得不透，承蒙赵骥教授抬爱，让我作序，惭愧之余，只能遵命谈谈自己的浅见。

一

19世纪末20世纪初的中国，处在一个关键的历史时期。一方面，旧的封建文化体系已经显示了向现代文化体系过渡的契机；另一方面，适应新的时代要求的艺术形式尚未建立，在文化嬗变的阵痛中，中国的戏剧事业面临着是从烂熟到衰朽，还是从革新到更生的选择。

在中国，有一位戏剧艺术家幸而不幸地站在了这样的时代潮头，历史像一条蜿蜒的河流，漫过了他年轻时期的憧憬和梦想，但是，潮汐过后，他却以自己亲身的经历和细腻的感受，为一段历史刻写了记忆。这位戏剧家就是欧阳予倩。

欧阳予倩（1889—1962），湖南浏阳人，中国现代戏剧的创始人和开拓者之一，著名编剧、导演，出身仕宦之家，早年赴日本留学，1907年在东京加入了留日学生戏剧团体"春柳社",从此开始了戏剧生涯。欧阳予倩倾其一生的精力从事戏剧事业,既对中国的话剧事业做出了杰出贡献,也在京剧表演、戏曲改良方面很有建树。正如张庚先生所言,欧阳予倩是我国近代史上的一位大人物,是我国话剧开天辟地的功臣之一。他又是近代京剧名演员,本世纪初,曾在上海舞台上享有盛誉,一时与梅兰芳齐名,有"南欧北梅"之称。他曾经创作、导演过多部剧本,也编导过电影。他多年从事戏剧教育工作,还是中国古典舞的创立者,在戏剧理论与历史的研究中也颇有建树。

翻开中国现代戏剧史,人们会发现,种种对于中国早期话剧历史——文明戏的描述,不论是资料占有的范围,还是历史认知的深度,我们至今仍无法超越欧阳予倩的著作《自我演戏以来》的有关论述。他的专著《予倩论剧》,以及长文《谈幕表戏》《回忆春柳》《谈文明戏》和收录在《欧阳予倩戏剧论文集》中的解放后所写的一系列戏剧论文,不仅显示了他以历史见证人的身份对戏剧史研究的独特视角,而且显示了他对戏剧现象客观、公正的理性思考。

中国话剧在创始之初并没有一个确切的定义,人们只以"新剧"相称,以区别传统的旧剧。

在中国话剧史上,欧阳予倩的身份的确特殊:他是中国第一个新剧团体——春柳社的重要成员,20世纪的第一个10年,他在日本留学期间即参加了中国话剧的创史之作——《黑奴吁天录》的演出,此外在日本期间,还演出过《鸣不平》《热血》等新剧。1910年他从日本回国后,在上海组织"新剧同志会""社会教育团""春柳剧场"等新剧演出团体,辗转上海、长沙、杭州等地,为萌芽期的中国话剧摇旗呐喊,冲锋陷阵。然而自五四运动前后,欧阳予倩又与话剧渐渐疏离,开始投身中国传统的戏曲,成为京剧名伶。在20世纪初,在大多数热心创造中国现代戏剧——话剧的人们看来,话剧与戏曲在艺术品格上是不相杂糅的两回事,可是,欧阳予倩却以自己的戏剧才华,涉猎了两大艺术门类——话剧与戏曲,这样的人生经历,无疑左右着他审视戏剧的视角,也影响着他关于戏剧现代性的价值判断。

历史的无法再现和无法复制的特点,也许正是人们对其进行不断研究、反复论证,以期使它接近真实、渐趋还原的目的所在,但是研究和论证的关键，恰恰就在于历史资料的搜集与发掘。当中国话剧尚处在萌芽之中的时候，欧阳予倩就已参与其中，并以自己的所见所闻、所感所悟，真实地记录下了辛亥革命前后的中国话剧运动，不但勾勒了这一源自西方的艺术形式在中国传播、萌芽、生长的形貌，而且描绘了参与中国早期话剧活动的诸位戏剧前辈的主要生平、个性特征和艺术风格，特别是在人际关系、个人遭际的叙述中，透视了当时的社会背景和戏剧界的基本面貌；同时，对早期话剧的演出形态、剧场特点、运作模式、剧目的主要情节，都做了既具有概括性又生动鲜明的描述，并从中反映了欧阳予倩自己对这些戏剧现象的基本态度和价值判定。

当第一个具有现代色彩的话剧团体——春柳社在日本东京建立之初，欧阳予倩就参与演出了《黑奴吁天录》，在戏中扮演解尔培的儿子小乔治和舞队里的一个舞女。这样的经历，使他对早期中国话剧的演出形态最有发言权，在《自我演戏以来》《回忆春柳》《谈文明戏》等文中，欧阳予倩对春柳社演出的戏剧的特点，做了十分概括而有意义的描述，这对于我们认定春柳社的演出是中国话剧史的开篇非常重要。

欧阳予倩靠着回忆，为我们留下了《黑奴吁天录》《热血》《家庭恩怨记》《社会钟》《运动力》等早期话剧的基本梗概，让我们从中认识了当时话剧存在的一般形态，剧作所热衷表现的主题思想，以及从中显现的戏剧从业者的社会意识。

欧阳予倩关于中国早期话剧的论述是十分中肯的，他虽然曾经处身其中，但出于对戏剧的真诚和他为人的公正，他对当时话剧萌芽、滋生的基本形态的描述，特别是他运用白描的手法，对李息霜、陆镜若、吴我尊、任天知、王钟声等人的个性特征和主要戏剧贡献进行的描述，为后人具象化地了解中国早期话剧史，增添了丰富可感的内容。若不是欧阳予倩有心，为后人留下了关于他们的记录，也许这些早期话剧活动家就与中国话剧史无缘了。

欧阳予倩对早期中国话剧的考评，是同时运用着两个基本的尺度的：一是以现代戏剧的基本概念衡量这一新兴的艺术门类的基本形态，从中发现它与传统戏曲的根本性区别和自身的生长潜力；二是以戏剧的社会作用来衡量这一新的戏剧所具有的现实效力，从中强调戏剧应当具有社会思想性。

欧阳予倩主张要创造"真戏剧"，他从不否认戏剧具有宣传作用，但是，他反对简单化地处理戏剧与宣传的关系，反对将戏剧当成社会思想的直接的传输工具。他强调戏剧应当重视观众的"德性的培养"，而"德性的培养"是与意识的审美本质密切相关的，如果艺术作品之中没有了"美与力"，没有了"美的精神"，那么也就不称其为艺术了。作为艺术的戏剧，其价值应当就其艺术的特性而论，若超出了艺术的层面，去追求更直接的作用，更现实的功利，这是欧阳予倩所不赞同的。他重视艺术对人们情绪的感染和心智的启迪。

二

欧阳予倩为何由一个新剧的创业者，转而成为传统戏曲的表演艺术家，迄今我们似乎还没有发现比较详细的论述，但是，却可以从他的《自我演戏以来》，以及《我怎样学会了演京戏》等文章中，约略可以揣度欧阳予倩由现代戏剧而传统戏曲，继而"不薄今人爱古人"的心理变化过程。

这其中的原因大致有三：

一是在中国早期话剧的发展中，也就是文明戏时期，时事新剧（所谓时装新剧，实为传统京剧的改良品种）与文明戏（话剧的原初样式），在表现形式上并无大的分野，时事新剧中的道白成分逐渐增多，而一些文明戏中也夹杂着一些韵白甚至唱腔，这为欧阳予倩走向传统戏曲表演，提供了比较现实的可行条件。

二是从事文明戏演出的人，大多数都未经历过专业训练，他们的戏剧知识无从谈起，要获得基本的舞台艺术方法，就只能效法旧的舞台艺术和传统的表演技艺，他尽管从日本间接接受了欧洲演剧的分幕、布景的形式，但在编剧和表演方面，他承认他唯一的师傅还是中国戏曲。

三是欧阳予倩对艺术的形式美学和表演技巧的倚重，使他不愿让自己的艺术实践总是停留在粗疏、浅陋的阶段，特别是他抱定献身戏剧事业的决心，即使"挨一百个炸弹也不灰心"，而他所热衷的文明戏，却由于家庭剧的泛滥渐趋走向没落，因此，这必然会促使他另谋出路，因此，在1912年以票友的身份演出了《宇宙锋》之后，他便逐渐向更具形式美和技艺性的传统戏曲靠拢。

但是，欧阳予倩投身戏曲艺术，绝非艺术思想的倒退。对于旧戏的封建思想倾向和僵化道德，他一直保持清醒的批判意识，他曾经为了生计编演过一些无甚社会意义的戏曲，对此一直存有内疚之意。而对那些不合现代人文精神和社会意识的戏剧，他始终有所警惕，对于传统戏曲艺术中符合民族审美心理和欣赏习惯的因素，则主张勉力发扬，并进一步主张话剧应当学其所长。

欧阳予倩在戏曲领域的贡献，主要体现在戏曲的革新与创作上。他不仅是一位杰出的戏曲艺术家，还是一位卓有成效的戏曲教育家。他深知戏曲艺术的发展离不开人才的培养，因此致力于戏曲教育的建设与发展。

为了培养新的戏曲人才，欧阳予倩多次创办戏剧学校。1919年，他在南通创办了"伶工学社"，自任社长，用新的方法培养戏曲人才。他破除旧的科班制度，拟定新的办学宗旨，为戏曲艺术的革新与发展奠定了人才基础。1929年，他在广东创办了戏剧研究所并附设戏剧学校和音乐学校，进一步推动了戏曲教育的发展。

抗战时期，他应广西省政府邀请，两次来到桂林，在桂林创办桂剧学校并亲任校长；他借鉴话剧艺术的经验，从事桂剧改革，提升艺人的社会地位；他多方筹资，克服困难，建设了广西省立艺术馆，在1944年组织了规模浩大的"西南剧展"。为培养戏剧人才、展示戏剧成就做出了重要贡献。

在戏曲形式上，欧阳予倩也进行了大胆的创新。他尝试将传统戏曲与现代话剧相结合，创造出新的戏曲表演形式。例如，他与梅兰芳先生南北呼应，创作时装新戏，尝试用京剧形式表现现代生活。他自导自演的《哀鸿泪》等时装新戏，成为京剧现代戏在我国早期的创举。此外，他还新编了《人面桃花》《潘金莲》《木兰从军》《梁红玉》等京剧剧目，对传统戏曲进行了有益的补充和丰富。

欧阳予倩的戏曲作品，大多具有强烈的时代感和战斗性。他善于从现实生活中汲取素材，通过戏曲的形式反映人民的苦难和斗争，歌颂英雄人物，批判反动统治。抗战时期他编的话剧《青纱帐里》《越打越肥》《忠王李秀成》等，或反映抗日斗争，或歌颂爱国英雄，不但具有深刻的思想内容，而且艺术手法新颖，深受观众喜爱。

新中国成立后，欧阳予倩担任了中央戏剧学院院长等重要职务。他致力于戏剧教育的改革与发展，为新中国培养了大批高素质的戏剧专业人才。他写信请毛泽东主席为学院题写校名，并亲自参与学院的教学和管理工作。他坚持理论与实践相结合的教学方法，采用科学的方法教授学生，为中国戏剧艺术的发展做出了重要贡献。

欧阳予倩不仅是一位实践家，还是一位理论家。他在戏曲理论与研究方面也取得了丰硕的成果。他长年笔耕不辍，留下了大量有关戏曲、话剧、电影、音乐和舞蹈等方面的理论著述和艺术创作。他在广东主持戏剧研究所期间创办的《戏剧》杂志，其中不仅发表了大量戏剧艺术理论论著，还连载了他的代表作《自我演戏以来》。这些论著不仅丰富了中国戏曲理论宝库，还推动了戏曲理论研究向纵深发展。《自我演戏以来》在戏剧界影响甚广，自连载之后多次再版。此外，他还著有《欧阳予倩剧作选》《一得余抄》《电影半路出家记》《唐代舞蹈》《话剧、新歌剧与中国戏剧艺术传统》等著作，为戏曲理论的发展做出了重要贡献。

三

上海戏剧学院在戏剧教育与戏剧研究方面成就突出，赵骥教授作为其中一员，以其深厚的学术功底和独到的研究视角，为中国话剧史学研究做出了卓越的贡献。他在早期话剧史、话剧文献以及话剧与社会生活之间的复杂关系研究方面，考证细致，论证清晰，孜孜矻矻，不断精进，建树颇多。其代表作《话剧与上海市民社会》《上海都市与文明戏的变迁》等不仅对特定历史时期话剧发展进行了深入剖析，而且对于当时社会风貌、文化生态以及市民生活状态进行了全面考察。

此外，赵骥教授还校勘、辑录、汇编了众多早期话剧文献资料，这些工作对于话剧史的研究具有重要意义。他校勘的文献包括《新剧史》《新剧考》《初期职业话剧史料》《新剧考证百出》等民国早期戏剧文献，以及《菊部珍闻》《中国之优伶》《朱双云文集》和《戏杂志》等珍贵资料。他还编纂出版了七卷本的《民国话剧史料汇编》和十一卷本的《民国稀见话剧文献汇编及研究》等戏剧文献资料，为话剧史研究者提供了丰富的史料来源。

赵骥教授认为，话剧文献是话剧史研究的重要基础，只有通过对文献的深入解读和分析，才能揭示出话剧发展的内在规律和特点。这些工作不仅为后来的研究者提供了宝贵的史料资源，还极大地推动了早期话剧史研究的深入发展。

在戏剧研究领域，他提出了诸多具有创新性和前瞻性的问题，这些问题不仅深化了我们对早期话剧史的认识，还为未来的戏剧研究开辟了新的方向。

在赵骥教授的著作中，文明戏作为一个重要的研究对象得到了充分的关注和深入的探讨。他认为，文明戏虽然在一定程度上受到了商业性和非艺术性的批评，但其在嬗变、发展的历史过程中部分吸纳了西方现代戏剧理论的思想，进而演化成为极富中国特色的通俗话剧。这种通俗话剧长期活跃在以上海为区域中心的市民社会之中，是中国现代话剧史中不可或缺的重要组成部分，对中国现代话剧史产生了深远影响。赵骥教授通过对文明戏历史地位与价值的重新评价，为我们重新认识这段历史提供了重要的启示。

赵骥教授在其著作中始终关注话剧与社会生活之间的互动关系。他认为，话剧作为一种文化现象，其产生、发展和演变都与当时的社会背景、文化生态以及市民生活状态密切相关。特别是《话剧与上海市民社会》一书中，他深入探讨了话剧与社会生活之间的复杂互动关系。他通过对话剧文本、演出形式、观众反应等多方面的考察，揭示了话剧如何反映并影响社会生活的深层次问题。在《上海都市与文明戏的变迁》一书中，他对文明戏的历史地位与价值进行了重新评价，揭示了其在中国现代话剧史中的重要地位和影响，为后来的研究者提供了新的思路和参考。这种研究不仅有助于我们理解话剧作为一种文化现象的社会功能，还能为现代社会中戏剧艺术的发展提供有益的借鉴。他通过对话剧文本、演出形式、观众反应等多方面的考察，深入揭示了话剧如何反映并影响社会生活的问题。这一研究视角不仅为我们理解早期话剧史提供了新的思路，也为后来的戏剧研究提供了重要的参考。

赵骥教授的贡献不仅体现在学术领域，更体现在他对戏剧事业的热爱和执着追求上。他用自己的实际行动诠释了一个戏剧学者应有的责任和担当，为中国戏剧事业的发展贡献了自己的智慧和力量。

文献是历史的重要证据，这本欧阳予倩的早期戏剧论集，集纳了一批很有历史价值和研究意义的文章，赵骥教授似乎在告诫人们，这些珍贵的文献值得保存，它们不应该因时间流逝而被忽视，被遗忘，他为后来的研究者提供了资料收集的便利，让人们基于对更全面的文献资料的掌握，进行更深入的分析、论证，从而推动中国话剧研究的持续发展，促进学科体系的不断完善。

中国艺术研究院话剧研究所　宋宝珍

2024 年 8 月 10 日

校勘说明

一、《自我演戏以来》校勘本，是以 1959 年中国戏剧出版社版为底本，并参考刊载于 1929 年广东《戏剧》杂志的连载版、1933 年和 1939 年的神州国光社等版本，进行比对、互校，加以注释，最终形成此校勘本。

二、为保持文献原貌，本校勘本以页下注的形式保留了 1959 年中国戏剧出版社版本中作者自己的注释；笔者所做注释，一律置于相应章节之后，以示区分。

三、对于原著所涉及的历史人物，尽力对其生卒年、字号、主要生平等予以注释；对于原著中所涉及的重大历史事件，亦尽可能以简短之文字进行描述。

四、原著中涉及大量演剧情形，为最大限度地还原真实之历史，本校勘本以同时期报纸广告、新闻报道为据，进行考证，或予以说明，以补原著之不足。

五、对于原著中涉及的相关论点或评价，依据史料和笔者多年之研究积累，进行辨析，如中国话剧之缘起、幕表戏之历史地位等。

六、原著文字属于时代变迁与如今规范写法不同的，概从原貌，如份（分）、那（哪）、作（做）、词（辞）、的（地、得）、底（的）、象（像）、惟（唯）、磁（瓷）、藉（借），从（重）新、执著（着）、坐（座）位、味（胃）口、甚（什）么、皇皇（惶惶）、根柢（底）、通讯（信）、预定（订）、智（知）识等；错字别字等以现今通行规范字用六角号附后。

七、注释引文中无法辨识之文字，以■替代之。

八、原著插图，因年代已久，加之当时制版、印刷技术等原因，多模糊不清，此次校勘，多方寻求，所获图片或有价值颇高、难得一见者，特予替换。

重新认知欧阳予倩

——《自我演戏以来（1907—1928）》校勘记[*]

欧阳予倩（1889—1962），湖南浏阳人，中央戏剧学院首任院长，在中国话剧界、戏曲界、电影界等享有盛名，是中国戏剧运动发展历史进程中备受重视的人物。《自我演戏以来》是他诸多作品中最有影响力的一部，自1929年在广州的《戏剧》杂志上连载以来，曾多次再版。该书不仅是欧阳予倩20余年人生经历之写照，更是中国早期话剧运动发展史之浓缩。书中的内容既涉及海外中国早期学生演剧之经过，又包含了他这样一位未曾入科拜师"伶人"的演艺生涯，更有他广泛的社会交往和复杂的人际关系等，文献价值很高。该书出版之后，受到了社会各界的广泛关注，徐文甫在评价该书时写道："欧阳予倩自从在春柳社开演以来，始而话剧，继而海派新剧，继而皮黄戏，最后在国民党里作艺术宣传，在广东办戏剧学校，经验宏富，贡献亦多。所以这本自传，虽然体裁并不严谨，年月从不明白注出，但内容丰赡，趣味盎然……读欧阳予

《自我演戏以来》初版书影发表于
1929年（广东《戏剧》杂志）

---

[*] 本文为2020年国家社科基金艺术学项目"上海话剧史料集成研究（1842—1949）"（项目编号：20BB018）阶段性成果之一。

倩的自传，不啻读一部近代中国戏剧变迁史。"[1]徐氏的这篇书评文字，十分中肯地道出《自我演戏以来》一书之特点，同时亦指出其写作中最大之弊端，即"体裁并不严谨，年月从不明白注出"，笔者在校勘过程中亦深有同感，故而对于书中所描述的演剧事件和个人经历等，均竭尽所能地把具体的年月标注出来，此为校勘过程中最费周章之事。但作者同时又指出读欧阳予倩的这部自传，便等同于读"一部近代中国戏剧变迁史"。此语道出了《自我演戏以来》一书最大之价值，亦是笔者努力校勘该书之根本目的。

欧阳予倩的自传与其他文人墨客的自传有一很大的区别，一般文人的自传大多是坐在书斋里一笔笔完成的，而欧阳予倩的自传则是用他脚踏实地的艺术实践一步步完成的。陈思在《读欧阳予倩〈自我演戏以来〉》一文中道："许多文人在写自叙传，郭沫若的《创造十年》《反正前后》，王独清的《我的欧游生活》，李季的《我的生平》，胡适的《四十自述》，内容非常空虚。内容空虚，由于生活空虚，坐在书桌前的文人，不会有什么大成就可以启示后人，其势则然。欧阳予倩的《自我演戏以来》……是一本艺术生活的艰苦奋斗史，失败有失败的意义，成功有成功的意义。使你反省，使你奋发，使你体味生活之酸苦与甜蜜。"[2]陈思说郭沫若、胡适等人的自传"内容空虚"，虽言过其实，但欧阳予倩的《自我演戏以来》不仅"文笔极优美，像小说似的"[3]，其内容则是欧阳予倩20余年来在戏剧艺术天地中跋涉拼搏的真实写照。书中涉及他在上海、汉口、杭州、苏州、无锡、长沙、南通、南京、大连、广州等地的演剧和艺术实践经历，是中国戏剧运动发展史的重要文献，尤其是对长沙、南通、大连和奉天等地的记述，更是中国戏剧发展中罕见的资料，极其珍贵。也正是因为书中蕴含着大量翔实的一手资料，该书在首版之后，曾多次再版重印。1929年广东的《戏剧》杂志首版后不久，南京的《中央日报》便转载了广东《戏剧》杂志上《自我演戏以来》的部分内容；1933年、1939年上海神州国光出版社略做修改之后两次再版；1959年欧阳予倩对原书做了较大的修改之后由中国戏剧出版社重新出版。此后该书又多次再版，1990年台湾龙文出版社股份有限公司出版的《中国现代自传丛书》第2辑中的第6种即是

---

[1] 《书评：〈自我演戏以来〉》，天津《益世报》1933年6月17日第10版。
[2] 《书与人物：读欧阳予倩〈自我演戏以来〉》，《涛声》1933年第2卷第13期，第7页。
[3] 《书评：〈自我演戏以来〉》，天津《益世报》1933年6月17日第10版。

欧阳予倩的《自我演戏以来》，2014年上海三联书店引进了该套丛书，又重版了《自我演戏以来》。该书之价值，由是可见。

笔者耗费两年多的时间校勘《自我演戏以来》，不仅是由于该书极具史料价值，也因其年代久远有重新校勘之必要，更因为借此可以更好地研究中国早期话剧运动发展的历史，更好地研究欧阳予倩这位对于中国戏剧发展做出杰出贡献的历史人物。

一、欧阳予倩之家世

不同于一般的伶人，欧阳予倩出生在仕宦之家。据欧阳氏后人提供的《浏阳麻田钦锡五修族谱》记载，欧阳予倩的父亲欧阳自耘（1867—1910）"字力耕，号笠耕，捐名庆超，太学生，清光绪三十一年乙巳督办江南赈捐，补用知县，指分江苏试用，府经历钦加五品衔，诰授奉政大夫"。欧阳自耘精通音律、格致和医道，早年主张维新，曾与唐才常、黎少谷等合办"群萌学会"，广储书报，备人浏览。欧阳予倩的祖父欧阳中鹄（1849—1911），字品山，号节吾。据族谱记载，欧阳中鹄"清同治十二年癸酉科拔贡，是科本省乡试中第二十五名，举入栋选知县。甲戌考用内阁中书，充本衙门撰文……清光绪丁亥充会典馆协修"，受户部主事谭继洵之聘，教授其子嗣襄、嗣同。

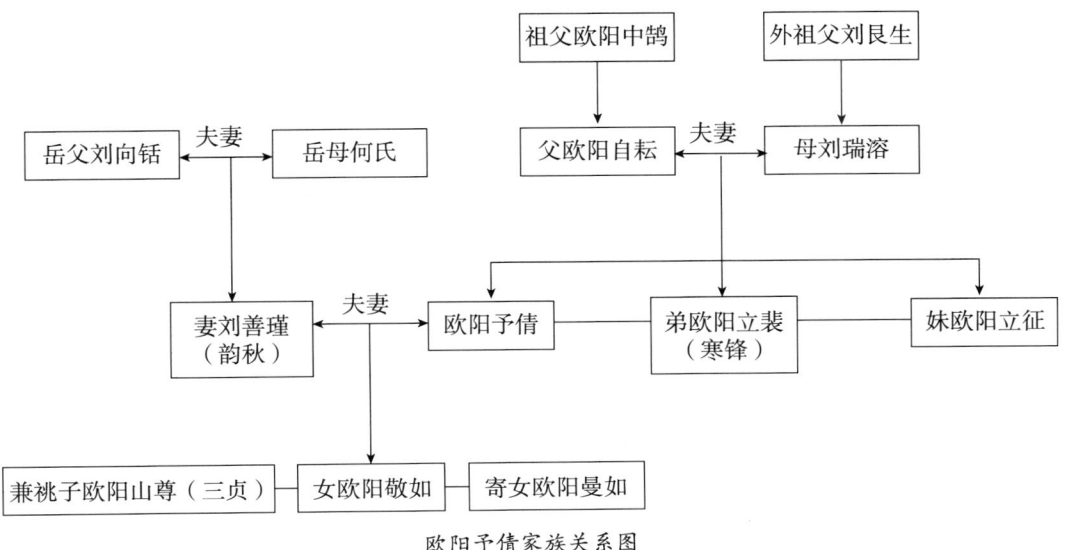

欧阳予倩家族关系图

003

光绪三十四年（1908）欧阳中鹄任广西桂林知府，宣统二年（1910）补授广西提法使，著有《瓣姜文稿》传世。欧阳予倩的外祖父刘艮生（1844—1919），号蔚庐，光绪丁丑年（1877）进士，官至工部主事。刘艮生是湖南船山学社的创始人，于1914年6月在长沙思贤讲舍旧址成立了中国现代史上第一个王夫之学术研究社团——船山学社，出任学社首任社长，编辑出版《船山学报》。1916年任湖南省督军兼省长，1918年在沪组织"策进永久和平会"，出任会长，著有《刘人熙日记》《蔚庐诗文集》。他的岳丈刘向铦（1838—1913），字焕琼，号竹书。他的内兄刘善渥，字雨人，曾经担任清末湖南省咨议局议员，民国初年担任湖南都督府参事，湖南都督府、督军公署和省长公署秘书官。

出生于这样的官宦世家，欧阳予倩不仅受到良好的教育，还因家庭的影响，饱受湖湘文化的熏陶。他的启蒙老师唐才常（1867—1900），是晚清维新派的代表性人物，与戊戌六君子之首的谭嗣同齐名，光绪二十六年（1900）在上海组织"自立会"，筹建"自强军"，欲以"保全中国自立之权，创造新自立国"。[①]欧阳予倩日后与唐才常的长子唐圭良多有往来，1925年欧阳予倩路过北京下榻的"唐府"即是唐圭良家，其妹欧阳立征日后亦嫁给了唐才常的次子唐有壬。受唐才常影响，少年时代的欧阳予倩便怀有兼济天下、改良社会的志愿，他早年留学日本一心想学习军事，就是试图振兴国事。后因视力不济而未能遂愿，但欧阳予倩关心国家，改良社会之志向始终未曾改变。当他步入伶业之后，他并未如同一般伶人那样，以演剧为谋生之第一要务，而是将戏剧作为改良社会、教育民众的手段，这是欧阳予倩与其他艺人最为显著的不同之处。因此，我们时常能看到欧阳予倩演出不计酬劳的消息，比如他在初次考察南通戏剧之际，应南通当地绅商之邀登台演出后，却谢绝一切馈赠；1925年他在十分无奈的情况下参加了东北军阀张作霖的祝寿堂会，却将演出所得分与同伴；南通伶工学社正式运转之后，欧阳予倩关注的重点不在于演出挣钱，而是借此提高艺人的知识和社会地位；1929—1931年间，他在主持广东戏剧研究所之际，我们几乎看不到研究所附属学校有任何商业性演出，但却多次见到欧阳予倩在当地青年会组织的义演。

---

① 唐士文：《中国唐氏人文荟要》，北京燕山出版社2017年11月版，第207页。

重新认知欧阳予倩

虽然出生于官宦之家，但欧阳予倩身上却少有世家子弟的气息，他是民国时期伶界中少有的没有"嗜好"的伶人。晚清民初，伶界中人大都"嗜好"很深，如伶界大王谭鑫培晚间在登台之前，必须过足烟瘾方能上场演出；即便是新剧界的同人，如郑正秋、汪优游等，亦嗜好日深，而欧阳予倩却从不沾此恶习，是少有的洁身自好之人。

1906年5月27日，即光绪丙午年闰四月初五，欧阳予倩与同乡的刘善瑾"结缡"。《自我演戏以来》书中有关其婚事描述不详。20年之后，欧阳予倩在上海大西洋菜社举行的磁婚典礼上，回顾了他20年前结婚时之状况，其内容刊登于《申报》，可补原书记述之不足。

> 戏剧家欧阳予倩，及其夫人韵秋女士，结缡二十年矣，昨日为其磁婚纪念日，爰借大西洋菜社举行磁婚典礼。先一日，由予倩夫妇发柬邀亲朋，仅言茶会，多未审其故，及后始知之，故多有未及预备礼物者，嗣有亲友等拟为伉俪合制磁质小影一幅，以符磁婚纪念之意。来宾以新闻及艺术两界为多，如沈卓吾、毕倚虹、步林屋、严个凡、洪深、徐卓呆、汪仲贤等均在座。韵秋女士衣绛色衫，鬓插红花，娇艳夺目，予倩亦春风满面，俨若当年新夫妇焉。席间予倩又为述其订婚、结婚之经过，并其二十年来之情史，闻者皆深艳羡。
>
> 其言曰，余（予倩自称）幼而从俗，过寄于佛，十二蓄发。堂上为余议婚，余与韵秋本世交，若论辈次，韵秋且长于余，然未尝一谋面也。余与韵秋之婚姻，一旧式婚姻也，故由父母命媒妁言，乃缔此缘。然家庭思想虽旧，亦知征求小儿女意，余母举以问余，余同意焉，韵秋父母，想亦曾以此询之，而得其同意者。尚忆一夕家人栗六备彩绸茶果，为余文定，余蹑自书斋，伏窗外窃窥，心焉大乐。比后，余将作东瀛之游，曾往舅家留一宿，渴思一见韵秋，而卒不果。韵秋当时见余否，则至今尚存疑问焉。余留日数年，不幸日本有苛待留学生事，辍学归国。余家长遂急欲为余完婚，余坚不可，卒以结婚三日再赴日本为约。而礼以成，我乡俗尚入赘，岳家打轿来接余往行礼。故余之结婚，非余之娶韵秋，实韵秋之娶余耳。方结婚之先，余志甚决，婚后三日必东渡，孰知结婚而后，去志顿消，一住匝月，犹未言去。韵秋性极聪颖，自吾去国，日

《自我演戏以来（1907—1928）》校勘及研究

依家母膝下，能顺庭训，书绘亦有进益。辛亥革命军兴，重返故国，时先祖父宦滇之桂林，余往省之，重坐花轿，行参见之礼。自余与韵秋之婚，转瞬二十年，二人情爱不仅未曾后退，且有与日俱进之象。韵秋性急而余则缓，急缓相济，二十年如一日。余家累世夫妇，情爱均笃，余与韵秋，吾弟剑俦与弟媳，亦能举家融融，殆秉自遗性乎。今日磁婚，余夫妇事本不足述，何敢扰及亲朋，故仅以亲朋地址之尚在记忆者，柬请一聚，得蒙诸君惠临，愚夫妇不胜欣悦云云。①

由此文可知，欧阳予倩童年曾入佛门。浏阳乡俗，为保幼童平安成长，常将孩子予寺庙为"契子"，以祈福消灾，故12岁之前的欧阳予倩是在佛门度过的，今天我们还能找见他12岁那年摄下的照片。由此则不难理解成年之后的欧阳予倩，为何还热衷于阅读宗教的经典，②想必是与童年的这段经历有涉。夫人刘善瑾（1888—1972），不仅比欧阳予倩长一岁，且辈分也比欧阳予倩大一辈。按照湖南入赘的习俗，欧阳氏、刘氏两家之结缡，不是欧阳予倩娶刘善瑾，而是刘善瑾娶欧阳予倩，殊为有趣。

现今的相关史料中，"刘善瑾"的名字鲜有出现，据欧阳氏后人提供的族谱可知，"善瑾"实其名，而"韵秋"乃其字。《晶报》有一则消息曾道："欧阳予倩偕其夫人刘善璟女士，十七日乘船赴广州演剧。"③文中之"善璟"与"善瑾"

欧阳予倩妻子刘善瑾（韵秋）刺绣作品

---

① 窥豹：《欧阳予倩磁婚纪念记》，《申报》1925年5月27日第21版。
② 按，欧阳予倩自己说他曾读过《佛遗教经》《六祖坛经》《阿弥陀经》《四十二章经》《大乘起信论》等，详见《自我演戏以来》（中国戏剧出版社1959年5月版）第70页。
③ 《晶报》1928年11月21日第2版。

有一字之差，其兄刘雨人原名"善渥"，故其妹韵秋，乃"善"字辈应无误。欧阳予倩在留洋之前便与刘氏订有婚约，虽是旧式婚姻，但两人感情笃好。刘善瑾不仅受过良好的教育，且以善绣而著称于时，有"针神"之谓。她曾绣翎毛花卉团扇贻袁克文。袁克文是著名的收藏家，因刘氏绣品精美绝伦，故在其《美艺杂言》文中，专门有述。不仅如此，刘善瑾还是早期话剧界的女性演员之一，曾在欧阳予倩编剧的话剧《泼妇》中饰演于素心，与饰演陈慎之的洪深同台男女合演。

欧阳予倩生女欧阳敬如，又有兼祧子欧阳山尊，后受已故友人汪优游（仲贤）夫人之托，领养欧阳曼如为寄女。[①]汪优游与欧阳予倩有旧交，二人曾于20世纪20年代共同参与发起成立民众戏剧社。

二、欧阳予倩之社交圈

受家庭出身的影响，欧阳予倩的社会交往与一般伶界艺人迥异。

在《自我演戏以来》一书中，我们能够发现他极广泛的社会交际，包括他与学界的交往、他与商界的交往、他与政界的交往和海外的交往。

中国近代话剧运动的缘起，始于知识阶层的介入，新式学堂的外语教学方式催生了最初的剧本朗读，一批热爱话剧的青年学生掀起了结社演剧之风，如文友会、开明学社、沪学会、群学会等。与之同时，文人社团对于兴起的新剧运动亦十分关注，视其为启迪民智、改良社会之关键，柳亚子、陈巢南之辈都倾心于戏剧改良运动，南社成员张冥飞、宋痴萍（忏红）、朱双云等人更是直接投身于新剧运动。文人加入早期的新剧运动，成为晚清民初的一种社会风尚。受此风尚之影响，作为海外留学生的欧阳予倩不仅与昔日的春柳学友多有往来，还与中国近代著名的实业家张謇多有交际，并最终促成南通伶工学社、更俗剧场之建立和南通《公园日报》之创办。

欧阳予倩的祖父、外祖父均是晚清时期的地方要员，受此影响，欧阳予倩在相当程度上与当时的上流社会有着十分密切的往来。

---

① 据《大公报》（桂林）1941年11月18日首版《欧阳予倩为寄女曼如婚事敬告亲友》一文："启者，寄女曼如原姓施，半岁时由已故友人汪优游君夫人抱来抚养，二十年来视如己出。"

《自我演戏以来（1907—1928）》校勘及研究

1913年，上海的新剧同志会受湖南社会教育新剧团之聘，赴湘演出，因所演剧目不受湘人之欢迎，欧阳予倩遂脱离该团，自组"文社"，演于长沙。文社在长沙演剧，即得益于欧阳予倩在当地的社会关系。欧阳予倩在回忆录中说，"文社"是由他命名的，有关该社的成立则是"雨人草的缘起"。文中所述之"雨人"乃是欧阳予倩的内兄刘善渥。他是刘向锰之长子，其妻刘善瑾（韵秋）之胞兄。所谓"雨人草的缘起"之说较为含混，不知何指。笔者于坊间私人收藏品中发现了文社成立之时制定的章程及宣言书，不知是否便是欧阳予倩文中所说的"雨人草的缘起"之文件。

有关文社之《宣言》，欧阳予倩回忆录中未载。该文落款，未见雨人之名，是否出自其手笔，尚待详考。兹将《宣言》全文录抄如下：

> 自生人之朔，以迄于今，进化之阶，历无量程。彼所变革转移者，其为因至繁。盖有天设国土为之首基，尤必有人为政教为之根柢。非其局之既成，本之先具，将其业无由立，且其人无由兴。当其际者乃各以其所由，为天理人情之极而畔之，则人道于是终。有终其身不闻异说见异俗者，或见焉闻焉，乃从而大笑之。如是者自其恒斡之所服，习者言之，则命曰政治；自其神智之所执著者言之，则命曰教育。教育政治，必相附丽，不然不可以久。其由甲政治而入乙政治也，必先有新教育以启发之，而其将出乙政治而入于丙政治也，例必先微撼其旧教育，而后政治由之而蜕。故其教育与政治附丽疏者其蜕易，其教育与政治密者其蜕难，此人群之大例也。故无论于如何世，凡一群之中，其体用日恢，国大政繁，咸相为比例。由是而新制立，亦由是而新功兴，遂至政法、学术、文艺习俗，皆有日蜕其故，与时偕极之势。昧者遂以为皆出于自然，而不知其中有术焉，以为一国政法、学术、文艺、习俗之钤键者。昔孔子称雍也可使南面，仲弓即子弓，南面即帝王之术。子弓之传为荀子，荀卿书二十篇，与史记李斯传其旨密合。夫李斯学帝王之术于荀子，既知六艺之归，相其君以王于天下，其为术皆昔所闻之荀子者也。故术之所施，凡以世变为天意之所存，或以运会从名世而为转者，使不求甚解，则其说亦若可存。惟谛而求之，斯所持之说皆废。彼之持论著议，不过见其理之不两存已耳。于一国政法、学术、文艺、习俗所以日蜕其

故之理，茫昧无当也。盖国家政治教育，二者各有相为循环附丽之真，错综杂糅，以成其如是，故国家行政权之大用也。凡民之所为，皆有其督者焉，皆有其指导者焉。而小己之裁断审量，举无所用者也。为之既久，其风俗既整齐矣。其民即以其奉令承教，窃幸无罪也，于德无所用其天良，于才无以表其能事。一旦督率指导者去，于德则行其欺，于才则见其无赖，此不任事而荏柔之民，其所受督率指导之术甚肤者也，与强种遇败矣。明者即社会之事实而深累之，将欲务求其事之整齐。凡教化进退，必思以其道为之转移焉。此固觉民之天职，而不可更求其转移之果操何术也。夫人心执著之理，每不可以口舌争，惟胪陈事物之实迹，而择术以导之，则执著者久而自悟。泰西往例，莫不如斯。今试使示之以天下殊俗，无不有此一境，而此一境者，其原理何如，其前途又何如，则茕茕者将恍然有悟于社会迁化之无穷，而天理人情之未可以一格泥，或亦扩充行政权界域之一助乎。同人等诚不自知其力之不副，今乃有文社之设，分立演剧、文艺、音乐、美术四部，竭其耳目性灵之能事，观保生淑世之会通，而又丁人心囿于势力之情窘，奋吾人区区之力以与之争，济否非吾所敢知矣。孟子曰教亦多术，孔子曰以友辅仁，使其出之以至诚，本之以阅历，守之以坚忍，事效之至，特旦暮异耳。愿与同人共勉之。

发起人：黄翼球、吴作霖、欧阳予倩、管亦仲、陆镜若、蒋青心、吴我尊、文净凡、陈方度、姚镜明、马绛士、唐桂〔圭〕良、罗漫士、程天放、吴惠仁、蒋镜澄、左学谦、蒋苍松、盛先畴、姜济寰、马溶焕、郑钧、张先赞、常治。

文社的发起人中欧阳予倩、陆镜若、马绛士、吴我尊、罗漫士等，均为由沪抵湘的新剧同志会成员，亦即春柳社之旧人，而左学谦、常治、吴作霖、黄翼球、文净凡、唐圭良等均为湖南当地的维新党人。唐桂良即欧阳予倩启蒙老师唐才常之子，宣言书中的文净凡、黄翼球二人，笔者甚疑此二人即欧阳予倩回忆录中提及之文经纬和黄湘澄。可见，癸丑年间湖南的文社是由留日春柳社成员与长沙当地文人所组之"混合式"的文艺团体。其涉足之领域，不仅限于新剧一隅，还包括文艺、音乐、美术等，与当年在日成立的春柳社，颇有几分相似之处。

宣言书后，附有文社简章，其内容涉及文社内部组织、经费筹措、社内职务之任聘等，共计七条。

> （一）本社由旅湘新剧同志会会员全体及湘中人士发起组织，以提倡文艺、研究时代思想为宗旨。
> （二）本社先具简章呈请都督及内务司立案。
> （三）本社内容分为演剧、文艺、音乐、美术四部：
> 　　（甲）文社演剧部，本部专编演各种有益社会、发人猛省之剧，务使于娱乐之中受相当之感化。
> 　　（乙）文社文艺部，本部专研究文学艺术及社会风俗、脚本小说、中外遗文轶事并于每星期出周报一册，以供同好。
> 　　（丙）文社音乐部，本部专研究中西古今各种音乐为主，以为改良社会之助。
> 　　（丁）文社美术部，本部专研究中外各种美术技能为主，以提倡国人之美质。
> 　　以上四部，另定专章，以资遵守。
> （四）本社经费由发起人中担任，共集洋壹万元，计贰拾整股，以伍百元为一整股，一百元为一零股，每月一分行息，所获红利作十二成分派，以二成为公积，十成归股东。
> （五）本社各部职员，除正副社长由发起人公推外，余均由正副社长分别聘请担任职务。
> （六）凡受本社聘请人员，各须履行所主职务，不得侵越他人职务事件。
> （七）本社职员不得有违反定章之行为。[①]

由上引文字可知，文社是一综合性的社团。除演剧之外，文社其他方面的情况因史料缺乏而一无所知，如文社简章中所述文艺部之每周一期的周报是否如期出版，倘若出版，亦不知是否存留于世，有待进一步详考。

---

① 《文社宣言书》（附简章），私人收藏品。

重新认知欧阳予倩

　　文社成立之具体时日,迄今尚未发现文字记载。笔者在一帧旧照片中意外发现了文社成立的日期,为1913年8月23日。只惜年代久远,照片已不十分清晰,其中的人物,难以辨识。

　　文社对外演出,称"文社演剧部",首次公演的剧目有:一喜剧,日本岩谷小波氏(1870—1933)著《报复》,一幕;二悲剧,法国威尔德索司氏著《热血》,四幕;三歌剧,《桑园会》《黄金台》《空城计》《彩楼配》《戏凤》《碰碑》《装疯》等。广告中开列的剧目,与欧阳予倩之回忆不一致。由此演出广告可知,文社在长沙的演剧,与其在上海时大体一致,亦为新旧剧的杂糅,既有国外引入的剧目,又有传统的戏曲。该广告称"文社演剧部假长沙学宫街文庙为临时剧场",这与欧阳予倩回忆录所记一致。这一剧场还被命名为"湘剧场",欧阳予倩回忆录中未曾提及。

　　由目前残存的文社演剧说明书可知,文社在长沙的首次演出始于1913年8月25日,至汤芗铭任湖南都督兼民政长止,此期间已知文社的演剧共计七次。

　　1913年8月25日,文社演剧部在长沙学宫街文庙——湘剧场正式开幕,"自阳历八月二十五日即阴历七月二十四日起,每日准下午四时开幕",首次

1913年8月23日,文社在长沙成立之纪念合影

011

演出的剧目有：一喜剧《报复》，日本岩谷小波氏著，一幕；二悲剧《热血》，法国威尔德索司氏著，罗马革命；三歌剧《桑园会》《黄金台》《空城计》《彩楼配》《戏凤》《碰碑》《装疯》，每日一二出。门票的价格分为两种，甲等"一串文"，乙等"六百文"。文社演剧部第一次开演广告还预告了第二次、第三次的剧目分别为日本德富芦花著家庭悲剧《不如归》、英国贺儿勘著悲剧《异母兄弟》。文社在湘首演的剧目，与欧阳予倩的回忆录所记，略有出入。

第二次演剧时间大约为1913年9月7—11日，上演剧目为《不如归》。欧阳予倩在回忆录中述及此次演出，文社为之专门印发了《长学宫街文庙内文社湘剧场第二次剧情节述》的演出说明书。说明书介绍了剧情概要、演员及演出分幕，该剧共分六幕。

第三次演剧时间为1913年9月15—20日，上演剧目由之前预告的《异母兄弟》改为《家庭恩怨记》，该演出说明书中道"此剧今春曾演于左襄祠，谬蒙各界赞许，各报称扬，题词评判，获稿盈箧"。据此可知，在文社成立之前，新剧同志会已在长沙演过该剧。

第四次演剧时间及剧目不详。

第五次演剧时间为1913年10月1日，剧目为《鸳鸯剑》。

1913年10月16—18日，文社在长沙举行赈济公演，演出的剧目为《不如归》《非非想》和《运动力》。有关《运动力》一剧之编演情形，欧阳予倩在其回忆录中有述。

第六次演剧的时间不详，剧目为"无言喜剧"《滑稽病》和悲剧《猛回头》。

新剧同志会演剧，深受春柳社之影响，十分重视剧本之功用。故而在长沙以"文社"名义演剧时，亦强调剧本之重要性。在文社成立后的首次演出之前，文社专门印制了"文社演剧部第一次开演演剧节略弁言"的海报。在此海报中，文社阐述了剧本之重要性，并强调指出演剧为文学、艺术和音乐之综合体。

> 演剧者，混合艺术也。以其综文学、艺术、音乐及人身之动作、言语而自为艺术也，故名。有其所本焉，是曰剧本。剧之精粗、美恶，视剧本为转移。剧本不完，则剧必陋，舍剧本则剧不存。我国自古以来，素无写生剧本，即有之，亦与今世界所称为剧本者异格。是以本社专取

今世界种种剧本，为吾父老兄弟介绍。今本社开演一喜剧曰《报复》，日本严谷小波氏著，一悲剧曰《热血》，法国威尔得索司氏著。《报复》于日本眼中，自有佳趣，然习俗既殊，美感亦异，其适于我国人之耳目与否，未敢断言。至于《热血》，叙罗马革命党事，其表则假爱情以写政治，其骨实假政治以写爱情。观其原名《杜司克》，以女优为主人可知也。夫剧本与演剧，合之固为一体，判之则为二事。凡剧本必有其用意，有其用意则有其精神。演剧者，术以表彰之。本社困于财力，演场既不适用，背景衣装均未完备，而演员于艺术上之经验，尚属幼稚，且译文难免万一之舛误，不能达意，是以兢兢业业，深恐表彰之未尽，则失绍介之能事，昧剧本之真趣，负吾父老兄弟之雅望。吾父老兄弟，庶几匡其不逮，以偿所愿乎。

此段"弁言"，充分阐明了新剧同志会对于剧本之理解，认为演剧之优劣，完全依赖于剧本之美恶，如果剧本不完备，则演剧必"陋"；如果没有剧本，则根本没有演剧。把剧本视为演剧之第一要素，并认为我国自古以来就没有"写生剧本"。文中所述之写生剧本，笔者理解即为话剧写实之义。故而此次义演，文社选择了日本人、法国人的名剧，并称《报复》一剧为日人严谷小波之作，日本人认为此剧"自有佳趣"，但中国观众是否认同，文社"未敢断言"。文社在湘演剧，带有很明显的日式风格。欧阳予倩回忆录中道，文社的布景是由陆镜若的内弟日人藤田洗身负责，另外还聘有一个"专干舞台生活的日本木匠"，只是欧阳予倩已记忆不起此人的姓氏了。笔者在一则文社演剧广告中看到，负责舞台布景的日人叫藤田洗昇（欧阳予倩错记为洗身），另有两日人，一为音乐主任早川一雄，一为舞台技师细谷伊太郎（此人可能即为欧阳予倩所说之"专干舞台生活的日本木匠"，只是欧阳予倩已记不起他的姓氏了）。

在文社首次公演中，欧阳予倩在《热血》一剧中出演画师之妻杜司克，而陆镜若则出演画师露兰。

文社在湘演剧，一定程度上保留上海学生演剧"藉剧赈灾"之惯例。1913年10月16—18日，文社专门在长学宫街文庙内的文社湘剧场，组织了"文社赈济会"，举行赈灾义演，董天涯、罗漫士、吴我尊、陆镜若和欧阳予倩等新剧同志会成员均参加了此次义演。16 日上演悲剧《不如归》，17 日上演喜剧《非非想》《错中缘》，18 日上演正剧《运动力》。

在此次义演的海报中，文社称："南北军兴，生民涂炭，疮痍未复，饥馑又臻。金陵一隅，受灾尤烈，哀鸿遍野，转徙流亡。际此秋深，何以卒日。前迭经政府赈恤，固已千里河流，普被泽润。惟是同人等自愧棉〔绵〕薄，无补时艰，而天责有归，岂容坐视。爰定于本月十六、十七、十八三日，排演新剧。所得券赀，悉行助赈。制裘必须集腋，积土可以成丘。纤末之微，聊补万一。所望仁人君子，届时降临，同襄善举。在诸君子稍分义裏之余，而灾黎等已戴生成之德矣。拥隷先除，敬候德降。"

文社此次的赈灾义演，准备得十分仓促，对外发出的海报中，尚有印刷错误，"稍分义囊"之"囊"字印成了"裏"字；发起人之一"熊实廷"之"廷"字印成了"達"，因时间紧迫，无暇重印，遂以红字涂改之。

文社之结束，肇于汤芗铭（1885—1975）之主政湘省。

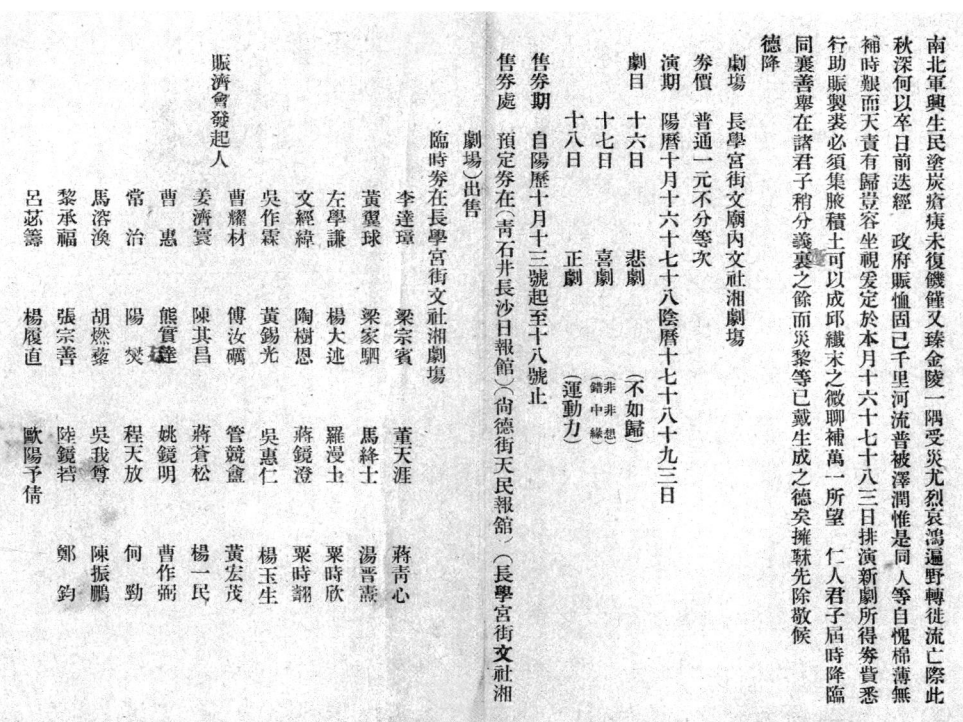

文社赈济会义演广告

1913年10月24日，袁世凯发布命令，任命汤芗铭为湖南省都督兼民政长。汤氏抵湘之后，文社遂遭压制，被迫停演。欧阳予倩在自传中说："《鸳鸯剑》排出，生意有起色，而谭组庵离任了，汤贼芗铭奉袁世凯的命到了湖南。我所见他头一个德政，就是封文社，说我们是革命机关……我不得已回到乡下。镜若他们就与湘春园的汉调戏班合作，混了两个月，回了上海……我应当同他们回上海，可是我万不得已，先回了乡下，过了年才又赶到上海和大家重整旗鼓干起来。"[1]

按欧阳氏之说，文社于当年10月份结束之后，新剧同志会在湘滞留，过了"两个月，回了上海"。而据笔者所见之相关演出说明书，新剧同志会同人至1914年3月，方由湘回沪。

文社结束之后，滞留在长沙的新剧同志会成员，为谋生计，继续在长沙的寿春茶园、同春园演剧，而非欧阳予倩所说之湘春园。

寿春茶园位于北正街军界俱乐部内，亦即之前的左文襄公祠旧址，"园内设有酒席，随时堂菜，三鲜大面，各样点心，一应俱全"。新剧同志会此时因时局关系已不能继续使用"文社"名义，也没有继续打出新剧同志会的旗号，而是以"中国真正新剧始祖春柳派"的名义在寿春茶园"临园演艺"。笔者目前见到的寿春茶园戏单，共有12张。寿春茶园的"春柳派"演剧均与旧戏同台，其演剧情形如下表。

日期	剧目	主要演员	备注
1913年12月9日	《祸水》	陆镜若、吴我尊、欧阳予倩、马绛士、蒋镜澄、管竞庵、罗漫士、吴惠仁、董天涯、蒋苍松、姚镜明、蒋青心、程天放	背景主任藤田洗昇、音乐主任早川一雄、舞台技师细谷伊太郎
1913年12月10日	《义仆》	同上	
1913年12月11日	《飞艇缘》	同上	
1913年12月12日	四幕讽刺剧《热心家》	蒋苍松、吴惠仁、陆镜若、姚镜明、蒋镜澄、董天涯、俞西三、邓南一	春柳派编剧主任陆镜若、吴我尊、马绛士，外加吴我尊、余乘槎京剧《三娘教子》

---

[1] 欧阳予倩：《自我演戏以来》，中国戏剧出版社1959年9月版，第40页。

《自我演戏以来（1907—1928）》校勘及研究

续表

日期	剧目	主要演员	备注
1913年12月13日	侠士剧《田七郎》第一本	吴我尊、蒋镜澄、董天涯、吴惠仁、姚镜明、陆镜若、蒋苍松、马绛士	旧剧《赠宝剑》《药王下凡》
1913年12月14日	侠士剧《田七郎》第二本	吴我尊、蒋镜澄、夏百神、邓南一、罗镜华、刘老傻、陆镜若、余乘槎、蒋苍松、龚上慰、罗镜华、俞西三	旧剧《红绫帕》《三打严松》
1913年12月15日	侠情剧《侠女》（马绛士编）	蒋镜澄、马绛士、陆镜若、蒋苍松、杨湘云、吴我尊、吴惠仁、董天涯	旧剧《游园比武》《擒庞德》《罢林桥》《赐宝马》《万春楼》
1913年12月16日	喜剧《一封书》	吴我尊、陆镜若、蒋苍松、吴惠仁、龚上慰、蒋镜澄、董天涯、姚镜明	旧剧《活捉三郎》《大白水滩》《闹昆阳》《杜宝劝农》
1913年12月17日	六幕悲剧《猛回头》（陆镜若编译）	刘老傻、陆镜若、吴我尊、蒋镜澄、杨湘云、马绛士、蒋苍松、董天涯、姚镜明	旧剧《拿猛虎》《合子酒》《顺帝败北》《禅台报》
1913年12月18日	三幕喜剧《妒影》（陆镜若编译）	吴我尊、马绛士、蒋镜澄、陆镜若、崔振东、吴惠仁、姚镜明、龚上慰	旧剧《打鼓公堂》《五台会兄》《空城计》《蛱蝶媒》
1913年12月19日	六幕家庭正剧《驯悍》（马绛士、吴我尊合编）	董天涯、蒋镜澄、刘老傻、陆镜若、崔振东、吴我尊、杨湘云、姚镜明、蒋苍松、马绛士	旧剧《骂灶神》《斩魏延》《拜北斗》《九燕山》
1913年12月20日	《鸳鸯剑》	蒋镜澄、吴我尊、蒋苍松、陆镜若、马绛士、董天涯、刘老傻、罗镜华	旧剧《下海投文》《花园跑马》《白氏哭城》《别宫祭江》
1913年12月21日	无言喜剧《滑稽病》歌剧《朱砂痣》喜剧《诈伪社会》（陆镜若编译）	刘老傻、崔振东、罗镜华、邓南一、龚上慰、董天涯、余西三、吴我尊、蒋镜澄、蒋苍松、杨湘云、姚镜明、陆镜若、吴蔓芝	旧剧《反昭关》《审子打秋》《五凤楼》
1913年12月22日	五幕悲剧《爱情平金钱乎》（吴我尊、马绛士、夏百神合编）	马绛士、陆镜若、邓南一、罗北二、董天涯、刘老傻、吴我尊、蒋苍松、蒋镜澄、姚镜明、龚上慰、杨湘云	旧剧《药王登仙》《金沙滩》《醉焦起解》《赏花吃醋》
1913年12月23日	悲剧《双星泪》	吴我尊、马绛士、崔振东、董天涯、姚镜明、夏百神、刘老傻、陆镜若、蒋镜澄	旧剧《拷春桃》《陈林拷冠》《全家福禄》

1913年12月30日至1914年3月6日间，春柳派在长沙演剧地址由之前的寿春茶园迁至织机巷的同春园，与"超等京陕名角"同台献演。朱双云《新剧史》道："（癸丑）秋七月，郑正秋创新民社，新剧中兴于上海……同志会亦返自湘矣。"① 若以"春柳派同春园"演剧说明书为据，则新剧同志会由湘回沪之时间，显然不是朱双云所记之"癸丑秋七月"，而应在1914年的春天，朱氏之说不确。

笔者过目的此期间同春园演出说明书共计54份，其中演剧内容及演员，列表统计如下：

日期	剧目	主要演员	备注
1913年12月30日	五幕悲剧《双星泪》（苕溪子编）	吴我尊、马绛士、董天涯、姚镜明、蒋苍松、夏百神、蒋镜澄	旧剧《虮蜡庙》《游花园》《三才阵》《万春楼》
1913年12月31日	五幕《义仆》（吴我尊手编）	董天涯、马绛士、陆镜若、吴我尊、龚上慰、吴惠仁、姚镜明、夏百神	旧剧《禅台报》《大闹加兴府》
1914年1月1日	六幕《侠女》（马绛士编）	蒋镜澄、马绛士、蒋苍松、吴我尊、吴惠仁、董天涯、夏百神	旧剧《大破辰洲擂》《凤仪亭》《青龙驿》
1914年1月2日	五幕悲剧《宝石镯》（吴我尊编）	夏百神、马绛士、吴我尊、蒋苍松、吴惠仁、董天涯	旧剧《斩李虎》《看女儿》《双代箭》《万寿山》
1914年1月3日	六幕家庭正剧《驯悍》（马绛士、吴我尊合编）	董天涯、夏百神、刘老傻、姚镜明、吴惠仁、吴我尊、蒋苍松、马绛士	旧剧《三盗九龙杯》《上京傲考》《双包案》《鱼阳操》
1914年1月4日	六幕悲剧《哀王孙》（吴我尊编）	董天涯、蒋苍松、吴惠仁、吴我尊、刘老傻、夏百神	旧剧《又过关》《反昭关》《羊子江》《访赵谱》
1914年1月5日	四幕悲剧《祸水》	吴我尊、吴惠仁、马绛士、姚镜明、蒋苍松、夏百神、董天涯、刘老傻	旧剧《大补缸》《打黄盖》《落花园》《蟠桃会》
1914年1月6日	六幕悲剧《鸳鸯冢》（曲江子编）	吴我尊、蒋镜澄、董天涯、马绛士、刘老傻	旧剧《太平庄》《讨荆州》《界碑关》《金马门》
1914年1月7日	头本《寄生花》（曲江子编）	董天涯、吴我尊、姚镜明、马绛士、吴惠仁	旧剧《状元谱》《双窑会》《游武庙》《狗矶滩》

---

① 朱双云原著，赵骥校勘：《新剧史》，文汇出版社2015年2月版，第94—95页。

《自我演戏以来（1907—1928）》校勘及研究

续表

日期	剧目	主要演员	备注
1914年1月8日	二本《寄生花》（曲江子编）	董天涯、蒋苍松、姚镜澄、吴我尊、马绛士、刘老傻、夏百神	旧剧《大破三河口》《讨鱼税》《下河东》《韩朋识义》
1914年1月9日	六幕悲剧，头本《生别离》（马绛士编）	蒋镜澄、蒋苍松、马绛士、吴我尊、董天涯、姚镜明、刘老傻、夏百神	旧剧《复夺三河口》《金沙滩》《偷诗句》《醉写黑蛮》
1914年1月10日	六幕悲剧，二本《生别离》（马绛士、吴我尊合编）	吴我尊、蒋镜澄、蒋苍松、马绛士、吴惠仁、董天涯、刘老傻、夏百神	旧剧《大闹四杰村》《拿白玉》《女写状》《捉放曹》
1914年1月11日	三幕讽世剧《错中缘》	吴我尊、姚镜明、董天涯、刘老傻、夏百神	旧剧《马嵬驿》《汾阳府》《青蛇洞》《打痞子》
1914年1月12日	五幕《鸳鸯剑》	蒋镜澄、吴我尊、姚镜明、吴惠仁、马绛士、董天涯	旧剧《大闹阳平关》《八义图》《楚宫抚琴》《教辂儿》
1914年1月13日	六幕《飞艇缘》	吴我尊、蒋苍松、董天涯、刘老傻、吴惠仁、马绛士	旧剧《定军山》《拷冠贞》《辞海府》《吃肥料》
1914年1月14日	头本《情潮》	吴我尊、刘老傻、夏百神、姚镜明、蒋苍松、马绛士、蒋镜澄	旧剧《大黄鹤楼》《五娘上路》《李七攀良》《子不认父》
1914年1月15日	二本《情潮》（吴我尊、马绛士合编）	吴我尊、蒋苍松、马绛士、刘老傻、夏百神、蒋镜澄、董天涯	旧剧《大闹双白水滩》《买鸡拾镯》《父子相会》《陈济赶车》
1914年1月16日	三本《情潮》（吴我尊、马绛士合编）	吴我尊、蒋镜澄、马绛士、姚镜明、董天涯	旧剧《水淹泗州》《成都献印》《渔樵对答》
1914年1月17日	四本《情潮》（吴我尊、马绛士合编）	吴我尊、马绛士、姚镜明、夏百神、董天涯、刘老傻、吴惠仁	旧剧《唐二别妻》《观图梅山》《打太平厂》《潘葛思妻》
1914年1月18日	六幕《红妆侠士》（吴我尊、马绛士合编）	吴我尊、姚镜明、吴惠仁、马绛士、董天涯	旧剧《夫妻卖武》《牧童唱歌》《破牧虎关》《英雄集会》《文武高升》
1914年1月19日	二幕喜剧《竞会》	夏百神、姚镜明、董天涯、马绛士、吴我尊	旧剧《大战铁笼山》《蚨蝶媒》《御果园》《罢林桥》
1914年1月20日	六幕正剧《驯悍》（马绛士、吴我尊合编）	董天涯、夏百神、姚镜明、吴我尊、蒋苍松、马绛士	旧剧《水漫金山》《打銮驾》《扑蚨蝶》《牛阵山》
1914年1月21日	五幕悲剧《宝石镯》（吴我尊、马绛士合编）	夏百神、马绛士、吴我尊、蒋镜澄、董天涯、吴惠仁	旧剧《大闹义皇庄》《二怕老婆》《司马洗官》《面相招亲》

续表

日期	剧目	主要演员	备注
1914年1月26日	四幕喜剧《恭喜恭喜》（特烦吴我尊串演《彩楼配》）	夏百神、董天涯、吴惠仁、吴我尊、宋忏红、姚明镜	旧剧《普天同庆》《文武高升》《九龙收兴》
1914年1月27日	四幕喜剧《诈伪之社会》（特烦董天涯、姚镜明合串《空城计》）	刘老傻、夏百神、宋忏红、蒋苍松、马绛士、姚镜明、吴我尊	旧剧《大兴梁山》《打锅公堂》《草桥二关》《群雄聚会》
1914年1月28日	四幕喜剧《自由结婚》（特烦董天涯、马绛士合串《黄金台》）	蒋镜澄、吴惠仁、马绛士、宋忏红、董天涯	旧剧《夫妻卖武》《孟良颁兵》
1914年1月29日	五幕《义仆》（吴我尊编）	董天涯、马绛士、蒋镜澄、夏百神、吴我尊	旧剧《夜奔梁山》《鸿门赴宴》
1914年1月30日	六幕正剧《盗之妹》（吴我尊、马绛士合编）	夏百神、蒋苍松、吴惠仁、董天涯、姚镜明	旧剧《游戏比武》《清河比箭》
1914年1月31日	六幕悲剧《家庭恩怨记》	蒋镜澄、吴惠仁、马绛士、吴我尊、董天涯	旧剧《虮蜡庙》《拾玉镯》
1914年2月2日	二本《鹃魂蝶影》（董天涯、宋忏红合编）	吴我尊、姚镜明、蒋镜澄、马绛士、吴惠仁、夏百神、董天涯、蒋苍松	旧剧《五台会》《打平贵》《沙陀国》
1914年2月3日	三本《鹃魂蝶影》（董天涯、宋忏红合编）	夏百神、董天涯、姚镜明、蒋镜澄、吴惠仁、吴我尊、蒋苍松、马绛士	旧剧《梅龙镇》《普天乐》《打擂招亲》
1914年2月4日	四本《鹃魂蝶影》（董天涯、宋忏红合编）	蒋镜澄、蒋苍松、马绛士、董天涯、宋忏红	旧剧《打鱼招配》《北伐中原》
1914年2月5日	五本《鹃魂蝶影》（董天涯、宋忏红合编）	吴我尊、姚镜明、董天涯、宋忏红、吴惠仁	旧剧《白水滩》《渔阳操》
1914年2月6日	五幕正剧《春梦》	蒋苍松、吴惠仁、吴我尊、蒋镜澄、董天涯、宋忏红	旧剧《打严松》《观花灯》《时千盗甲》
1914年2月7日	七幕悲剧《不如归》	董天涯、马绛士、蒋苍松、夏百神、姚镜明、吴我尊、吴惠仁	旧剧《灌花叟》《辕门射戟》
1914年2月8日	六幕英国名剧《异母兄弟》	董天涯、吴我尊、夏百神、马绛士、刘老傻、蒋苍松、宋忏红	旧剧《水淹七军》《卧虎山》
1914年2月10日	五幕悲剧《宝石镯》（吴我尊编）	夏百神、马绛士、姚镜明、宋忏红	旧剧《金山寺》《黄忠代箭》
1914年2月11日	六幕新剧《金兰鉴》	蒋镜澄、姚镜明、吴惠仁、宋忏红、吴我尊、刘老傻	旧剧《战长沙》《秋江别》

019

《自我演戏以来（1907—1928）》校勘及研究

续表

日期	剧目	主要演员	备注
1914年2月12日	六幕正剧《芦花怨》（宋忏红编）	夏百神、姚镜明、董天涯、宋忏红、蒋镜澄	旧剧《闹相府》《万春楼》
1914年2月13日	六幕悲剧《鸳鸯冢》（董天涯编）	吴我尊、宋忏红、蒋镜澄、董天涯、马绛士	旧剧《打侄上坟》《战鄱阳湖》
1914年2月14日	三幕讽世剧《疗妒》	蒋镜澄、马绛士、吴我尊、董天涯	旧剧《大补缸》《葫芦剑》
1914年2月15日	五幕悲剧《双星泪》（苕溪子编）	吴我尊、马绛士、董天涯、吴惠仁、蒋镜澄	旧剧《父子争风》《罗成降唐》
1914年2月16日	六幕正剧《生死交》（董天涯编）	宋忏红、马绛士、夏百神、吴我尊、吴惠仁、姚镜明、蒋镜澄、董天涯、刘老傻	旧剧《百日擂台》《争状元》《盗韩家》《女挂剑》
1914年2月17日	五幕正剧《良人》（吴我尊编）	吴我尊、马绛士、吴惠仁、董天涯、蒋镜澄	旧剧《广寒宫》《水淹下邳》《霸王出世》《王庆卖武》
1914年2月18日	五幕悲剧《芳草怨》（吴我尊编）	董天涯、吴惠仁、姚镜明、吴我尊、宋忏红、蒋镜澄、马绛士	旧剧《八美大闹嘉兴府》《收德成》《沙陀国》
1914年2月20日	二本《生别离》（马绛士编）	吴我尊、蒋镜澄、马绛士、吴惠仁、董天涯	旧剧《拷春桃》《阿斗》
1914年2月21日	六幕正剧《菱花记》（宋忏红编）	蒋镜澄、马绛士、夏百神、吴惠仁、吴我尊、董天涯、宋忏红	旧剧《双别窑》《战马超》
1914年2月22日	头本《二度梅》（马绛士编）	夏百神、吴惠仁、吴我尊、蒋镜澄、马绛士	旧剧《铁弓缘》《五台会》
1914年2月23日	二本《二度梅》（马绛士编）	蒋镜澄、马绛士、董天涯、吴我尊	旧剧《蚨蝶媒》《徐王观马》
1914年2月24日	三本《二度梅》（马绛士编）	吴我尊、马绛士、董天涯、宋忏红	旧剧《黄鹤楼》《百寿图》
1914年2月25日	六幕《红妆侠士》（吴我尊、马绛士合编）	吴我尊、姚镜明、蒋镜澄、马绛士、董天涯	旧剧《牧童唱歌》《周元成亲》
1914年2月27日	头本《寄生花》（董天涯编）	董天涯、蒋镜澄、马绛士、吴我尊、宋忏红	旧剧《双翠屏山》《张李拿风》
1914年3月5日	六幕悲剧《家庭恩怨记》	蒋镜澄、吴惠仁、姚镜明、马绛士、宋忏红	旧剧《哭皇城》《取荥阳》
1914年3月6日	六幕英国名剧《异母兄弟》	董天涯、吴我尊、夏百神、姚镜明、马绛士	旧剧《连营寨》《打破锅》

重新认知欧阳予倩

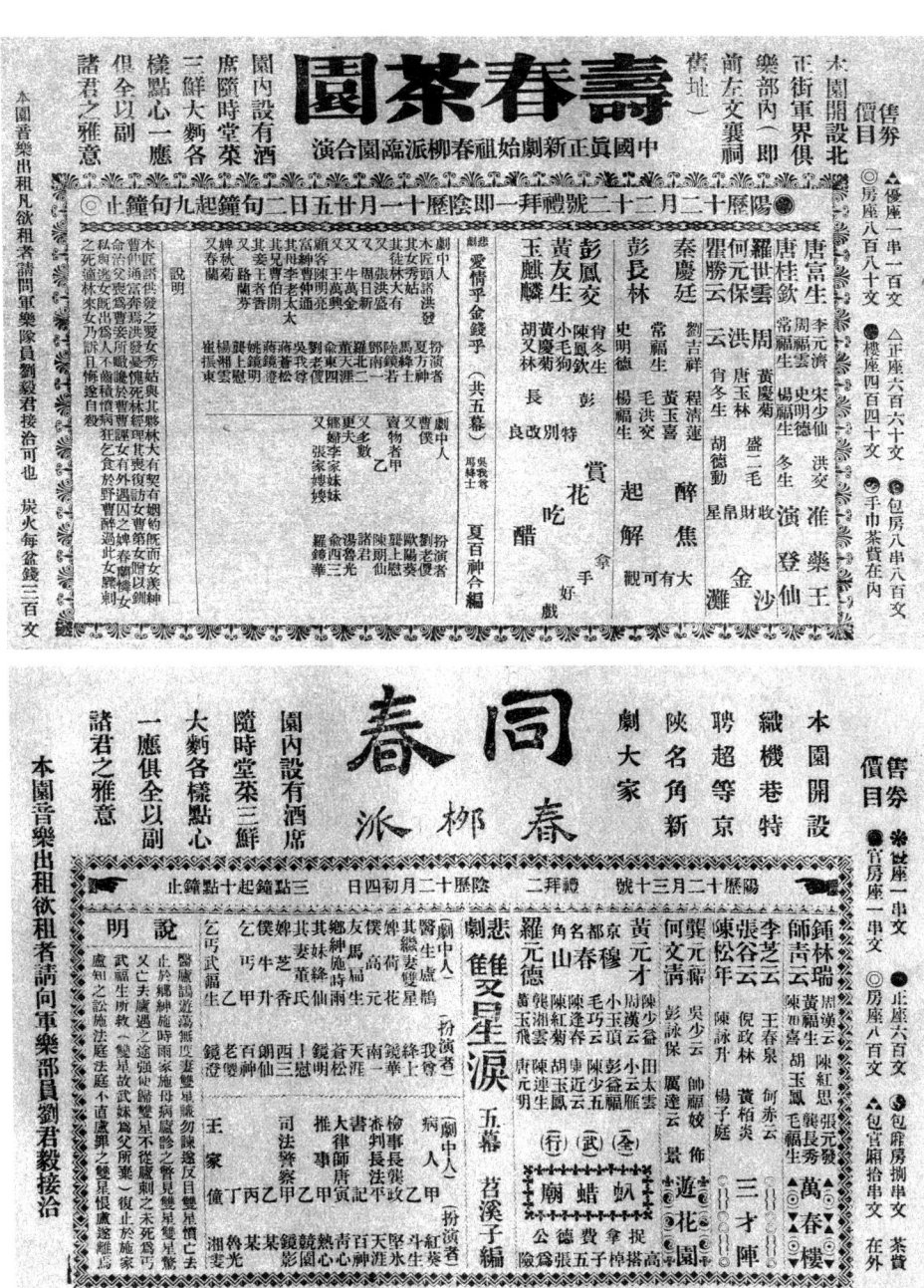

文社结束后,其成员大部分仍常留长沙以"春柳派"之名义
在寿春、同春茶园演剧谋生

《自我演戏以来（1907—1928）》校勘及研究

　　由以上表格统计可知，文社解散后，滞留长沙的新剧同志会成员先后在寿春茶园和同春园演剧谋生。须特别指出的是，文社原为留学归国人士之演剧团体，但其刊出的演出说明书中所刊剧目名称错误百出，如将《蝴蝶媒》写成《蚨蝶媒》，《大闹嘉兴府》写成《大闹加兴府》，《打严嵩》写成《三打严松》等，为保留文献原貌，有误未改。在笔者过眼的诸多演出说明书中，仅见1913年12月9—11日的演出广告中，欧阳予倩现身其中，之后的"春柳派"演剧广告再未见其身影。笔者臆测，可能即欧阳予倩自己在回忆录所说，"我真对不起朋友，我应当同他们在湘春园演的，我应当同他们回上海，可是我万不得已，先回了乡下"①。

　　因形势所迫，不论是寿春茶园还是同春园演剧，新剧同志会成员均与旧剧同台，这与早先进化团、开明社在上海演剧的情形，大抵一致。

　　新剧同志会这种"春柳派"的日式演剧风格，在长沙演出的实效不可高估，不然，也不会遭湖南社会教育新剧团解聘。湖南社会教育新剧团解除了与新剧同志会的聘约之后，又从上海招募了哪家新剧团体来湘，未见直接的史料。欧阳予倩在回忆录中曾言，文社的生意"不如在社会教育团的时候了……因为社会教育团的那班人又在上海聘了一班人（其中有顾无为、邹剑魂）来抵制。他们新到，所演的戏噱头又多，我们抢不过他们"②。而朱双云《新剧史》中记载道："癸丑夏六月，优游……闻湘省新剧之有大可图也，因约无恐、天声、无为、大悲辈，相将至湘，立社会教育进化团，演于长沙东茅巷，观者云集，历久靡衰。"③从时间上来看，汪优游率"社会教育进化团"抵湘的时间，与湖南社会教育新剧团解聘新剧同志会，拟从"沪汉敦请新剧大家，不日来湘开演"的时间，恰好衔接。另据笔者所见之"大东茅巷湖南社会教育新剧团传单"中，刊有"敝团以改良社会、普及教育为宗旨，开办以来，谬承各界欢迎。今秋重聘进化团全体来湘，又复演剧数月"之语，又可与《新剧史》等相印证，"进化团"受湖南社会教育新剧团之聘抵湘，演于大东茅巷。

　　为补救演剧市场乏力之弊，春柳派演剧之风格在迁入同春园后，亦有相

---

① 欧阳予倩：《自我演戏以来》，中国戏剧出版社1959年9月版，第40页。
② 欧阳予倩：《自我演戏以来》，中国戏剧出版社1959年9月版，第39页。
③ 朱双云原著、赵骥校勘：《新剧史》，文汇出版社2015年2月版，第94页。

应的变化：首先，日式演剧的数量相应减少，通俗剧目的数量相对增加，如上演了《寄生花》《二度梅》《芳草怨》《驯悍》等剧；其次，剧本的编剧由之前的陆镜若为主，渐由吴我尊、马绛士、董天涯等人共同承担；再次，在演员构成方面，春柳派演员由此前以新剧同志会成员为主，逐渐过渡为新剧同志会与长沙当地演员共同出任，尤其值得注意的是1913年12月31日之后，同春园的演剧名单中再无陆镜若现身。欧阳予倩回忆录中所说"镜若他们与湘春园的汉调戏班合作，混了两个月，回了上海"，是否即指陆镜若本人先行回沪？有待详考。

恰值春柳派新剧在长沙势成强弩之末时，宋忏红却抵湘加入同春园春柳派演剧，不仅成为演剧之主力，还兼任剧本编创之重任。新剧同志会回沪后，重整旗鼓，以"春柳剧场"的名义开演于谋得利剧院，那篇《春柳剧场开幕宣言》即出自宋忏红之手笔。而曾与之唱对台戏的进化团，竟也在同春园举行"临别纪念"演剧。1914年2月28日—3月4日，顾无为、李君磐、陈大悲、邹剑魂等上演了一至十本《新茶花》，作为临别演出。在当日的演出广告中，我们诧异地发现原本隶属春柳派的吴我尊、董天涯现身其中。由是观之，剧人之间的派别取舍，最终还是以利益为根本。顾无为等人在湘期间，与湖南社会教育新剧团有隙，该团另邀请同由上海抵湘的王无恐出面，拟重组演剧团队。王无恐遂与顾无为不和，两人之间的"恩怨"在各自返沪后进一步发酵。甲寅年初，汪优游、王无恐、顾无为等分别由湘回沪，汪、王等加入新民社，而顾无为则谢绝新民社之邀，毅然加入民鸣社。顾、王私人之在长沙结下的宿怨，进一步加剧了新民、民鸣两社间激烈的商演竞争。

新剧同志会的春柳剧场在上海演出之际，其主要的经费实际上是由张静江、周佩箴等人负责为其筹措的，据胡适的族叔胡寄凡《上海小志》一书记载，春柳社"社员多集于上海，复创新剧同志会。嗣租谋得利戏园，开设春柳剧场，资本家为南浔张静江"[1]。欧阳予倩自己也说"春柳剧场的前台开销完全由张静江借垫"[2]。张静江（1876—1950），谱名增澄，又名人杰，字静江，号饮光，晚年又号卧禅，浙江南浔人。在结识孙中山之后，对其经济上大力支持，被孙称为"革命圣人"。后支持蒋介石南京政府，主持建设委员会工

---

[1] 胡寄凡：《上海小志》卷七，上海传经堂书店1930年版。
[2] 欧阳予倩：《自我演戏以来》，中国戏剧出版社1959年5月版，第48页。

作，被蒋称为"革命导师"。周佩箴（1884—1952），也是浙江南浔人。清季加入同盟会，民国六年（1917）任浙省官产处处长，后在沪发起组织物品交易所，迭任董事，并任上海总商会会董。民国十二年（1923）被任命为广东省政府财政厅次长，后任省政府土地厅厅长。北伐后任浙省政府委员，兼浙江土地厅厅长。民国十七年（1928）张静江主政浙江时，周出任浙江造币厂厂长，后任上海中央银行行长。尽管有张、周等在财力上的支持，但春柳剧场过于保守的演出内容却与当时上海普通民众的观剧口味格格不入，一味坚持日式演剧风格的陆镜若不仅最终彻底断送了新剧同志会，也使自己积劳成疾，英年早逝。

梁绍文（1899—？）是广东顺德人，毕业于北京大学，早年参加少年中国学会，后加入国民党，参加北伐战争，并受国民党中央指派，多次赴东南亚开展党务工作。曾赴美国华盛顿大学访学两年，回国后任汉口大元帅府秘书、上海与吴淞警备司令秘书、上海兵工厂政治部秘书、驻印度尼西亚苏门答腊巴邻旁市代理领事、驻美国西雅图副领事等职。著有《南海诸岛游记》一书。正是与梁绍文的交往，欧阳予倩得以与田汉相识，两人不仅都是湖南的乡亲，还因共同的志趣和追求，结成儿女亲家。

官宦世家的出身，使欧阳予倩与当时民国政界的上层人物多有联系，这是他与其他一般伶人最大之区别。由于与田汉的相识，遂使欧阳予倩有南京国民剧场之行。欧阳予倩自己十分清楚，要发展艺术事业，并能够立足于社会，光像普通的伶人那样进行职业演剧，仅仅是糊口养家之道，而要立足于社会，则必须依靠政府之力。"大凡社会事业，总不能脱离政治关系。"[①] 早在1913年间，欧阳予倩在长沙组建文社之际，便有湖南都督府的庶务黄湘澄、省财政厅的杨德邻等人鼎力相助，为了把当地的府学改建为剧场，欧阳予倩甚至运用了军队的力量连夜拆建府学的明伦堂。自南通回沪之后的欧阳予倩依然有着自己的执念，他不满足在"上海大舞台挂着正牌……突然放弃了钻几场机关布景、唱几句九音联弹的戏子生活……穿起军装，挂起皮带"[②]，到南京总司令部政治部去当艺术顾问，这是他又一次借助政府的力量从事戏剧事业。然而，当时北伐军进入南京不久，南京不稳定的时局和民国剧场门前突

---

① 欧阳予倩：《国民剧场的经过》，《新闻报》1927年10月10日第25版。
② 虚怀：《十年前的南京国民剧场》，《北平晚报》1936年2月12日第4版。

发的暴力事件，彻底摧毁了欧阳予倩在"青天白日旗飞飚〔扬〕"的南京从事他戏剧事业的理想，仅三天之后，南京的国民剧场便关门大吉。1928年11月，时任南京改良戏剧委员会委员的欧阳予倩受广东实力人物李济深、陈铭枢之邀请，"拟在粤考察粤剧"[1]。他在《粤游琐记》一文中写道：

> 我到广东来的话，是在五个月以前就提起的，当时陈真如先生写信给我，叫我来帮助些粤剧改良的事。我因为不明了广东剧界情形未便一口答应，但是我和真如是朋友，很相信他，所以也想来看看。以后接着又两次的通信，事情却还没有决定，可巧他到了上海，彼此相见畅谈了一回。他又介绍我见了李任潮主席，李对我说："广东的民众极有进取的精神，而且凡办一件事，力量容易集中。"我说："好，就随主席看看情形吧。"这次谈话以后又停了差不多将近六个礼拜这才同船来的。[2]

1928年11月17日，欧阳予倩搭乘法国邮轮"布以介"号，随同"政治分会主席、省政府主席、第八路总指挥"李济深于11月19日抵港赴粤，开启了他三年之久的广东之行。欧阳予倩抵达广州后一个月，便被广东省政府任命为广东戏剧研究所所长。据当地新闻报道：

> 二十七日省府明令，委任欧阳予倩为广东戏剧研究所所长云。为令委事，案据教育厅呈称，为呈复事，现奉钧府教字第二二三号训令开，案查本府李主席提议设立广东戏剧研究所，附同该所设计概略，请公决一案，业经第四届委员会第一百一十三次会议议决，交教育厅审查，并呈奉政治会议广州分会核议通过在案，合将广东戏剧研究所设计概略抄发，令仰该厅，迅即遵照，审查具报，此令等因，计抄发广东戏剧研究所设计概略一份下厅……据此，当经本府第四届委员会第一百一十七次会议，议决照所拟派欧阳予倩为所长，令知即行筹备。另令财厅先拨筹备费三千元，并呈奉政治会议广州分会核议通过在案。除令复暨分令外，合行令委，仰即遵照，克日到差，速行筹备，仍将遵办情形具报，

---

[1] 《广州民国日报》1928年11月19日第3版。
[2] 欧阳予倩：《粤游琐记》，《南国月刊》1929年第1卷第1期，第180页。

《自我演戏以来（1907—1928）》校勘及研究

此令。①

正是受益于广东高层的大力支持，欧阳予倩在广州开办戏剧研究所的工作能得以顺利进行。在接到广东省政府的任命之后，欧阳予倩积极着手研究所的筹建工作。"拟于所内附设小剧场，为学员实地演习之处。研究所内分历史、社会等系，及导演、音乐、配景各组，分别研究，采改良、创造与蒐〔搜〕集三个方法，一面邀集社会名流、艺术人材，征求建议，积极创造改革，使成为中国的模范戏剧。日来欧阳氏经向上海聘请有名戏剧学家，及物色粤中名家，充任该所导师，一面物色音乐家，先成立音乐组，并设研究会，讨论进行。现正分头搜集研究材料。关于历史、社会、通俗一切剧本、歌谣均在蒐〔搜〕求研究之列。"②正是由于欧阳予倩与广东高层的密切关系，戏剧研究所筹建工作进展顺利，省政府专门"指定回龙桥土地裁判所"为戏剧研究所的办公用地。"现该所已根据组织法筹备，先在所内筑一小舞台，以为实习之用。该台现已开始建筑，约在下月中旬便可竣工。至该所之工作，亦经分配以严工上担任音乐。查严氏精于电影戏剧，音乐尤以三弦及昆曲为所最精，且严氏对于方言，亦颇有研究，现任中华全国国语教育促进会研究股干事。至舞台装饰，则亦指定邵知归担任。查邵系上海艺术大学毕业，精于舞台装置，故欧阳所长特聘其来粤担任改良舞台装置。至关于跳舞一科，亦经聘定唐槐秋担任。查唐氏曾留学法国，毕业于飞行学校，现为万国飞行队员，跳舞一科在法时曾悉心研究，故在巴黎为著名之跳舞大家云。又欧阳予倩以服装一项，于戏剧一时代上占重要位置，故决定日间请中大、岭南两大校校史学教授共同研究各时代之服装，以为改良戏剧之准备云。"③

1929年2月16日，广东戏剧研究所举行成立典礼，欧阳予倩于是日正式宣誓就职。当时的场面甚为隆重，出席就职典礼的官员和代表几乎囊括了当时广州党、政、军、学、商各界的头面人物。"十六日下午一时，举行成立典礼……到场者有省政府代表龙思鹤、省政府郭秘书长、王钟两秘书、省党部代表、省民训会代表、市党部代表、建设讨论会委员彭一湖、总指挥部副

---

① 《欧阳予倩任戏剧研究所长》，《广州民国日报》1928年12月28日第14版。
② 《戏剧研究所筹备近讯》，《广州民国日报》1929年1月3日第14版。
③ 《戏剧研究所筹备进行概况》，《广州民国日报》1929年2月1日第5版。

官处长李青、十一军办事处代表、第四军代表、教育厅代表、两广国术馆长万籁声、财政厅代表、交涉署秘书易健全、教育局代表、各机关代表暨省商民协会、广东全省工联会、中山大学、海外同志社、八和总工会等各团体代表来宾共二百余人。"① 如此盛大的场面，对于欧阳予倩本人和戏剧研究所而言，恐怕都是空前绝后的，研究所官办的性质由是亦可见一斑。

广东戏剧研究所的设立，可谓欧阳予倩自日本留学归国后最卓有成效的工作，亦是中国近现代史第一所依靠政府的力量组建起来的戏剧研究的专门机构，隶属于广东省教育厅，其相关的戏剧实践的设想均初步得到

1935年国民政府对欧阳予倩发布的通缉令

了实现。在三年左右的广州之旅中，我们通过《广州民国日报》的相关记载，可以清晰地看见欧阳予倩为了维持来之不易的戏剧研究所，为了继续实践他戏剧事业的追求，长期游走于广东省政界的上层。然而成亦萧何，败亦萧何，广东政局的遽变，遂使戏剧研究所之大好前程中辍。尽管如此，三年来广东戏剧研究所之经历，使得欧阳予倩的声誉倍增，在与欧阳氏同时代的伶人之中，鲜有与之匹敌者。今日学者为夸赞欧阳予倩所走过的艺术道路，对其广东戏剧研究所的三年经历大肆渲染所谓"在朝""在野"之区别，以之为欧阳氏洗刷所谓政治上的"污点"，实则大可不必。20世纪20年代末期的广东，仍然是中国北伐革命的策源地，是岭南地区合法的地方政府。身处那个特定历史时代的欧阳予倩，为了践行其戏剧理想，只有依靠当时政府的力量，这与欧阳予倩本人的政治倾向并无过多的瓜葛，无须为之讳言。1933年11月，原十九路军将领蔡廷锴等联合李济深等在福建成立"中华共和国人民革命政

---

① 《戏剧研究所成立纪》，《广州民国日报》1929年2月19日第5版。

府",由李济深任主席,陈铭枢任政府委员兼文化委员会主席,规定以福州为首都,更年号为"中华共和国元年",史称"福建事变"。由于同李、陈等人之间的交谊,欧阳予倩亦参与了福建事变,出任"福建人民政府"文化委员会委员一职,因而遭到南京民国政府的通缉。[①]福建政府提出了反蒋抗日的口号,欧阳予倩加入福建政府,并未见其有何反蒋之言论,更多地出自他与李、陈等人之间的交情。但他对待日本的态度则十分明确,尽管他与诸多日本艺人和学者之间多有联系,但在民族大义问题上欧阳予倩始终站稳脚跟,立场鲜明,这一点在当时的历史条件下殊为不易,他留日期间结识的不少同学在抗战全面爆发后附逆投敌,如春柳社的成员谢抗白、余大雄等人。

抗日军兴之后,欧阳予倩举家赴广西,又受到时任广西省政府主席黄旭初之接待而出任广西艺术馆馆长之职,并于1944年2月在抗战最为艰苦的相持阶段,在大后方成功地举办了西南八省第一届戏剧展览会。这亦是得益于欧阳予倩与当时广西上层之交往而成事的。西南剧展之事已不在《自我演戏以来》记述之范围,此不赘述。

除了与政界的往来之外,欧阳予倩最大的社交圈便是与伶人的交谊。

不同于一般的伶人,由于欧阳予倩社会活动的范围十分广泛,京、沪、汉、穗之外,又到过南通、大连、杭州、苏州、奉天等多地进行演出,可谓足迹踏遍大半个中国。《自我演戏以来》一书在相当程度上便是他早年演艺生涯的实录,故而当时人评价该书时说,欧阳予倩的自传不是坐在书斋里写出来的。

日本留学归国后,欧阳予倩最初的舞台演艺是从参与新剧同志会的演出开始的。据他自己说,1911年秋他祖父去世后便从广西回湖南,过了年之后又到上海参加了陆镜若组织的新剧同志会,"借三马路大舞台演了一次镜若编的《家庭恩怨记》,我饰剧中小桃红"[②]。但笔者多方检索,却发现此次演出的地点并非大舞台而是青年会,且剧中扮演小桃红者亦非欧阳予倩而是张苏新。[③]可能是欧阳氏记忆有误。新剧同志会成立之初,在上海演剧的行情

---

① 该通缉令现存台湾档案馆,详见"中国民国二十四年三月九日内政门查缉纲欧阳予倩目成字第五三号"。
② 欧阳予倩:《自我演戏以来》,中国戏剧出版社1959年5月版,第28页。
③ 昔醉:《新剧同志会新剧评〈家庭恩怨记〉》,《申报》1912年4月23日第10版。

并不看好，于是便去苏州、常州、无锡进行旅行演出。①欧阳予倩参加了苏州、常州、无锡等地的演出。这一时期欧阳予倩与伶人的交往，除了之前的留学旧友之外，便主要是与戏曲界知名艺人的接触。欧阳予倩在《自我演戏以来》书中说道，他在新剧同志会期间因吴我尊之介绍，认识了戏曲演员筱喜禄和吴彩霞，之后又因筱喜禄的关系，认识了江梦花、林绍琴等人。从湖南文社回沪之后，欧阳予倩继续在春柳剧场演剧，但与内部人员之间矛盾日深。1915年4月24日，欧阳予倩在筱喜禄等人的介绍之下，搭班第一台演出戏曲，之后去杭州城站第一台演出，结识了毛韵珂、薛瑶卿等人。杭州回沪之后，又认识了克秀山、贾璧云、梅兰芳、冯春航。1916年欧阳予倩重返第一台，与周信芳、冯春航、吴彩霞等搭班同台。1918年春，欧阳予倩进了九亩地的新舞台，结识了新舞台的夏氏兄弟和潘月樵。1919年受聘赴南通之后，又与盖叫天、袁寒云、潘海秋和赵桐珊等有了同台演出之机缘。赵桐珊，艺名芙蓉草，欧阳予倩对其有知遇之恩，曾为之"理新腔、整舞态"②，二人合演的《嫦娥》一剧名噪一时。欧阳予倩还因不赞成在舞台上使用真刀真枪而开罪了盖叫天，此后盖叫天在讨论伶界联合会成员资格时，特别强调凡是没有拜师入科者，均无资格参加伶界联合会，此举显然是直接针对欧阳予倩的。欧阳予倩1923年初离开南通回沪后进入亦舞台，与余叔岩、马连良搭班，后又进入新舞台结识了刘汉臣，又因刘汉臣岳父的关系而赴大连演剧，遂使欧阳予倩有东北之行，并阴错阳差地参加了东北军阀张作霖五十寿辰的堂会演出。欧阳予倩与刘汉臣合演的《打渔杀家》，迄今还能见到当年演出的剧照，在此基础上，欧阳予倩又改编了新剧目《讨渔税》。当时伶界有两个刘汉臣，

---

① 按，《演剧同志会新剧译〈家庭恩怨记〉》有关新剧同志会早期的演出情况，朱双云《新剧史》载："（壬子春三月）是月，陆镜若立新剧同志会，演于张园。陆镜若自扶桑来，与罗漫士等立新剧同志会，于沪演于张氏味莼园，天雨至卖座寥寥。""（壬子春三月）是月，中华演剧团与新剧同志会合演于上海青年会。中华演剧团者，黄伯揆、龚伯英所发起者也。因恐独力难支，爰与同志会合，演于青年会会堂，计二日，剧为《家庭恩怨记》《自由结婚》，售券甚广。""夏四月，新剧同志会，由沪之苏。同志会以其剧过于高尚，致不为沪人所悦，乃去而之金阊，演剧半月。会苏省军队不靖，遂仓皇返沪。""（夏六月）是月，新剧同志会演于谋得利。新剧同志会，以筹经费起见，于六月望日，演《社会钟》剧于谋得利，卖座无多。""（秋八月）是月，新剧同志会知如常州。同志会知上海之不可以复居也，因适常州，演于逸仙戏园。期月，以营业不振，嗒然而归。"
② 《欧阳予倩启事》，《申报》1921年6月26日。

《自我演戏以来（1907—1928）》校勘及研究

艺名同为"八岁红"，一在天蟾舞台演出，一在新舞台演出。在新舞台演出之刘汉臣（1902—1927），系邱治云之徒弟。刘汉臣"有昆季三人，彼行三，兄汉森、汉泉"①，欧阳予倩文中所述之"汉臣"，即此刘汉臣。1927年1月，刘汉臣以通敌赤化罪被杀，成为民国天津八大奇案之一。秦瘦鸥的小说《秋海棠》，即以此为题材，被誉为民国第一言情小说。

正是与这些知名戏曲艺人的交往，使得欧阳予倩的演剧水平大增。欧阳予倩天资聪慧，他是那个时代几乎唯一一个没有科班经历却卓有影响力的伶界艺人，殊为难得。

除与伶界的交往，欧阳予倩与当时的新剧（话剧）界亦有很深的往来。除了新剧同志会的成员之外，他与民鸣社、笑舞台、戏剧协社均有接触。1915年6月22日，新民、民鸣两大剧社合并，欧阳予倩便加入民鸣社演出《宁国府》《鸳鸯剑》等剧；1916年8月11日，欧阳予倩进入笑舞台，演出《劫花缘》和《彩楼配》；1917年10月25日，欧阳予倩二度进入笑舞台，演出《宝蟾送酒》《林黛玉葬花》等红楼剧而蜚声一时。欧阳予倩因之与郑正秋、朱双云、顾无为、汪优游、徐半梅、查天影、凌怜影、李悲世、钱化佛、张双宜等均有交际。得益于欧阳予倩的个人魅力，他在新剧界享有较高的声望和影响力。朱双云、汪仲贤都是新剧界颇具影响力的人物，欧阳予倩与侪辈齐名。在戏剧协社、南国社期间，欧阳予倩不仅与田汉、应云卫、唐槐秋、洪深、谷剑尘、陈大悲等交往日深，并创作了现代话剧《泼妇》，在陆家浜职工教育馆上演，其夫人刘韵秋亦随同他一起参加了戏剧协社的演出，成为当时难得的女性演员之一。1932年，顾无为正与明星电影公司因《啼笑因缘》的版权纠纷诉讼不清之际，为平息事端，上海京剧界、话剧界、文艺界聚集一室，商讨解决之法，事后合影留念。出席此次会议的人员有赵如泉、周信芳、林树森、陈大悲、欧阳予倩、朱双云、常云恒、刘筱衡、夏赤凤、应云卫、汪仲贤、张善琨、顾无为、陈秋风、鲍琴轩、李元龙等。照片中欧阳予倩位居中央，俨然一副剧界"大佬"之姿态。②

由于早年留学的经历，欧阳予倩一直与日人保有密切之联系，其与北平

---

① 宝琴:《记刘汉臣》,《戏报》1927年2月20日第2版。
② 详见《百美图》,1939年第1卷第4期，第21页。

《顺天时报》记者辻听花（1868—1931）之间时有书信往来，内容大都与戏剧有关。辻听花将欧阳予倩部分书信内容刊于《顺天时报》，为我们了解那个时代欧阳予倩的社交，提供了绝佳的史料。

1919年，欧阳予倩应南通实业家张謇之邀，赴南通主持伶工学社和更俗剧场，在此期间他曾多次与北平的辻听花有书写往来。信中内容大都是欧阳予倩对于中国传统戏剧的见解以及他在南通期间带领伶工学社的演员赴外埠演出的情形。1921年更俗剧场邀请小翠花赴南通演剧。小翠花曾在北平演出《宝蟾送酒》一剧，与辻听花相识。此番赴南通演剧，辻听花特意给欧阳予倩去函，请予以指导。欧阳予倩接信后回复道：

> 听花先生，奉函欣喜。久仰先生于中国旧剧精晓靡遗，今日竟无中国人深解能乐与歌舞伎者，可愧也。于君（即小翠花）之艺娴熟，可切磋也。马二先生倩与之十年之交，两年不见矣，时切思忆，附一笺敬烦转致。匆匆奉复，草草不庄。倘遇机缘，当北上领教耳云云。①

欧阳予倩在南通经营伶工学社、更俗剧场之际，日本驻沪记者村田岛江曾专程赴南通采访欧阳予倩，并在《大阪每日新闻》上刊发《访南通州记》一文。辻听花阅后，将此文摘译发表。文中述及欧阳予倩早年演剧经历、南通伶工学社情形及陆镜若之简况。欧阳氏在受访时指出戏剧的社会性，不仅在于演剧本身，观众的"智识"亦十分重要。

> 《乳兄弟》②之君江、《不如归》之浪子（日本剧名及剧中人名），暨西洋剧《贝尼斯之商人》《俄连夫人之职业》《犹哥之热血》等剧，仆曾演过，尚未免拙。但由一方面言之，戏剧之优劣，暂措勿论。观剧者之智识，尚须要进步。佐藤红绿氏之作《云之响》亦曾演之，自编之作有《和平之血》《坚忍之胜利》等。又对于《长生殿传奇》《红楼梦》亦曾试相当之开拓。敝友有陆辅者，苦心于戏剧之改良，可惜前年病故。陆曾

---

① 《南通州欧阳予倩之来札》，《顺天时报》1921年7月9日第5版。
② 按，此剧名应为《乳姊妹》。

留学日本，卒业帝国大学，为坪内博士门人，往昔曾偕松井须磨子出演舞台。①

采访中欧阳予倩还述及南通伶工学校学生人数、课程设置等情形：

> 现在学生五十七名，以高尚优伶、智识为宗旨，课目分华文、历史、地理、英语、泰西跳舞、音乐、中国文武旧剧及特别常识学诸门。毕业年限五年，将来拟收容女子，养成优伶。
> 弟之素志在实行中国戏剧之革命，惟因一般人士脑海深染于旧剧，故破坏旧剧之典型，颇属至难，是以先兼采旧新各剧之长处，加以日本及欧美戏剧之优点，藉以创制一种崭新之典型，尤属紧要之事。弟拟俟明年再赴日本，淹留半载，就坪内博士暨士行氏等（即博士父子）关于剧曲详细研究，次则漫游欧美，遍考各国之戏剧，以增长智识云云。②

欧阳予倩《自我演戏以来》书中曾述及他在南通时赴汉口演剧之事，但未曾提及还有组团赴日本演出之设想。而在他与辻听花的书信往来中，则记有《顺天时报》记者辻听花和扬州盐务官高洲太助拟约南通伶工学社东渡赴日演出之事。欧阳予倩在回复辻听花的信函中，比较了日本歌舞伎与中国旧剧之关系，并就南通伶工学社的内部情形以及当时的国际关系，进行了阐述。他在信中写道：

> 倩曾读坪内博士序伊原之文，谓歌舞伎具无比类游戏的精神，鄙意中国旧剧，足当同等之评判，故颇注意此姊妹艺术之携手。两者今已同入蜕分之期，必有新产物起而代之。然旧者未必不能为新者一部分之基础，如有健者腐朽足神奇之化。况数百年积累嬗递递来，譬如骨董之花纹蝌蚪，今之美术家或假以为图案之一助，故倩乐为比较而研究之也。二黄、秦腔戏无意义、无思想，且不近人情，而人之好之者，亦正以此。

---

① 《南通州欧阳予倩之剧谈》，《顺天时报》1921年12月27日第5版。
② 《南通州欧阳予倩之剧谈》，《顺天时报》1921年12月28日第5版。

倩习旧剧七八年，舍机械之动作、语言外，一无所得。其所以不至于绝对无兴味者，游戏而已。倩每着意变更其结构，思所以利用背景，求其适合，尤欲就音乐加以改良锣鼓、胡琴不足以表情也。惜乎俗务冗杂，莫由专攻，期诸十年后矣。至于新剧西洋译本，不适应实演，盖各有其地方色，不能引起普遍之同情，必有学力充实，能代表国民性之作家，然后有发挥光大之望。国人对于艺术兴味薄弱，艺人以生计之余闲从事于艺，所得亦鲜矣。①

南通更俗剧场，亦如上海舞台，以过渡戏自存。惟较整齐，蕞尔一城，不易罗致名角，勉强敷衍，俾不致亏累而已。伶工学社有生徒五十余人，大半高小毕业，其善昆乱文武戏四五十出，有管弦乐一队，只以经费不足，不能满意进行，持之以惭。且看如何东渡之行，或可成为事实。内部组织，颇费周折，时期亦暂不能定。鄙意不在报酬而在艺术之商榷，故于选择剧本，颇示慎重。同行之人，亦须加以训练。至于国际关系，非倩所计及。吾固不知艺术与学问有所谓国界，吾尝谓今世一切封锁政策，为聚全球聪敏人作笨事，先生谓然乎。小照容选寄一二枚，殊无佳者，非写真师之过也。河合梅幸虽犹受极端之欢迎，倩则倦于登台，拟专从事于剧界矣。拉杂满纸，不觉言之过长，幸恕云。②

辻听花曾向欧阳予倩索要其本人和伶工学社的照片，并拜托欧阳予倩为之求墨宝于张季直先生。欧阳予倩为此二事，连续复函。

听花先生，承赐佳什，笔墨精妙，无量感谢。剧谈（前次关于余复书之事）容缓商榷，小照添印未就，伶生已令摄化妆小影一二枚，一周内当寄上也。季翁（即张謇翁）书尚未就，率复云云。

……

听花先生，连奉手书，高谊殊可感。日来因贱事忙迫，未及一一作报，歉甚。昨由友人寄来北海主人评谈一则（前载本报），不无过誉予倩

---
① 《南通州欧阳予倩之来札》，《顺天时报》1922年3月16日第5版。
② 《南通州欧阳予倩之来札》，《顺天时报》1922年3月17日第5版。

之处。倩拟作一较为精密之文，在《戏剧》杂志发表，并先于复执事书中述其大意，竟不得寸暇。俾能执笔，若不及早辞去剧场职务，则于艺术修养上，诚有大碍。相片明日方能印出，后日可寄。此间写真师殊不佳，伶生所影两三片均走光，不便制铜版，倩所摄略佳，究未能如意耳。今晨见季直老，横条当可就。天渐暖，无笔冰之虞也。书家每惯迟缓，兴不来则书亦不佳，如季直老，一身肩家国之大计，遣余暇于笔墨之中，尤可贵焉云云。①

欧阳予倩在南通时期，曾有汉口之行，其《自我演戏以来》书中虽未述及详情，然其与辻听花往来信函中，对于汉口演剧之事则有记述：

听花先生，前者因战事乍起，南北隔绝，彼此音问顿疏。而倩复游湘，留长沙九日，演剧得赈款十万。六日归途，为汉口人士强留演五日，售座八千圆，颇足偿其一年来汉大舞台之亏累。所演各剧，则殊不满足，时正在病中，复无配角，而汉人士每加以谬赞，甚愧。归通奉手示，并收到大著，已转呈季老。京中各友每于贵报得予倩消息，投书相问讯，而倩于先生无一面之雅，则人或未知耳。畹华将于季老诞日偕凤卿、小楼来通演剧，必极一时之盛。都城闻颇安谧，居民观剧之兴味如何？爱美的新剧社日渐发达，亦可以为新文学之一助，惟剧本终乏作家而已。百忙不及畅叙云云。②

由于汉口演剧市场兴盛，欧阳予倩自湘返通，路过汉口演剧，收入颇丰。为维持伶工学社的开销，欧阳予倩率伶工学社演员赴汉口演出。其间致书辻听花，述及在汉口观看易俗社演剧之感受：

予倩已在汉口矣，奉由南通转来大札，知贵报有组织理想政府之举，此事颇饶兴起（中略）。倩在汉口曾观陕西易俗社秦腔剧，甚好，当作一

---

① 《南通州欧阳予倩之来札》，《顺天时报》1922年4月15日第5版。
② 《南通州欧阳予倩之近状》，《顺天时报》1922年6月24日第5版。

短文，为之介绍于先生。该社之办法及宗旨，均与倩意不甚相同，然忠实缜密之处，自是可爱。脚色中亦颇有可观，如刘箴俗者，演闺阁名媛，诚天才也，吾甚盼其社之发达光大。而社长李君约之坚忍能任，堪信其不负众望也。倩与汉大舞台有数月之约，伶社生均幼小，不能维持现状，此亦过渡期内不得已之举耳云云。①

欧阳予倩率伶工学社在汉大舞台演出期间，与北平《顺天时报》记者辻听花时有通信，述及对陕西易俗社之观感，并赋诗数首：

听花先生奉书，忙中不及即报为歉。马连良来，又奉介绍一函。连良之艺甚可爱，再过一二年，嗓音必复，则名角矣。伶工学社全体学生，均在汉口。以学生之力，虽不能单独维持现状，牵罗补茅屋，亦复勉自支撑，但求积累铢寸，无复雄视万里之心，可笑人也。歉岁安问收获，耕耘无彻已耳。倩有批评易俗社一文载此间《江声报》，裁下原稿，拟以奉寄。兹竟遍觅不得，想为仆人捻以覆瓿矣。刘箴俗相片一枚，敬以相赠，誉之者称之为伶圣，毁之者（《时事新报》）詈之为淫丑，皆失其当。倩以为其天才可为名优，扮相、嗓音、身段、表情，均有可观，才难如今日，应有以维护之，无所用其吹求也。②

易俗社尚有旦角一人，亦刘姓名迪民，善演慷慨激烈之角色。惟过刚之处，每似男子，不似箴俗之温婉。原来以男子饰女子，本失自然，日本、中国之旧剧，则习惯如此，视听已驯，如梅幸、河合、兰芳辈，竟无女优足以企及。而梅幸、河合老矣，国人爱重，仍勿衰，盖以艺论也。然演旦角而善者，必女性之男子无疑耳。易俗社尚有生角一人，丑角二人甚佳。近来随处以旦角为代表，其他脚色每多忽略，求一声带雄浑、体格强健、头脑明晰，能饰较有价值之人物者，何可得哉？易俗社之剧本，完全照梆子整本戏编制，注意在旧道德，故无一不有议论，或训诲之词，如演《温峤下玉镜台》，必加入青衣、行酒、红拂、私奔等不

---

① 《汉口欧阳予倩之来札》，《顺天时报》1922年9月14日第5版。
② 《欧阳予倩之来札及诗（上）》，《顺天时报》1922年11月5日第5版。

相干之片段，以为议论之地步。《殷桃娘》一剧则以韩信之功、项王之败，附会于一女子之报父仇（殷桃为会稽太守殷通之女，适为羽所杀。桃娘奔韩信，坚促其困垓下，杀项羽）。而刘季起义，亦对军士作长篇之演说，此与从前任天知、刘艺舟、顾无为之新剧，极相类也云云。①

在汉口演出期间，欧阳予倩曾赋诗多首，寄予辻听花，在《顺天时报》上刊出。其一为《皎皎长安子》：

> 皎皎长安子，骏马垂金鞭。
> 飘风黯城郭，迅雷夸回旋。
> 炼土作丹朱，服食求神仙。
> 华年不可驻，涂抹争媸妍。
> 大人好广眉，虎变示威严。
> 君子学盲瞽，静虑见繁端。
> 调朱兼大口，似乎便语言。
> 利爪磨长牙，垂手削双肩。
> 怪异惬时尚，媚巧急锋先。
> 嗤彼洛中神，窈窕秋风前。
> 临波蹈大海，回眄如有怜。
> 孔孟在当日，何若苏张贤。

其二为《夜经古墓》：

> 微风动织素，薄雾笼轻凉。
> 徘徊远衢路，蹈草追萤光。
> 行经古墓前，松柏何苍苍。
> 足登断碣倒，目注浮云长。
> 省识暗中趣，可与嬉朝阳。

---

① 《欧阳予倩之来札及诗（中）》，《顺天时报》1922年11月9日第5版。

其三为《答易俗李约之社长原韵》：

中岁曾经万劫来，相逢能不泪盈杯。
疮痍满目空余死，忧患当前始见才。
岂有胭脂填恨海，忍抛罗绮葬歌台。
秋残渐觉青阳近，待向花时笑几回。

其四为《友人招饮即席》：

莫愁半世浮沉去，一行精严破万才。
我自有身能饲虎，不妨相对且衔杯。

其五为《立愿》一首，原报模糊不清，难以辨识。

立愿■■■，宅■宁暂移，
孤行不求信，无妨天下疑，
■风■微■，悠然草木滋，
花生靡二致，静燥堪平持，
■■花开日，同是花谢时，
天行简以遵，参差一揭齐，
君子应万变，恒以掺其机。[①]

以上诗作，欧阳予倩文集中均未收录，对于研究欧阳氏之诗词创作，颇有裨益。

欧阳予倩自南通回上海后，进新舞台从事职业演剧。1923年11月8、9两日，上海伶界联合会为日本震灾、侨日华工、旅沪俄侨演剧筹赈，欧阳予倩参加了此项活动，在新舞台演出了《四郎探母》。欧阳予倩在与辻听花的信函中述及此事，辻听花对欧阳氏之义举大为赞赏，特在予倩的信函前附上按

---

① 《欧阳予倩之来札及诗（下）》，《顺天时报》1922年11月12日第5版。

《自我演戏以来（1907—1928）》校勘及研究

语道："友人欧阳予倩现在上海新舞台，从事歌舞，鼓吹风雅。此次日灾，予倩纠合同志，已于日前义务戏，以助赈灾，收至大效果，中外各报莫不赞扬。其人物如何，可以知矣"。欧阳予倩在与听花的信函中道：

> 听花先生，两奉惠书，因迫贱事，稽迟作答，罪甚罪甚。此次义务演剧，全系伶界联合会暨各界领袖热心组织，成绩尚好，倩不过略任介绍之资而已。承命书短幅，字太劣，不敢献丑。像〔相〕片亦无佳者，容取最近拍出者，奉赠一枚。高洲太助先生前日到沪，明日可相见。水野梅晓先生昨日解缆东渡，吾深望其此行有益于中日交谊也。率覆敬候，著安。欧阳予倩顿首，十一月九日。①

欧阳予倩进入新舞台后结识了刘汉臣，又因刘汉臣岳父之介绍赴大连演剧，遂有东北之行，并参加了东北军阀张作霖五十寿辰的堂会演出。欧阳予倩抵东北后，"满蒙协会拟开之欧阳予倩演剧会……关于剧目之选定，已由各专门家协议，决定四种如下：一、旧剧《打渔杀家》；二、欧阳予倩之新剧《人面桃花》；三、由《西游记》中所选之武剧《金刀阵》；四、以跳舞为代表的脚本《百花献寿》"②。1925年2月21日，欧阳予倩在大连的保善茶园上演了《打渔杀家》《金刀阵》和《人面桃花》。在大连演出期间，欧阳予倩继续与辻听花保持通信联系，述其由大连至奉天之情形。他在信中写道：

> 予倩竟为大连剧场之经理强至奉天，此行毫无意义，惟沈阳青年颇表同情，留吾于此商榷新艺术之设施自今，两礼拜后方能到京。不料悠愿如是，有劳锦注，极歉然也。即此敬颂著安。欧阳予倩顿首，三月廿四日。
>
> 曲缘罗君已得见，并告。③

欧阳予倩虽长期与辻听花有书信之谊，但南北相隔，未曾谋面。欧阳予

---

① 《上海欧阳予倩之最近手札》，《顺天时报》1923年11月20日第5版。
② 《大连欧阳予倩之演剧会》，《顺天时报》1925年2月23日第7版。
③ 《欧阳予倩最近之来函》，《顺天时报》1925年3月29日第5版。

倩由奉天返回，取道北京，计划与辻听花相见，故驰函以告。他在信中写道：

> 听花先生道席，顷奉手示，知日前一书尚未得达左右，何其迟也。倩在奉天为此间青年计划新剧社，一月以来，颇有成效。兹定于四月十一、二两日公演，演毕即到北京，大约至迟四月十四号必能抵都。即寓唐林君处，一发容面白也。此间留我演剧，幸行头早已送回上海，不然又须说多少费话。住此一日，译成剧本三幕，演讲七次，编成社会教育实施计划书一通，排成四幕剧一出，独幕剧一出，不能谓毫无成绩。至于市剧场，恐非今日事，吾不过先下种子而已。匆匆奉覆，即请著安，并转示唐林君为叩。欧阳予倩叩，四月一日。①

欧阳予倩抵京后，即与辻听花相晤，把酒言欢。席间赋诗书赠，以为纪念。予倩赋诗，与三年前旧作，仅一字之差。

> 莫愁半世浮沉去，一行精严破万才。
> 我自存身能饲虎，不妨相对且衔杯。

听花回赠道：

> 曾结风流翰林缘，都门初遇拍吟肩。
> 笑斟村酿君休却，况是清和三月天。②

欧阳予倩在京之际，贺化龙在瀛寰饭店设宴招待欧阳予倩，欧阳予倩即席赋诗道：

> 潇湘有客莅都门，文酒风流笑语温。
> 更喜今宵承宠召，桃花映座醉金樽。③

---

① 《欧阳予倩函讯》，《顺天时报》1925年4月6日第5版。
② 《欧阳予倩来谈》，《顺天时报》1925年4月19日第5版。
③ 《顺天时报》，1925年4月24日第5版。

《自我演戏以来（1907—1928）》校勘及研究

欧阳予倩由京返沪后，进入丹桂第一台演剧。其间又致书辻听花，言及有携眷北上之计划，信中写道：

> 听花先生赐鉴。握别后因忙碌过度，遂以启事嘱之，舍亲匆匆，一言或遂忘之矣。到沪除演戏外，复须赶排新戏，恒至夜深归家，有时或竟至天明。故日间只能殭〔僵〕卧，不作一事，奉手教稽迟作报，想必怪讶。今晚二本《汉刘邦》登场，从此两月之中，或可无须排戏矣。都中近设梨园新馆，是何性质，颇愿知之。开幕之日，先生想必参观。此种组合，有别于从前之正乐育化会乎？大著《中国戏》订正本几时出版？定价几何？乞便中赐示俾得快读。沪居虽惯，不若都中之有兴味，此间约满，拟携眷北上小住。其期不在今秋，当在来春。先生南游之意如何，甚盼之。匆肃，敬叩著安，欧阳予倩顿首。①

第二年春，欧阳予倩再度赴京，又与辻听花相聚畅谈。回沪之后，欧阳予倩在与辻听花的信中写道：

> 听花先生，都中聚首，诸承照拂，感荷之至。回忆车中握别，古道照人，不能忘也，不能忘也。兹已安抵上海，一切尚称顺适。民新公司影片已开摄，版成之后，倩或再行北上，届时或已平靖矣。翠兰相片已书时少卿②速寄，海上剧场惟尚、马特别叫座，今年市面亦逊于往年耳。专肃敬叩道安，欧阳予倩顿首。③

欧阳予倩在大连演剧之际，曾去旅顺小住数日，与东北大学许觉园相晤。他在《自我演戏以来》一书中亦有记录。"春航登台的时候我到旅顺去逛了两天，住在东北大学汉文教授许觉园氏的家里，备承他优渥的招待。"④许觉园（1886—1972），原名学源，字觉园，号大洪山人，湖北孝感人。早年曾参加

---

① 《欧阳予倩来函》，《顺天时报》1925年5月31日第5版。
② 辻听花在此函末附有注释："函中所云翠兰者，系此次偕小杨月楼赴日献艺之坤角，所谓小卿者，即杨伶班底许少卿也。"
③ 《欧阳予倩来函》，《顺天时报》1926年4月17日第5版。
④ 欧阳予倩：《自我演戏以来》，上海三联书店2014年8月版，第150页。

武昌首义，任职湖北军政府，后至旅顺、大连任教。欧阳予倩在旅顺之际，借宿许府。欧阳予倩由奉返京后，曾与之有书信往来。

> 觉园先生道席，久疏问候，怀念无已。倩由奉至京，匆匆五六日，游兴未畅。沪京催归，只得整装言旋。临行之前一日，始与朱陶公先生见面，并奉手札，隆情厚谊，感何可忘。惟鄙意深不愿与人竞一日之短长，尤在求吾理想之实现。目下虽受此丹桂第一台之聘，殊不得已。一家之生活，今乃惟此是赖，而与我认定之途径，愈趋愈远。是为者，有所觉悟，将来种族战争，势必不免。此次实与中日亲善，以极好之机会，是乃可喜。吾深盼早见实行，为中国幸，为日本幸，更为东亚额手也。欧洲战争协约国，全力以抗德奥，今则中日两国，全力以抗英美之时期至矣。我公素以大亚洲主义号召中外，当乘机急起奋斗。西人每称黄祸，今则白祸蔓延，将使黄人尽沦为奴隶，而以英人司其钥，安能不有以抗之。即言世界大同，亦非从绝对抵抗入手不可，吾深信为不移之论。[①]英在今日，已成尾大不掉之势，奈何畏之哉。然英国固有其可畏者，在舜其表，而跐其里而已，外交政策云乎哉。目下沪案交涉已停顿，而罢工则无限制扩大。闻广州已与英人宣战，九龙炮台粤军占之。若交涉果延长，则恐长江两岸，必致继起流血。国民多已觉悟，知此次不争，则国脉将殆，故必以死继之。英人犹经横暴相加，非至破裂不止，故吾深不愿日人之故步自封，在吾人从各方面促其警觉耳。公居旅顺，必常看沪报，如《新闻》《申报》两家，顾忌甚多，其他纪〔记〕载英人之横暴，每过含浑〔混〕，然已足以定英人之罪案矣。由是推之，则身受切肤之痛者，尚有畏死不前者乎？公若于此间事，有所询问，倩当尽力报告，或为我热心豪杰宣传之一助也。拉杂奉白，敬叩道安。欧阳予倩顿首。[②]

辻听花是中国戏曲通，1920年4月，《顺天时报》社首版其著作《中国剧》，一周之后再版。1924年2月，日文版《"支那"芝居》由北京华北正报

[①] 《欧阳予倩致许觉园书（上）》，《顺天时报》1925年7月14日第5版。
[②] 《欧阳予倩致许觉园书（下）》，《顺天时报》1925年7月15日第5版。

社出版。1925 年，该书更名为《中国戏曲》重版，欧阳予倩为之作序。辻听花对于欧阳之序甚为满意，"零碎之作，大放异彩"。欧阳予倩在序中写道：

> 今之谈皮黄者，每多本末倒置，或囿于门户派别之见，或腐心于小腔只字之微，既忽大体，遂使旧剧之真精神益晦而莫由彰。民国以来，新声竞作，凡服装、场面无一不新其所新，旧日规模，渐就渐灭。皮黄近百年来殊少变化，际兹兴革，何能泥古。然使史实尽湮，致留心文献者，失所征据，岂胜慨惜。故宜有条理明畅，搜罗详赡之书，以供艺林之参考。听花先生研习皮黄廿余年，就其经验之所得，成斯专著。曩者未及一读，今年初夏得识先生，方翻检其目录，觉其系统整然，引征赅博。先生笔曰，仆非专家，游戏而已。似此积累所得，孰能以游戏目之。先生此书出版数年矣，不闻有继起之作，而日本关于近松默阿弥之研究歌舞伎、能乐及舞踊之史乘，佳著流传，蔚然成其大观。吾国戏剧，源远流长，岂不如歌舞伎？是在学者评其真价，有以发挥而光大之。先生斯作，姑无论其内容如何，要足以愧吾文艺界矣。兹值再版，嘱为之序，因识其感想如此。民国十四年九月十四日，欧阳予倩于上海。①

三、对于欧阳予倩之评价

2022 年是欧阳予倩逝世 60 周年祭，2024 年是西南剧展 80 周年纪念，对于欧阳予倩之关注再度成为热闹话题。在纪念欧阳予倩的某次学术会议上，有专家罗列出欧阳予倩在中国戏剧史上的"十一个第一"，以突出其无可替代之重要地位，特别是坚持强调春柳社演剧在中国话剧史上的特殊地位，借此凸显欧阳予倩之重要，但笔者却深不以为然。重视和强调欧阳予倩之重要地位，无须把诸多"第一"的光环加诸其身，而应当依据史实，以历史的眼光去看待历史人物，切忌将今人的认知强加于历史人物身上。

欧阳予倩在历史上享有盛名，首先得益于其精湛的演技。

---

① 《欧阳予倩序文》，《顺天时报》1925 年 9 月 23 日第 5 版。

重新认知欧阳予倩

对于一般社会民众而言，欧阳予倩是一位享誉舞台的著名艺人。1914 年 4 月 14 日，欧阳予倩的名字首次出现在春柳剧场的演员名单中；不仅如此，春柳剧场在专门刊出《春柳剧场介绍新剧先进》的广告中，便有欧阳予倩的专门介绍。1915 年 4 月 12 日，欧阳予倩现身新新舞台（即老天蟾舞台），广告中称其"从事新剧十年，长于旦角"，表演"温柔细腻""跌宕风流"，尤其是在演出旧剧时"嗓音清脆而润，高抗处则裂石穿云，低靡处则娟媚入骨"。1915 年 4 月 24 日，欧阳予倩主演的《玉堂春》在第一台上演，广告称欧阳予倩的"新剧目下无双，盛名久播……其嗓音之圆润，腔调之新鲜，令人耳悦心醉。加之扮相身段，一一相称，较目下著名青衣，毫无愧色"。1915 年 6 月 25 日，欧阳予倩加盟民鸣社，民鸣社当日的广告称"特请春柳巨子欧阳予倩阴历五月十二日夜即阳历六月二十四号星期四起"上演"旗装名剧《鸳鸯剑》连演《宁国府》""时装哀情名剧《阿难小传》"和前后本"古装历史剧《潘金莲》"。对于欧阳予倩此次的加盟，民鸣社十分重视，称"民鸣新剧，素负盛名……若求并世瑜亮，异曲同工，厥惟春柳……兹者民鸣春柳，瑜亮同堂，一场合演，取菁遗粕，积极进行。凡春柳派之所不足者，则以民鸣社济之；民鸣派之所不逮者，则以春柳派辅之。溶〔熔〕两派于一炉，荟群英于一社……春柳派中第一人，允推欧阳予倩"。1920 年 8 月 22 日，新舞台刊出广告称"礼聘南北欢迎、文学大家欧阳予倩初九夜登台"，与查天影合演《馒头庵》。"《馒头庵》为《红楼梦》中别开生面之艳事，予倩先生编制成剧，精妙绝伦，名重一时。去年先生隶本舞台时，每逢开演此戏，辄叫满堂，声誉之隆，于此可见。此剧首部极缠绵，后段极哀怨，可以醒酒，可以醉心。况予倩先生加意揣摹〔摩〕，刻画入微，观之未有不荡气回肠者也。最难能而可贵者，是末场之空中飞舞，遂歌遂舞，霎隐霎现，尤为剧中特色"。1923 年 2 月 19 日，欧阳予倩现身亦舞台，上演《馒头庵》，继续表演空中飞舞。1923 年 7 月 5 日，新舞台再度"特聘南北驰名、独一无二青衣花旦欧阳予倩"上演双出拿手好戏《馒头庵》和《虹霓关》。1925 年 4 月 30 日，丹桂第一台"礼聘名重海内外、文学渊窔、艺术优美新旧剧家青衣花旦欧阳予倩择吉登台"。丹桂第一台的广告称："予倩君的文学，名重士林；予倩君的艺术，脍炙顾曲家之口。他的鼎鼎盛誉，即已遐迩遍传，妇孺皆知，只要把他的台衔披露报端，足够哄动时下"。1927 年 5 月 15 日，大舞台聘请欧阳予倩"准十六夜登台"。"欧阳艺员予倩文学深渊，戏剧尤有研究，唱工之响亮，口白之清楚，做工之细腻，扮相之昳丽，身段之窈窕，久为顾曲诸公所赞赏"。欧阳予倩的演剧，虽多为女性扮演，然其演出难度颇艰，非一般人所能胜任，大有唐代"健舞"之风。据记载，欧阳予倩在《馒头庵》最后一场《灵魂托梦》中，便有空中飞人之精湛表演：

> 欧阳予倩……最著名的《红楼梦》剧为《宝蟾送酒》《馒头庵》，《馒头庵》是秦锺与小尼姑智能的故事，他去智能，最后《灵魂托梦》一场，有所谓空中飞人者，别人仿他是打秋千，而欧阳予倩则与人不同。据说欧阳予倩演空中飞人，是特制的两条钢绳从台顶一直通到一块板上，人立板上钢绳适在脑背各一。左脚一登，人便左，右脚一登，人便右。隔纱而看，绝似云端飘荡，还得唱一大段。别人有演此者，也只是和秋千一样，两边须用二人推送。①

1927年12月23日，欧阳予倩在上海艺术大学组织的鱼龙会上演出了《潘金莲》，据欧阳予倩自己说这出戏是他"自编自演的最后一个戏"。自此之后，欧阳予倩的身影虽离开了戏剧舞台，却继续活跃在方兴未艾的电影圈内，成为中国早期电影界知名的导演和编剧，获得舆论界的高度关注。1926年3月，欧阳予倩加入开心公司，与汪优游、方红叶、徐卓呆、夏月润、张冶儿、秦哈哈等合拍电影《神仙棒》，由此开启了其涉足电影之生涯。同年11月，民新影片公司出口的《三年以后》，欧阳予倩任该片的编剧和导演；1935年8月新华影业公司出品、金焰主演的有声影片《桃花扇》上映，欧阳予倩任该剧的编导；1937年欧阳予倩离开明星公司进入华联，任专职的电影导演；1939年2月，香港粤语话剧团时代剧团在港进行第七次公演，上演的话剧《日出》《新官上任》《雷雨》，均由"话剧祖师"欧阳予倩导演；1939年华安公司的影片《如此繁华》，由"文坛名宿"欧阳予倩任编导；1939年3月美商中国联合影业公司的影片《木兰从军》，欧阳予倩为编剧……

除了具有精湛的演技之外，欧阳予倩又是一位博学、高产的作家。

---

① 《空中飞人》，《北平晚报》1937年7月4日第3版。

重新认知欧阳予倩

尽管欧阳予倩以"伶人"著称,但他并非真正的伶人,他既非伶界出生,更未入科班拜师,却凭借其天资之聪慧和交友之广泛,在与诸多艺人的交流过程中,竟然学习、掌握了旧剧演艺之精髓,堪称绝世奇才。除伶人的身份之外,欧阳予倩更是一位剧作家、作家和诗人。

欧阳予倩一生笔耕不辍,不仅作品种类繁多,兼及小说、剧本、诗词、散文等,而且数量众多,乃是当时伶界中少见之人。1915 年 4 月,他在《大共和日报》上一口气发表了《别家人》《别内子》《舟中寄家》《黄泥滩下即景》、五言绝律各一(无题)、《夜泊洞庭》共七首诗。这是目前所能见到的欧阳予倩最早之诗作。1915 年第 18 期《游戏杂志》上发表的《黛玉葬花》是当下所能见到的欧阳予倩最早公开发表的戏曲剧本。1918 年第 5 卷第 4 期《新青年》杂志上的《予之戏剧改良观》,是目前所能见到的欧阳予倩最早的一篇学术论文。1919 年第 1 卷第 2 期《新潮》杂志上的《断手》,是目前所能见到的欧阳予倩最早的小说。1921 年民众戏剧社主编的《戏剧》杂志上,连续发表了一系列欧阳予倩介绍西方歌剧的文章。1923 年第 1 卷第 4 期《心声》杂志上,发表目前所能见到的欧阳予倩最早的小品文《三岁的童养媳》。1923 年 7 月 24 日,8 月 7 日、14 日、21 日上海的《时事新报》上连载的《泼妇》是目前所能见到的欧阳予倩第一部独幕剧剧本。《国闻周报》1925 年第 2 卷第 14、16 期连载了欧阳予倩翻译的《傀儡之家庭》,这是目前所能见到的欧阳予倩公开发表的第一部翻译易卜生的剧作。1926 年第 11 期《明星特刊》上发表的《北行琐记》,是目前所能见到的欧阳予倩第一部游记。1926 年第 57 期《三日画报》上发表的《东三省妇女之装束》,是目前所能见到的第一帧欧阳予倩的摄影作品。1928 年第 1、2、3、6 期《电影月报》上连载的《导演法》《导演说》等文,是目前所能见到的欧阳予倩最早的有关导演阐述的文章。1929 年第 1 期《戏剧》杂志上发表的《屏风后》,是目前所能见到的欧阳予倩第一部喜剧剧本。1929 年第 1 卷第 2 期《戏剧》杂志上发表的《荆轲》,是目前所能见到的欧阳予倩创作的第一部 5 幕歌剧……

除了演剧和著述之外,欧阳予倩还是当时著名的社会活动家,这更是一般伶界中人难以企及的。

与一般伶人不同的是,欧阳予倩早年有留洋的背景,在日期间参加了清国留学生组织的春柳剧社,成为其日后头上的一道亮丽的光环。尽管欧阳予倩并非春柳社的发起人，在当年日本东京演出的《黑奴吁天录》中所扮演的亦非要角，但欧阳予倩却是春柳剧社成员中长期坚持演艺的少数人员之一。春柳社其他成员归国之后大多改谋他业，如陆镜若虽组织了新剧同志会坚持演出，却英年早逝，而欧阳予倩便成为留日学生中最具影响的"春柳巨子"。春柳剧场开幕的第七天，欧阳予倩便从湖南抵沪，参加了《飞艇缘》的演出。新剧同志会在当日的演出广告中，专门介绍了欧阳予倩："欧阳君予倩为春柳社杰出会员，留学东京时已为彼邦文士所推重，平生放弃一切，专意文艺。比闻同人辈剧场成立，不远千里而来，殊足庆幸。"[①]1915年6月，新民、民鸣两社正式合并，便"特请春柳巨子欧阳予倩"加盟，并称"春柳派中第一人，允推欧阳予倩，泼辣风骚，无不知其三折肱焉，殊不知其哀情之作，有胜于风骚泼辣者，凡之四剧，哀情者二，风骚及泼辣者各一，可知其艺矣"[②]。

　　东渡留学期间，欧阳予倩不仅与诸多留学生有交往，也与日本朋友结下了友谊。安徽人余谷民是欧阳予倩在日本成城中学留学的同班同学，此人归国后从事报业，任《大共和日报》和《神州日报》的编辑，还是当年上海滩有名小报《晶报》的创办者，欧阳予倩在《神州日报》和《大共和日报》上均有作品发表。他在新舞台演戏闲暇之时，便"有几个日本朋友时时都介绍给我一些文艺批评和创作"，使他对于现状越发不满。1925年他赴大连演出，途经青岛"有个日本朋友约去全市游了一圈，甚为爽快"。1928年上海新东方书店出版的《潘金莲》序言中，欧阳予倩写到《潘金莲》一剧尚未成书之前，"有两个日本朋友，早已经在报上给我介绍过了"。1919年南通更俗剧场动工之前，欧阳予倩受张季直之托，赴日本考察剧场时，便"因小山内熏氏的介绍，参观帝国剧场，还看了一天大阪最有名的傀儡戏"。1925年欧阳予倩在大连演出之际，结识了许多朋友："日本人也有，中国人也有。中国人大抵都是在日本人的机关办事的事务员，日本人便大抵都是与南满铁道会社有关系的，如满蒙文化协会（以后改称中日文化协会）的干部，有一个叫中沟新一的来找我，就此辗转介绍全认识了。还有个中日合组的诗社叫嘤鸣社也来找我唱和些打油调；青年会来找我讲演，因此认识了不少人，其中有一个

---

① 《申报》1914年4月15日第9版。
② 《申报》1915年6月25日第12版。

成了好朋友的，就是龙田长治。"① 也正是源于这些与日人的交往，欧阳予倩的一些作品被译成日文发表，如「勇ましき主婦——戲曲」（『満蒙』10（6）（110），満蒙社，1929-06）、「漢口の花鼓戲」（『満蒙』10（7）（111），満蒙社，1929-07）、「支那音樂と日本音樂との關係」（『満蒙』10（8）（112），満蒙社，1929-08）、「劇人の思ひ出」（『満蒙』11（5）（121），満蒙社，1930-05）、「劇人の思ひ出」（『満蒙』11（6）（122），満蒙社，1930-06）等。这些都是以欧阳予倩的名义、用日文公开发表的，这在当时的伶界恐怕是绝无仅有的。

尽管欧阳予倩有留日的经历，且与诸多日本人之间保持着联系，但在民族大义的问题上，欧阳予倩则秉执了中国人所固有的爱国情怀，当上海沦陷为"孤岛"之际，欧阳予倩仍滞留在上海坚持工作，甚至当文化界救亡协会不得不停止活动时，欧阳予倩还在以聚餐、饯行等形式继续宣传抗日：

> 当我军从闸北撤退的时候，许多人说"万一南市再撤退，上海便将成为孤岛"。不久南市失陷，上海租界真正成了孤岛一般，四面都被包围起来了。
>
> 有些朋友早就劝我离开，他们说："你的锋芒太露，快走罢。"南市退兵之夕，我们正在上演《梁红玉》，又有朋友来对我说，"你这样太危险了，赶快走吧。"可是我实在不想走，一直又推了四个月，文化界救亡协会早已接到工部局的劝告停止活动，可是还用聚餐、送行、祝寿种种方式常常开会，许多朋友也都希望我不离开上海。可是最后竟到了万不能不离开的程度，于是大家讨论以为我应该离开，我便匆匆上了轮船。那时候情绪相当紧张，既说不出甚么话，也叫不出甚么"再会吧，上海"。望着那滔滔的江水，颓垣败壁的两岸，插着黄旗的小船和近吴淞口笼烟的新柳，只是默默无言，欲哭无泪。②

不得已离开上海的欧阳予倩，赴广西桂林，继续坚持文化抗战，遂有

---

① 欧阳予倩：《自我演戏以来》，中国戏剧出版社1959年5月版，第119页。
② 欧阳予倩：《怀念沪上友人》，《中国艺坛画报》1939年第27期。

1944年西南八省剧展之壮举。

欧阳予倩除了满腔的爱国热忱，还是一位关心社会公益的活动家。1918年7月，湘省受灾，上海新舞台发起为湘灾筹赈的义演活动，所有演出费用由演员承担，全部演出所得"系由上海县商会代收，特解湖南灾区购米散振"①。1924年2月，欧阳予倩出任"中华全国道路建设协会"交际部名誉干事。②同年3月，欧阳予倩参加中华学艺社，③1927年4月，上海南市召开房租减租运动，成立"上海房租减半运动会"，欧阳予倩参加此项活动，并出任该会临时执行委员。④同年九月，为筹措电影界公会经费，欧阳予倩自愿参加义演。"欧阳予倩急公好义……见电影界为组织公会筹集经费起见，发起游艺大会，因亦自愿加入，担任唱《宝蟾送酒》。盖欧阳君曾为民新导演《三年以后》，且在卜万苍导演之《玉洁冰清》内饰悭啬之老者，亦影界有数之人才也。是晚担任之《宝蟾送酒》，因闻杨耐梅抱病不能上场，乃极力四处设法，结果请得友人刘文毅、顾曼君二人为代……与欧阳君合演，可称珠联璧合，相得益彰。是以列在大轴。观众直到剧终而散，足见欧阳君演艺超卓"。⑤1928年6月，湖北妇女界发起慰劳北伐将士游艺会，欧阳予倩应李宗仁夫人之电召，赴汉演义务戏三日。⑥1943年6月，为保障剧作家的上演权，欧阳予倩与老舍、马彦祥、章泯、沈浮、洪深、宋之的、郑伯奇、杨村彬、丁西林、郭沫若、曹禺、吴祖光、张骏祥、阳翰笙、田汉、熊佛西、夏衍、魏如晦、于伶、李健吾、凌鹤、陈白尘等共同委托律师吴骐，发起保障上演权的紧要公告。⑦

欧阳予倩虽在社会上享有声誉，但却是位不隐恶虚美之人，当他在报端发现某剧团将《不如归》一剧误作为他的作品时，即刻登报声明，以正视听；⑧

---

① 《新舞台为湘灾演戏筹赈报告收解总数》，《新闻报》1918年7月27日首版。
② 详见《中华全国道路建设协会第三届征求会员特刊》第8卷第3号，1924年2月15日版。
③ 详见《中华学艺社经过情形》，1924年3月15日。
④ 《上海房租减半运动会通告》，《新闻报》1927年4月7日第6版。
⑤ 《申报》1927年9月4日第16版。
⑥ 《时报》1928年6月4日第7版。
⑦ 《大公报》（重庆），1943年6月9日首版。
⑧ 《申报》1936年8月18日第28版《欧阳予倩启事》："今见报载沙不器话剧团公演广告谓《不如归》为鄙人手编，阅后不胜惊愕之至。按《不如归》一剧为日本德富芦花氏原著，十余年前由陆镜若、谢抗白二君译出，鄙人不敢略〔掠〕美，特此郑重申明。"

而对于他人盗用自己的作品，则直言相告，以正视听。①

四、结语

《自我演戏以来》是欧阳予倩的代表作之一，与熊佛西的《我的戏剧生活》、汪优游的《我的俳优生活》和徐半梅的《话剧创始期回忆录》等共同组成中国早期话剧运动的核心史料，值得重视。笔者认为，我们研究、纪念欧阳予倩这位戏剧界的伟人，无须冠诸"第一"的桂冠。中国的话剧运动起源于中国的学生演剧，留学日本的学生所组织的春柳社仅仅是当时国内学生演剧之风在海外的蔓延。有关春柳社，我们似乎更应关注该学生社团与日本青年会之间不为人知的联系。青年会是随同西方宗教传入东方后，在中国、日本成立的青年组织。春柳社最初的成立便与日本青年会有涉，而 1904 年日俄战争期间，日本青年会大肆鼓吹"爱国"，积极为日本在中国的领土上与沙皇俄国的争霸而摇旗呐喊，鼓动国内青年积极参战。明治天皇为表彰其宣传有功，特地资助青年会一万日元，这在当时可是一笔巨款。春柳剧场成立之后，能够在东京"本乡座"这样高端的大剧场上演，其背后亦有日本上流社会的赞助，否则仅凭春柳社之实力，是难以支付得起高昂的场地费用的。日人出资资助春柳社演剧，似不单纯是为了培养留学生中的戏剧爱好者，而是借此在留日学生中扶植起亲信，以谋他图。深受日本文化影响的陆镜若在回国之后的新剧实践，死守日式演剧之风格，完全无视中国民众观剧品位和审美兴趣，"以《不如归》《社会钟》《热血》《猛回头》《爱欲海》《浮云》诸名剧，与社会相见。陈义高尚，识者许之。独不得于贩夫走卒，生涯因不敌他人之所谓新剧者。或劝君损格以谐俗，君艴然曰，谐俗与春柳之旨不相容，吾愿

---

① 《申报》1921 年 6 月 26 日第 5 版《欧阳予倩启事》："芙蓉草君赵氏，字桐珊，三年前伴畹华游日本，归后即隶南通更俗剧场，方由梆子改唱二簧，随鄙人演剧者二年有余，并同往汉口演剧二次。鄙人见其材有可取，未尝以配角视之也。故重要之戏莫不试使任之，并为之理新腔、整舞态，且凡鄙人自编及与冥飞合编诸剧如《嫦娥》《人面桃花》《百花献寿》《长生殿》等及《红楼梦》诸剧，举以援之，无少吝。今彼以求厚酬去矣，方望能为之多编新剧，以增重其声誉。不意彼在天蟾登台，所演除旧戏外，均吾之剧。而演《嫦娥》时乃用广告声明为彼与艳秋所编，并言配演者为艳秋，不知系何年何月事，甚为可笑。鄙人非褊窄，惟恐听闻淆乱，则人将以鄙人为盗而掠桐珊之美，故不能已于言，并望桐珊之善吾剧，勿任意改窜也。"

他日知有失败之春柳,而不愿以变节之春柳供人评骘也"①。正是这种观念,遂使新剧同志会演剧为市民社会所抛弃。而一心以戏剧为事业,欲以启迪民智、改良社会为己任的欧阳予倩,虽与陆镜若为挚友,但在戏剧实践的道路上意见与其显然相左,欧阳予倩在进入新剧同志会不久便离开,转而进入商业气息浓厚的民鸣社。

欧阳予倩演剧,非为钱财。他在正式赴南通之前,曾对南通实业进行过考察,在当地绅商的邀请之下,演剧数日,却分文不取。南通西公园剧场专门在上海《新闻报》刊登启事,以之鸣谢。②1925年欧阳予倩去奉天参加张作霖寿辰的堂会,亦是分文不收。"新剧家欧阳予倩到奉演剧寿张,不收一钱,向各校讲演数日。"③1928年苏州民醒新剧社以"五百元"之重金,邀欧阳予倩赴苏演剧七日。孰料"第一夕之《新玉堂玉》,观者大为减色,计是夜所售之票,收入仅七十余元。予倩睹此情形,殊为懊伤,本定第三夕排演其新编之《潘金莲》……乃临时自动停演,同时以所受之五百元,悉数退还社主"④,遂离苏赴宁。

欧阳予倩演剧不为钱财,实则是其有更大的理想和追求,即将演剧事业作为抓手,借此推动社会改良和民众教育,这才是他毕生为之努力奋斗的终极目标。不论是在南通的伶工学社、南国艺术学院、广东戏剧研究所附设演剧学校、广西戏剧改进会附设戏剧学校,还是在上海市立实验戏剧学校,我们都能看到欧阳予倩为中国戏剧艺术教育迈出的坚实步伐。

需要特别强调的是,欧阳予倩是一历史人物,其社会活动和思想认知,都具有特定时代的社会特征,切忌以今人之价值观去随意解构历史人物,更不可不顾及特定社会历史条件,一味地拔高、溢美历史人物。

欧阳予倩在广东戏剧研究所时,其公开身份是广东省政府的公务人员,故而欧阳予倩在其执掌的戏剧研究所附设之演剧学校每一学期的课程设置中,

---

① 宋一鸿:《陆镜若传》,《南社》1919年第21期,第20页。
② 《新闻报》1919年6月15日第2版《鸣谢欧阳予倩、查天影两君》广告:"二君莅通,晋谒季老,参观实业,勉徇敝园敦请,登台四日,技献生平,空巷万人,群瞻丰采。乃以行旌遽返,不获挽留。本戏场祖饯馈金,亦既拒绝,诸名流醵资致赆,又复坚辞。赋性清高,热心公益,谨缄雅谊,特表谢忱。"
③ 《时报》1925年3月19日第9版。
④ 白芜:《欧阳予倩在苏失败记》,《福尔摩斯》1928年3月11日第2版。

均开设有三民主义理论课。1959年《自我演戏以来》一书重版后,有关广东戏剧研究附设演剧学校每学期的课程中,三民主义这一理论课均被删除。由是可见,欧阳予倩也是一位"讲政治"的历史人物,三民主义课程之增删,足以反映出中国社会历史之变革。

今天话剧史学界,对于欧阳予倩广东之行,均持赞誉,更有学者以"在野""在朝"之辩,努力撇清欧阳氏与当时广东省国民党上层之关联。然而,当时的社会舆论,对之却有另一番说辞,甚至诋毁欧阳予倩为"肥婆京旦"。

> 欧阳予倩的来粤,本来是随着某将军的,现在将军已去,所以他的后台老板是失却了。戏剧研究所的奉令撤销,他遂不能不准备走路。可是来广州已经二年多,其舆论所得,究属毁多誉少。藉着势力而来干剧运,藉着政府津贴而献媚图存,本来已经为识者所叹气,何况广州的一般青年,除了唱唱粤曲、打球、游泳之外,是什么也懒(粤音)。所以,予倩在这二三年的时候,仅是表演过一出《茶花女》,稍见声色,其余是只博得一个"肥婆京旦"的诨号。当研究所奉令撤销之日,正予倩积极筹备公演其最后杰作《杨贵妃》之时。论者谓予倩具有两重用心:一则总结其在粤两三年的成绩;一则用博时人之誉。苟《杨贵妃》能得众人好感,予倩将有所恋栈,将其现有之第一二三团剧团,改私设之"艺术院"。故《杨贵妃》的公演,实"肥婆京旦"之最后命运。

> 《杨贵妃》七月初在海珠戏院公演三天,又在廿八、廿九两日再重演两天,以"百看不厌的大歌剧""本剧十大特色"为宣传的《杨贵妃》,其结果却人数寥寥,我却一看便够了。

> 予倩向以改良舞台剧为目的,又欲逢迎粤人之好,故剧中唱曲不南不北,亦粤亦昆,而所谓"表情"与"舞"也非常儿戏,而所谓"舞台灯光应用,根据科学的方法"的灯光,也不过舞时用红绿灯光注射而已。①

---

① 佛郎:《欧阳予倩的杨贵妃》,《文艺新闻》1931年8月24日第2版。

《自我演戏以来（1907—1928）》校勘及研究

  以唯物的史观，辩证地看待历史、评价历史人物，当是我们遵循之学术准则。对于历史人物之研究，必须坚持以史为据，论从史出，方能澄清史实，进一步拓展欧阳予倩研究新领域，如欧阳予倩之笔名究竟是"兮盦"，还是"兮龛"，尚有待详考。上引文字，恰好说明当年欧阳予倩将他改革地方戏曲的宏愿，寄托于地方军阀身上的想法是多么的幼稚和无助，只有在新中国成立后，其早年的夙愿方能得以实践。

  基于这种认知，笔者以为在纪念、研究欧阳予倩的过程中，既无必须刻意讨论"南欧北梅"之孰优孰劣，亦无须去争抢中国话剧运动中所谓"第一"的桂冠。因为欧阳予倩并非是一个普通的艺人，他的强项和长处不在于一剧一戏之得失，更不在于"南欧北梅"之优劣短长。他所思考并为之努力奋斗的，乃是将整个戏剧艺术作为社会变革的推手，借此改变中国之落后，弘扬民族文化之精髓。也正因为此，才有他改革粤剧、桂剧之尝试，才有他注重音乐、舞蹈之举措。欧阳予倩是近世关注西洋歌剧最早的学者之一，他曾长期在笑舞台上演其自编、自导、自演的"红楼剧"而备受时誉。在其红楼剧的演出中，欧阳予倩将之称为"谭剧"，实则是其将传统戏曲之音乐歌舞与现代话剧之叙事相整合的一种尝试。欧阳予倩虽有留洋光环，却从不故步自封，他将艺术活动的社会实效性放在首位，这也是为什么他虽是早期中国话剧运动中重要的历史人物，却从未轻视中国传统戏曲文化，而长期游走于话剧、戏曲之间的重要原因。20世纪50年代，欧阳予倩执掌中央戏剧学院，当时正值"一边倒"的时代，苏联专家列斯里等将斯坦尼演剧体系全盘引入中国。然而，即便是在当时那种政治氛围之下，欧阳予倩仍然坚持强调演剧的民族性，坚守中国传统戏曲之精髓，其眼光之深邃，令人叹止。

  时至今日，当下的学者正大力研究西方后现代戏剧，而欧阳予倩所倡导的戏剧民族化思想依然值得我们汲取，此亦为笔者校勘《自我演戏以来》之动因。

自我演戏以来

（1907—1928）

前　言

　　这是我前半生——从 1907 年第一次登台到 1928 年脱离舞台生活为止——的自述。是 1929 年在广东戏剧研究所的时候写的，曾于该所出版的杂志《戏剧》连载发表。当时想到哪里写到哪里，有的记错了，有的排印错了，有的措词不当，有的谦虚得不得体，自己没有校过。这次出版曾酌量加以订正，以求真实。有些不易明了的地方，一一加注，或补充说明。至于有关过去时期我的思想见解的部分完全照旧。总的看来，修订的部分很少，力求保存初稿的面貌：一来，有许多事当时记忆犹新，今天追述可能写不了那样生动；二来，如果要作为自传从新写过，那就要重起炉灶，我兴趣不高，不知道甚么时候才能完成，所以只好加以注释和补充说明，并把《回忆春柳》《谈文明戏》《我怎样学会了演京戏》《我所自排自演的戏》等文章附录在后面，以供读者的参考和对照。

作者

1958 年 8 月

目　次

前　言

自我演戏以来

　　童年的爱好

　　春柳社的开场

　　申酉会

　　广西的生活

　　同志会

　　社会教育团

　　文社

　　春柳剧场

　　作京戏演员的时期

　　在南通住了三年

　　离开南通以后

　　国民剧场的经过

附　录

回忆春柳

谈文明戏

我怎样学会了演京戏

我自排自演的京戏

广东戏剧研究所的经过情形

自我演戏以来[1]

这是我前半生的自述，也就是我的忏悔。空在戏剧界许多年，毫无贡献，只剩下些断纨零绮的记忆，何等惭愧！追思既往，悲从中来，极目修途，心热如火！今后的记录当不至这样空虚吧！

《自我演戏以来（1907—1928）》校勘及研究

注释：

1 按，该书原作首发于1929年欧阳予倩（1889—1962）在广东戏剧研究所主办的《戏剧》杂志，自1929年第1卷第2期至1931年第2卷第3-4期（合刊）连载结束。此间，该文的部分内容曾以《自我演戏以来谈话》为题，连载于1929年9月22日至29日的《中央日报》。1929年《戏剧》连载版共分为8个部分，1929年1卷2期刊载的为第一部分，原著没有标题；1929年1卷3期刊载的为第二部分，标题为"广西的生活"；1929年1卷4期刊载的为第三部分，标题为"春柳剧场"；1929年1卷5期刊载的为第四部分，标题为"作职业俳优的时期"；1930年1卷6期刊载的为第五部分，原著没有标题；1930年2卷1期为第六部分，标题为"在南通住了三年"；1930年2卷2期刊载的为第七部分，原著没有标题；1931年2卷3—4期刊载的为第八部分，亦无标题。同期还刊载了《广东戏剧研究所之现在与将来》一文，但未收入《自我演戏以来》之中。
1933年2月、1939年11月，上海神州国光社两次在原作的基础上略做微调，单独付梓，全书章节在原先连载版的基础上，分成十二个部分：第一部分未有标题，第二部分为"春柳社的开场"，第三部分为"申酉会"，第四部分为"广西的生活"，第五部分为"同志会"，第六部分为"社会教育团"，第七部分为"文社"，第八部分为"春柳剧场"，第九部分为"作职业俳优的时期"，第十部分为"在南通住了三年"，第十一部分为"离开南通以后"，第十二部分为"国民剧场的经过"，并在书末以"附录"的形式增加了《广东戏剧研究所之经过情形》一文，即《广东戏剧研究所之现在与将来》的修改稿。
1959年5月中国戏剧出版社重新再版该书，作者对原文进行了较大的修改，增加了注释，扩充了内容。第一部分增加了标题，为"童年的爱好"，第九部分将原标题改为"作京剧演员的时期"。书末的附录中，除原有的《广东戏剧研究所的经过情形》（即1933年版之《广东戏剧研究所之经过情形》一文）之外，又增补了《回忆春柳》《谈文明戏》《我怎样学会了演京戏》和《我自排自演的京戏》等，书名亦改为《自我演戏以来（1907—1928）》。本校勘是以1959年版为底本，参照、比对了1929年版、1933年和1939年各版间的差异，进行勘误和注释。

《自我演戏以来（1907—1928）》

童年的爱好

　　我小时候因为家里管得严，所以出外看戏的时候非常之少。祖母五十岁的那年，家里演过一次堂会，那时我不过十岁，看着红花脸杀出，黑花脸杀进，实在是丝毫莫名其妙。过后亲戚家里又演堂会，有一个从湖北回来的佣人领我去看——他是个戏迷，一天到晚的唱着，又时常和我说些唱戏的话——他指着台上演《梅龙镇》的花旦，对我说："叫她回来当老妈儿领你玩吧。"我听了他的话，注视那花旦，觉得非常欢喜她。还记得那天晚上，又换了另一个班子。我就去看他们扮装，有两个人在那里画花脸，引起了我无限的兴趣——我看对面的一个，用粉涂在脸上，再拿着墨笔一线一线地勾勒，我觉得浑身紧拢来，立刻起了一种莫名其妙的冲动，又觉得好玩，又觉得难过。一会儿被一个小孩子拉我去玩鞭炮，我便似从恶〔噩〕梦中逃出一般。从此以后，我觉着唱戏实在好玩，不是口里乱哼，就是舞刀弄杖的乱跳。有时就学着画花脸：我母亲本来会画，我就拿她老人家的颜色，大涂而特涂，弄得满桌满镜台污七八糟自不用说，床上的毯子扯来作道袍，窗帘拿下来当头巾，鸡毛帚、帐竹竿无一不被应用。母亲的卧房就是后台，表演的地方却没有一定：有时在厅堂，有时在床上，有时便游行各处。可是表演尽管十分尽力，观客如厨子、保姆之类，都带几分厌恶。本来表演的工〔功〕夫不甚纯熟，秩序也不甚妥当，弄坏器皿，打翻桌椅，却是常事，也怪不得他们喝倒彩。他们有时急了，就叫我母亲。母亲从来难得为这些事打我，骂几句也就完了。可是有一次：我和妹妹、弟弟、表妹一齐玩，给他们都画了花脸，作大规模的游行，谁知胭脂用多了再也洗不脱，他们玩得高兴的时候，丝毫不觉得，后来被母亲看见，骂着替他们洗，一个个花脸洗不干净，他们都哭起来，我便挨了一顿打。以后这类的事不一而足。我年纪渐渐地长大，便学着玩些音乐。有个剃头匠会拉胡琴，被我吵不过送了我一把二弦，学余之暇，时常拿来消遣。有一天，我向先生告假出恭，带了胡琴为伴，演奏起来，竟把恭务忘了。先君[1]偶从学堂经过，不闻书声，四面一找，却听见咿咿〔咿咿〕哑哑的琴声从厕中发出。这一次我可吃了亏，被罚三天不放学，胡琴便始终没有学好。

有一次，母亲回外婆家去了，我和妹妹都闷得很，就把堂房的姑姑请过来一同玩。我第一个发起要唱戏，编演当然都是我一手担任。我穿上妹妹的衣服，带上母亲的勒子，头上盖起红窗帘装新娘，妹妹装新娘的母亲，姑姑装新郎。我们从出嫁起一直演到拜天地、吃酒席为止，时间费了一下午。我还记得别母上轿一节的唱辞："……拜天拜地拜神灵，但愿母亲多长寿。母亲福寿又康宁……"原来我们那里盛行一种皮影子戏，小孩子常常爱看，这些都是从影子戏模仿来的。从出嫁起到拜天地止，我们都按着派定的角色扮演，一到请酒的时候，我们大家全变了客，将柜子里的干点心，厨房里剩下的冷菜、冷饭，全给搬运到一张小桌子上。姑姑说饭不宜吃冷的，我说热饭不像戏。又因为用真的竹筷子不觉得有趣，就从香炉里拔了一把香棒儿当筷子。舞台装置呢，有的是敬神的蜡烛，弄来点几对；尤其感觉兴趣的是找着了一个可以钉在墙上的烛插。

天黑了，姑姑要回去了。我和妹妹手捧着蜡烛送姑姑，口里吹着哨喇，在天井的四围绕行一周，作为是走了几十里，然后才到了隔壁。一出大戏，就此结束。我作小孩子的时候演的戏，以这出为最得意，最精彩，这比平日和许多小孩子演操兵、演拿贼好玩得多。自从这出戏演过以后，我的兴味忽然引到武术上去，盘杠子、打枪，就把演戏的玩意儿搅了。

我从十二岁到十四岁专门做应试的工〔功〕夫，经义策论[2]之类，勉强通顺，就去赶考。另外请先生在家里学些英文。科举既废，[3]我便随着祖父到了北京进学堂，不到一年，转学到长沙经正中学，读了一学期，就跑到日本进了成城中学校。[4]

我在北京的时候，看过谭鑫培[5]的戏，不懂。可是已经能看文戏——杨小朵[6]演《翠屏山》之类的戏，很欢喜看，但听二黄不如爱听梆子。那时候因为要念书，很少出去，看的戏自然很少。尽管住在北京将近一年，连哼哼都不会；可是偶然学两句杨小朵的说白，颇为侪辈所惊叹，我自己也觉得我的嗓音比戏台上的花旦好得多。

《自我演戏以来（1907—1928）》

那时候我和一个同乡的少年C君同就一位曾宗巩[7]先生学英文，那个少年比我大，文词富赡，诗和小说他读得颇为不少。我从他那里才微微领略到所谓张生、崔莺莺、贾宝玉、林黛玉之流的性格。他常常对月吟诗，大约都是些含愁难诉的意思。我还记得有"惟有寒鸦稍识音！"之句，那时我不甚能懂。他往往说对着月亮想哭，听见风声或是歌唱的声音，就不禁长叹。他以为这样才能领略诗味。他曾经在下课时候，拿红墨水搽在嘴唇上，教我做眉眼；"做眉眼"三个字，我是头一回听见，我因为完全不懂，所以不理他，他看见我太麻木，也觉得奇怪；但是我也多少受他一些暗示。有一晚，我叫人替我去买了一部《西厢》，翻开来不甚懂。我因为想揣摹〔摩〕C君的滋味，半明半昧的拿着部《西厢》在灯下展玩，忽然听得隐隐有唱西梆子的声音，我便起身出去站在廊下——那晚正遇着祖父到朋友家里去了，一个佣人在房里打瞌睡，我静听那断断续续如泣如诉的歌声，随着飒飒喇喇的秋风，摇着隔院憔悴的杨柳飞到耳边；长空如墨，从云缝里漏出的微光照见天在移动，纸窗背的灯火，也闪闪不定好像有鬼。我是个十四岁的小孩子，有吃有穿，有长辈痛惜，那里来什么很深的感慨？可是我想起C君的话，觉得这个情景，应当要哭一哭才对；我便昂头向着天，又低头数着脚步，微微的长叹一声，演习一番诗人的格式，虽然哭不成，却也算附庸风雅，点缀得不俗了。可是那西梆子的声音却引起了我演戏的兴趣。我想：要能够像杨小朵那样搽着脂粉穿起绣花衣服上台唱几句梆子，够多么好玩儿呢？

然而那时候我专爱高谈革命，本来谭嗣同[8]、唐才常[9]两先生都是我祖父的门生，和我家关系最深，唐先生并是我的蒙师；我从小就知道有《铁函心史》[10]《明夷待访录》[11]《大义觉迷录》[12]诸书。谭、唐相继就义，那时我虽是小孩子，当然也不能不受刺激。到了北京，又遇着吴樾[13]之死，颇激起一腔的热气，所以没有成小戏迷。以后我回湖南进学校，又到日本三四年间，很热心地去走天桥跳木马，和人比拳角力；又欢喜闹酒，十七岁的时候酒量大进，能够一次饮白兰地一大瓶，啤酒一喝就是半打。到日本的时候，满心想学陆军，最羡慕的是日本兵裤子上那条红线。在成城学校做制服的时候，我硬叫裁缝在我的裤上加一条白线，以为不像兵也要像警察，那裁缝始终不听，当我小孩子，向我笑笑罢了。日本兵穿的鞋子，满底上都钉的是铁钉，鞋面的皮，其粗无比，我每从鞋铺走过，总想买一双。好容易达了目的，我以为凭这一双鞋，就比其余的同学高明些。但尽管如此，终久〔究〕因为眼睛有些近视，没能够进陆军学校，就是短衣镶边和大裤脚的海军学生制服——我最欢喜那个装束——也没法儿穿上。于是有人劝我学军医，便也可充准军人，但是也没有能达目的。

　　光绪乙巳年[14]冬，日本政府承清政府之意，对留学生发布取缔规则。[15]全体大愤，我和大众一同回国。[16]谁知到浏阳家里，就叫我娶亲，我绝对不肯。以后毕竟还扭不过，招赘到丈人家里去。那时我有个决定的计划，是结婚尽管结婚，结了婚三天后，我就一跑。我家里为着这个事甚为着急，尤其是岳丈[17]人十分担心，只有丈母娘[18]似乎确有把握的以为不会；果然不出所料，我三个月还没有走。

　　我的妻子[19]是很聪明能干的人，当我娶她的时候，她的诗文、绘画都比我高明，且极识大体而又好学。我和她性情说不出的相投，虽然是旧式婚姻，爱情之深厚，并不输于自由恋爱，且有过之。我打主意和她一同出洋，费尽周折，家里不肯，但是我始终不能不走，万般无奈，我还是一个人走到日本去了，这是多么难过的事啊！

　　走过上海的时候，被贼偷去了钱；到东京又感冒着发了好几天寒热；病好了出去走走，找着许多旧时的同学，倒也高兴，可是我的兴趣就在这个时候渐渐地变了。

注释：

1　欧阳自耘（1867—1910），字力耕，号笠耕，欧阳中鹄次子、欧阳予倩父亲。精通音律、格致和医道，早年曾与唐才常、黎少谷等合办群萌学会，广储书报，备人浏览。其夫人刘瑞溶，字钦止，刘人熙（艮生）之次女，欧阳予倩母亲，能诗善画，精于医道。

2　按，"经义"是古代科举考试中的重要文体，以经书文句为题，应试者作文阐明其中义理。宋代的经义有一定的程序，在题型、结构等方面已经具备了明清时八股文的一些特征。策论即议论当时的政治问题、向朝廷献策的文章，宋以后常用作科举试士的项目之一。

3　按，清光绪三十一年（1905）八月初二日，直隶总督袁世凯、湖广总督张之洞、两江总督周馥、两广总督岑春煊等地方督抚联合会奏，要求停止科举，推广学堂。

清政府于初四日发布"上谕":"自丙午(1906)科为始,所有乡会试一律停止,各省岁科考试亦即停止。"至此,在中国历史上延续了1300多年的科举制度,正式废除。

4　据诚之堂书店《东瀛游学指南》载,私立成城中学位于日本"东京市牛込区原町",分为"中学科"和"高等科"两部,是专为"欲进陆军士官学校者授高等之预备学科"。入学者须"品行方正,身体强健,年龄十二岁以上而高等小学校第二学年肄业者方可。学年自每年四月起至翌年三月止,分为三学期",课程设有伦理、国语、汉文、英语、德语、地理、历史、数学、博物学、物理学、化学、图画和体操。欧阳予倩留日本欲学军事,遂入该校。然欧阳予倩为自费留学生,按当时规定"非陆军部咨送"之公费生,即使成城中学毕业亦不能进入日本陆军士官学校深造。不得已,欧阳予倩遂于明治三十八年(1905)12月12日退学,弃戎学商,然迄今未见其就读明治大学商科之相关史料。书中所述视力不佳,非其退学成城之根本原因。

5　谭鑫培(1847—1917),名金福,京剧演员,以唱、做、念、打相互结合见长,并创造了一种悠扬婉转而略带感伤的唱腔,形成自己独特的艺术风格,以"谭派"著称于世,对日后京剧老生的表演艺术影响甚大。

6　杨小朵(1881—1923),名懋麟,字寿亭,名伶杨朵仙之子,京戏花旦演员,清末为内廷供奉。

7　曾宗巩(1872—1938),名光运,字幼固,福建长乐人,天津水师学堂驾驶班第四届毕业生,1894年参加甲午海战,曾与林纾等翻译了大量西方文学作品。

8　谭嗣同(1865—1898),字复生,号壮飞,湖南浏阳人,近代改良派政治家、思想家,为欧阳予倩祖父欧阳中鹄之门生。少时博览群书,著述颇丰,有经世救时之志。参与戊戌变法,失败后遇害,为"戊戌六君子"之一。其诗文风格雄健,感情真挚,富于民主思想与爱国精神,有《谭嗣同全集》行世。

9　唐才常(1867—1900),字佛尘,湖南浏阳人,欧阳予倩的启蒙老师,与谭嗣同并称为"浏阳二生"。光绪二十三年(1897)与谭嗣同办时务学堂,编辑《湘学报》。"百日维新"运动失败后,唐才常流亡日本,次年冬回国,组织"自立会",筹建自立军,并在上海张园召开"中国国会",宣布"保全中国自立之权,创造新自立国",拥护光绪皇帝当政,并在汉口英租界组成自立军机关,筹划发动起义,事泄遇害。著有《唐才常集》传世。

10　按,《铁函心史》即《心史》,南宋诗人郑思肖(1241—1318)所作,详细记叙了蒙古灭金、灭宋的经过。《心史》成书之后,以铁盒封函,埋在苏州承天寺井中,故称《铁函心史》或《井中心史》。

11　按,书名有误,应为《明夷待访录》而非《明遗待访录》。该书是清初学术著作,全书共计 21 篇。作者黄宗羲（1610—1695），字太冲，号南雷。《明夷待访录》提倡民权，反对君主专政专权，故长期被列为禁书。清末维新派人士将此书作为理论武器，广为印行，梁启超认为此书"对于三千年专制政治思想为极大胆的反抗"。

12　《大义觉迷录》，4 卷，清世宗（雍正）编辑。该书汇集了有关曾静投书事和吕留良案的上谕、审讯曾静的记录，附有曾静《归仁录》。书中清世宗为外传谋父、逼母、篡夺皇位等事多所辩解，并力辟"华夷之辨"。雍正七年（1729）刊刻，发给各州县学，向臣民宣讲。清高宗（乾隆）即位后，该书被列为禁书，下令收缴、销毁。

13　吴樾（1878—1905），字梦霞，一作孟侠，安徽桐城人。曾入保定高等学堂学习，创办两江公学和《白话报》，1905 年欲刺杀清廷出国考察宪政五大臣而殉难。

14　按，即 1905 年。

15　按，1905 年 11 月 2 日，日本明治政府文部省颁布了《关于准许清国人入学之公私立学校章程》，即俗称之《取缔留学生规则》。

16　按，据日本成城中学《有关清国学生的往来文件》载：1905 年 11 月 15 日，当时驻日公使杨枢写给成城中学校长代理冈本则录的信函中说道，欧阳予倩等四名留学生"恳请退学"，退学原因是欠费。此记载与欧阳氏书中所述不一致。

17　欧阳予倩的岳丈刘向铦（1838—1913），字焕琼，号竹书。

18　欧阳予倩的岳母何氏（1850—1911），刘向铦之继室，何承珂之三女儿。何氏与刘向铦所生之次女刘善瑾（韵秋）嫁与城西之欧阳立袁（予倩）。

19　欧阳予倩之妻刘善瑾（璟）（1888—1972），字韵秋，又名问秋，以善绣著称于时，有"针神"之谓。20 世纪初，欧阳予倩加入戏剧协社后，积极倡导男女合演。时女性演员颇为匮乏，刘善瑾遂入该剧社，有过短暂的演剧经历，出演《傀儡家庭》剧中之安嬷嬷，是当时话剧界为数不多的登台女性演员之一。

《自我演戏以来（1907—1928）》

春柳社的开场

有一天听说青年会[1]开什么赈灾游艺会，我和几个同学去玩，末了一个节目是《茶花女》，共两幕。[2]那演亚猛的是学政治的唐肯[3]（常州人）；演亚猛父亲的是美术学校西洋画科的曾延年[4]（曾君字孝谷，号存吴，成都人，诗文字画都有可观，目下还在成都办市政报）；饰配唐的是孙乾三，北平人，是个很漂亮而英文说得很流利的小伙子（回国后当了上海商务印书馆经理）；至于那饰茶花女的，是早年在西湖师范学校教授美术和音乐的先生，以后在C寺[5]出家的弘一大师。大师天津人，姓李名岸，又名哀，号叔同，小字息霜，他和曾君是好朋友，又是同学。关于他的事且按下不表，只就《茶花女》而言，他的扮相并不怎么好，他的声音也不甚美，表情动作也难免生硬些。他本来留着胡子，那天王正廷[6]因为他牺牲了胡子，还特意在台上报告给大众知道。我还记得他那天穿的是一件粉红的西装。

那一次评判最好的是曾孝谷。他住在北平多年，会唱些京二黄，旧戏当然看得多，日本的新派戏他算接触得最早。他和新派名演员藤泽浅二郎[7]是朋友，这回的《茶花女》，藤泽还到场指导。

这一回的演出可说是中国人演话剧最初的一次。[8]我当时所受的刺激最深。我在北京时（1902 年）曾读过《茶花女》的译本，这戏虽然只演第三幕一幕——亚猛的父亲去访茶花女，她忍痛离开亚猛——全部情节我都明白。当时我很惊奇，戏剧原来有这样一个办法！可是我心里想：倘若叫我去演那女角，必然不会输给那位李先生。我又想他们都是大学和专门学校的学生，他们演戏受人家的欢迎，我又何尝不能演？于是我很想接近那班演戏的人，我向人打听，才知道他们有个社，名叫春柳。①

---

① 原来我记的是演了两幕，实只演一幕。

《自我演戏以来（1907—1928）》校勘及研究

　　看过戏不几天，遇见一个上海相识的朋友。[9]此人姓吴，名栩[10]，字伯乔，一字我尊，常州人氏，他的父亲本在湖北作官，所以他也随宦到那里，曾经和管亦仲[11]、程诗南、程君谋[12]、瞿世英、唐长风诸氏组织票房。他会唱老生，以后他到日本留学，在取缔规则发布以后，我和他在上海遇见。因为同席闹酒，他听见我猜拳的声音，就极力怂恿我学青衣，又介绍我去听过几回戏。可是我没有能够深入。那时我和死友刘道一①[13]同住，他是个戏迷，一天到晚哼《定军山》里气坏黄汉声〔升〕的一段；我丝毫唱不出，不免很佩服他，而他的师傅又是吴伯乔，所以我格外佩服伯乔。那天我与伯乔在东京不期而遇，实在高兴得很，连带又遇着他的同乡同学谢康白[14]（又称抗白，名祖元）。抗白是湖北自强学堂学生，他也是汉口票友。他声音很响，会唱好几出戏。我见着他们深相结纳，来往渐密。三眼一板的二黄，是抗白头一个教给我的。

　　我谈起春柳社的人，可巧他们都认识，但始终没有机会为我介绍。过了一向，才知道我有一个四川同学和曾孝谷最接近，我便因他得识孝谷，只见一次面，我就入了春柳社。当时孝谷问我会唱不会唱，[15]我答说会唱，他便叫我试试．谁知我一开口，他便笑得合不拢嘴来！

　　春柳社第二次又要公演了。第一次的试演颇引起许多人的兴趣，社员也一天一天的多起来——日本学生、印度学生，有好几个加入的；其余还有些，现在都不记得了。中坚分子当然首推曾、李，重要的演员有李文权[16]、庄云石、黄二难[17]诸人。李文权，字涛痕，宛平人，他那时正在东京高等商业学校当中文教员。黄二难在美术学校习洋画。庄云石是游历官，在法政速成班读书。他嗜好音乐，吹弹打唱虽不彻底，可是样样都会，我的《梅花三弄》是他教的。他那时住在龙涛馆，我和伯乔、抗白常常去玩。他那里每日高朋满座，管弦杂沓，春柳第二次公演，就借他那里排戏。

　　这一次演的《黑奴吁天录》，角色的分配，大体如左：

　　哲尔治　　　　　　　庄云石
　　其妻——意里赛　　　曾孝谷（他还兼演汤姆）
　　海留——奴商　　　　李涛痕

---

① 刘道一，湖南人，刘揆一之弟。同盟会员，在长沙被杀。

《自我演戏以来（1907—1928）》

解尔培　　　　　　黄二难
其妻——爱米柳夫人　李息霜

　　我演的是一个美国绅士解尔培的儿子小乔治，此外还扮过一个舞队里的舞女。我们一共同舞的四个人一般儿高，不相上下的年纪，穿的是一色的浅绯衣裙，头上披着长头发，舞得也颇为整齐。现在这些舞伴，都不知道哪里去了！

　　这是新戏第二次的表演，是我头一次的登台。欢喜、高兴，自不用说，尤其是化好装、穿好了衣服，上过一场下来，屋子里正开着饭，我们几个舞伴挨得紧紧的，一同吃饭，大家相视而笑的那种情景，实在是毕生不能忘的！

　　《黑奴吁天录》当然含着很深的民族意义。戏本是曾孝谷编的，[18]共分五幕，其中舞会一幕，客人最多，日本那样宽阔的舞台都坐满了：日本人也有，印度人也有，朝鲜人也有，各国的装束都照原样装扮起来，真是热闹，不过于戏的本身是毫无关系，而且跳舞用的音乐，弹的是中国调子，在当时确是当作一种特色。留学生忽然听见中乐合奏，不管在戏里调和不调和，总是很兴奋的。

　　涛痕饰海留，描写奸恶很对劲。他的举动很滑稽，我还记得他穿一对女人鞋。

　　曾孝谷演的黑奴妻意里赛分别一场，评判最好。息霜除爱米柳夫人之外，另饰一个男角，都说不错。可是他专喜欢演女角，他为爱米柳夫人作了百余元的女西装。那时我们的朋友里头惟有他最阔。他家里是做盐生意的，他名下有三十万元以上的财产，以后天津盐商大失败的那一次，他哥哥完全破产，他的一份也完了。可是他的确是个爱好艺术的人，对于这些事，不甚在意，他破了产，也从来没有和朋友们谈及过；这是后话，且按下缓表。

　　平心而论，《黑奴吁天录》这出戏，虽有少数演员由着自己出些格外的花样，大体还算不错：重要台词是句句按照剧本的；剧本分幕采取了当时的日

《自我演戏以来（1907—1928）》校勘及研究

本新派戏的形式。①19

　　任天知本和黄二难、李息霜认识，20当《黑奴吁天录》演过之后，他就建议要春柳全体回到上海演戏，息霜、抗白都反对，各人有各人的理由。天知见主张不行，他便一个人回了上海。21可巧遇着个王钟声组织了个春阳社，22第一个戏演的就是《黑奴吁天录》，大得上海人的同情。天知在上海也一步一步大活跃，并和王钟声办了一个名叫通鉴学校的戏剧学校，招收学生，排演新戏，以社会教育相号召。23这个学校虽然只有两个月就停办了，却是中国第一所戏剧学校。此后他和王钟声分开，单独组织了进化团。②汪优游、查天影和其他许多名角都出他的门下。钟声和他都是新剧有名的人物，在当时他们也确有其精神。尤其钟声，往往自己连夜画布景，写广告，到天亮不睡，略打一个盹，他又起来化妆〔装〕上台。我不知道他是何处人，他也是天一句地一句随便说，听他的口音似乎是安徽人。他说他到过许多国，尤

---

① 日本的"新派"剧原来叫"壮士剧"，也叫"书生剧"，中国译作"志士剧"。当明治二十一年（1888）有些自由党的志士采用欧洲话剧的形式（主要是浪漫派的）作政治的宣传。演出了《刚胆书生》《经国美谈》一类的戏。"壮士剧"比起歌舞伎来不拘于格律，便于自由发挥；又多表现当时的现实题材，鼓吹忠君爱国，一时颇受欢迎。最初表演技术很差，只有吵嘴打架的场面特别逼真。但单靠大喊大叫引起观众的兴趣，不能持久。后来出了些有名的演员，戏也从宣传政治走向演侦探戏和家庭悲剧，面目为之一变，表演技术也提高了。大约在这个时期就放弃了"壮士剧"的名称，改称"新派"。这个名称是对歌舞伎而言的。歌舞伎被看作旧派，"壮士剧"就成为新派了。这正和我们旧戏、新戏的称呼是同样的意思。
日本的"新派"自从根据家庭小说改编的家庭悲剧如《金色夜叉》《不如归》《乳姊妹》《己之罪》等演出后，就成了一个独立的剧种。直到如今还存在。中间曾经一度衰落，由于几个名演员和剧作者的努力又呈中兴气象，但前途如何尚不可知。日本在"新派"之后有新剧运动。所谓"新剧"是以欧洲近代剧为根据的。小山内薰和好些左翼戏剧家都从事于"新剧"运动。他们曾成套地介绍欧洲近代剧，他们也有许多创作。"新剧"和"新派"尽管同属于话剧类型，但无论是剧本、演出形式、表演的派头都有不同——甚至不仅是风格的不同，还有本质不同的地方。日本新派剧今后还是跟着"新剧"走呢，还是根据从壮士剧以来的传统，在歌舞伎和"新剧"之间，应合今天日本人民的需要建立自己新的艺术体系呢？却是一个迫切的问题。尽管目前"新派"的卖座还是往往超过"新剧"，但是叫座的戏绝大多数是流行小说改编的，这就很难确定发展的方向。同时老一辈的演员多半凋谢，难得继起之人，"新派"又遇到一个不景气的阶段。是不是能经得起时代的考验，就看这一颗〔棵〕树是否能更深远的把根伸到广大的人民群众当中去吸取新的养料。
② 当时上海演的《黑奴吁天录》用的不是曾孝谷的本子，是由许某赶编的，天知并没有参加演出。他和钟声见面可能在此次演出的略后。他们二人都是好手，个性都很强，做法也不完全一致，彼此分途奋斗各显所长还是好。钟声到了北京，天知就在上海组织了进化团。

其是在德国多年，但有人说他从没去过。他在湖南当过教员，那时他叫王希甫[24]，听说有两个女学生跟了他走了，因此被两女的亲属告他拐带，行文捉拿，他便到了广西，不知怎么就在法政学堂教起书来。我结婚那年到桂林，听见过他一次很长的演说；以后听说湖南的案子发了，他逃到了上海，便一变而为演新戏的花旦。到辛亥反正的时候，他到天津去运动独立，事发就义。他和任天知、汪笑侬、夏月珊氏兄弟都合作过；他又自己组织剧团，旅行过南北各处。他是个很能干的人，志行坚强，能任劳苦，若问他的来历和性情怎么样，我和他没有深交，不甚知道。至于天知，也可以说是个无籍者，他生长在北边，却又入过日本籍，名叫藤塘〔堂〕调梅。[25]他说他是光绪皇帝的哥哥，又说是西太后的私生子，都也无从证实。[26]他在上海，的确开了一派，但进化团维持不长就解体了。此后他也不知所终。

春柳社自从演过《黑奴吁天录》以后，许多社员有的毕业，有的归国，有的恐妨学业，不来了。只有孝谷、息霜、涛痕、我尊、抗白，我们这几个人，始终还是干着。在演《吁天录》那年的冬天，又借常磐馆演过一次。一个戏叫《生相怜》[27]，内容我忘了，只记得息霜参考西洋古画制了一个连鬈〔鬓〕而长的头套，一套白缎子衣裙。他扮女儿，孝谷扮父亲，还有个会拉小提琴的广东同学扮情人。谁知台下看不懂——息霜本来瘦，就有人评量他的扮相，说了些应肥应甚么的话，这可把他气坏了。那回我演的是头一出，孝谷编的独幕戏，涛痕饰画家，我扮他的妹妹，站在旁边吹箫，如今还有相片，可是戏名记不起了。自后涛痕每一见面，必然很亲密的叫声妹妹，我因为这事曾和他闹过，如今想起，倒觉得很有趣呢！

那时候对于艺术有独特见解的，可以说只有息霜。他于中国词章很有根柢，会画，会弹钢琴，字也写得好。他非常用功，除了他约定的时间以外，决不会客，在外面和朋友交际的事，从来没有。黑田清辉是他的先生，也很称赞他的画。他对于戏剧很热心，但很少在文学作品里去找材料，却往往从画里去找，他很注重动作的姿式。他有好些头套和衣服，一个人在房里打扮起来照镜子，自己当模特儿供自己的研究，根据所得的结果设法到台上去演。自从他演过《茶花女》以后，有许多人以为他是个很风流蕴借〔藉〕有趣的人，谁知他的脾气却是异常孤僻。有一次他约我早晨八点钟去看他——我住在牛达区，他住在上野不忍池畔，相隔很远，总不免赶电车有些个耽误。及至我到了他那里，名片递进去，不多时，他开开楼窗，对我说："我和你约的是八点钟，可是你已经过了五分钟，我现在没有工夫了，我们改天再约吧。"说完一点头，关起窗门进去了。我知道他的脾气，只好回头就走。

他和曾孝谷来往很密，无论在诗画上，在社交上，都是好友。他很爱弹钢琴，又因为合奏的关系，和那拉小提琴的广东人天天在一处；他有甚么新曲，必定要那个广东先生听着给他批评，那少年要甚么他就给他。他极力想训练那少年成一个好小生和他配戏，可是在常磐馆那回却失败了。他自从那回没有得到好评，而社中又有些人与他意见不能一致，他演戏的兴致便渐渐地淡了下去；加之那广东少年不知为什么又和他决裂了，他很失望，此后便专门弹琴画画，懒得登台了！

息霜还有一个朋友，就是前面提过的黄二难。他这个人非常有趣，可是在留学生里头却不免有当他是怪人的。他平常爱着欧洲的古装，头发留长，胡子拧得望上，非常之整齐。上衣用薄天鹅绒制，白绒短裤、长筒白袜、有结子的漆皮鞋、大领结，其最惹人注意的就是他那定做的高硬领——其高异乎寻常，又故意把前头两只角伸长，格外显得高，配着头上的软绒大扁帽颇为有致。在路上，或上电车都有许多人争着看他，纷纷议论：有的说他是疯子，有的说他是西班牙的贵族，他却若无其事，处之泰然。他力劝我学他，又教给我许多化妆品的用法，他说："粉纸不可不带，香水不可不搽，胡子不可不留，衣裳不可不做。少年本应当漂亮，得漂亮时何妨漂亮！"他又力劝我买顶和他一样的帽子，我没买，他就送我一顶灰色的。我戴了两回，以后人家都说是女人戴的。他说："只要好看合头，何妨戴戴！"他和息霜很密，息霜有时笑着骂他，说他不是二难，简直是万难。二难回国之后，听说在河南作了官，还托一个唱花旦的——忘了是谁——带过一个口信给我，以后便没有消息了。①

像息霜这种人，虽然性情孤僻些，他律己很严，责备人也严，我倒和他

---

① 黄二难先生又名二南，回国后曾于民国初年在上海组织剧团，但为期很短。我在《回忆春柳》文中提及过，后来他有一个时期在河南。相隔二十年，于1938年秋，我们无意中在香港见一次面。据说打算和徐悲鸿一同去南洋，没有走成。1949年秋他回到北京，1958年夏才听说他在市文史馆，和他去见了面。七十五了，还很健壮，专从事于舌画——用舌头蘸着墨在矾绢上舐来舐去舐成画。他对舌画特别感兴趣，生怕失传，我到以为他的指画并不弱于他的舌画，似乎更能挥洒自如些。

交得来。我们虽好久不见面，常常总不会忘记，他出家的时候，写了一付〔副〕对联送我，以后我便只在玉泉寺见过他一次。至于孝谷，说话很滑稽，信手拈来，都成妙谛。他是个矮个儿，常爱偏着头睁〔睐〕着眼，对于时事时人，作一种很锋利而又似不甚负责任的批评，非常有趣，也有时候正颜厉色若不可犯。我见过他的画不多，诗却不少，琢句甚工，流丽清新，颇为侪辈中所传颂。他世故似乎很深，待人也很谦抑和霭〔蔼〕，而傲骨天生有孤芳自赏之概。听说他很不得意，或者于他的脾气也不无关系吧。

他在日本的时候，始终和我们演戏，回国后很想组织剧团，没有成功；在上海新新舞台（目下的天蟾[28]）和任天知混过几天，当然不会合适——那时候所谓文明新戏，完全不用剧本，他如何跟得上？他一气就回四川去了。回到四川以后，仍然不能忘情，办了一个旬刊，并常常和我通信，可是没有机会再干舞台生活了。①

注释：

1 按，文中所述"青年会"应指王正廷 1906 年在日本创立的华人基督教青年会。
2 按，此次《茶花女》演出之具体时间，欧阳予倩未能确切记述，他在《回忆春柳》一文中道："一九〇七年初春，我记不起是哪一月哪一日，仿佛记得是过阴历年那几天，我在日本东京骏河台中国青年会一个振〔赈〕灾募款的游艺会上，看到春柳社友第一次的演出法国小仲马作的《茶花女》。"据《开拓者》第 2 卷第 3 号（1907 年 3 月）载："中国青年会为了救济湖南、江苏地方的饥馑，于 2 月 11 日在青年会馆举行音乐会……约得二千日元的纯利益。"《开拓者》是当时日本基督教青年会同盟的机关报，此次演出并非春柳社独立举办，而是当时留日学生与中国基督教青年会共同发起的。据此可知，春柳社在日本首次演出《茶花女》的确切时间为 1907 年 2 月 11 日（丙午年十二月廿九日，清光绪三十三年、日本明治四十年），演出地点为日本东京神田区美土町的东京基督教青年会馆（按，《人民新闻》1907 年 2 月 9 日，"据悉将于 10 日、11 日两天上午 8 时起走神田美土

---

① 曾孝谷也是在辛亥革命的时候回国的。到上海恰好天知带着进化团在新新舞台和京戏一同演出（1911 年），孝谷也参加了。这回的演出因同京班合作得不好，弄得不欢而散。从此孝谷回到成都一直没有到过外省，他曾不断和我通讯，还寄诗给我。听说他家在军阀混战中受过不小的损失。他靠在报上附刊写点短文，教一点书维持生活。后来因为我的行踪无定，断了联系，再去信打听，他已经去世了。

代町青年会馆，由中国留学生……上演长田秋涛氏所作的《茶花女》"。《万朝报》1907年2月11日，"清国留学生等计划将于11日上午8时起在神田青年会馆举行大音乐会"），且此次演剧与之后的《黑奴吁天录》演剧，均以筹赈救灾为旨趣，与当时国内的学生演剧，如出一辙。《茶花女》演出所得约二千日元，大抵相当于今日的五百万日元。

3 唐肯（1876—1950），江苏武进县人，原名树森，因读了美国总统林肯解放黑奴的宣言，"慨然慕之"，遂更名为肯，字企林，别号沧谙，日本中央大学法律系毕业。宣统二年（1910）回国后，历任霸县、宜兴县长。1927年上海特别市成立后，任上海土地局第一科科长。1933年应杨永泰之邀，入川任行营秘书。淞沪抗战爆发后，唐肯拒绝附逆，以鬻字画谋生。

4 曾延年（1874—1936），字孝穀，号存吴，一作存吾，四川成都人，毕业于浙江两级师范学校，曾在北京居住多年。1906年考取官费留学日本，同年10月进入东京美术学校西洋画科，与李叔同是同班同学。1906年与李叔同共同发起成立"春柳社"，此后参与"春柳社"的话剧演出。1911年由东京美术学校毕业，同年4月12日进入西洋画科研究科学习，1912年3月8日被除名。1912年回国后，经李叔同、朱少屏、俞锷等人介绍，加入南社，出任《太平洋报》的编辑，与叶楚伧、柳亚子、朱少屏、李叔同等成立文美会，又与黄辅周、任天知等在上海新新舞台有短暂的合作。此后不再参与戏剧活动。1913年曾赴天津，不久即回故乡成都。曾在当地行政官署任工科技师。不久辞职，任陶瓷讲习所图案教官。1915年秋任成都高等师范学校艺术教职，一度办过刊物。

5 按，1918年春节期间，39岁的李叔同在杭州虎跑寺剃度，并拜了悟和尚为其在家弟子，取名演音，号弘一。戊午农历七月十三日（1918年8月19日），李叔同入定慧寺，正式出家。

6 王正廷（1882—1961），字儒堂，浙江奉化人。14岁入天津北洋大学堂，毕业后赴日本留学，加入同盟会。1905年应中华基督教青年会总干事白乐门（Fletcher Sims Brockman）之邀，在中国留日学生中筹备中华基督教青年协会分会。1907年赴美密执安大学、耶鲁大学学习。1919年为中国出席巴黎和会全权代表之一，坚持拒签对德和约，获得国内舆论好评。后任国民政府外交部部长、驻美大使等职。1949年初去香港，任太平洋保险公司董事长，有"中国奥运之父"之称。

7 藤泽浅二郎（1866—1919），又译为藤泽浅次郎，号紫水，出生于日本京都府，新派演员、剧作家、新闻记者，长期在京都平民新闻社担任杂志记者。1908年11月11日自费在东京都牛込区开设东京演员培训中心。其于1910年更名为东京演员学校，1911年关闭。

8 按，欧阳氏此述与中国话剧运动之发展的历史轨迹有较大之出入，因其早年未在上海有求学之经历，故对上海学生演剧不甚了解。1907年之前，上海的学生演剧社团、筹赈演出已蔚然成风。春柳演剧，不论演剧的组织形式还是演剧的方式，均与此前国内学生的演剧高度相似，且春柳社中的大部分成员在出国前均涉足国内的学生演剧。留日期间的春柳演剧应视为国内学生演剧运动在海外之延续，而非"最初的一次"。

9　按，文中所述之"朋友"即吴我尊（1881—1941），他在出国留日前与上海沪学会有涉，而欧阳予倩在赴日留学前与吴我尊相识，借此可推测欧阳予倩与当时的沪学会亦存在某种关联。

10　按，1959年版为"枏"，有误。1933年版则为"柟"，"柟"，通"楠"。吴我尊，名楠，字伯乔，笔名天问阁、凤栖阁、杏庵。1906年公费留学日本东京高等商业学校，留学期间因与李叔同、曾孝谷等创办春柳社，演出《黑奴吁天录》而名著一时。辛亥前夕，吴我尊回国，与陆镜若、欧阳予倩在沪组织新剧同志会，以春柳剧场的名义演出《家庭恩怨记》《社会钟》《鸳鸯剑》等剧。新剧同志会解散后，吴我尊受邀赴南通伶工学社教授青衣，主编《公园日报》。伶工学社结束后，吴我尊与学生张畹云等漂泊江湖，巡回演出于京、皖、沪、苏、浙一带。1935年，因年老体弱，回上海与张古愚、郑过宜等人编辑《戏剧旬刊》，撰写剧评。章太炎的入室弟子徐震评价吴我尊的一生是为人"奇而不诡，介而不傲"。

11　管亦仲，即管小髭，生卒年不详，春柳剧场演员。

12　程君谋（1894—1967），名士章，湖南宁乡人，晚清程颂万之四公子，著名票友。自幼酷爱京剧，习谭派老生，兼擅操琴。后在上海得陈彦衡指点，曾与荀慧生、南铁生等合作演出，被誉为票界中的谭鑫培。"民元，君与欧阳予倩、吴我尊、陆镜若辈，组织春柳社于长沙，新剧滥觞，实自此始。"（《戏世界》1935年4月11日）其子程春荪（即程之）、其孙程前，均为新中国成立后知名的影视艺人。

13　按，刘道一（1884—1906），原名吉唐，字炳生，号培雄，后自号锄非，湖南衡山人，刘撰一（刘谦唐）之胞弟。曾追随其兄参与华兴会的筹组工作。留日期间加入中国同盟会，后又加入冯自由在横滨创办的洪门三合会，被封为"草鞋"（即将军）。清光绪三十二年（1906）回国后，因酝酿武装起义被捕，同年殉难于长沙，年仅22岁。

14　谢康白（1877—？），名祖元，江苏武进人。早年入湖北自强学堂学习，曾是汉口有名的票友。后留学日本，参与筹组春柳社演剧之事。抗战爆发后，谢康白附逆，出任伪青岛特别市公署总务局长和伪驻日公使，1943年曾在青岛组织"琴樽友韵庐"票社，自任社长。抗战胜利后因附逆投敌被判处终身监禁。

15　按，当时欧阳予倩入春柳社的条件是以"会不会唱"为标准，足见该社的演剧与传统戏曲之间有着深刻的关系，故而将春柳社视为中国话剧运动的开端，甚为牵强。

16 李文权，即李涛痕（生卒年不详），戏剧评论家、报刊编辑，天津人。早年留日期间参加过春柳社，以"春柳旧主"自居。他主张戏曲与国家进化有涉，强调戏曲针砭社会之作用。1918年在天津主编《春柳》杂志，提倡改良戏曲。1919年随梅兰芳访日，著有《梅兰芳东渡纪实》，记述了梅氏在日演出活动的状况。

17 黄二难（1883—1971），即黄二南，原名辅周，艺名喃喃，北京人。早年读于山东济南大学，后赴日本国立美专学习绘画，与李叔同为上野美术学校的同学，并加入李叔同组织的春柳社，参与《黑奴吁天录》的演出。归国后黄在上海组织"自由剧团"，演出于新新舞台。孙中山先生在观看其演出之后，题写了"戏剧革新"四字相赠，以资鼓励。1912年4月8日《太平洋报》刊有《新新舞台演出新戏鬼士官之印象》，以舞台速写的形式记述了黄二难演剧之风采。黄长期从事美术工作，以其独特的舌画而名著一时。20世纪50年代初被聘为北京文史馆馆员，任北京市政协委员。

18 据日本早稻田大学馆藏《黑奴吁天录》说明书记载，该剧"脚本著作主任，存吴；布景意匠主任，息霜"。存吴即曾孝谷。

19 按，此段与1929年版有较大区别。1929年版："平心而论，《黑奴吁天录》这出戏，虽有少数演员由着自己出些格外的花样，大体还算不错，第一台词是句句按照戏本的，至于编制形式，当然取材于当时的日本新派戏，多少带着些志士剧的色彩。在明治维新的时候，许多志士借戏剧为宣传之资，所谓浪人芝居（戏）即是此类，在那个时期有这种戏剧，应认为当然的事。以后上海流行的文明新戏，确是发源于此。"欧阳氏此述不确，上海的新剧（文明戏），源自早年的学生演剧，与日本的新派剧之间并无历史之传承。陆镜若（1885—1915）等人回国后创办的新剧同志会所演之剧，便因常有过多的日剧成分而不为上海市民所重，欧阳予倩本人与陆氏合作不久之后便离开新剧同志会的春柳剧场而加入民鸣新剧社演剧，即为例证。

20 按，此句与1929版不同，1929年版："任君天知本和黄、李两君认识，他也是春柳社的一个社员。"

21 按，现存于日本早稻田大学的《黑奴吁天录》演出说明书中，未见任天知参演之记载。

22 按，春阳社于1907年9月22日成立。《申报》1907年9月26日广告："本社已于八月十五日成立，专为互换知识、改良风俗而设（另有意见书及详细章程）。本社所在上海英租界成都路环球中国学生会隔壁四百零九号，凡同志诸君，希即惠顾可也。发起人马相伯、沈仲礼、王熙普通告。"文中所述"八月十五日"，即丁未年八月十五日,恰为 1907 年 9 月 22 日。

23　按,此段与 1929 年版不同,1929 年版:"他在上海也一步一步的大活跃。春阳社内钟声主政,他又组织开明社,招收学生,排演新戏,以社会教育相号召,汪优游、查天影二位都出他的门下。"1929 年版此段史述有误,开明社并非由任天知所组织,乃由李君磐、朱旭东于"壬子年夏五月"创立,首演于大舞台。汪、查二位也非出自开明社,故 1959 年新版将此段删除。

24　按,应为王熙普之误。

25　天津版《大公报》1906 年 9 月 16 日《藤堂调梅之历史》一文:"藤堂调梅,原名任文毅,号陈复。因纳赘藤堂梅子之家,故更名藤堂调梅。原籍北京汉军氏族,因自幼离乡,遂失先祖之姓氏。甲午日清战争,由南京投军,渡台南为刘永福幕友。割让后刘永福守台南不让,因战不利,任文毅两度单骑往日舰议和。刘永福乘间逃走,任流落台南不能归。日军总督桦山来台南,居三日,任遂往总督桦山邸舍求见,请内渡。当时得遇高等翻译官濑户晋君,彼此倾谈片刻,濑户遂劝任不必内渡,在台南民政支局当差。由此,任遂在台南民政支局作嘱抵员。后又在警察署裁判所、陆军兵队等衙门十数年,遂入台籍,当翻译。后日友花冈君荐于京都东亚同文会支部当清文清语教授,由此任遂东渡到日本京都,兼受法政大学东方语学校之聘及京都西木、愿寺两兵队、一警察署等聘。"

26　上海版《大公报》1936 年 6 月 9 日《任调梅本纪》一文:"任调梅家世不详。光绪中叶,自日本回国,着西服,自云姓孙氏……或疑任调梅何以必冒姓孙乎?有知之者谓慈禧太后尝庸一孙姓寡妇,甚宠之。孙寡妇曾以其子托钦差出使日本之某大臣,携之赴日留学,某大臣慨允照办……乃疑其子为慈禧太后之私生儿,故交由孙寡妇转托……任调梅之姓孙,实直接自认是孙寡妇之子,即不啻间接自承为慈禧太后之私生子也。"

27　按,此次演剧名为《生相怜》还是《相生怜》,说法不一。1933 年版道:"借常盘馆演过一次,甚么戏名,我忘记了,只记得息霜参考西洋……"未载剧名。1959 年版则明确记为《生相怜》。《沪报》1908 年 5 月 3 日、《时报》1908 年 5 月 5 日刊登的《春柳社演剧详记》一文,均明确记载剧名为《相生怜》:"春柳社于西四月十四日三时,假日本桥万町八番地常盘木俱乐部开恳亲会,并演《相生怜》一剧,计三幕。"《李叔同谈艺录》一书也称:"1908 年(光绪三十四年,戊申)4 月 14 日(三月十四日),春柳社于桥万町八番地常盘木俱乐部演出《相生怜》。"(郭长海、金菊贞编《李叔同集》,天津人民出版社 2005 年 11 月版,第 262 页)但襟霞阁普及本《苏曼殊诗文集》却道:"数年前东京留学者创春柳社,以提倡新剧自命,曾演……《生相怜》诸剧。"1912 年 4 月 27 日《申报》广告载新剧同志会假座张园安垲第演剧,剧目为"《催眠术》《生相怜》"等。尤其值得注意的是《朝日新闻》明治四十一年四月十六日（1908年4月16日）刊有清国留学生演剧的消息，文中明确记载此次演出的内容为"巴黎小说《生相怜》"。此消息是距该演出时间最为接近的当地新闻报道，可信度极高。据此可知，1908年清国留学生在日本常磐馆演出的剧目为《生相怜》。

28 按，此处所指即为老天蟾舞台。新新舞台位于今日的九江路湖北路口，民国元年（1912）4月4日开幕，上下3层，席位2000个。该台有从日本购进的天幕幻灯一套，演出时可根据剧情需要，在天幕上显现出云雨雷电、星辰日月等景观。开幕之初，进化团演员黄喃喃得到孙中山"是亦学校也"的题词，悬于台口，以资招揽观众。民国五年（1916），戏院更名为天蟾舞台。民国十九年（1930），戏院拆除，原址改建为永安大厦，天蟾舞台遂迁至四马路，称为"新天蟾"舞台，而旧处已拆除之天蟾舞台则被称作"老天蟾"，以资区别。

《自我演戏以来（1907—1928）》

申酉会

　　我们在常磐馆演戏那天，我正在化妆〔装〕的时候，忽然有一个很漂亮的少年，走到我的面前。我好像见过，回头又听得他和曾孝谷谈话，我就知道他是谢抗白常常提及的陆扶轩。我见着他长身玉立，那温和诚恳的态度，和那锐敏而又神秘的眼神，在人面前和人说话的时候，叫人不可思议的就会和他亲近，我便不知不觉的赶过去与他周旋，随便说了几句话，他匆匆地出去看戏去了。

　　扶轩名辅，常州人，演戏的时候署名镜若，那时他正在东京帝国大学文科读书。[1] 我们里头只有他研究过些戏剧文学。他和藤泽浅二郎的关系不仅是朋友，而且是师生。他心所倾向就不顾一切去干，拜一个新派演员作先生，学演新戏，留学生里只有他一个。他过过日本的舞台生活，所以他的东京话，非常纯粹。加之善于词令，他往往在旅馆里打电话，有日本女学生听到就当面去恭维他："先生，你的语调实在美啊！"他虽然说得那样好的日本话，可是国语说不好，一开口就是常州腔。吴我尊、谢抗白虽同是常州人，他们都会说北边话，所以能在春柳社演剧。他呢，屡次要求入社，都没成事实。孝谷说："扶轩不会说中国话，怎么能演戏呢？"可是我自从常盘馆见他之后，便一天一天和他接近。慢慢地他的普通话也一天一天长进了，这时候他才成了春柳社的社员。那时李息霜很不愿轻易登台，孝谷到〔倒〕是兴致很好。在戊申己酉之交（1909年春节前），正放寒假的时候，我们仍请孝谷编剧，借锦辉馆小规模的演了一回。因为不便用春柳的名义，利用一个临时组织，取名申酉会，演的什么我已经忘了。我只记得我妆〔装〕的是个小姐，和镜若扮的一个角色讲爱情。最后一出是《鸣不平》，演得很好，镜若的丫头，其弟露沙的黑奴尤为出色。这回最糟的就是我，还有一个笑话，就是因为有人说我扮西洋妇人，鼻子太低，我就听扶轩的话用硬油装个假鼻子，再戴上眼镜，起初不甚觉得，及至上了台一说话，眼镜就陷到鼻梁里面去了，登时鼻子变成两截，到下幕时候假鼻子掉了，台底下虽然没看见掉下来，可是已经看见鼻子裂开。这当然是弄巧反拙，也怪我捏假鼻子的工〔功〕夫太不好了。

这一回总算演得很不满足，因此想大干一次，我们的口号就是"过瘾"。正赶过新年的时候，我们就开始工作起来。我们找了一部脚本，就是法国萨都（Victorien Sardou）[2]著的《杜司克》（*La Tosca*）。这个戏本来是浪漫派的作品，有点闹剧（melodrama）的意味，舞台效果很好。有一天春雪严寒的晚上，我和抗白、镜若三个人挤在一个小屋子里，镜若拿着田口菊町的日译本一句一句念，抗白告奋勇在一边写，我就烧茶、煮酒、添炭，预备宵夜，一面计划卖票筹钱的方法——第一步就是借着官费生的钱折去押给放重利的广东药铺。镜若译到得意的地方，大家一句一句叫好，就手又研究起表情来。四幕戏一天两夜完全赶起。

主要角色派定如下：

画家	镜若
女优杜司克	予倩
警察总监	我尊
革命少年	抗白
侯爵夫人	谷民
侦探长	刘×× （可能是刘崇杰）

那时候恰好孝谷有事要回国，没有派他的角色；息霜是不肯随便和我们玩的；涛痕也没有来。我们仍旧用的是申酉会的名义。

一切备办齐全，租定了东京座，地方比春柳演《黑奴吁天录》的本乡座还要大些。租戏园的事当然又有藤泽先生帮忙。镜若在日本戏班里是混得熟透了的，布景衣装，办得格外妥当。日本的衣装，有一种人专作这个生意，不必自己去制行头，什么戏用什么行头，只要开张账单给管衣裳的，对他说清楚，他就会替你办来，大的改小，小的放放大，他都有法子。反正新新旧旧，拼拼凑凑，别管怎么着，只要在戏里合用，在电灯底下好看就得了。

我们戏里用的衣服据说是18世纪罗马的装束，这当然靠不住，我们也不去管它。可是那管衣服的，听说我是主角，就特别预备得齐全一些，那侯爵夫人也很重要，谁知他就大意了，穿起来不合身，侯爵夫人大怒，说："我们为的是要卖个好看,像这样简直是卖丑吗!死鬼!……我不干了。"他说完脱了衣裳,两手捧住头套就要卸妆。我听着十分着急,一想第一个被嫌疑的就是我,因此便赶上去,一面埋怨管衣裳的,一面说:"恐怕弄错了吧?怪得我这件也不合身。"机灵的镜若也就指着我的衣裳说:"本来你不是穿这件的。"我就说:"那么就换一换吧。"说着我就将身上一件黄绸缘白边的脱了下来,给侯爵夫人穿了,我自己又另穿了一件红绸的。幸喜我那老朋友不再固执,刚刚换好,已经就要开幕,头一场就是他上的。他生平恐怕只演过这一次旦角,他回国以后专门在上海办小报,改名大雄,对艺术毫无兴趣了。①3

当时日本的布景是用新闻报纸糊在木框上画的,用过了可涂了加画过。头一幕我们也用了"高舞台"——一个庙,好几层台阶上去,我最喜欢做那穿着长裙上台阶的姿式,在这个戏里却是没轮着,一直在到上海九亩地新舞台演《拿破仑趣史》的时候,才达到了目的,但那出戏的滋味不甚好罢了。这回的布景不见得很如意,可是在外国作这样一两天的公演,居然新画了两张景,应有尽有的预备齐全,那司幕的也仍然照平常待日本演员一样,拿着敲的梆子——日本开幕不用铃用木梆子——一次一次来问候,这真是很难得的。

这个戏本来伊井蓉峰[4]与河合武雄[5]演过,名叫《热血》(田口菊町译),我们就从抗白之意,改成《热泪》。他们是五幕,我们演成四幕,法文本却是三幕。剧中大致的情节,也不妨略为一提:

流落罗马之法国名画家,与女演员杜司克发生恋爱,为警察总监所妒。适画家救一国事犯,总监遂入画家于罪,科以死刑。杜司克知不可救,乘间刺杀总监而遁,至刑场,画家已死,杜投崖自杀。

这个戏演了之后,许多人都说我们为革命宣传,其实那个时候,我们多少还是为艺术而艺术。可是同盟会的朋友,却大加赞许。那几天加入同盟会的有四十余人,有人就故甚其词说完全是受了这出戏的感动。或者有之,我

---

① 余谷民,安徽人,我和他在日本成城中学同班。回国后,他在上海办一个三日刊的小报叫《晶报》,很赚钱。最初我们经常来往,后来他拜了青帮老头子,成了准"闻人",彼此之间不知不觉就疏远了。我到南通以后,和他多年不见。"一·二八"事变的时候偶然在一家小吃馆遇到他,听他三言两语觉得他的态度很不对,便支吾开了。"八一三"抗战开始,他成了榜上有名的日寇特务,被人用斧子砍掉了。

却不大相信。

这出戏在一个时期总算成功，表演也还忠实，演完以后，许多人到后台来恭维我们，还有许多人来请我们吃饭——抗白每天来说："又有人请吃饭，我们再去听听恭维吧。"

我自从春柳演戏以后，常常和吴我尊学唱青衣。这一次我们是所谓余兴的演了一出《桑园会》，我尊饰秋胡，我饰罗敷。我尊又与抗白合演《十八扯》，抗白饰哥哥，我尊饰妹妹，那才好玩呢，一出台观众大笑。

我的那个《桑园会》实在没有根。一个脸上长一块大青印的同学沈大哥，端坐操琴，他的琴是有时有板，他的过门我听不清，我的腔他跟不上，然而台下的观众，仍然大拍其手；因为他们大半是熟人，他们在那里并不是纯粹赏鉴我们的艺术，也是和我一块儿玩玩的意思。留学生没有什么娱乐，偶然听见两声京二黄，不管好不好，他们总是高兴；而且有许多人请吃饭，其意也还是想听我们哼两句的。

演《热泪》是我第四次登台。因为角色较重，在排练的时候，朋友们都替我担心，怕弄糟了，我可是多少有些把握，因为镜若是个大戏迷，每天无论和他练多少遍他都不厌。第一，我的剧本念得真熟，其次化妆〔装〕没有问题，——我和镜若差不多每天平均化三回妆〔装〕，我们躲在一间小小的屋子里，化着妆〔装〕练习。在日本人家不好高声说话，我们就去到郊外草地上练习笑和哭。镜若的表情多少有些伊井蓉峰的派头，我比较看河合武雄的戏看得多，受他的影响也不少。河合身体颇魁梧，然而动作表情，非常细腻。日本人说，河合的举动没有丝毫不像女人的地方，而且端庄流丽，有的女人都不能及。我最爱看他的戏。他扮的多半是流丽、活泼的女子，有时候也扮老太婆。我欢喜演他所演的那路角色，所以特别注意他些。我的说白颇得涛痕之力，他是北京人，字音很准，我常常向他请教，工夫当然没有白用的。

日本演旧剧的演员，多有剃眉毛的，尤其是旦角，因为日本元禄时代[6]的女子流行剃眉毛，剃了眉毛在额上点两个黑点，扮这种角色的当然非剃眉不可。日本从前的旦角照例不出门，出门的时候，都要坐有围子的东洋车，所以剃了眉毛也不要紧。日本旧剧的旦角，在学徒的时候，一切起居饮食都叫他模仿女人，有的连用的东西，都让他用惯女人的，受过这种训练的孩子走出去，当然会惹人家的诧怪，所以不如少出去。还有就说要登台的人，不宜多让人看见，无论你在台上的魔力多么大，若是你在下妆后和人接近，就往往会破坏人的好印象。这的确是经验之谈。不过在明治维新以后的演员，便把这种习气完全改变了。眉毛呢，就用一种硬油可以把它胶住，油上再刷化妆品，也还可以过得去。这方法我也用过，我在东京演《采桑》的时候，眉毛就画得比平常高而细，但是镜若始终还是主张剃眉毛。在演戏的头一天，我看他总有那里不同一点，仔细留神才知道他的眉毛只剃得剩了中间很细的一线。他非让我剃不可，我不彻底的修了一修，剃却到底没那勇气。

自从我们演过《热泪》以后，又有尹昌衡[7]（以后当过四川督军）和陈朴等组织一个社，好像是叫阳春社，要演《电术奇谈》[8]，也来找我们加入。我们以为那个戏没有意义，不甚情愿。他们要我去饰一个荡妇，抗白第一个反对，以为这种角色万万演不得，当时镜若就说："演戏的角色和画画的颜色一样，白的、黑的、红的、绿的都是一样，何以见得不能扮演荡妇？"我呢，当然不在乎，坏人、好人一样演，但是这类角色大家都断定我决演不好，我也不能自信，因此和他们演了一个小小的角色，就算敷衍过去。荡妇一角由福建同学陈朴担任，演得很好，镜若尤其称赞他含笑望桌上斜斜的一靠那个姿态，从此便和陈朴作了朋友。

这回演施催眠术的博士是吴我尊扮的。他身躯高大，长脸高鼻子，一望仪表甚伟。从前他当票友的时候，演过花脸，所以凡属恶人总是烦他扮演。他自己也演得颇为得意，回国以后，继续担任这类角色好几年。后来迷着唱青衣，专门哼小嗓，学花旦台步，再让他演男角便不成了。

这次演女主角的是马绛士[9]，黑龙江人，会说四川话。他面貌并不好看，而身材瘦小，有楚楚动人之致；声音微涩，平常说话就带着一种呜咽的声调，演悲剧最会抽抽咽咽地说话，最后纵声一哭，人说他真有鹤唳九霄、猿啼巫峡之概。起初我们很反对他，说他不能演戏，这一次《电术奇谈》也没有显出他怎样好来，他的本事是我请他到湖南演戏才显出来的。

绛士也入过春柳社。他头一次登台，春柳旧人半已星散，只剩我们这几个人。那时候公使馆已经有禁止学生演戏的布告，说是凡属演戏的学生要停止官费，于是我们团体里的官费生害怕起来；我们也都想赶快在大学毕业，好早些回国干我们的事，一时演戏的空气便沉寂下来。那几年中只有林天民和陈朴他们演过一次；镜若和一位姓盛的用日本话演过一次《金色夜叉》，一次《不如归》。这两个戏演的都不是整本。那时我父亲到东京就医，不幸去世，我送灵柩回国，没有参加演出。

此后两年之中，我颇用功读书，简直没有顾到戏剧。及坪内逍遥博士组织文艺协会，镜若去当学生，他的学问大进。他和绛士、我尊结合，将春柳恢复起来，又演了两次戏。我正当回了国，漫游广西的时候，不过书信往来，频通消息罢了。

我们在东京演戏，本没有什么预定的计划，也没有严密的组织，最初无所谓戏剧运动，主要由于爱好。但也认为戏剧是社会教育的工具，想借此以作爱国的宣传。我因和镜若最接近，就颇倾向于唯美主义，然而社会教育的想法始终没有抛弃。

因春柳社的发动，产生了上海文明新戏，文明新戏是仿效日本的志士剧又掺入些旧戏的成分拼凑成的东西。1913年起，盛了好几年，我们回国表演的时候，文明新戏已经很鲜明地和春柳派对抗着。镜若从文艺协会运回来的莎士比亚、托尔斯泰、易卜生之流，丝毫没拿得出来，他在戏剧界真可算是特出的人才。他死了已经十五年了，倘能多长十年命，天才的发展，当未可限量！①10

注释：

1 据《歌场新月》1913年第1期载："陆辅君，吾国近今之文艺家也，醉心于新派剧，从事研究者有年。尝负笈从日本坪内逍遥博士游。盖其心摹神追于欧西演艺，得其神髓矣。"又据《南社》1919年第21期《陆镜若传》："陆辅，字扶轩，号镜若，武进人。幼颖悟异常儿，少长，父遣之游学扶桑。其戚郦以君年未成人，而远适异国，或尼之。君不为动，慨然请行。既抵东瀛，辄于修学之隙，遍交吾国学子之留彼邦者。久之，告其所亲曰，吾国积弱之源，上自政府，下逮平民，盖交失其责。一旦图革新之，非兼筹并顾不为功。政治之秽易摧，社会之习难袪。易者享大名，难者或没世不见知。名非我所务，宁为其难者。于是从坪内逍遥博士游，治新派剧，其志固有在矣。尝偕吴我尊、马绛士、欧阳予倩、谢抗白诸人，献身广座。彼都人士，交口称之。辛亥，义军举武昌，君偕同志归，驰驱国事，多所策画。事定，不自矜伐，洁身而退。庄蕴宽督苏，介君之师吴先生稚晖，延

---

① 关于春柳派和文明戏请参看拙作《回忆春柳》和《谈文明戏》两文。

君参机要，君应命往。及庄去职，君一意治剧，曰举世滔滔，惟名利是弋，吾其以优孟终乎。会三月二十九日纪念黄花岗烈士大会，举行于海上之新新舞台。其纪念剧，实君及其侪任之。君饰黄先生克强，策马登场，丰采奕奕，四座掌声如怒雷，几忘其幻相〔象〕矣。自后屡游常、锡、苏、杭诸埠，所至咸为通人达士所赏。癸丑游湘，声誉益著，湘中之有新剧自此始。甲寅旋沪，设春柳剧场于南京路之谋得利，以《不如归》《社会钟》《热血》《猛回头》《爱欲海》《浮云》诸名剧，与社会相见。陈义高尚，识者许之。独不得于贩夫走卒，生涯因不敌他人之所谓新剧者。或劝君损格以谐俗，君艳然曰：'谐俗与春柳之旨不相容，吾愿他日知有失败之春柳，而不愿以变节之春柳供人评骘也。'自是内蕴奇忧，外遭激刺，体貌益癯瘠，而病根遂潜伏。乙卯夏，以疾归自武林，竟不起，春柳亦亡。君之弟露沙，卒业日本医学校，间亦助君治剧，今设露沙医院于闸北之宝山路。"按，庄蕴宽（1866—1932），字思缄，号抱闳，江苏常州人，中国近代政治家、书法家，曾任江苏都督，故文中有"庄蕴宽督苏"之句。

2. Victorien Sardou，中文译名萨都或萨尔杜（1831—1908），法国巴黎人，剧作家，法兰西学院院士。一生创作了大量的作品，其五幕历史剧《祖国》以16世纪的尼德兰革命为背景，女主人公为救情人而出卖丈夫，使革命受挫，被情人处死。五幕剧《托斯卡》以建立罗马共和国的起义为背景，写歌女托斯卡的曲折遭遇，后改编成歌剧，由普契尼谱曲。欧阳予倩文中所述之《杜司克》一剧即指此剧。

3. 余谷民（1890—1938），号大雄，安徽人，早年留学日本早稻田大学政治科，回国后任《大共和报》《神州日报》编辑，1919年创办《神州日报》之附刊《晶报》，任主编。欧阳予倩曾为谷氏做媒。据《郑逸梅选集》（第5卷）："蜀中有名士陈飞公者，予未见其人，曾储其影照，貌清癯，微髭，目御晶镜，蕴然儒者之容也。少年以才气纵横称于里闬，为川中四公子之一。家素丰，为官又获优缺，于是任意挥霍，视财似粪土。工诗，诗亦豪迈雄奇，不可一世……时余大雄丧偶，有续鸾意。于是欧阳予倩、张丹斧为之介，娶飞公女，而陈与余遂有翁婿之谊。盖大雄字谷民，主持《神州日报》及《晶报》有年……大雄之主持《晶报》也，罗致佳著，不遗余力，常自奔走作家之门，因有'脚编辑'之号……事变起，《晶报》停辑，大雄投身伪方，而死于非命。"

4. 伊井蓉峰（1871—1932），本名伊井申三郎，新派剧演员。1891年11月，在浅草的吾妻座参加男女合演的改良演剧《济美馆》；明治二十七年（1894）开始，在市村座与佐藤岁三、水野好美一起成立了"伊佐水戏剧"，与河合武雄等人一起演出了从近松门左卫门的近松剧到莎士比亚的翻译剧等各种各样的类型的作品。明治三十五年（1902）将活动地点转移到中洲真砂座，明治四十二年（1909）在东京座举行的"新派大联合公演"中担任团长。

5 河合武雄（1877—1942），本名河合武次郎，以新派的"女形俳优"为职业，活跃于明治中期至昭和初期。大正时期，与伊井蓉峰、喜多村绿郎并称为"三巨头"。由于对歌舞伎的执着，明治三十五年（1902），与伊井继续出演了《心中天网岛》《冥土的飞脚》《阿波的鸣户》等"近松研究剧"。另外，他还积极参与了多德的《萨福》（1904）、莎士比亚的《罗密欧与朱丽叶》（1904）等翻译剧。1913—1918 年间与松居松叶组织了"公众剧团"，饰演了霍夫曼斯特尔的《电子》、霍普特曼的《沉钟》等剧。

6 按，元禄（げんろく）是日本的年号之一，在贞享之后、宝永之前，即 1688—1703 年。这一时代的天皇是东山天皇，将军是幕府第五代将军的德川纲吉。他在江户的汤岛建立了孔子庙，鼓励儒教，日本的文化与艺术由此兴盛，德川纲吉统治时期遂被称作"元禄时代"。

7 尹昌衡（1884—1953），原名昌仪，字硕权，号太昭，别号止园，四川华阳人。早年毕业于日本陆军士官学校第六期，回国后任广西陆军小学堂监督。辛亥革命后任四川军政府都督，1912 年加入同盟会，任征藏军总司令、川边经略使，后被袁世凯构陷下狱。1916 年出狱后归隐成都，著有《止园丛书》。田汉《读〈反正前后〉》一文道："《反正前后》中作者把尹昌衡写得多么戏曲的啊。他之攻入旧督署提着赵制军的首级示众，他之不斩复仇的师爷，他之骑着高头骏马巡街物色他的妃嫔，他之要名旦角杨素兰女装入府，他之下诏罪己，称杨总监为'铁面御史'，他之讲'英雄与好色'……使作者称他为'二十世纪的刘玄德'，我却疑心他是'戏迷'！读欧阳予倩氏所作的《自我演戏以来》果然有这么一段关于尹昌衡的记载：'自从我们演过《热泪》以后，又有尹昌衡君组织一个阳春社要演《电术奇谈》也找我们加入……'这难怪了，他在东京是阳春剧社的老板，回四川自然要演《英雄与美人》了。"（《南国周刊》1929 年第 3 期）

8 按，《电术奇谈》一剧，又名《催眠术》。

9 马绛士（1887—1937？），原名汝郁，字仲秋，回族。据《新剧史·绛士本纪》载："马绛士，直隶人，日本商科大学毕业，长于悲旦，《不如归》为其绝作。剧史氏曰：剧人多不学，致辞不雅驯，而为识者诟。绛士吐属隽雅，有匪群人所及。彼春柳之以文名著者，绛士亦与有功焉。"

又据《七天·新剧家马绛士小传》载："马绛士，直隶大兴人，弱不好弄，长亦不改。幼入北京方言馆，年十四由方言馆咨送日本富士中学校，求学专心，同志钦之，奉为圭臬。后考入商科大学预科，由预科转入本科。盖君之科学，已升堂而入室矣，而君犹不自满，映雪萤囊，勤勤不辍。会毕业大考，君占最优等，得商科学士之奖誉……乃就东京组织春柳社，集同志五十余人，潜心剧学，以教授为己任，将以收通俗教育之效果。有某同志反对之，君慨然不以为意，然恐团体进裂，不得已，别创寄生社，牺牲二千余金，以期留新剧前途之好模范……武汉起义，四海风从，君闻之，欣然有喜色，乃只身走金陵。时金陵已光复，得实业商商务科员之职。君以政界潮流浑浊，不可久居，不若粉墨登场，足消块垒。于是弃职，联合同志会，一演于湖南，再演于长江各埠，观者无不动容，悲旦之名远噪。甲寅至沪，创春柳剧场。"（《七天》1914年第4期）

另据马绛士后人马从志《春柳社中的回族戏剧家马绛士》一文道，马绛士是成都人，其父马纶三清末民初任黑龙江巴彦、木兰两县知事。马绛士早年随其叔父马叙午进京入译学馆学习日文，大约1905年赴日留学。辛亥革命后，马绛士回国，与陆镜若同在上海都督府任职，陆任秘书，马任实业厅科长。后一同离任，与吴惠仁等成立新剧同志会，时常在苏州、无锡、常州和杭州等地演出，以演《不如归》享誉一时。1923年，马绛士返回齐齐哈尔，并接替其兄马汝郏出任齐市回民小学校长。1931年"九一八"事变后，马绛士追随马占山参加抗日。1935年返回北京，"七七"事变后遂与家人失联，不知所终。而《民国戏剧：守望》（东方出版社2013年1月版）一书道马绛士在春柳剧场演剧因过度伤心而逝于舞台之上，此说不知据从何出。

10　按，此段与1933年版有出入，原文为："因春柳的发动，产生了上海文明新戏，文明新戏是模仿日本的志士浪人剧又掺入些旧戏的成分拼凑成的东西。民国元二年起，盛行了好几年，我们回国表演的时候，文明新戏已经很鲜明地和春柳派对抗着。镜若从文艺协会运回来的莎士比亚、脱尔斯泰、易卜生之流，丝毫没拿得出来，他在戏剧界真可算是特出的人才。他死了已经十五年了，倘能多长十年命，天才的发展，真未可限量呢！"

欧阳氏此述，有过于夸大春柳社在中国话剧运动中的历史地位和作用之嫌。限于当时的技术条件，在日本演剧的春柳社不可能对国内的新剧运动产生直接的影响。恰恰相反，春柳社的绝大多数成员在出国留日之前便是国内学生演剧运动的参与者，而春柳社亦是当时国内盛行的学生结社演剧在日本留学生群体中的一种延续。流行于国内的新剧，其溯源更多是源于西方戏剧，与日本的新派剧"壮士居"之间未见明显的历史传承关系，且以春柳社成员为主体的新剧同志会演剧，在癸丑、甲寅之际，亦不敌新民、民鸣诸剧社，故其对于中国早期话剧的作用和影响，不宜高估。

《自我演戏以来（1907—1928）》校勘及研究

广西的生活

我从日本回国，有许多人劝我到北京去考"洋进士"，我没去，我的修业文凭[1]也寄存在一个朋友那里没去管它。我送了父亲的灵柩回湖南，不久就到了广西，那时我祖父[2]是桂林府知府，我就住在衙门里，很久都没谈戏；偶然也在房里偷着化过一两次妆，决不敢让人看见，只得我妻子个人的欣赏，却也很不寂寞。有时对着镜子坐着，就想起许多情节。那时想的情节，大概是一个乡下女子和一个都会的男子发生恋爱，后来受了那男子的骗，留既不可，想回乡下又已不能，因此成为悲剧。或者是一个贵家公子，想和一个身分卑贱的女子结婚，为家庭及环境所阻，不能如愿，结果那女子竟被逼而死。还有呢，就是一个志士被家庭压迫，不能遂志而流于颓废一类的想象。这些情节以后都一一实现过了。

那时候亲戚家有个老夫子[1]姓薛名仲超，嗓音很好——真是圆润雄浑——唱《卖马》非常有致，歌词也很别致，只是从来没板。我是天生没有宽嗓子的，只能唱青衣，所以听见他唱非常羡慕。我听人说，大嗓子可以喊得出来，我就常到野外去乱叫，叫了一向还是不行，也就只好算了。[3]

那时候我颇能饮酒，有时候从早晨八点钟喝起，断断续续喝到夜晚十二点不休。衙门里很有些酒友，绍酒总是十斤一买；醉了就骑着马在街上乱跑，可是从来没有闯过祸。每天限定的功课，就是读旧书，作骈文；四不像的打油诗，一抓就是一首，可是随作随弃，从来没有留过稿子。我起初欢喜读陶诗[4]，以后就欢喜读谢灵运[5]的诗。那时候《文选》[6]很熟，只不欢喜三都两

---

[1] 清朝各省官吏从知县到巡抚都有一个约等于秘书长的"刑名师爷"，他一方面担任秘书长的责任，主要是充当法律顾问。这种师爷又从师经过长期的专门训练。第一要法律条文熟，善于活用；还要案例记得多，善于引证搬弄——案子断错了他会设法弥补，分明冤枉了人，他可引用条文说成罪有应得。还有更重要的是舞弄文字敷衍上司。所以本官必须依靠他，恭敬他，称之为"老夫子"。

088

京那些赋。建安七子和庾信、徐陵，常常在嘴边带着，国朝骈体文钞，也尝置诸座右。唐诗比较韩、杜读得多些，和李青莲[7]的关系却很浅。宋诗和明七子的诗也涉猎过一下。我很想作个诗人，可是无论如何敌不过爱好戏剧之心，因此就放下了诗又去读词，常和我的妹妹、我妻韵秋比着记诵。可是那时候韵秋专爱读《老子》和《庄子》，我就拿《淮南子》《列子》《管子》去和她抵抗。我祖父本是船山学者[8]，他教我读经，又说掌故非知道不可，于是我便去追求王船山，看些《四书训义》《读通鉴论》之类；掌故方面又胡乱翻一阵《东华录》《石渠余纪》之类的书。我读书的才能很差，用功又太杂，从来没有过系统：一边哼看《玉茗堂四梦》[9]，一边谈着《宋明学案》；一边读《管子》《商君书》，一边又背诵《石头记》；结果一无所得，一无所成。我从1911年到1913年[10]就是乱七八糟的东抓西抓的塞了些文字在肚里，现在想起来，真是莫名其妙。好在我的目的在演戏，也只好说："不相干，随它去吧！"不是这样说，实无以解嘲啊！[11]

我在广西最爱四处乱逛，"桂林山水甲天下，阳朔山水胜桂林"。我一到广西就听见这个话。桂林的名胜，我可说是游得不少，不是名胜而我认为较胜于名胜的地方也很多。我最爱在夜晚一个人踏着朦朦胧胧的月亮，到风洞山去坐一阵，从树影参差的石级盘旋上山。到了洞口，一望漆黑，摸着进去，只听得风声怒吼，再进去，石浆滴沥之声，蝙蝠扑面飞来，想必我吓了它一大跳。我一伸手，好像有鬼挡着去路似的。我一想鬼倒还不要紧，万一有个人先在里面手里拿着把刀对着我，那可了不得！一会儿我觉得即使有强盗或者乞丐之流，我大可以和他谈谈，我把身上的东西全给了他，或者他就是江湖的异人，授我以妙术，一刹那间我便变成盖世无俦的美男子，又有大嗓子可以唱老生，又能够妆成绝世的美女，眼睛和金钢〔刚〕石一样光亮，看人一眼，就把人的魂摄住；无论中外男女老少，只要一听我的歌，一见我的舞，他就迷了；而且我还有猛虎一般的威，狮子一般的力，低眉一笑，春花乱开，正色无言，群魔慑伏；这样我只要偶然登几次台，就可以治国平天下了！一面想着，脚下听其自然的移动着。这个洞本不很深，不多几步，就通过了后山，境界忽然开朗，一点一点疏星，还是在那边山峰影里流波送盼，月光却早藏到云里去了，挣扎出来的余光，把灰色的天界照成一条条的白线。静悄悄的非但没有江湖异人，连适才的蝙蝠也不知道飞到哪里去了。于是我幻想全消，而诗兴大发，立刻凑成五律一首，还记得有两句好像是："山死无余色，天惊见裂痕！"吟完诗，想唱两句；不知如何被夜的严静慑住，无论如何，不能成声，只觉得呼吸的音响，已经就够繁喧的了！

我祖父时常更换任所，我真得其所哉！河里有新鲜的鱼，舱里有各色的酒；白天帮船夫撑篙摇橹，倦了时，船头上打个盹，妙哉！到了晚上——有一晚泊在一个滩下，两边都是高山，月被峰遮，许久上不来，我和韵秋划着一只小船，想去寻月，越走越远，月亮终久没看见，而滩水急流阻了归路。船上人不放心，才把我们接了回来。一到船上，团圆的月亮恰好在峰头露出了一半，没有法子，只好喝酒。现成的"明月几时有？把酒问青天。"胡乱唱一通，可是丝毫不能表现我那时的情绪。

我还记得有一天走到一个滩下，碧绿的水也不知道有多少深，左边山上密密层层的树林，间着许多杂色——红的、黄的树木，那种排列的方法，实在有说不出来的巧妙，石缝里一丛一丛的兰草，和风微动，清香四流。右边石壁插天，上面轻云来去；看水里的影子，更觉得美丽无俦。石壁颜色雪白，上面罩着无数的藤萝，有的子如丹砂，有的花如玛瑙。那时正是太阳将近落山的时候，西边的天蔚蓝无际的中间，泛出一座一座灰色镶银边的宫殿。红的、黄的、橙色的、金的、粉红的、白的、紫的，还有千千万万说不出名字来的颜色，锦幕一般的张挂起来，反映到石壁上另外成一种迷人的浅绛，只见水光摇荡，变化无穷。啊！自然真丰富，真美丽啊！我伸长了两条膀臂连什么都一齐紧抱在怀中，和天和我同睡倒在潭水深处。我想不会醒了，却也不会睡着；只觉跳动的心，在那里说："你醉了！"

我在桂林也曾看过两三次戏，觉得没有多少意思，不愿多去，骑马游山似乎更好玩些；其实，我应该研究一下桂戏，但那个时候，却全想不到，也正因那时我对于戏剧的见解不同，所以毫没注意。近年来我研究到二黄戏的变迁，就想到广西戏有学习的必要。广西戏和湖南戏一样，不过用的是桂林话，腔也变了不少。桂林叫平板二黄为安庆调，因此可以知道安庆梆子单独在两湖盛行过，以后才成功二黄的。我在桂林的时候，那时的名角有麻拐仔会妆强盗，曾八唱小丑，鸭旦演风情戏。鸭旦本是卖鸭蛋出身，所以就名叫鸭旦（又名压旦）。桂林戏院的后台很大，许多演员都住在后台，一张一张地铺开着。在那个时期，上海的伶人已经把身份提得高些了，可是内地看伶人还是和妓女一样。我到过一次桂林的后台,看见有好几桌酒席摆着,听说是绅士们在那里请客,这是我在别处没有见过的。在后台请客大约是一桩时髦的事,花旦下台之后,可以不卸妆,就去斟杯酒应酬一下,现在的风气不知是怎么样了。听说如今桂林已经没有戏馆,班子都是流动着各处去唱,或是在赌馆当中搭个台,替赌馆作广告,请客摆酒还是一样,想不到二十年来,格外不成样子了!①

注释:

1. 按,1933年版为"我的文凭",没有"修业"二字。欧阳予倩曾两次留日,迄今仅查到他在成城中学的学籍,始终未查到他在明治大学和早稻田大学的学籍,不知文中所说的文凭系何物,且1959年版中又加入"修业"二字,疑欧阳氏未正式就学于日本明治大学和早稻田大学,待详考。
2. 欧阳中鹄(1849—1911),字节吾,号瓣姜,湖南浏阳人,欧阳予倩祖父。清同治十二年(1873)中举,任内阁中书,受户部主事谭继洵之聘,教其子嗣襄、嗣同。光绪二十四年(1898),欧阳中鹄进京修《会典》,以知府补用;光绪三十四年(1908),欧阳中鹄任调桂林知府。宣统二年(1910)补授广西提法使,次年病故。有《瓣姜文稿》传世。
3. 此段与1933年版有出入:"那时候王铁珊先生有个老夫子姓薛名仲超,他的嗓音很好,那真是圆润雄浑,他唱《卖马》非常有致,歌词也很别致,只是从来没板。我是天生没有宽嗓子的,除了青衣之外一句都哼不出,所以听见他唱非常羡慕。我听舅舅刘伯远先生说,大嗓子可以喊得出来,我就常到野外去乱叫,叫了一向叫不出来,也就只好算了。"
4. 按,陶诗即指陶渊明的诗。陶渊明(约365—427),名潜,字元亮,号五柳先生,世称靖节先生,浔阳柴桑人。东晋末至刘宋初杰出的诗人、辞赋家、散文家,后隐居田园,其主要作品有《饮酒》《归园田居》《桃花源记》《五柳先生传》《归去来兮辞》《桃花源诗》等。
5. 谢灵运(385—433),名公义,字灵运,祖籍陈郡阳夏(今河南太康),出生于会

---

① 关于过去桂林看戏的陋习,上面所说都是实情。我1938年到桂林,在戏馆里摆酒的风气还是和过去一样。只不过花旦敬酒没有了,酒席不摆在后台,改为摆在前台。如当时的南华戏院,酒席就摆在包厢里。七八桌甚至十几桌人一面吃喝一面看戏,有的喝醉的怪声叫好。我极力反对,反复辩论;有几位绅士支持我,后来从各处去的人多了,都不以为然,大势所趋,酒馆和戏馆才分了家。

稽始宁（今浙江上虞）。谢幼年博览群书，工诗善文，是东晋、刘宋时期山水诗派之鼻祖，辑有《谢康乐集》。

6　《文选》，又称《昭明文选》，是现存最早一部诗文总集，由南朝梁武帝长子萧统（501—531）组织文人共同编选。萧统死后，谥号"昭明"，故该部文选又称为《昭明文选》。

7　按，李青莲即唐代诗人李白（701—762）。

8　船山学者：指清初以王夫之为代表的学派。王夫之（1619—1692），湖南衡阳人，明亡后，不剃发易服，隐居衡阳之石船山著书立说，学者因故称之。

9　按，《玉茗堂四梦》即指明代汤显祖（1550—1616）之《紫钗记》《牡丹亭》《南柯记》和《邯郸记》。"玉茗堂"为汤显祖移居沙井巷所建，故名之。

10　按，1910年欧阳予倩父亲因病去世于日本，欧阳予倩扶灵回国至其祖父处。1911年其祖父欧阳中鹄亦去世，而1913年欧阳予倩已随陆镜若之文社在湖南长沙演剧，不在广西桂林了，故而此段描写其广西生活之具体时间，有待进一步考证。

11　此段与1933年版有出入："我看书的天才很薄弱，用功又太杂，从来没有过统系：一边哼看《玉茗堂四梦》，一边谈的戴段四王；一边读《管子》《商君书》，一边又背诵《石头记》；结果一无所得，一无所成。我从宣统末年到民国二年就是乱七八糟的东抓西抓的塞了些文字在肚里，现在想起来，真是莫明其妙。好在我的目的在演戏，也只好说：'不相干，随地去罢！'不是这样说，实无以解嘲啊！"

原文中所述之"戴段四王"，一般是指清初学者戴震、段玉裁、王时敏、王鉴、王翚、王原祁等人。

《自我演戏以来（1907—1928）》

同志会[1]

  我祖父去世（1911年秋），我从广西回到湖南，正是老友焦达峰[2]被杀的时候。长沙乱哄哄的，我们赶紧回浏阳，过了年再到长沙。得了镜若的信，我就到了上海，镜若正辞了都督府的秘书，组织一个新剧同志会；绛士也辞了实业厅的科长，跟着镜若；还有一个当小学教员的吴惠仁，几个人租一所房子，大家都是穷得不像样，我到了就大家住一起。我又因别的事到香港走一趟。回到上海，会员增加了些，我们就借三马路大舞台演了一次镜若编的《家庭恩怨记》，我饰剧中小桃红，评判颇佳，但是演得并不好。[3]

  那时候我因我尊之介绍，与筱喜禄[4]作了朋友。喜禄姓陈名祥云，故名演员夏月珊的弟子，演青衣，曾享盛名，为人慷慨，好交游，和我尊是在汉口认识的。他扮相很好，可是一天一天长高长肥，因此包银反长不上去，他便渐渐地有些厌倦。

  他有时演《三娘教子》之类的戏。他说，三娘是个穷寡妇，不宜搽粉，而且昆腔的正旦，是照规矩不搽粉的，因此他就不搽粉。后台经理和一班演剧的都笑着骂他，说他胡闹，他却自鸣得意地认为是大耍名士派。有一个人便对他说："你在十几岁的时候又白又嫩，不搽粉人家都欢喜你，如今长得这样又长又大，连我都看不上你了。"这不过是一句玩笑话，可是难说不伤他的心。

  他因厌倦之故，演戏就不甚起劲，不过为吃饭而存心敷衍。班子里也不当他一回事，贪图他价钱便宜，嗓子好，戏又多，扮相到底还过得去，也就诸事将就他些。往往排他唱第二三出，他高兴就好好地唱唱，不高兴就再没有谁能比他完得快——要唱三十分钟的戏，他二十分钟甚至十五分钟就完了；可虽是这样，也还有一帮人特为去看他。

  吴彩霞[5]到上海，一时很红，那时月薪也不过赚三百元。上海人欢喜听二黄青衣实在是从彩霞起。论彩霞的扮相，实在远不如喜禄，嗓音比喜禄宽亮些。喜禄的腔调多少带点南边味，字音咬得不甚清，可是身段婀娜，神态温雅，为彩霞所不及。彩霞是北京新到，喜禄是长在南边过时的角色，每逢同在一出配搭的时候，两个人都很卖力，喜禄得的彩也往往和彩霞一样多。尤其有许多人因彩霞而知道小喜禄，说："那个配的也真不错。"我和喜禄认识的时候，他正在丹桂第一台，我因为访问他，常到后台去。他常和我喝酒。一面喝着，一面叫他的伙计看台上唱到第几个戏了，报告给他知道。他听见说他的戏快要上了，他就说："你在这儿等我，我就来。"说着匆匆下楼，等不到一会儿，他果然就来了，他的戏就算完了，又接着喝下去。

我这次到上海的时候，他正在嘉兴唱戏，我就坐火车到嘉兴去找他。不久他从嘉兴回来，我们在一处玩了几天，我便到了香港，那时见有一个剧团正在演文明新戏，我认识有一个演员是我在东京的朋友，我就赶紧到后台去看他，可惜如今我再也想不起他的名字，就连他们的社名也忘记了。1911年我在梧州见过郑君可[6]的一班，看广东的新戏，这是第二次。

我在香港住了十天光景，事办完了，我就又回到上海，和同志会许多人去跑马〔码〕头，先到苏州演了几天，[7]后来又到常州。[8]常州是镜若的故乡，他就来招待我们，担负经济的另有一个绅士。演过之后，又会见许多在东京的同学。我还记得常州的房子，是一座一座离开的。演完戏回旅馆，一路上月光照着白粉墙，有的新，有的旧，有的残缺，有的整齐，静悄悄地，也不透丝毫灯光。只有屋旁的树，路边的草，迎风颤动着，好像有些沙沙之声，和我们的脚步声相应。

我们从常州又到了无锡，一班人个个都穷，镜若也没钱。那时的办法，是到一个地方就去找一个资本家，有时就预先说妥一个资本家，再到那个地方去。那时候花钱并不多，我们又都不拿什么薪水，所以资本家容易做。而且那个时候文明新戏很时髦，就有些所谓少爷之类来找我们，我们也就不管三七二十一只要勉强够开销就答应下来，演了再说。

到了无锡，住在船上，排戏就到一家公馆的后厅去。他们的招待很简慢，那个少爷出来看了我们一眼，莫名其妙地打个招呼，就进去了。第一，我们穿的都不好，二来我们有一句话叫"庄严面孔"。我们常常保持我们的庄严面孔，少爷便觉没趣，不能周旋。还有一层，我们欢喜乱说怪话，往往不为少爷所懂，他更觉得找我们是失败了。

开场的头一天，定的剧目好像是《猛回头》。还没有开幕，就遇着前台打架，第一幕才止，有许多丘八先生一拥而入，把椅子、茶壶打得精光，打完就走。台下的看客本就不多，这一来前台连茶房都跑了，登时变成七零八落，一个空场。当时有人建议，说哪里有个"老头子"不能不接洽，哪里又有一个"码头官"①不能不拜候。镜若是个最下得身段的人，他笑嘻嘻地就和那人去拜访所谓老头子去。据说是一个三十多岁的胖子，他拍拍胸脯说："好了，你们作吧，兄弟帮得到的总尽力。"但因为要修理椅子，当晚还是没有开台。我们就许多人挤在一间船舱里，喝些酒，横七竖八地一睡。我睡不着，只听得鼾声呓语，连续不断。我觉得口渴，可是一点茶也没有，只好就着河里喝些冷水，不知不觉，就天亮了。

第二天却惊动了许多绅士，又遇见许多熟人，有的是我们的同学，有的是在广西的官吏，他们都出来捧场，于是我们就一连演了好几天。完了又遇着律师唐演（也是日本留学生），请我和镜若游惠山，异常痛快。后来又和我一个表叔骑着马去游过一次，在山上采了无数的野花，下山来就村店里喝了几斤酒，把许多鲜花插在帽子上，骑着马趁着月光跑回来，到了那家公馆门口，已经醉得站都站不稳了。

从无锡回到上海，就没到别处去，我从同志会搬到一家四川人的号栈寄住。从此天天和喜禄在一处，用四个月学会了一出《金殿装疯》新戏。同志会借大舞台演《家庭恩怨记》也正是这个时候。那时我因喜禄的介绍，认识了江紫尘[9]和张葵卿；又因紫尘认识了林绍琴[10]。紫尘别署梦花，是南京一个知县，在制台衙门当巡捕，辛亥革命，他就到了上海，和他的同事张葵卿两位合作，唱起戏来。他唱青衣，音最宽亮，花腔造得很多。他的唱，那时候在上海要算最新鲜。他的交游又很广，于是捧场的很多。在一个时期，他可谓执上海青衣界之牛耳，他常说："北京的青衣，丁继甫来过，彩霞来过，幼

---

① 青帮原来是运河粮船方面的秘密组织。加入洪帮拜弟兄，从大哥到老满分十等。加入青帮就拜师父，他们是分字辈的，例如：理、大、通、悟、学五个字辈，理字的辈分最高。如果拜大字辈为师，那就是通字辈。入帮之后对于自己所拜的人称先生；先生对所收的徒弟称学生，有的把徒弟当自己的干儿子称少爷，女的称小姐，所以入青帮一般都说是"拜老头子"。帮会在水陆码头都有负责通讯的人，称为"码头官"。

芬来过，陈德霖我们是知道的，还有谁呢？没有谁了。只有小梅没有来过，听说除了扮相儿，也有限呢！"他这样说，可见他的自负。可是他的确唱得不错。他的腔大半自创新格，哪怕同样的腔，小地方至少总有一两个音不同。他非常爱惜自己，不是自己的胡琴，决不肯随便就唱。起初本是葵卿替他拉，以后他不大登台，葵卿就到会审公堂去当会审官去了，于是他总觉得唱得不痛快。

人家听见江梦花的名字，以为他总是个花儿似的人。不错，论他的交际那样圆滑，真可以说是交际之花，可是他扮起来也不像个女人，尤其脾气很刚，他能够长篇大套地骂得人不敢回嘴。他欢喜盘古董，玩字画，常和许多大人先生来往，出入"风雅"之门；同时无论什么红眉毛绿眼睛的流氓、地棍，他都有法子和他们周旋。他办事很周密，临机立断，既经拿定了主意，是决不退让的。他在三马路大新街办过歌风台，以后让给经营三办民鸣社。他和喜禄本来很亲密，以后不知怎么样弄得感情很恶劣，彼此绝交，谁都没有能调和得好。

我唱青衣当然受梦花的影响不少，他的腔我差不多都会，至于校正板眼，排练身段，就完全出于喜禄之手，梦花的身段也是从喜禄学的。

我和梦花相识未久，他就介绍我认识了林绍琴。绍琴，福州人，行七，人家都称他林七爷。他的哥哥林三爷（名诒书）中国学问很好，放过学差，作过溥仪（宣统皇帝）的师傅，会下围棋，人也很有风趣。那时我恨没有能见面的，就是林四爷（季鸿）。听说他唱青衣，很多创造，据说现在所流行的一顿一停，结尾拉慢的那些腔，都是他兴的。他是个票友，而一时的青衣名角都称道他。他把《黛玉葬花》原诗编成反调，一句一个腔，没有重复；妙音芳誉，传遍都城。可惜他辞世太早，没有给我们听过。七爷呢，专学余紫云。听说有一回在饭馆里吃饭，他唱了几句，恰好紫云在隔壁听见，就因此订交。他的嗓音本来很好，到我和他相见的时候，他已经是鸦片烟抽得很厉害，而且有了肺病，唱几句没有谁不说好，只是四句以后，便力不能继。可是他的唱在上海青衣中一时被称为最高标准，评剧家也取他为尺度去衡量伶工，足见他是下过工夫的。

我的唱工得他的益处不少。他性情有些孤僻，吃了鸦片烟当然不见得能耐勤苦，所以万不能求他从头至尾教授一段。我们和他做朋友，时时去探望他，十分熟了，他便没有拘束地随便谈些关于唱戏的话。有时候他高兴起来哼几句，来证明他的议论，我便照他所说的极力去揣摹〔摩〕，有时候我也唱几句，他从来不加批评，后来真熟了，他才好像半不负责任的说哪里应当重点，哪里应当轻点，或哪个腔不行的话。我注意听他说，回来就把他所说的地方一连唱它个几十遍，明天再去唱给他听，他便大为惊奇，说："你真可以！"于是他便渐渐地教给一些腔调，和盘托出，一无所隐了。他以后常对我说："教人很不容易，若不是真懂得的，你说他不好，他还要生气呢。"

1912年从夏到冬，我住在上海，一部分的工夫，在同志会演新剧，[11] 其余的时间，完全费在唱工上面，我在大舞台演《家庭恩怨记》的时候，已经会唱不少的段数了。而且我在《家庭恩怨记》敬酒一场里，加唱了一段《御碑亭》，颇引起一时的注意；后来想起觉得无聊，可是当时颇为得意。

《家庭恩怨记》以后，还演过一次《社会钟》。我自从在《家庭恩怨记》里演小桃红，又在《社会钟》里演左巧官以后，[12] 他们认定我只能演坏女人，正当的爱情剧，从不让我演。凡属人家表同情的角色总是绔士，挨骂的角色总是我，无形之中成了定例。我当时只要有戏演，从不计较，可是我自以为什么角色我都能演，而且演一样会像一样，非但是女角，而且还能演男角，不过每逢表示想演一种另外的角色，他们总是付之一笑。

我在上海半年不回家，家里常常有信催我；及至知道我在上海演戏，弄出了很大的风潮，可是始终瞒着祖母和母亲。责备我的信当然很多，其中以外祖刘艮生[13]先生为最严厉。只有我妻韵秋深知我的性情，从来没写信劝过我，只是很委婉地叫我找机会多读些书，她说："就是演戏也要有学问有人格才行。"

到了年底，家里实在催得紧，我无法再逗留，只好回家过年。临上船的那晚，我在张家花园演了一出《宇宙锋》，这是我正式演二黄戏的头一次。当时敦促最力的是绍琴[14]，其余还有贵俊卿[15]、朱素云[16]两位，也推波助澜，把我捧上台去。却因为这一次的成功，使我学青衣的瘾大了好几倍。那天晚上睡在船舱里，午夜梦回，觉得醺然余味，美不可言！

《自我演戏以来（1907—1928）》校勘及研究

注释：

1 按，即指新剧同志会。该组织大约成立于1912年初，1912年4月19日为吴淞红十字分会募集经费，新剧同志会与中华演剧团在中国青年会联合演出，上演的剧目为《家庭恩怨记》。此次演出可能是新剧同志会成立后的首次演出。据《新剧同志会演戏之先声》一文："新剧同志会迁移于海宁路一■，已志本报。兹闻该会陆镜若、马绛士君等已繙〔翻〕译一有名悲剧《社会钟》，近日与全体会员热心排演，并预备最新式布景、衣装等，拟于月之二十一日，假谋得利戏馆开演一日，以发表该会之成绩云。"（《太平洋报》1912年7月19日）当年7月28日晚，新剧同志会在谋得利剧院上演了《社会钟》。12月14日，新剧同志会又在大舞台演剧，剧目不详。1914年4月15日，新剧同志会以"春柳剧场"的名义正式在南京路外滩口的谋得利剧场开幕，进行商演。

2 焦达峰（1887—1911），原名大鹏，字鞠荪，湖南浏阳人。1906年在日本参加同盟会，次年在东京组织共进会，1911年10月22日率新军攻占长沙，成立湖南军政府，10月31日遇害。

3 据《申报》1912年4月19日广告记载，陆镜若组织的"中华演剧团文士同志会"为济助吴淞医院，假座中国青年会上演《打城隍》《目连救母》和全本《家庭恩怨记》，未见欧阳予倩参加此次演出，扮演小桃红者为张苏新，且演出地点亦非三马路大舞台。

《申报》1912年4月22日《演剧同志会新剧〈家庭恩怨记〉评》一文道："四月十九日晚，新剧同志会与中华演剧团，假座中国青年会，合演新剧……其所演之戏，不用唱工与锣鼓，全剧分六幕，每幕之末，杂以军乐，盖宗日本新剧也。"

又据《新剧史》：（壬子春三月）"是月，中华演剧团与新剧同志会，合演于青年会。中华演剧团者，黄伯揆、龚伯英所发起者也。因恐独力难支，爰与同志会合演于青年会堂，计二日，剧为《家庭恩怨记》《自由结婚》，售券甚广。"

1912年12月12日至14日，新剧同志会在大舞台再次上演了《家庭恩怨记》，据王钝根《纪新剧同志会演〈家庭恩怨记〉》一文："礼拜六日，新剧同志会假大舞台演剧，曰《家庭恩怨记》……扮小桃红者貌不佳，做亦平常，惟能唱几句青衫子。"（《申报》1912年12月16日）此场演出在大舞台进行，文中所述之小桃红扮演者，虽未具名，亦似非指欧阳予倩。

4 按，筱喜禄亦作小喜禄。据苏少卿《安乐窝剧谈录》载："小喜禄之名与艺，今知者甚少，有介绍之必要。小喜禄现名陈祥云，工青衣。昔与程长庚大老板同时之青衣，最著名者为胡喜禄，故陈之艺名为小喜禄。陈今年五十六岁，头鬓斑白矣。光绪二十六年，彼十七岁，正在妙龄（毛韵珂年亦相若，小桃红盖更小数岁，三人会串《二进宫》，调门必高至正工〔宫〕以上，皆童子音也）。丹桂园为夏月恒、月珊、月润弟兄主持，次年接谭鑫培来沪演唱月余，第一日《四郎探母》，谭鑫培扮四郎，公主即小喜禄扮也……彼时尚无所谓谭派一名词，谭之唱与奎派不相远，嗓音响大，腔调亦无多曲折，与其晚年大不相同焉。陈氏与同台，其言大可信，陈氏既陪彼唱，艺固不弱也。"

5　吴彩霞（1877—1938），字幼卿，江苏吴县人，京剧演员。11 岁时从李乐长学青衣，13 岁登台，首演《彩楼配》。15 岁拜德珺如为师。曾搭贾洪林之丹桂班，后又入谭鑫培之同庆班，以与陈德森合演《五花洞》，在《四郎探母》中扮演四夫人，最为出名。子名少霞，原唱老生，后习武生，改名吴彦衡。女为名花旦白牡丹之妻。

6　郑君可（？—1913），粤剧男旦，原籍福建，随先人移居广东，落籍番禺。因性喜戏剧，遂投身黄鲁逸组织的志士班"优天影"，演出《火烧大沙头》等文明戏。当时，粤剧戏班惯用"包大头"化妆〔装〕方法，郑君可改用"头笠"，编辫盘髻均可自由选择，无须束额黑带。郑相貌俊逸，容颜艳丽，经新式化装后，尤为新颖，是当时粤剧志士班男旦中的佼佼者。1911 年 7 月间曾在上海鸣盛梨园演出改良新剧，1913 年病逝于广东。

7　据《新剧史》载："（壬子）夏四月，新剧同志会，由沪之苏。同志会以其剧过于高尚，致不为沪人所悦，乃去而之金阊，演剧半月。会苏省军队不靖，遂仓皇返沪。"

8　据《新剧史》载："（壬子秋八月）是月，新剧同志会如常州。同志会知上海之不可以复居也，因适常州，演于逸仙戏园，以营业不振，嗒然而归。"

9　江紫尘（生卒年不详），《戏剧周报》1922 年 9 月 3 日《青衫票友江梦花传》："江焕实，字子诚，亦字梦花，杭人，能文有豪气，喜攻歌剧，引吭即为雅声。"《销魂语·歌台月旦》："梦花字志诚，或谓前清曾为知县，有周郎之癖，喜唱青衫，声清以越，调幽而扬。尝借歌台为陶写块垒之地。每一登场，听者莫不神往。"又据《上海文化源流辞典》：江梦花（1880—？），京剧演员，名焕宝，字紫尘、子诚，浙江杭州人。早年出入于北京各戏馆，后到河南习老生、净角及青衣。1900 年后在江苏任知县，仍研习京剧。1912 年到上海，正式以青衣下海，隶新新舞台，常与孙菊仙、周信芳等同台，其嗓音宽亮，唱腔婉转甜润，处理合度，被誉为"执上海青衣界之牛耳"者。欧阳予倩曾师事之。擅演《祭江》《玉堂春》《探寒窑》等京剧剧目。1913 年曾参与经营共和中舞台。1915 年后退出舞台，长期寓居上海。

10　林绍琴（？—1919），福建福州人，工青衣，行七，人称林七爷。早年在北京宗余派青衣，唱念俱佳，对于音韵声腔的研究造诣颇深。1912 年抵沪，因唱腔规矩，吐字清正，韵味醇厚，被视为上海青衣票界之首，江梦花、吴我尊、欧阳予倩、小杨月楼、陈小田等均先后向其请教。

11 按，此述不确。1912年4月19日至12月13日间，新剧同志会在上海仅有的数次演出中，均无资料显示欧阳予倩参与其中。1912年12月14日新剧同志会在大舞台上演《家庭恩怨记》的演出广告中，参演人员有马绛士、吴惠仁、张苏新、陈警心、包亚男、冯慎侬、蒋镜澄、金影■等，亦无欧阳予倩。

12 按，欧阳予倩此次演出是应流天影新剧社之邀，于1912年9月21日在第二代兰心大剧院进行，他在该剧中出演左七官一角。据《时事新报》1912年9月19日《好戏开幕》一文："流天影新剧社邀集客串数十人，于阴历八月十一夜在圆明园路外国大戏园开演，准六点半钟始。兹将剧中登场人名列表如左：左元襄，王家民；左七官，欧阳予倩；左之明，罗漫士；刘姨太太，吴惠仁；石秋兰，马绛士；胡良，陆镜若；王中将，劳子慰；王夫人，陈警警；石大郎，黄喃喃；石二，徐半梅；女学生，金鼎；长安寺僧，熊天声；樵夫甲乙，刘二我、张雪林；乞丐，童讽讽；乡人甲乙丙，刘二我、张雪林、冯懊侬；讨账男女，吴嚣嚣、王亚民。开幕之前尚有喜剧三幕，名《色情狂》，诙谐百出，颇足令人喷饭，其扮演者如左：裁判官，熊天声；夫人，陈警警；老叟，王家民；其女，郑翩翩；女革命家，徐半梅；仆人，吴嚣嚣；送信人，冯懊侬。"

13 刘艮生（1844—1919），名人熙，号蔚庐，湖南浏阳人，欧阳予倩的外祖父。光绪丁丑年（1877）进士，官至工部主事。民国三年（1914）6月，在长沙的思贤讲舍旧址成立了中国现代史上第一个王夫之学术研究社团——船山学社，任该学社第一任社长。1916年任湖南省督军兼省长，后组织"策进永久和平会"，著有《刘人熙日记》《蔚庐诗文集》。

14 按，即林绍琴（？—1919）。

15 据《菊部丛谈》载："贵俊卿由票友业伶，歌音初本嘹亮，颇负微名。下海后，困于嗜好，日益衰败。学谭为念白做作，亦有近似处，能擅《群英会》《盗宗卷》《卖马》《奇冤报》《洪羊洞》《武家坡》《空城计》等剧。民国以来，音更沙涩，几不成声。"

16 朱素云（1872—1930），一名沄，号纫秋，字雅仙，江苏苏州人。朱素云初习昆旦，后改京剧小生，为四喜班鲍福山之弟子。后得徐小香教益，为清廷"内廷供奉"。他以演靠把小生戏为专长，《虹霓关》《穆柯寨》为人称道，与名旦王瑶卿、杨小朵并称为"三美"。

《自我演戏以来（1907—1928）》

社会教育团[1]

我回到乡下，过年又到了长沙（1913年）。我在家里实在坐不住。恰好长沙有个组织，名叫社会教育团，他们想干戏剧，就找我去问计，我就一力主张，马上打电报，把同志会一帮人约到湖南。那时镜若的夫人刚养儿子，他就连妻子一齐带到长沙。同来的旦角有马绛士、吴惠仁，生角有罗漫士、蒋镜澄、管亦仲（别署小髭），以后又打电报到日本，把吴我尊也约回来了。布景的是汤有光和镜若的妻舅藤田洗身[2]，还有一个专干舞台生活的日本木匠[3]，不敷的在长沙招了些，舞台搭在左文襄祠。

这种戏在湖南是头一次演，有情有节有布景，比旧戏容易懂得多。开演的时候，真是人山人海，挤得两条街水泄不通。一出《家庭恩怨记》，就把人看疯了。尽管下大雨，门前的轿子进来了的退不出去，外面的进不来；女客撑着伞在门外；开幕前两三小时就等起的不知若干。真可谓盛极一时。

那个时候《恩怨记》的小桃红不是我演的，是吴惠仁。惠仁，湖州人，本是个小学教师，生的矮矮小小的身材，说起话来很象江浙女人的声调，留得一头好长头发。当时因为没有头套，全靠网巾和假发拼凑，很难象真，因此有些演旦角的把头发留长，到后台临时梳起来，就和真女人一样。尤其惠仁特别精致，他自己雇用一个梳头妈，在上台前一两点钟就梳起头，梳好了头，搽粉化妆又要半天。反镜打了又打，衣服比了又比，穿戴好了便端端正正地坐着，不大和人说话，他一心研究他的台词和表情。

我有个内兄刘雨人[4]，是个最豪爽的文学者，而且是个有名的收藏家，金石刻画，件件擅长，在湖南都督谭组庵[5]那里当秘书；还有个朋友宋痴萍——我们都叫他宋大哥，他那时在长沙《民国日报》当编辑；他们两个天天和我们在一处。这两位都是以酒为命的，加上管亦仲、镜若和我，五个人常常喝得不知所云。我们的床下都有几箱啤酒，几坛子花雕，完了戏没别的消遣，就是喝酒。以后引得绛士也加入大喝，每逢一上酒楼，彼此不醉无归。我觉得豪气凌云，可以吞海，喝瓶把酒，真不算回事。

两瓶啤酒一气饮完，一手抓一个瓶，向窗外使劲一碰，炸成粉碎。痴萍本来是同盟会员，我那时候正和唐桂良[6]、周道腴[7]、柳聘农[8]诸人组织国民党，拉我去当了一向会计；所以我们极力反对共和党、进步党一类的政党，而以痴萍为最激烈，他每打一对酒瓶，必定叫道："炸弹炸弹，炸破共和党的头！"

酒席完了，窗外的碎玻璃堆一大堆。酒馆里的人来干预我们，结果大吵起来，几乎用武，好容易劝住了，踉踉跄跄走出门去。刚出门，没走多远，看见一个共和党的中坚份子坐着轿子过来，痴萍上去，从旁边一脚踢去，那个轿子上重下轻，哪里抬得住？就连人带轿倒了下去。痴萍走上去乱打一阵，那个人孤立无援，抬轿的也不敢帮着打架，他看来势不对，就一溜烟跑了。

象这种事，吴惠仁是决不参加的。他一天只是在房里量衣服，弄首饰，背剧本，别的事一概不问，以后绛士也变得和他差不多一样，只有我始终是一样的骑马、喝酒、玩手枪。

有一桩笑话：方才所说我们吵架的那个酒馆，是从前衡州府唐步瀛[9]家里开的。有人证明唐胡子在衡山杀过好些个革命党，因此有人主张要惩罚他。但是这个意思，并不是党里开会讨论议决执行的，不过几个人坐下来随便一说，就自己去干。我当时被朋友推为执行者，他们叫我带着手枪去质问唐胡子，让他捐钱了事。我当然听他们的话，就跑到唐家，见不着本人，我走进门去，遇见一个人似曾相识，他请我坐了，很客气的和我论世交。他说，唐先生到上海去了，如何如何……我当时说不出所以然，就很不得要领的发挥几句，出到门外，放了几手枪，莫名其妙地走了回来。他们说我不中用，可是以后听说那边居然捐了一笔钱，我却不知道了。

象这样的捐款我知道的也不止一笔，作了甚么用，我可不知道；钱在哪里，我也没看见。不过使我最难过的，就是辛亥反正以后，许多穷朋友，都忽然讨了姨太太，住了大房子，我有些同学当了官，让护兵叫他们大人，纵情嫖赌，不干正事。我当时发过不少牢骚，会计我辞职不干了。本来那个时候的组织极不严密，我也就无形脱离了。

恰巧湖南省议会正在选举议员，许多人花钱运动，真是花团锦簇，热闹异常。城门口挂起八九丈长的白布，上写着某党招待处；街上车马络绎，家家栈房都是住得满满的。招待员四处拉客，请洗澡，请吃饭，请花酒，请打牌，那些被拉的便一扭一扭地不肯去，可始终还是去了。好忙的银钱号！好多的轿子！我就是用这些材料作背景，和暴富娶妾的"志士"织成一片，编了一个戏命名叫《运动力》。这出戏分五幕，把当时一班活动的人物讥讽得一文不值。结果是乡下人起来，把鱼肉乡民的绅士的房子烧了，从新举出纯洁的代表励〔厉〕行村自治。

民国初年革命的空气虽然渐次腐化了，到底还有点清气。我演这个戏，也没有人阻止。许多议员都在台下拍手，回头又到后台来对我说："该骂的，该骂的！"只是后边一段有人说怕有社会主义的嫌疑，但是那个时候，我并不知道社会主义是什么。

我在这个戏里，演的是一个少年学生。我还记得我把吴惠仁平〔凭〕空举起来，他吓得甚么似的，呱呱的乱叫。里头又有吃花酒一场，那几个装议员的朋友，叫了一个有名的厨子到后台，真的上四样菜，他们真吃一顿。几个旦角就扮着妓女，故意用白兰地硬灌他们，一幕演完，几个人都醉了！你说岂有此理不岂有此理？然而当时实在高兴极了！

注释：

1. 据《新剧史》载："（癸丑夏六月）是月，汪优游、王无恐等之湘，立社会教育进化团。优游以不得志于汴梁，拟复演于汉皋。既抵汉，闻湘省新剧之有大可图也。因约无恐、天声、无为、大悲辈，相将至湘，立社会教育进化团，演于长沙东茅巷，观者云集，历久靡衰。"又据《新剧史》载："（癸丑春正月）是月，新剧同志会之湘。同志会屡踬于吴下，乃思迁地为良。会湘省拟兴新剧，遣使来沪，物色人材。同志会应其选，遂之湘而演于长沙。湘人雅嗜文艺，故赏之者甚众。"以《新剧史》之所记，应是新剧同志会赴湘在先，汪优游等人的社会教育进化团入湘在后。《新剧史》之述与欧阳氏文中所记有出入，抑或欧阳氏文中所述之社会教育团，并非汪优游等人所组之社会教育进化团，尚待详考。
2. 按，据《寿春茶园特别广告（左文襄祠旧址）》（私人收藏品）记载，当时负责背景的是日人藤田洗昇和汤鲁光，与欧阳予倩书中所记不符。
3. 此人名为细谷伊太郎。

4 刘善渥（1879—1920），字雨人，号渊默，刘向铦之长子，刘善瑾（韵秋）之兄，曾任清末湖南省咨议局议员，民初湖南都督府参事，湖南都督府、督军公署和省长公署秘书官。

5 即谭延闿（1880—1930），字组庵，号无畏、切斋，湖南茶陵人。与陈三立、谭嗣同并称"湖湘三公子"。民国时期著名的政治家、书法家，南京中山陵孙中山墓碑铭文即出自其手笔。曾三次出任湖南督军、省长兼湘军总司令，后任南京国民政府主席、行政院院长。精于美食，为组庵湘菜创始人。

6 即唐蟒（1887—1954），字圭良，亦作桂良，湖南浏阳人，唐才常长子。其父殉难，唐蟒举家避祸于上海，改名周家翰，后赴日陆军士官学校炮兵科。光绪三十四年（1908）毕业后回国，任汉阳炮兵指挥官。辛亥革命湖南光复后，任湖南省陆军中将参谋长、《军国日报》社长等职。同盟会改组为国民党时，出任湖南支部评议员。北伐时任国民革命军第六军副军长兼参谋长。1939年汪精卫投靠日本后，任命唐蟒为国民政府参军长、第三集团军总司令、中央监察委员会委员。唐虽身在伪府，却与国民党军统暗中联系。抗日胜利后下狱，为戴笠保释。1948年底回湖南，参加了地下"民革"活动，与中共地下工作人员有联系。次年8月1日，参加长沙市各界人士的和平签名，旋赴港，1954年病逝。

7 即周震鳞（1875—1964），字道腴，晚年自号苦行翁，湖南宁乡人。1902年毕业于两湖书院，与黄兴等创立华兴会。1905年加入同盟会，曾是徐特立的老师。华兴会时负责在湖南发行《血泪书》，鼓吹反满革命。1926年劝说张学良易帜，1949年与程潜等发动湖南和平起义。新中国成立后，任全国政协委员，第一、二届全国人大代表。

8 即柳大任（1881—1948），一名扬谷，字聘农，一作病农，湖南善化人。1903年入长沙正经学堂，与黄兴、宋教仁等交往，同年留学日本东京体育专科学校。1904年加入华兴会，1905加入同盟会，与章太炎同掌《民报》。辛亥革命后任大总统府枢要秘书，1913年"二次革命"时发起并组织湖南公民联合会，坚持反袁。二次革命失败后，一度返乡，在梨江女校任教。抗战军兴，于1942年赴渝，经张继介绍任国民党党史资料编纂委员会采访员、编审等职。1946年还都南京仍任采访员，后因心脏病卒于单位宿舍。

9 唐步瀛（生卒年不详），字逢洲，四川乐山人。咸丰九年（1859）举人，任衡阳、宁乡等县知县。善书法，尤以临摹《兰亭序》著称。

《自我演戏以来（1907—1928）》

文社[1]

  我们在社会教育团演了没有多久，和前台发生了意见。大家就主张独立，我也赞成，于是另组一社，我取个名字叫"文社"。雨人草的缘起；经济由都督府庶务黄湘澄[2]担任；财政厅杨德邻[3]，还有个很忠实的革命同志吴君守贞，都来赞助。还有个帮忙的就是文经纬[4]。我们说干就干，马上成功，就只差没有相当地点，因此大家计议用府学宫。许多旧绅士听见这个消息，群起反对。我们不动声色，黄湘澄拨给我几个兵，仗胆子的又有文经纬，他说："他们有人阻挠，我们就杀人！"说着连夜打开府学宫的门，先把明伦堂的屋顶拆了，有人想反对，已经来不及了。我们如是又和工程处商量，借了些木料，连着七晚的夜工，把舞台造好。真快啊！真痛快啊，我们就在社会教育团那班先生们满街贴广告发传单公然来反对我们的时候开台了！

  第一个戏演的是《热泪》（又改名《热血》），第二个戏是《不如归》，第三个戏是《猛回头》，又翻了一翻《运动力》和《社会钟》。《热泪》和《不如归》真演得不错，《不如归》尤其好，可是生意不如在社会教育团的时候了。这有好几个原因：一因为社会教育团的那班人又在上海聘了一班人（其中有顾无为、邹剑魂）来抵制，他们新到，所演的噱头又多，我们抢不过他们；二来听说谭组庵先生有更换的消息，人心不安；三来到府学宫看戏一般人不习惯，而且地方在北门，本来偏僻些。

  黄湘澄始终是个健者。他把一切事情全交给我，丝毫不动地支持下去。有许多人去看过那边的戏，看着一个和尚一个筋斗翻在女子的袴下，因此对于我们的同情格外坚强，维持文社的心也就更进一步。

  正演着戏，恰好遇着祀孔，县官来了没有乐舞，就商量让我们的军乐队吹一吹。军乐祀孔，却是头一次，看着觉得滑稽得很。

  我在《不如归》里头，从浪子以至乳娘，什么都演过。在湖南却是马绛士专演浪子（改译名康帼美），演得真好，人人说他一哭如鹤唳猿啼，不忍卒听。镜若饰武男，我尊饰康中将，张苏新饰中将夫人，惠仁饰姨妈，还有蒋苍松饰武男之母，评判很好。剧本本身却另外是个问题。

《热泪》的布景，比在日本的时候还要弄得好些。照明在那个时候总算也还不错。田汉那时来看过戏，我在他的自述里才知道的。[5]可惜一张相片都没有留过。

我那时演的戏不多，他们看见我演《不如归》的乳娘，都说我演老太太好。可是不久我用尤三姐编了一出《鸳鸯剑》，我自饰尤三姐，大受欢迎。这是我取材于《红楼梦》的第一出戏。

我们当时的戏，不管好与不好，绝对遵守剧本，剧本不完全的戏，从没演过。不过每天要换一个新戏，哪里有那许多剧本？于是我就主张演半个月停半个月。用半个月的时间从事排练和研究。因此许多人看着我们非失败不可。也有人说我们没本事，比不上顾无为他们那边排戏来得快，而且滑稽有趣，我们却是取宁折不屈的态度，始终坚持着不变，可是生意却一天不如一天。

《鸳鸯剑》排出，生意有起色，而谭组庵离任了，汤贼芗铭[6]奉袁世凯的命到了湖南。我所见他头一个德政，就是封文社，说我们是革命机关。

杨德邻、吴守贞、文经纬竟被枪毙，黄湘澄被押，我不得已回到乡下。镜若他们就与湘春园的汉调戏班合作，混了两个月，回了上海。我真对不起朋友，我应当同他们在湘春园演的，我应当同他们回上海；可是我万不得已，先回了乡下，过了年才又赶到上海和大家重整旗鼓干起来。

注释：

1 文社成立的时间为 1913 年 8 月 23 日，文社演剧部首次演剧的时间为 1913 年 8 月 25 日，首演剧目为《报复》《热血》《桑园会》等。

2 据《弈楼诗集》载："黄湘澄，同盟会员，武昌起义，在长沙积极响应，其余事迹不详。"

3 杨德邻（1870—1913），字杏生，亦作性恂，号宣生，湖南长沙人。1912 年入南社，早年与黄兴共同主明德、经正两学堂讲席。1905 年赴日加入同盟会。回国后任《中央日报》编辑，1909 年被举为湖南省咨议局议员。1913 年二次革命，参与湖南省独立，事败遇害。有《国民党演说员杨德邻稿》一书存世，由国民党湖南支部石印发行。

4　文经纬（1874—1913），字晋潘，长沙人。光绪三十年（1904）肄业宁乡师范学堂，次年留学日本警视厅警察科，入同盟会，宣统元年（1909）回国。辛亥革命后任湖南都督府高等顾问，注重实业和教育。1913年任湖南警察局局长，积极参加湖南反袁独立运动，同年10月被汤芗铭逮捕，与杨德邻同时遇难。

5　按，欧阳氏此述不确，据田汉本人说，他仅仅是路过文社剧院的门口，因票价过昂而未能入内看戏。其《创作经验谈》一文道："在长沙时欧阳予倩氏和他的朋友回湘组织'文社'在文庙里演《热血》等戏，我们的体操教员蒋某是参加的。校长徐先生也曾对我特别介绍过，但我因为穷，事实上只看过放在外面的他们的布景，没有真看过他们的演戏。"（《田汉文集》第1卷，中国戏剧出版社1983年11月版，第459页）

6　汤芗铭（1883—1975），字铸新，湖北浠水人，汤化龙之弟。毕业于福州船政学堂，后被选派到英国学习海军。回国后任"镜清"舰轮机长、"南琛"舰副长、海军统制萨镇冰副官等职。武昌起义后，随萨率舰队赴鄂，积极主张海军起义参加革命。1912年元旦被南京临时政府任命为海军次长，随后兼任北伐舰队司令，率"海容""海琛""海筹"三舰参加北伐。1913年孙中山发动"二次革命"时，奉袁世凯命率海军舰队在江西镇压革命党人发动的讨袁斗争。之后，任湖南查办使、湖南都督兼民政长、靖武将军督理湖南军务。袁世凯死后，依附直系军阀，任汉口商埠建筑督办。1927年南京国民政府成立后脱离政界。抗战爆发后，汤一度当维持会会长。抗战胜利后，却因民社党领袖张君劢的庇护而未受惩处。新中国成立后，汤在京两次被捕，皆因研究佛学有相当造诣而获释。1975年病逝于京。

《自我演戏以来（1907—1928）》校勘及研究

春柳剧场 [1]

文社完了，镜若他们用了两个月的工夫，才弄了些盘川回到上海。1914年，我一等过了阴历年初五，就从浏阳乡下赶出来。过长沙的时候，到监里去见了一见湘澄；那时候有些湖南绅士正在趾高气扬地帮着汤芗铭杀人，我便急急忙忙到了上海。

镜若租定了南京路外滩口谋得利戏馆[2]，用"春柳剧场"的名义开演，但是团体还是用新剧同志会的旧名。我到上海的时候，正在预备开幕，恰好头一天就被我赶上了。[3]

这回春柳社人才颇多：生角方面加入的有冯叔鸾、董天涯、郑鹧鸪等，旦角方面有胡恨生、胡依仁、沈映霞、许频频等共八九人；编剧和写文章方面有宋痴萍和张冥飞。痴萍以民党关系决不能在汤芗铭的治下去办报，就只有逃到上海和我们混。冥飞也是一样，但是他们对于戏剧也实在是有兴趣。[4]

冥飞名焘，字季鸿，长沙人，比我大五岁。他本是个不羁的青年，国学很好，天分也很高，下笔尤其敏捷。他在长沙常和痴萍在一处；有时同去吃花酒，报馆里催痴萍的稿子，痴萍酒带微醺，随手扯过一张"局票"（叫妓女的条子），一面问来人还差多少字，一面提起笔来就写，连说带笑顷刻间写好交来人带去，接着又举杯痛饮，旁若无人。冥飞衔杯微笑，也不作声。恰好有人谈起要送人一篇寿序，座中一客举荐冥飞，冥飞毫不推辞，接过缘起看了一遍，照样学痴萍扯张局票，信手乱画。不一刻画完好些张局票，数一数字，大致不差，便一声不响掷给那个人。大家惊奇，挤着一看，居然工整恰切，那个人便马上送润笔[5]，不知是一百还是两百。冥飞接过钱来，就在那晚花个精光，还是一件破长衫，两袖清风地走回家去。

他的行动，大略类此，遇事都很高兴，又极健谈，谈适合了可以通宵不睡。尤其爱喝酒，连尽数十杯不算一回事。大约是酒喝多了，得着脚痛的病，

《自我演戏以来（1907—1928）》

以至于变成微跛；但是从没有谁叫他跛子，却有无数的人叫他疯子——他真跛，人不以为跛；不疯，大家以为疯。所说天才与狂者相差不过一间，但是冥飞之以疯得名，不在他的内容而在他的外表，他的动作表情，就得了疯子的绰号。人说他疯，他也就以疯自安，然而他的风趣也正在人家认为疯的一点；所以他尽管脱略[6]一切，决没有人怪他。"疯"，就是他在朋友间注过册的商标，不认清他那商标上的图案，便不认识冥飞。

我第一次认识冥飞是在唐桂良[①]家里。冥飞是他介绍的。还记得那时候长沙城里兴坐响轿"三人拐"——三个人抬的轿，用软轿杠，中间那个轿夫别地方多半是用一条麻辫，抬着走的时候，脚步要平而细，轿子好比"走马"一般，丝毫不动；长沙不同，中间用的是横扁担，用绳系着两头，轿夫的脚步要一步一颠，颠得高，浪起得越大越好。在轿杠和轿子上的铁环相摩擦的地方浇上一点石油，便因发涩而戛戛〔嘎嘎〕作响；颠得高，浪起得大，便响得格外厉害，坐轿的风头也便显得十足。尤其是轿夫，似乎比坐轿的更要不可一世，那时候坐轿子的威风，全在轿夫身上。

不过坐那种轿子也要受些训练：如果你是内行，你便能随着轿子的波浪一上一下的很舒服，好似腾云驾雾一般；如果你不会坐，不是脚离轿板，便是头碰轿顶。遇见这种场合，那轿夫先生必定要说："请你老人家莫动。你老人家一动，我们就动不得了！"

还有一层，上轿要快，因为他们起肩实在快。你半鞠躬式的进轿，他们已经就上了肩；刚刚轿子上肩，你的屁股恰好碰着坐垫，那就最好。其次便是下轿的时候，轿子必然向后一抛，前头的轿夫尽力往后一送，平空退回五六尺，不惯的人往往吓一大跳，就是内行也要留这一下的神。

我何以要写这一篇坐轿的讲义？因为我头一次见冥飞正当他坐着响轿下轿的时候，那时我忽然见一乘特别响的轿子进门，以为不知道是哪位"伟人"光临，回头一看，是一个穿大礼服、戴高帽子、瘦瘦矮矮的小伙子。他一下轿，我就看见他的帽子扁了。他一手撑着一支手杖，笑嘻嘻地走出轿来，下轿一面除了帽子，一抬头见着桂良仰天大笑。桂良问："你怎么会把帽子压扁

[①] 唐桂良名唐蟒，唐才常的大儿子，因为是烈士的儿子，从小受到多方面的照顾，习于娇生惯养。从日本士官学校毕业回国正遇辛亥革命，就当了高级军官，趾高气扬，生活很放浪。抗日战争开始，他就当了汉奸，解放后死在香港。

了？"他说："它要扁，我有甚么法子？你来，我有一篇好文章。"说着昂着头，耸着肩，手往后一摊，腰向前一曲，脚下一颠一颠地就走向里面去了。自从这回见过面，一进到上海春柳才算真认识，作了朋友。

我到上海的时候正好患了耳下腺炎的症，两腮肿得很高，我的衣服又极不入时，所以那些新来的社员都当我决不是能演戏的。镜若和我尊非等我好了不开幕，许多人觉得奇怪。

那时候旦角里面如胡恨生、胡依仁、沈映霞都很漂亮，他们都认我作先生，不过始终不变的只有胡恨生。依仁以后干丝生意去了；映霞演了几年戏很有风头，以后结识一个女子，听说她让他不必再登台，他便收手了。

依仁风姿很好，但不能饰上流女子，他那种搔首弄姿之态和那一口纯粹的苏白，扮一个妓女或是大姐真无人能出其右。他自己会拉胡琴，唱苏州小曲，因此引得许多人为他颠倒。有的请他吃饭，有的送给他衣服、首饰、化妆品之类，有的就在报上作诗替他鼓吹。起初还不觉得怎么样，以后便一步一步地显得肉麻起来；居然有一个姓陈的官僚带着几分酒在台下怪声叫好。

这种事在同志会当然是犯忌的，我们觉得非整顿不可。第一个怒恼了管小髭，他决意要打那姓陈的。姓陈的和我们都认识，而且是小髭的朋友，小髭以为他既能糟踏我们的会员，便是侮辱我们的团体，于是顿时和姓陈的绝交，我们大家一致赞成小髭的提议，准备和那姓陈的大闹。

姓陈的居然恐慌起来，在一个四川馆子里请客赔礼，又托我周旋，事算完了，他再也不敢来看戏。依仁呢，一时也敷衍下去。他本来是个在丝店学徒出身的人，阅世很浅，我颇原谅他；不久他就离开同志会回到乡下去了。还记得有家人家接我们去演过戏，许多小姐、太太们再三烦依仁唱小曲。却不过，他便唱了几支，满座动容。如果他能够自爱，多用功，他可以成个人才，可惜回到乡下，不知怎么弄得面黄肌瘦，连小曲都不会唱了，就完了！

恨生在同志会的时候，已经会演一二出旧戏，会登跷，那时他也颇自负。他很诚实，从来不会和人打架，也不发丝毫脾气。可惜笨一点，也不大肯用功，所以一直到现在没有什么成就，这也是他自己辜负了一个好坯子。我敢断定他若是努力向上一点，早已成大名了。

角色中演戏真有实力的要算绛士。他那演悲剧的才能前面已经介绍过了，他在上海颇得许多人同情，尤其以《不如归》为脍炙人口，《社会钟》《猛回头》《家庭恩怨记》《寄生花》等等都各有各的好处。他的为人情感最丰富，有一次演一个爱情戏，演到伤心晕倒的一段，居然一口气不来，死在台上。这种情形，在外国有些女演员会这样，但是真讲做戏，这是不相宜的。做戏最初要能忘我，拿剧中人的人格换去自己的人格谓之"容受"，仅有容受却又不行，在台上要处处觉得自己是剧中人，同时应当把自己的身体当一个傀儡，完全用自己的意识去运用、去指挥这傀儡。只能容受不能运用便不能得深切的表演。戏本来是假的，做戏是要把假戏做成像真；如果在台上弄假成真，弄得真哭真笑便不成其为戏。所以有个法国名演员演酒醉最得神，他偶然真带醉意登台，便减色了。绛士也不是不能运用，他往往把他的身世之感、家庭社会不如意的事一来就扯到戏台上去借题发挥，这是我当时就最不以为然的。

镜若在日本很久，他演戏变化很多，可是有人说他日本气息太重，这或者不免，可是他那真挚动人的地方殊不可及。我自投身剧界以来，再没有遇见过谁演小生有他那样雍容华贵，而肝胆照人的。论起他到底是素养不同。他在台上可以说一点俗气没有，一点过分的地方没有，这是多么难得啊！

我在春柳剧场，乱七八糟什么都演：有时演风流活泼的女子，就一直担任这类角色；有时饰泼妇，有时饰最坏最下流的女子，有时也演悲剧。无论是悲剧是喜剧，温婉凄凉一点的角色总是绛士，活泼激昂一些的角色总是我。我也替惠仁演过《家庭恩怨记》中的小桃红，镜若的父亲纬士[7]先生看了之后说：不如惠仁，惠仁表得出卑贱，予倩始终不失高贵气，所以不如惠仁。从此以后镜若便不拿这一类的戏派我演。但是我总不服气，一定要演一个惠仁所不能演的贱人，便把许多下流女子的举动，一一记在心里，以后再演《恩怨记》都用上，再加上些花样。于是有一个报上骂我："予倩为学界中人，何以自贬而演此类角色？其饰小桃红也，烟视媚行居然一妓……"他这种批评当然出了戏剧范围以外，可是我以为我揣摹〔摩〕的苦心收了效果，非常得意。

人家说我的哭不如绛士，我便一方面揣摹〔摩〕绛士的哭，又自己努力去研究新哭法。可是绛士的嗓音天生悲苦，不假雕琢便自动人；加之他的身材面貌本来瘦弱，眉黛微颦，就如千愁万恨兜上心来。我呢，嗓音脆亮而甜，无论如何出不了绛士那种沙音，面目的表情还在其次。我为了练哭，当没人的时候，躲在张家花园的草地上用种种方法去哭，每回总是弄到气竭声嘶，胸口痛半天不能好；因为哭的时候，非用很大的力不可，不用力便哭不出来。最难的是一缕细如游丝般的声音从喉咙里摇曳而出，缠绕在说白的当中，似续而断，似断而续地哭，这种比抽抽噎噎的啜泣为难。

我练过许久之后，便自己编一个悲剧，要镜若派我演，结果还不错。小髭当时说："绛士之哭如猿啼，予倩之哭如鹤唳。"我的哭究竟不如绛士。

我练笑也是在张家花园草地上。我的笑自问有些研究。笑也可以使胸口发痛。无论轻笑、大笑，总要像摇铃铛儿似的，像一颗一颗的珠子似的滚出来才好。诀窍就在善用丹田气，气不能贯便笑不成声，气用得不匀，便笑得不能圆。

总之，无论为哭，为泣，为笑，为哂，与乎一切动作表情，决非不用苦功所能作到，我天才有限，在舞台上一部份的成功，完全是由于笨干来的。

我偶然在一个戏《芳草怨》[8]里面饰过一次老太婆。《芳草怨》里的老太婆是个有身份的。我本不想演，无奈轮到我头上，也就不便推。我拿着剧本自己揣摹〔摩〕，一来我就想起三个模范老太太：一个是我的祖母，一个是外祖母，一个是舅婆。当时我把这三位老太太的声音笑貌默想出来，三者合而为一，便变了《芳草怨》里的那个老太太。我祖母和气迎祥而威严内蕴；外祖母坐着挺直着腰板凛然不可犯，而即之也温；舅婆便慈祥温淑端庄而谦抑下人。我对于这些或用动作或用语调都应用上了，结果大家都很满意。

说起演老太婆，我又想起两段"苦心谈"来了：一个是汪优游[9]，他能够用嘴唇包住牙齿说话——请试一试看，说一两句很容易，多说几句便很难——他无时无刻不对着镜练习，费了不少的时候，方始能运用自如。还有一个就是日本的秋田桂太郎，他因为要演老太婆，嫌自己的牙太好，便把上下门牙拔了，另镶假牙；这样比起来，那剃眉毛的旦角，实在不算一回事。一艺之成，不下苦工是决难成功的。

自从我演了这一次老旦之后，绛士主张我专演老旦，于是接连演了多次；《不如归》[10]里面的乳娘之类的角色，我都演过了，但是看客不愿意我专演老旦。那时候孙菊仙常到我们那里来，他极力反对我演老旦。他惟一的理由是怕我演老旦弄坏了嗓子，将来不能唱青衣；其次就以为我演花旦比老旦好，且能得看客的欢迎，不如便专演花旦；我是什么都随便，样样我都想演。我

112

《自我演戏以来（1907—1928）》

认为那不过实地练习时期，多换几种角色演是对的。

我们在春柳剧场演戏，大家都没有定薪水的，有时候卖得进钱来，大家分几个零用，有时候，生意不好便一个钱都没有。一切都归镜若管理，他并不是首领，也没有特别的名义，事实上只有他担得起，便事事让他去干，对内对外全是他一个人。大家除了睡觉吃饭之外，不是学戏，便是演戏，既没有意见，也没有闲话，一年之中平平稳稳过去，而镜若身上却负上债了。

会员之中，没有一个不穷，衣服大半是破的，娱乐是丝毫没有。房子租在元昌里，两楼两底，全体会员几十个人一同住着，铺板靠铺板，挤得缝都没有，有没有被褥的就两个人睡一铺。我那时因为保护喉咙早已戒了酒，十年之中，不过饮两三次，平常是沾滴不入口。烟本来就不抽，有几个会员如痴萍、冥飞他们非抽烟不可，有烟的时候大家对着拼命抽，没钱买烟，便将一支烟剪成两段，一个人抽一半。

饭食每人四块钱一月吃包饭。那个年月，比现在便宜一倍，可是菜真难吃。我是在日本中学校吃惯坏菜的，可是日本学校的菜虽然不好，总还干净，那种四元包饭又脏又是冷的，实在难于下咽。我有时也请请客，请的是几个铜板的黑萝蔔，觉得美妙无比，同桌的人大家还很客气，不肯多伸筷子。

痴萍和冥飞也帮着演戏，夜晚才有工夫编戏，写说明书，他们往往弄得将近天亮才睡。晚上肚子饿，买几个铜子花生米，一百几十文酒，喝着，谈着，写着，上下古今，只有他们两个人的世界。直到如今，他们除非不见面，见面必然还要提起当时，自鸣得意。

春柳剧场的前台开销完全由张静江[11]借垫，由每日票款提还，周伯年、周佩箴[12]两弟兄代表张静江，和我们很相好。卖出来的钱，先顾住[13]戏院的房租和电灯、捐费等等，再还垫款，有多便分配给演员。他们并不想赚钱，无奈一直生意都不大好，入不敷出，时常还要贴几个。有一天晚上下雨，我演的是《茶花女》，台底下拢总只有三位来宾，我们见演员比观客多，想要回戏——回戏就是停演退票。谁知那台下三位偏不答应，他们说："我们是诚心诚意从很远来的，你们只要得知己，何必要人多才演呢？"我们听了他们的话，顿时兴奋起来，急忙化妆〔装〕上台，演得比平常还要好得多。那三位之中有一位是一个广东宵夜馆的小老板，他看得得意，当晚便请我们到他们店里去吃晚饭，以后又连去了几次，居然成了朋友，我们便极力替他介绍生意，这里便发生一段小小的公案。

有一晚，我们正在那里宵夜，听见隔壁有女人说话；起初并没注意，以后听得一句一句都是在批评我们的戏。分明是两个人，说话的却只有一个。她带说带笑地谈个不休，而陆镜若、马绛士、欧阳予倩等等的名字时时响到耳朵里来，仔细一听，原来在那里恭维我们，而且很对我们的境遇表同情。

听人家恭维戏演得好，谁不欢喜？何况正当不甚为社会上所认识的时候有人表同情，而表同情的又是一个女子，而她的苏州话又是那样漂亮！

当时倾耳细听，各人都拿眼睛示意，不觉得手中的杯箸一齐停了下来。过一会，她们先吃完先走，走我们门口经过，在楼梯前面略站一站，照一照楼梯旁边的镜子。你说这个时候谁肯不去偷看一看？

她恭维镜若的话很恰当，也很多，我们当时就推举镜若出去看一看是怎么样一个人。镜若还没有出去，我们已经从半截短门下面见着了她的脚，似乎是个很苗条的人。镜若把门向外一推，就觉得钗光一闪，在镜子里已经只见着她一半背影，好像有两线很强的光射了过来，一个长身玉立的美人搀着她的女佣缓缓下楼而去。第二晚就发现她在楼下第三排看戏，那晚我们的戏不知不觉地格外卖力。

戏完了，镜若又发起宵夜，好在那家菜馆可以欠账，乐得去吃。谁知她已经先在那里，因此我们知道她是有意，却猜不出为谁。

如此这般过了几天，见多如熟识，由相视而笑，便交谈起来，这才知道她是西藏路一个名妓陈寓。由此她每晚必来看戏，来看戏必带些糖果送镜若。

有一天她备了很精美的酒肴请我们到她那里去吃晚饭，大家无不欣然。实在我们那时候的生活太枯燥了，这也是当然的兴奋，可是头一个反对的就是我。那时候演新戏的吊膀子轧姘头弄得名誉很糟，同志会的会员除了新加入的不甚知道而外，我们几个人从上海而湖南，从湖南而上海，从来没有到堂子里去胡闹过，所以我反对他们去和陈寓来往。那天晚上我和绛士都没去，只有小髭、我尊、痴萍、冥飞和镜若去了。但以后来往颇稀，小髭、我尊也怕镜若上当，常是跟着他，其实镜若他才真不会上当呢。

陈寓疏了以后，又有一个老太婆天天晚上来找镜若，外面就有马车等着他。有一晚我正和镜若从剧场走出来，那个老太婆又从铁扶梯后面钻出来向镜若劝驾；我一见大怒，长篇大套地说了那老太婆一顿，她丝毫不屈，反过

《自我演戏以来（1907—1928）》

来倒骂我，急得我要去叫巡捕。这只怪我那时候太不明白上海的社会，不免大惊小怪，后来还是镜若劝几句，那老太婆才很失望的去了。去的时候她又笑嘻嘻地对着我说："少爷倷勿懂格，倷要慢慢交学学得来。"这可真把我气坏了。

第二晚剧场门口停着一辆汽车，上面坐着两个女子，见我走出去，他〔她〕们就乱叫我的名字，我也不理她们，跳上电车就走了。只听得她们纵声大笑，嚷道："阿木林，阿木林！哈哈哈哈！"不知怎样这件事传出去了，人家便都叫起我"阿木林"来。我每天除了演戏之外，又是练武功又是唱二黄，抽空还要看看书，早晨不能不早起，夜晚便不能不早睡，想不做阿木林，岂可得哉？或者这正是我之所以为阿木林也未可知吧！

有一天，剧场的茶房送一个小木箱进来说是一个老头子送来的，另外还有一封信。一个粉色的信封，里面一封很工整的信，署名"稻香"，文词婉丽，一往情深：首先称赞我的文才，其次称赞我的戏；说是看了我的表演，知道我是有心人，即日南归，没有法子能够相见，赠书一函，聊表倾慕。末尾引白香山"同是天涯沦落人"之句，更进一步，以为只要相知，不必相见，而字里行间，好像不胜凄楚，措辞都极其大方。我反复展玩，不觉得心潮起伏，疑幻千端。看字迹看语气都可以知道是一个女子写的。她的境遇一定不好，她一定很不自由，或者是遇人不淑吧！

看她的信，知道她读过不少的旧书。她绝对不让我知道她是谁，更不愿随便和我相见；不愿呢，还是不能？她看了我的戏，有感于中，便写一封信，送一部书，表示她的意思。发乎情止乎礼义，在她以为再好没有。真是，只要相知，便不必相见，是吗？

我那时虽然穷一点，决不是天涯沦落。我无论遭遇怎么不好，从不肯自命为沦落以显其颓废的美。就是走江湖、跑码头演戏，也不觉得是流浪，就算安个名词叫流浪也很平常，没有什么特别了不得，何况还常有固定的住处呢？这层意思，恨不得和她去谈谈，可是我所担负的悲哀或者比她更多更重，有甚于天涯沦落。我痴想一会，又看那木箱盖，知道是一部旧小说。我赶出去想找那送信的老头子问个明白，他已经早走了，只见马路上烟尘滚滚，车马往来！

春柳剧场的名誉总算是很好，只可惜生意老不甚佳，有人说，戏的陈意

115

过高,其实也不尽然,不过悲剧多于喜剧,而台词之中俗语不够,文语太多;还有就是不用苏州话,不易为上海观众普遍接受。就表演而言,似乎太整齐,虽处处近人情,切事理,而不够夸张。看客所要求的滑稽与意外的惊奇,这些在春柳剧场都没有,同志会员也就不会。除这些原因之外,还有人以为最重要的一点就是演员不会交际;因为人家到剧场里来,不必一定看戏,而志在看人,当时有几个有名的女子,我们没有能够羁縻,也是为人所认为失败的。然而我们剧场虽陋,不专为商业也就不愿用任何手段去迁就观众。我们始终认定戏剧是神圣的,尤其演员要有人格,利用几个莫名其妙的女子交际去吸引观众,便跟着胡闹,哪里还能谈戏剧?情愿不卖钱,也不会自趋于下流。

同志会员的人格,当时颇有定评,所以许多文学之士,都愿意和我们往来。至于戏呢,翻译剧与自己新编的都有。春柳剧场的戏有剧本是人人知道的;有剧本台词不至散漫,动作也有规矩。当时各家的文明戏,全爱用滑稽的男仆,把脸上画得怪形怪相,一条红辫子挠〔翘〕得很高,无论主人在那里谈甚么严重的话,他总要从中打诨,志在令观众发笑,便不管合适不合适剧情,把全剧的精神、全剧的空气都让这种无理取闹的丑角任情破坏而不加爱惜;这种现象在春柳剧场里,始终没有过。

春柳剧场在初开幕的时候,信用很好,得有一班专看春柳的观众。后来因为天天要更换新戏,便不能不有所通融;因此读剧本排戏都来不及,只能将就不用剧本。谁知演来演去,戏越要得多,便感到供不应求,无论怎样的天才都觉得疲于应付。生意又一天不好一天;秋尽冬来,寒风刺骨,许多会员都不免有客子无衣之感。恰好遇着巴黎的古董生意不好,静江也没有多少钱垫出来,逼得不能不想卖些钱维持现状。当时《空谷兰》之类最是卖钱,我们便演《迦茵小传》《红礁画桨》[14]一类的东西,究竟所谓穿插太少,终嫌冷淡。《红楼梦》的戏虽比较多些,又不能长演。至于《复活》《娜拉》一类的作品格外不行。到了罗掘计穷,便只好步人家后尘,去请教通俗的弹词、小说,以为家喻户晓的东西可以投人的嗜好,于是《天雨花》《凤双飞》[15]都如此这般弄上台去。结果从前的观众裹足不前,而普通的观众没有新的认识也不肯光顾。到后来恢复"庄严面孔"来不及,而胡闹又不能彻底,内部遂不期而呈解体的现象,闲话和吵嘴都在不免之列了。

我尊和民兴社主人苏石痴[16]是朋友，石痴因为民兴少一个庄严派老生便极力拉我尊，我尊因种种关系，居然受了石痴的聘。

石痴，广东人，在法租界办民兴社，用男女合演并玩蛇、变戏法号召看客。吴一笑就是那里的台柱（一笑以后在北边当了妓女）。[17]我尊加入他们那里，胡闹不过他们，便不免有些受气。幸喜他和石痴是朋友，总算敷衍了一个月又回来了。

镜若是个最温和的人，从来不生气，也不说重话，他全凭感情联络会员，所以无论如何，人家感他的诚恳，决不肯随便离开他去。就有什么口角，他来一劝就完了。我尊到民兴的时候，[18]许多会员都很愤慨，他只是低头不语，他悄悄地对我尊说："我只怕你到那边弄不好！"过几天镜若和我同到民兴去看我尊的戏，戏完了，请我尊上小馆子，一面喝着酒，一面对他说："要是在民兴演得不舒服，还是我们老朋友一处凑凑吧。我们近来虽然不免胡闹，不过是偶然的，全体看起来还是不胡闹的多。"镜若的话是不错的，春柳剧场的戏到底还有几出是很规矩的，我尊虽自命为随遇而安，到底在民兴还是干不下去。

春柳剧场失败的原因略如上述。一面谈艺术，一面想卖钱，怎么弄得好？镜若也有不得已的苦衷，而我们那时候对于艺术的认识也太浅薄了。

1914年冬[19]，我得了家信，无论如何要我回家过旧历年，恰好正秋在石路天仙茶园所经营的新民社与张石川的民鸣社合并，我们便从偏僻的外滩，移到天仙开演。[20]开演的那晚，演的是我的《大闹宁国府》，座客上下皆满；有许多新剧社的演员都来看我，我在那天晚上就认识了查天影。

《大闹宁国府》连演了两晚，[21]演完我就回了湖南。天仙的经营者尤鸿卿，因见我能够号召，便竭力留我，坚约次年之聘，及至我过了年到上海，同志会仍然回到了谋得利戏馆，天仙不久也就改了市房。

我当时的脾气，好胜当然不免，而会员中之某某数人总想对我加以压抑，我不能忍，便和镜若、绛士、漫士、我尊等几个老朋友商量，想要把同志会改组；镜若颇不谓然，于是以为镜若袒护他们，我心上那样想，口里却没有说出来，恰好尤鸿卿经营第一台，便由祥云（筱喜禄）介绍，又经林绍琴的敦劝，我便在第一台试演了三天，第一天演的是《玉堂春》，得了许多的赞美。那回朱素云饰王金龙，贵俊卿饰问官，极一时之俊选，也是很可纪念的。

117

《自我演戏以来（1907—1928）》校勘及研究

春柳在上海不能支持就要到外码头去演戏，就这个机会，第一台便来聘我。

有一天我在春柳剧场后台，忘了为什么事，一个和我有意见的二路角色借事生风和我吵架，我骂他，他便抽出放在旁边的指挥刀刺我。我本来稍为〔微〕有点气力，顺手夺过他的刀，一下把他摔倒在地下。谁知另外出了个人帮他。他乘势抱过五六个菜碗，用全力向我打来，幸而未中。我往外一退，抽根铁棍，正想还手，他的刀早已又举在手里。好在镜若从台上匆忙赶来，劝住了他，又有许多人来拦住了我。绛士那晚饰的是我的妹子，他正在台上叫姐姐，老不见有人出去，他便想个法子进来把我拉出去，我头发也乱了，花也掉了，衣服也破了，满头大汗站在台上，气得话都说不出来，可是一转瞬间就平复下去，戏仍然还演得很好。

完了戏，我和镜若、绛士、我尊、小髭、痴萍等几个人都到那个宵夜馆去，镜若请客，他是专为平我的气。我主张要那几个人出会，镜若只是笑着劝，不从我的提议。他一面用在戏台上的语调向我赔不是。第二天他并没有具体的表示，只随便说了几句就算完了。我心里以为镜若对我只剩虚敷衍，我尊也说镜若是优柔寡断[22]，到了这个时候，我便一声不响，受了第一台的聘，[23] 没有跟同志会到别处去。我在第一台演唱，许多朋友都连定两个礼拜包厢，极捧场之能事。从此接连一个月生意很好，第一台还是留我，又加多一百元薪水，要我继续。

一来我会的旧戏还不很多，怕久了要出丑，二来初搭班子有许多不习惯，也到底舍不得春柳旧伴，所以坚决地辞了出来。不久同志会员从外埠回来，春柳剧场又借谋得利开演，我便编了一个三幕悲剧《神圣之爱》[24]，和镜若、我尊、绛士四人合演，那个剧本自问颇过得去，演得也不错，尤其久不与镜若、绛士配演，重复相聚，觉得非常愉快。只可惜同志会内部越来越腐败；冥飞走了，小髭到湖北去，痴萍回了无锡，我尊仍然跟石痴在一处，除绛士、漫士、鹧鸪等数人而外，大部分都拿生活去包围镜若。镜若实在苦极而不能摆脱，又不愿改组，负累一身无从解决，我真难过极了。以后他们要到无锡去，我便没有去。

1915年夏天，贵俊卿在北京有信约我去，我没有去。接着杭州西湖舞台有人来聘，也是祥云介绍的，我以为好逛西湖便答应了。及至到了那里，恰好镜若他们也在杭州；他们正演完戏要回上海，彼此相见就在西湖游玩了好

118

《自我演戏以来（1907—1928）》

几天。镜若每天都在西泠印社翻译剧本，我和绛士就在旁边下围棋。那时他译完的有托尔斯泰的《复活》、易卜生的《赫达·格卜拉》[25]和两个莫里哀的喜剧，这些稿子，都不知道哪里去了。

我玩了几天，就轮到了要登台的日子，头一天不记得演的是什么戏；到第三天，遇到启明社的周剑云，他要和我演《神圣之爱》，他说他最欢喜的那个剧本。我和他本是朋友，不期在西湖相遇，他要想演我的剧本，我答应，就和他演了。他的舞台技术比镜若自然不及，所以这出戏不如在上海演得好。那晚镜若来到后台，他没别的话，只拉住我的手说："神圣之爱，神圣之爱！"第二天一清早他就搭火车回上海去了。

他回去不到一个星期，我就得了信，说他死了！①

"神圣之爱，神圣之爱！"是他最后留给我的一句话！

他死了，同志会完了。也可以说，同志会完了，他死了！

我生平的朋友只有他！我生平演戏的对手也只有他！

他没有丝毫对不住我，我觉得倒有许多对不住他的地方。他死了，要想见他谢罪，来不及了！

我赶回上海，他已经被厝在一间会馆里，隔着棺材，任凭有无穷的热泪，也挽回不了新剧界这一重大的损失！我烧了《神圣之爱》的剧本，可是他拉住我的手说"神圣之爱，神圣之爱！"的声音，永远在我的耳边铮铮地响着！

注释：

1. 按，1914年4月15日，陆镜若领导的新剧同志会正式租赁位于上海外滩的谋得利外国戏院，命名为"春柳剧场"，开始商演。
   开幕前的1914年4月13日，新剧同志会发表了宋忏红执笔的《春柳剧场开幕宣言》，回顾了自东京春柳社至上海新剧同志会的演变发展过程，其文道："民国三年四月十五号，春柳剧场假南京路外滩口谋得利开幕，新剧同志会会员悉隶之。其间以路远未及即至者，亦数人。名以春柳，从初志也。溯自乙巳丙午间，曾存吴、李叔同、吴我尊、谢抗白、李涛痕等，留学扶桑，慨祖国文艺之堕落，亟思有以

---

① 陆镜若生于1885年，死时正三十岁。

振之。顾数人之精力有限而文艺之类别綦繁，兼营并失不如壹志，而冀有功于是，春柳社遂出现于日本之东京，是为我国人研究新剧之始，前此未尝有也。未几，淮徐告灾，消息至海外，同人演《巴黎茶花女遗事》，集资赈之，日人惊为创举，啧啧称道，新闻纸亦多谀词。是年夏休业多暇，相与讨论进行之法，推李叔同、曾存吴主社事，得欧阳予倩等为社员。次年春，春阳社发生于上海，同人庆祖国响应有人，益不敢自菲薄，谋所以扩大之。会陆镜若、马绛士等连翩至，同志渐众，因一演《黑奴吁天》，再演《生相怜》等剧于东京之本乡座。既而马绛士创寄生社，陆镜若、欧阳予倩、吴我尊、谢抗白创申酉会，实春柳之旁支。初未尝自别于母社，而稍呈华离之象，《电术奇谈》《热血》等剧，亦赓续排演，日本各报，特著批评，谓演欧美剧为日人所弗如。虽见重于彼都人士者如此，然同人犹以为未足，不敢稍存自满之心。次年李叔同、曾存吴格于事势，不能留东主社事，改推陆镜若、欧阳予倩任之。是时同人渐有归国者，社事因之小挫。陆镜若乃独从日本著名演剧家藤泽浅二郎游。庚戌同人集上海，合王钟声、徐半梅、陆露纱、董天涯、陈镜花、萧天呆等演《爱海波》《猛回头》于张氏味莼园之文艺新剧场。是时社会于新剧之观念颇淡漠，不足以图久远。复计偕东渡，陆镜若则从文艺协会之坪内逍遥博士，作汗漫游。辛亥武汉举义，留学生念国事多艰，纷纷弃学归，将图自效，同人益以文艺小道，不如姑置之，亦联袂返国。民国成立后，曾存吴、陆镜若、吴我尊、马绛士就海上重组演剧同志会，设事务所于海宁路，曾为某团筹资，演《铁血》于歌舞台。未几，陆镜若去之苏州，马绛士等仍居海上，易名称为新剧同志会，会员益众，之常，之苏，之杭。每至作旬月留，均为当地学士文人所称许，《社会钟》《家庭恩怨记》，其最著者也。壬癸之交，湖南创办新剧，同人首膺其聘，荏苒年余，声名洋溢于三湘七泽间，新闻纸至为之征诗，名作如林，犹可覆按。比者，陆镜若以同人久客，甚辜沪人士之殷望，遂有春柳剧场之组织。同人舍旅湘之全部东归外，其有散处远地如谢抗白、管小髭等，亦陆续齐集，于是春柳剧场遂告成立，距春柳社初创时，盖十年矣。其间屡丁困厄，而能扶持不败至于今日者，则十年来同人之心志，悉萃于文艺，未尝稍介意于世俗之名利故也。所异于他团体者在是，即同人区区初志，堪以自信者亦在是。因于开幕之始，序其缘起，更举简约之词，以告我邦人曰：综文学、美术、音乐及人身之动作语言而成剧，故演剧者即以写此数部之艺术，其有畸重轻或而不全者，即不足以言演剧。剧必有所本，则剧本尚已。精粗美恶，胥视剧本为转移，以嬉笑怒骂皆成文章为遁词，弃剧本不讲而信口开河者，同人所不取，抑亦不敢出以与演剧之原理背也。故编著之剧本，非特绝无我国旧剧界诲淫、诲盗、神怪三大弊端，即种种里巷相传之坊本小说、无关宏旨者，亦屏绝靡遗。区区此心，当为大雅君子所共谅，同人亦维有始终抱定此旨，以供献于社会而已。"《时事新报》

1914年4月13日）

2　按，谋得利即英人开设之琴行，其地址在上海英租界之南京路23号。据胡寄凡《上海小志》（中国书店1930年版）载："春柳则肇始于日本东京，其主事者为李叔同、陆镜若，余如吴我尊、马绛士、欧阳予倩等，皆最先之社员，曾开演于东京，颇受彼邦人士所推许。宣统辛亥，相率归国，各社员多集于上海，复创新剧同志会。嗣租谋得利戏园，开设春柳剧场，资本家为南浔张静江，而陆镜若为之经理。"

3　按，1914年4月15日，春柳剧场开幕首演当日之广告中，欧阳予倩榜上有名。当日《时事新报》广告中专门刊出《春柳剧场介绍新剧先进》一节，共有三人，吴我尊、欧阳予倩和管小髭。文中道："吴君我尊、欧阳君予倩为春柳社杰出会员。留学东京时已为彼邦文士所推重，平生放弃一切，专意文艺。比闻同人辈剧场成立，不远千里而来，殊足庆幸。"

4　据《生活日报》1914年4月14日、《申报》1914年4月15日广告载，春柳剧场开幕当日，出场的演员共计24人：姚镜面、董天涯、谢抗白、吴惠仁、欧阳予倩、吴我尊、管小髭、马绛士、陆镜若、蒋镜澄、张苏新、胡恨生、严忍厂、徐求安、吴蔓芝、宋忏红、金石声、马二先生（客串）、洪苍梅（客串）、赵斐然、王子久、夏伯神、伍子旭、董天民等，并无欧阳氏文中记述之郑鹧鸪、胡依仁、沈映霞、许频频等人。

同年7月2日《新闻报》春柳剧场的广告中，演员的组成较开幕时略有变化：天涯、忏红、马二、惠仁、镜若、小髭、我尊、绛士、予倩、镜澄、镜明、苍梅、映霞、天玉、频频、化民、寄生、苏新、不平、伯神、恨生、石声、忍厂、石樵、蔓芝、天民、落霞、邂飞，共计28人。其中的映霞、频频即欧阳氏文中所述之沈映霞、许频频。

5　润笔：原意为写字前替人将毛笔泡软，以便蘸墨书写。后指请人作诗书画之酬劳。

6　脱略：放任，不拘束；轻慢，不以为重。《晋书·谢尚传》："脱略细行，不为流俗之事。"

7　陆尔奎（1862—1935），字浦先，号炜士，陕西高陵人。清光绪十七年（1891）进京，曾任教于天津北洋学堂、上海南洋公学，系清末民初《新字典》《辞源》主编。

8　按，《芳草怨》一剧，1914年5月3日首演于春柳剧场。

9　汪优游（1888—1937），安徽婺源人，名效曾，字仲贤。曾在上海组织第一个学生演剧剧团"文友会"。1910年参加进化团。1913年与人组织社会教育进化团，赴长沙演剧。后加入新民社、民鸣社、鸣新社、笑舞台、新舞台、大舞台等，是当时著名的新旧剧演员。1921年与沈雁冰、欧阳予倩等成立民众戏剧社，宣传爱

121

美剧运，并创办《戏剧》月刊。1923 年，参与组织戏剧协社，创作了《好儿子》《恼人春色》等剧本。1925 年，与徐半梅等创立开心影片公司。1928 年加入大世界尚乐社，与滩簧明星王美玉同台演出。著有《我的俳优生活》《优游室剧谈》《歌场冶史》等。

又据《新剧史·优游本纪》载："汪仲贤，皖人，别署优游。南洋水师学堂毕业生，精算术，善驾驶，尝著《对数表例详法》，备惜未行世，致鲜知者。乙丙之岁，已营新剧，其间虽屡起屡蹶，然新剧又有今日，未始匪优游有以肇始也。己酉冬，任天知创进化团，优游弃业从之，历游江汉，所至有声，丑、末、生、旦，靡不能而靡不工，生尤所擅，为世所宗焉。"

10　按，《不如归》一剧，1914 年 4 月 17 日首演于春柳剧场。

11　张静江（1877—1950），谱名增澄，又名人杰，字静江，号饮光，晚年又号卧禅，浙江南浔人。在结识孙中山之后，对其经济上大力支持，被孙称为"革命圣人"。后支持蒋介石南京政府，主持建设委员会工作，被蒋称为"革命导师"。晚年淡出政界，笃信佛教，佛名智杰。

12　周佩箴（1884—1952），浙江南浔人。初习举业，后改营商。清季加入同盟会，民国六年（1917）任浙省官产处处长，后在沪发起组织物品交易所，迭任董事，并任上海总商会会董。民国十二年（1923）被任命为广东省政府财政厅次长，后任省政府土地厅厅长。北伐后任浙省政府委员，兼浙江土地厅厅长。民国十七年（1928）张静江主政浙江时，周出任浙江造币厂厂长，后任上海中央银行行长。

13　顾住：留意、顾及。

14　按，未见春柳剧场演过此二剧，欧阳氏记忆似有误。

15　按，未见春柳剧场演过此二剧，欧阳氏记忆似有误。

16　据《新剧史·石痴本纪》载："石痴，苏氏，号荔棠，粤人，以医牙名于时。癸丑之秋，始为新剧，生兼旦丑末之长，擅突梯滑稽之作。《珍珠塔》之陈氏，尤其所擅，时无与伦者……剧史曰：'石痴滑稽多智，一身都是戏，谓为全才，谁曰不宜'。"

17　按，欧阳氏此述有误，吴一笑为男性演员。据《新剧史》载："一笑固东方曼倩一流人物，自号老古董，可知其为人矣。起顽固官僚，得其神似，扬州老妪，最称出色。饰《三笑》中之祝枝山，除沈冰血外，鲜有人与之匹者，惜不能大用于世。剧史氏曰：'吴君为人，和蔼可亲，纯谨士也。自号老古董，大有不与俗为伍之意。世有识者，当起而用之'。"

又据《戏杂志》第 7 期载："吴一笑本扇业，后入天知派演剧，以饰江北婆及盗妇等著名一时。而在绍兴一带，尤为当地观客所欢迎。彼自奉甚俭，从不肯浪费一文，不数年积资数千金，已成小康。新剧界中能不染恶习，积资致富者，惟一笑一人而已。"20 世纪 30 年代曾在《罗宾汉》报上连载《三十年新剧》，惜已残缺。欧阳予倩在文中误将民兴社的女演员梁一啸记成了吴一笑。

18 按，吴我尊加入民兴社的时间是 1914 年 9 月 27 日，首次上演的剧目是《长相思》。

19 按，1933 版为"民国三年冬"。

20 按，新民社、民鸣社合并的时间为 1915 年 1 月 18 日，即甲寅腊月初四，而春柳剧场迁入新民舞台的时间为 1915 年 1 月 23 日，欧阳氏文中所述时间不确。

21 按，新剧同志会迁至新民舞台后，于 1915 年 1 月 24 日上演了《大闹宁国府》，第二日上演《不如归》，故《大闹宁国府》一剧并非欧阳氏文中所述连演了两晚，仅上演了一晚。

22 按，1929 年、1933 年版此处排印有误，原文为"优游寡断"，1959 年版改之。

23 按，1915 年 4 月 24 日，欧阳予倩在第一台演出《玉堂春》，至 1915 年 6 月 4 日，重返春柳剧场。

24 按，《神圣之爱》演于 1915 年 6 月 13 日，是新剧同志会在谋得利剧场的最后一次演出。

25 按，该剧现今通行之译名为《海达·高布乐》。

《自我演戏以来（1907—1928）》校勘及研究

作京戏演员的时期

我在杭州西湖舞台演戏，毛韵珂（原来艺名叫七盏灯）正在城站舞台演唱。有一天同桌吃饭就认识了他。他是上海新舞台有名的花旦，他与夏家分手以来，已经兼演老生——本来在新舞台的时候他在《新茶花》里演过小生。梆子花旦的嗓子，和二黄花旦不同，所以改老生比较容易。我在同志会时，曾经到新舞台去看过他的《新茶花》，他扮的是一个爱国志士，我还记得起他把手插在西装裤子袋里扯四门唱西皮的光景；可是人家所称赞的是他扮西装女子。他平日最肯用功，丝毫不苟，所以很能得到观众的信任，同行中人也都很称赞他。

我又因毛韵珂认识了薛瑶卿[1]，他是个唱昆腔旦角的，小名宝生，听说年轻的时候甚为漂亮，后来改唱二黄青衣，会的戏很不少，腔调全是南边味。他五十多岁还在登台，人人都知道他是个慈和的老人家，他扮一个慈和的老太太，可称绝妙。我自从认识他，不久便作了好朋友，我的昆曲大半是他教的。

在西湖同班的有常春恒，他演过我所排的《卧薪尝胆》，饰越王勾践，颇有声色。他那时候专演武生，此后他休息了几年，再出演时便一跃而享盛名，这也是很难得的。①

我在西湖，起初因为有我尊、剑云一班人，演过好些新戏，后来他们都走了，我便专演旧戏，《卧薪尝胆》是临走那几天才排的。

我那时候演的比较新颖的戏就是红楼戏，如《黛玉葬花》《宝蟾送酒》之类，都颇受欢迎。《葬花》是张冥飞和杨尘因[2]两位合编的，[3]经我改过一次，

---

① 常春恒从杭州回上海，搭了天蟾舞台，因和老板闹别扭，退出天蟾，搭了丹桂第一台。第一台和天蟾舞台相隔很近，因彼此唱对台戏触怒了天蟾的老板顾四，致被暗杀，死在第一台大门口。

演过之后，又改一次，便成了我前几年所演的那个样子。说起来可笑：有一天，我在四马路走着忽然肚子痛，就想出恭，恰好遇见冥飞，他说只有尘因的家里最近，我就跟他同到尘因那里，一面出恭，一面谈话——在上海无论谁家，除非大阔洋房，没有厕所；大家都是用马桶。放马桶又没有一定的地方，不是门后，便是床后。我们当着熟人，往往随便出恭，不甚客气；尤其是江梦花，他常把马桶放在客堂正中，许多戏迷朋友坐在他的四围，他议论风生的时候，便四围转过来转过去的载笑载言。有时他坐得特别久，也许哼着腔就把时间忘了。闲话少说，我在尘因家里去出恭，我们一面就谈起要编新戏，当时就决定编《葬花》；便你一句我一句地胡诌起来，剧本就成功了。

《葬花》第一次是陈祥云（筱喜禄）演宝玉，是在春柳剧场当余兴演的，可以算是在上海第一次的古装京戏；当时没有什么人注意，及至梅兰芳第二次到上海，以新装号召，然后相习成风，盛极一时，这可以说是京戏界一个大波澜。但是若论古装，在谁都没有试办之先，凌怜影、李悲世、汪优游他们，早已在新戏里兴过了，而且很华丽整齐。不过前面梳高髻，后面拖好象辫子的长发，裙上加椭圆形的短裙，那个装束，的确是梅氏所创的。

我演《宝蟾送酒》，[4]不穿所谓古装，我是穿褶子套长背心，束腰带；头上梳抓髻，花也戴得很素净。这个戏也是偶然排起来的。冯叔鸾在春柳剧场排全本《夏金桂》，我饰的是宝蟾，叔鸾自饰薛蟠，镜若饰夏金桂，我觉得全剧没有多少意思，就取送酒一段编成一出短剧，里面有一段二六是叔鸾编的，可是以后我也没有用它。这出戏我演过之后，许多人模仿，可是没有谁和我一样。当然好坏放在一边。有些女班子可演得太肉麻，有人说这是我的流毒。最可笑的有几个女伶，她们反说："欧阳予倩的《送酒》学得不地道，完全不实受。"

《宝蟾送酒》这出戏，当然没有什么深的意义，也不过是一出普通的笑剧罢了。我从前在《莫里哀全集》里头读过一个剧本，日本译名为《奸妇之夫》。我在头一次演宝蟾的时候，就想到莫里哀这出戏，我也不是存心模仿，也没有丝毫用它的情节，可是我的戏完全是那个戏引出来的。我演过无数次，都是分抄的单片，或是口授给演小生暗记，从来没有过整个的剧本。外边所传，全是由于有些教戏的先生在看戏的时候记下来的，就是大东出版的《戏剧汇考》里面所载的，虽明明写着是我的剧本，可是和我的不同。就如戏考里面所载的《葬花》，也少一个头场。

我历年来所编的京剧本不少，从来没有发表过，因为我没有想到把剧本给人看，我只求我能够在台上演。我并不想做剧作家，我只想做一个勉能胜任的演员。而且我对自己写的剧本演过之后总觉得不够满意，认为没有什么发表的价值。

我头一次在第一台搭班子，演的完全是旧戏，《玉堂春》《祭塔》最受欢迎。我那时的嗓子真好，能高能低，又亮又脆，又甜，又有长劲，禁得起累。那时候唱青衣的只要有十来出戏就能够搭班子了。我到了杭州，便除旧戏之外另编了些新的。各处的风气都变了，十余年来非有新作，谁都不行，戏饭也不是容易吃的。

我在第一台虽然是下了海，在杭州是出码头搭班的头一次，职业伶人的滋味，觉得并不很佳妙。初到的那一天，老板照例请吃一顿饭，叫作下马筵席；在席上所谈的无非是谁在那里卖钱谁不卖钱的话，其次便是商量一些关于戏目的事。他们很希望有些阔朋友来捧捧场，但是我在杭州可以说一个阔朋友都没有。照例伶人到了一个码头，总要去拜拜当地的绅士、报馆和些江湖上的有力者，但我绝对不肯干，我以为这是很可以不必的——以为值得一看就来看看，不值得一看便不来看算了。尤其是见着人说一声"请您多捧"，这句话我无论如何说不出口；这是老板最不高兴的。

我在杭州登台，生意只算平平，老板总算没有亏本，也就没有闲话，可是我一天一天觉得不痛快，总想要走。祥云是搭老了班子的，一切他都替我做主，他极力主张只要老板不下辞帖，便可以一直干下去，我却越演越觉无味，急于要走，结果我还是没有演满两个月便离开了杭州。我以为勉强混饭吃是再没有那样乏味的。

我虽是每天守着个西湖，因为每天有戏，没有能够畅游，每逢斜风细雨的时候，我一个人徘徊湖上，对着那秀丽的湖水，含雾的远山，不知道哪里来许多的悲感？我自己总觉得我不是个平凡人，我又总觉我是个平凡人，说不出总觉得辜负了什么似的，于是我越发无聊——空自无聊罢了，写几句诗也不过是空话！我自信我意志很强，始终我还是很弱，不然为什么老找不出自己走的路？我的性格天生矛盾得厉害。

我从杭州回到上海，仍住林绍琴家，身边除新置了几件行头之外，一个钱都不剩，东借西借过日子，每天只是读书、学戏。祥云仍然每天见面，彼此研究，绍琴也教我不少唱的方法。我从那时起，请了克秀山[5]教花旦戏，如《浣花溪》《得意缘》《梅玉配》《双钉记》《乌龙院》《杀媳》之类，接二连三学得不少。那时我早就和贾璧云做了朋友，《乌龙院》的身段是他教给我的。我和他见面的时候很少，但是交情不错，我没有行头的时候，他很不吝惜地借给我，我至今还是很感激他。

那时替我拉胡琴的是张翰臣。他是个旗人，本姓恩，一个没落的贵族，胡琴拉得不错，可是鸦片烟抽得很厉害，穷途潦倒，不仅精神不振，而且往往有些恍惚。以后他和我分手，竟不知下落，听说他死了，谁也说不出他死在什么地方，总而言之是个可怜人罢了。

梅兰芳第二次到上海，[6]我在一家熟人的宴会上认识了他，他的戏我也看得比他头一次来的时候为多。我的嗓音，有一部分和他相象，人家以为我的戏是从他摹仿来的，这却不然。我的戏直接教过我的，第一个是陈祥云，其次江梦花，其次林绍琴（唱工得益较多的要算绍琴），还有便是克秀山、李紫仙、汤双凤、周福喜。李先生也是教我唱，周先生教我刀马和许多花旦戏；间接受影响的便有吴彩霞、梅兰芳、贾碧〔璧〕云。我和彩霞相识颇早，以后又同过班，当然有些习染。梅先生呢，我不知不觉有些儿和他相象的地方，很容易受他的影响；碧云虽然是梆子花旦，我因为欢喜他这个人，便很注意去看他的戏，尤其爱他演的风情戏。

冯春航[7]的戏我也很欢喜看，他真有不可及的地方，可是我始终没受过他的影响，这或者是性质不近，而最大的原因，是他不轻易用心做戏，我每每见他潦草完事，似乎不能引人注意。他个性很强，做戏要趁他的高兴。他不高兴的时候，尽管台下满堂，他的戏随随便便地就完了；尽管台下观客很少，他一高兴便演得比平时长得多，而且丝丝入扣。他的好处是没有过分的动作，没有故意的表情，没有粗鄙的词句，他能在轻淡之中把女孩儿的心事表现得很周到。至于他扮相之美丽，在他年轻的时候真不知颠倒过多少人！他一过三十岁渐渐的身体肥起来，上妆的时候，特制一种束胸背心，用三四排纽扣束得紧紧的，然后穿行头，然而还不失其为美。以后他嗓音又塌了，唱不成声，他便不再登台，只看着不如他的许多后进，乱出风头，他越发消极，他的生活也就一天一天趋于穷困了。

我和他同过班，我也听见许多人谈及他许多有趣的事：他很尊重他的艺术，在钱上却丝毫不会打算盘。本来艺术家会打算盘是不多见的，可是他的用钱都跟别人不同。他在三十岁以前，完全是拿用钱作为游戏——他在苏州演戏，置了一房很上等的木器，临走的时候，他学着拍卖好玩，便约齐一些同班的，三文不值两文，飞快地把一房家具奉送完结，卖下来的钱，请大家吃一顿了事。他自己不嫖，一时高兴请许多人同时去嫖，他却从旁看他们怎么嫖法。有人要求他请吃西餐，他一口应承，但是附带一个条件，要打三板屁股；一时居然有许多人情愿挨打，他便扯过一条板凳，一个一个地打着，围着看的人哄堂大笑，他也便得意忘形，大请其客。那些挨打的朋友，贪吃的固然有，愿意给他打一打的也很多，有人悄悄地说："看他才卸了妆，手举着单刀①那个样儿，就值得挨他几下！"

他诸如此类的事情很多，到了三十岁以后，便没有那样不羁了。他很想干些事业，便发起伶人识字运动，独力办了间学校，虽然办得不十分久，却很有些成绩，从他的学校里出来的人，都能写信看报，他花了不少心血和钱财，他的功劳是不能埋没的。这事本想从同行中捐募若干，到底杯水车薪无济于事，他便缩小范围，在自己家里邀集些同行或是同行的子弟，自己教他们读书，这是很难得的，他的生活却格外困难了。听说他的儿子 **8** 快要成就，可能继承他的衣钵。名父宜有佳儿，常言说"家贫出孝子"，春航之贫，正足以见春航；正因其贫，而使其子成就更大，这是大家所希望的。把本事传给儿子，是比把金钱传给儿子好得多呢。

我常常因春航想起许多演戏的。人家以为伶工是很好的职业，能够赚很多的钱；不错，伶工的薪金是比较别的职业高些，可是他们的开销也比较别的职业大。譬如赚一千元的角色，每月的正项开销总要在六百元以上，约计如下：

行头（平均）	二百元
胡琴	一百元
场面津贴	五十元
后台开销	十元

---

① 旧剧后台打人用单刀片，忌用竹板和马鞭，竹板是刑罚，马鞭是打畜生的。

《自我演戏以来（1907—1928）》

伙计工薪	二十元
家用	一百五十元（房租、水、电、连伙计佣工的伙食等）
应酬（平均）①	一百元（有时不止这个数目）
零用并医药	六十元
教育费	三十元
合计	七百二十元

照上表所列，约计每月开销七百二十元，从千元中减去七百二十元，尚余二百八十元，宜乎不至亏空，但是往往还是入不敷出的多。[9]何以呢？不省俭当然也是一个原因，意外的开销也实所难免。就行头一项而言，既是有点面子的角色，总要有些新行头，而且还要多换几套，才能保持住自己的面子。观众一面看戏，一面看行头，戏好，行头不好，观客还是不如意。世风所尚，行头的华丽新鲜，在舞台上成了重要的条件。而且还有个心理：凡属是伶工，谁不想往上？所以几百元的角色，非跟千元以上的角色竞争不可；上了千元的角色非跟数千元的角色竞争不可。不，无论你赚多少钱，站在一个台上，万不能让人说你寒酸。老板聘角色的时候，一定说："某人玩意儿怎么样，扮相怎么样，行头怎么样。"有些新进的伶工，自顾年轻有望，便借钱也要多置行头，无论如何，招牌总要亮才好。彼此竞争，大家站在台上去比，行头费便很难预算了。即如刘筱衡[10]，他每月薪金二千元，他为头本《开天辟地》[11]便置了二千元以上的行头，在他的地位，也是非如此不可。

行头之外，往往还有些意外发生的支出，所以要一步一步谨慎俭约，才可以剩几个钱，不然便能够不拉亏空已经算好。而且最怕失业，如果搭两个月班子歇半年，那就糟了。有时生意不好，薪水往往为老板强迫打折扣，有势力的老板，便尽管生意好，也得每年借故打几回折扣，这是常有的事，都不在预算之内。

青年演员谁肯平平常常地挨日子？事实上也决不许这样。无论是在台上

---

① 过去在上海有点"面子"的角色，应酬的项目总相当的多，后台派戏的要按月送钱，人来客往请吃饭；还有就是流氓做寿、办喜事——一般送一个喜幛，花十元至十二元，有的用一个红封套封十元送去，每月总有几起，不管认识不认识硬送帖子，就是"打抽风"借题目弄钱，接到帖子总得多少应酬一下。此外还有同行中或者其他朋友的婚丧庆吊以及临时告帮之类，牵连不断。旧社会的这一套实在是很麻烦可恨的。

129

在台下，无论搭着班子没搭班子，非放开手放开脚步不能保持自己的地位，所以行头、场面、配角，以及外面的联络，无论化〔花〕多少钱，都不能打算盘。实情如此，没有法子。只要随便放一放手，就得扯亏空，何况青年人免不了的是浪费？

上海有几个有钱的伶工，他们的钱是开戏馆遇着好机会赚了钱，再拿这个钱做别的买卖来的，专靠卖艺白手成家的实在很少。北平的伶工也有有钱的，他们却有一种特别的环境，只靠戏馆里的观众掏腰包是养不活的。大角色既如此，小角色便更不用说了，后台有一句话，说唱戏的是"金碗讨饭"，的确不错。

我从1911年离开家庭，绝对不受家庭的接济，家里也实在没有力量能供我的用费。我祖父虽然作了几年的官，他是个儒者，从来没有把钱放在心上。他常说，只有几千卷书留给子孙，这也就够使子孙不致仰面求人的了。我演戏尤其是瞒了家里，可是乡下人造我许多谣言，往往会传到祖母耳朵里去，曾经因此引起些风波。她直接骂不着我，只是很严重的责备我母亲。我母亲对于儿子的择业素无成见，我也毫不反顾，便一直干下去了。有时在上海穷得没有办法，把所有的东西当得精光，生活还是无法维持。1915年秋从杭州回来，东拼西凑的过了好几个月，恰好民鸣社要来聘我再演新戏，出的薪水照我演旧戏一样，这在新戏界是从来未有的。许多朋友都主张我去混混，我便答应了。那时上海新剧界的名角，如郑正秋、顾无为、查天影、汪优游、凌伶影、李悲世、钱化佛、张双宜等等都荟萃在民鸣社，我进去，我尊也受了聘，还有任天知也和我在同一天登台，真可谓极一时之盛。[12] 平心而论，大家虽然不用剧本，那时的戏也并不怎么坏，不过是一种闹剧式的东西罢了。

在春柳剧场是无论甚么角色都没有名称，可是别家便有所谓甚么派甚么派的——无为是激烈派正生，正秋是言论派正生。还有所谓风流小生，风骚派、闺阁派、徐娘派种种旦角。我在春柳剧场的后半期，也曾经演过很多不用剧本的戏，信口开河，我也算随便来得，但是遇着无为[13]的激烈派，却把我支使糊涂了。有一次我演他的情人，我们在花园相会，他对台下发了一大篇的议论，引得台下的掌声真如雷震一般；一段完了，他便背转身来对我说："我说完了，你说吧！"我实在僵了，一字也说不出，只好敷衍下场。

有一次就是和天知同场，也是在花园讲恋爱，优游、天影两个是扮两个打岔的青年,正当我们在谈话的当口,他们伸出头来做一个怪相,台下极力欢迎他们的滑稽,满堂大笑。这样一来,可就把任先生的言论打断了——言论派的言论,不克展其所长,而小丑的滑稽则层出不穷,于是天知大怒,忽然在握手密谈的时候跳了起来,手中舞动手杖,奔走满台,他对我说道:"姑娘,你们家里的狗怎么那样多?我非先打了狗再和你说话不可。"于是,正在装着嘤嘤啜泣的我,忍不住笑,几乎无法收拾,只好转面内向,用手蒙住脸不再抬头。

还有一回排演《武松》,饰武松的就是我尊,[14] 优游饰西门庆。狮子楼一场,台上搭着五六尺高的酒楼——优游是海军学生,他体操很好,杠子、游泳、跳高都很轻捷,当和武松格斗的时候,他纵身一跳已经跨过了栏杆,跳下楼去;西门庆跳了,武松却拿着一把刀,徘徊瞻顾,不敢往下跳,大家都急得要命,已经要预备关幕了,我尊忽然把心一横跳下去了。优游见我尊不来,只好躺在台板上不动,及至我尊跳下去举刀要砍时,他笑着说:"好了好了,就算我死了吧!"诸如此类笑话颇多,可是戏台底下的观众毫不注意,手掌还是拍着。

那时民鸣社的戏,已经早由宣传政治的志士戏变了专讲情节的戏;这是必然之势。新舞台便由《新茶花》一类的戏趋重到侦探戏方面,那时连着几十本的侦探影片极其盛行,所以有这种模仿。侦探戏全靠化妆〔装〕和机关布景,新舞台对于机关布景特别讲究,所以极其卖钱。

说到上海的舞台第一个大规模用布景的就是新舞台。夏月珊弟兄走先了一步,便大赚其钱。他们的布景最初完全仿效日本,他们派人到日本去,由市川左团次[15]的介绍,聘了一个布景师和一个木匠,又照日本造了转台,因此演戏的形式也就跟着变了。他们的新戏虽然用锣鼓,却不注重在唱而在白话,正和现在广东所谓锣鼓白话戏是一样的味道。他们的办法,在当时真算一种大改革,现在上海有锣鼓的新戏,不,可以说中国有锣鼓的新戏(不是说话剧),直接间接没有不受新舞台的影响。然而谈到新舞台,不能不追溯王钟声、任天知他们昙花一现的春阳社;说到春阳社,又不能不追溯到东京的春柳社;于是曾孝谷、李息霜一方面是最初的尝试者,也可以说是开派的两个人,而日本的藤泽浅二郎和左团次两位是帮过些忙的。

春柳剧场的戏直接模仿日本的"新派"戏,到陆镜若回国便由"新派"

倾向到了坪内博士所办文艺协会[16]的派头。但是同志会在上海在湖南所演的戏，十分之九都还是"新派"的样子。"新派"所采的是佳制戏（well-made-play）的方法不是近代剧的方法，所以说春柳的戏是比较整齐的闹剧（Melodrama），而不是我们现在所演的近代剧。当时镜若很想演《娜拉》和《野鸭》，我就很想演《复活》和《莎乐美》，我还请一个俄国女人教过几天七条围巾的跳舞，因为她要五块钱一点钟，我那时候太穷便半途而废了。我们只是想，想着就很高兴的对坐着说话，始终没有实现，一来是我们没有很坚强的决心；二来我们因为每天晚上要换新戏，弄得也实在没有功夫；三来有许多人反对，以为那样的东西太难懂了，演也是白演，怕费事不讨好。当然，民国初年前的观众和现在是差得远，就是春柳剧场所演的戏有人还说程度高了呢！至于常演的许多戏，离不开是浪漫派的写法，闹剧的形式。不过春柳剧场顶糟的戏，也只是取材不好，或是演得草率些，剧中悲剧的场面，绝不至有无理的滑稽。就是衣装布景，尽管不十分华丽，决不肯违背戏情，随便乱凑。戏的分幕至多不过七幕，不用幕外，这是和一般不同的地方。

至于其他的文明新戏，虽然大体相似，精神完全不同；它是用日本"新派"的底子，加上中国旧戏的办法混和〔合〕一处。分幕务求明显，所以不多用暗场，每幕之间又有幕外。最不好的是无理的滑稽异常之多，几乎每个戏里都有一个滑稽仆人，梳着一根红绳扎的小辫子，用铁丝藏在里面弄得弯弯曲曲翘在脑后，一出台便把头一点那根辫子便在头上怪动起来，引得台下大笑。往往一家遭了惨祸，主人痛哭的时候，这种仆人出来一跳，或是怪哭几声，台底下悲悯的情感完全送到九霄云外，诸如此类，不一而足。这种地方，在民鸣社，虽不能完全革除，却是减少很多，以后连幕外也居然免了。

我在民鸣社，除演新戏而外，也偶然演两出旧戏，因为可资号召，便常派我演，以致视新戏几乎成了副业。这种办法，一时虽颇有效果，但始终还是与〔于〕剧场不利，我在民鸣社觉得无甚意味，不久也就离开了。[17]我仍然回到湖南，过了一向，瞒着家里把我妻韵秋接到上海（1915年冬）。我们在梅白格路[18]祥康里租了一楼一底，胡乱租了几件家具，就成立了小家庭。冯叔鸾的家就在对门，他从前的夫人很帮助我们许多的事。夜晚我出去了，她怕韵秋寂寞，常常过来陪伴到很晚才去。

我自从这回到上海，便又搭了第一台（1916年春），[19]和周信芳、冯春航、吴彩霞同班。这次在第一台,时候比较久——不大记得了,好像有半年;以后又回家乡一次,再到上海仍然到第一台。不久祥云约我到苏州,演了两个月,[20]生意很不错,可是精神上极不痛快,我不知不觉有些厌倦,除却敷衍几出戏之外,专和一班怪人,饮食征逐,除掉吃,就是游山,发起牢骚来便胡乱哼几句打油诗;没有事便和人打两块一底的麻将,打不满四圈我又跑了,以后便没人肯和我打。有时到茶馆里去下下围棋,有时便一个人到留园假山背后去躲个半天。那时正是军阀专横,政局昏暗到了极点。我一天到晚只觉没有路走,消极的愤慨,变成无聊,一天天的日子无不是混过的。同班的人都觉得我的地位很好,看着有许多神经过敏的地方,便以为我有神经病。我那个时候的生活,只"穷""愁"两个字可以包括。

我所来往的所谓怪人有两种:一种是江湖上的朋友;一种是失意官僚。卖艺跑马〔码〕头当然容易和江湖上的朋友接近,我也比较欢喜接近他们,有些地方我也很表同情于他们的生活。至于失意官僚,他们当我是世家子弟,风尘飘〔漂〕泊,一方面对我表些同情,另一方面是要借戏子来寄他们的感慨;其次以为戏子跟和尚一样,游山找和尚谈谈,看戏找戏子谈谈,也不失为消遣之一法;还有一种人以为我是前清遗少,我的唱戏是被发佯狂之意;他们各凭自己的意思来找我,我时时听见许多有趣的议论,我也不过是笑笑。到这里我又想起几回趣事。

有一回,有一位先生请我吃船菜,[21]同席还有许多客,船摇过一个庙,大家上去看和尚用血写的《华严经》;大家看完了,提起笔来就在上面题起字来,题得乱七八糟,莫名其妙。我看着实在难过,他们还要叫我也题,我不肯,我说我不会题,内中便有人以为我不甚识字,便对我说:"不会题诗题词不要紧,随便写个名字就是。"说着他便替我起个稿子,"某月某日伶隐欧阳予倩拜观",还有一个人自[22]告奋勇要替我代题,我坚持不要,才算免了。回来的时候,我就说了几句挖苦话,又故意用几个僻典编几句打油诗去奚落一番,便将他们得罪了,从此不相往来。

还有一次,一个武官约我游西园,那里的和尚请他上楼看所藏的经卷,还有些字画,一件一件拿了出来,请他鉴赏。这位老爷连声赞好,但他并不识字;和尚对他特别殷勤,放下一本,又取一本摊在他的面前。当时我很想看一看,我便伸手去翻了一翻,那和尚急忙从我手里夺了过去,放在柜里,连睬都不睬我。我这一气非同小可，又不便立时发作，好容易等到吃饭的时候，我在酒席上便打开了话箱。我本从来没有研究过内典，但正在那一向，曾经拿了些《佛遗教经》[23]《六祖坛经》[24]《阿弥陀经》[25]《四十二章经》[26]《大乘启信论》[27]《菜根谈〔谭〕》[28]之类的佛书当小说翻过一下，当时我胡乱搬些出来，想去难一难那和尚，谁知他完全不理，一味只和那个武官大人长大人短的讲些替菩萨装金的话，我真失败了！

我在苏州借住在阊门外一家朋友家里。那间房子的后面，满是堂子，晚上吵得很自不消说，最可恶的每天早晨都有小妓女学唱，瞠瞠眬眬〔朦朦胧胧〕的听去，好象哭似的，所以我有"惭愧生平太萧瑟，朝朝和梦听吴讴"之句，那时候我真无味极了。

最后我又认识了几个文士之流，他们找着我谈谈，便左一首诗右一首诗地送给我。有时要我和韵，有时要我打诗钟，有时又要我题画，这些都是我不欢喜干的，勉强敷衍了几天，觉得总是烦闷，只想约满了我就快些跑。

恰好天影、优游、双云他们合办笑舞台，天影自己到苏州来约我，不久我便回到上海在笑舞台登台。[29]

当时因为有些文士研究《红楼梦》，号称红学，所以红楼戏非常盛行。在上海除我之外演的人甚少，所以一演必然满座。因为要有一个适宜的小生，我便和天影结合起来，把《红楼梦》里面可以编戏的材料全给搜寻出来，随编随演，总共有《黛玉葬花》[30]《黛玉焚稿》[31]《晴雯补裘》[32]《宝蟾送酒》[33]《馒头庵》[34]《鸳鸯剑》[35]《大闹宁国府》[36]《摔玉请罪》[37]《鸳鸯剪发》[38]等戏。笑舞台虽然是演新戏的戏馆，可是自从我到了那里，三天两日总要加演红楼戏，临时从外面去找锣鼓，租配角的衣服，虽然费点儿事，却总是满堂，也就不在乎了。

那时候笑舞台的新戏，从来不用幕外，所以我所演的红楼戏，虽然是照二黄戏编的，却是照新戏分幕的方法来演，因为嫌旧戏的场子太碎，所以就把许多情节归纳在一幕来做，觉得紧凑些，而且好利用布景。双云为了我的戏特意作些新布景：譬如《葬花》，便特制潇湘馆景，很为幽雅——回廊下挂着鹦鹉，纱窗外隐隐翠竹浮青，偶一开窗，竹叶子伸进屋里来，我以后在其他的舞台演，都没有象这样的精美。《晴雯补裘》[39]也是在笑舞台演得好，其他的地方一则没有那么许多旦角，二来不肯专为一出戏十分排练，所以不容易整齐。我的戏都非常注意配角，每每一个很轻的角色都很关重要，而且我演戏，不专求一人出风头，要注意整个的平均；在编戏的时候已经就是这样编就的，所以有许多戏不容易实现，勉强去演也没有好结果。如《补裘》这种戏，换一个地方，换一班配角，便简直不行。不止《补裘》，别的戏也都是一样。

这回我在笑舞台，演戏上没有什么困难，演新戏，偶然也很整齐。如《热血》[40]之类完全用西装演，布景也颇调和，表演也不过火。我们还用整套的日本布景、日本衣装演过《不如归》[41]《乳姊妹》，[42]还有便是《空谷兰》[43]《红礁画桨》[44]《迦茵小传》[45]一类的戏也颇受欢迎。只有《西太后》，我没有加入。[46]

我在笑舞台演着戏，没有多久便有许多女人对我表示好意，我却无心去招惹她们。天影的女朋友颇不少，我便也直接间接认识了好几个。

那时候天影的名声很大，有些人说他的坏话，但是就我所知，和我亲眼所见，却不尽如外人所揣想。天影所认识的女人以妓女为多，有几个人家的小姐也不过是像朋友来往罢了。那些妓女们很欢喜和天影一处玩，不仅是天影，他〔她〕们对于有点名的演员都极欢迎。她们是做生意的，嫖客都是拿钱去买她们，当她们是货物，她们应酬嫖客，是一种不自然的举动，另外交个把男朋友，才觉得有点人的意味。这在龟奴看起来，是大逆不道，在花钱的老爷少爷们看起来，尤其是罪大恶极，不过就她们本身着想，这也没有什么了不得。这也有好几种的心理：一种专图好玩，她们专给人家消遣，也想找个把男人消消遣；其次就是想嫁人，以为演戏的总比老爷们好些；第三种就是以为老爷们只会仗着金钱摆架子，演戏的可以做朋友；还有就是虚荣的念头，以为某某名角她能认得，名角与她有来往有面子；还有呢，是觉得和伶工来往有特别的兴味；还有就是戏迷，因为看了戏，就想和唱戏的来往。以后的几层，正和男人愿和伶工来往作朋友是一样，不过出之于异性，便特别为人所注意罢了。

最神妙的，一个男人认识多几个女人，便越有女人想认识他。她们会猜想："那个男人到底有甚么好处？为甚么有许多女人去欢喜他呢？"于是有的呢，以为他的艺术好，便去看看戏；有的以为他作人好，便辗转介绍和他去作朋友。即以天影而论，有些女人从来不认识他，偏要说："天影我认得；没有一点意思的人。"还有的说："天影和我好过的。"这不是很有趣吗？

《自我演戏以来（1907—1928）》校勘及研究

  有些女人见我从来不和她们鬼混，便起了猜疑，她们以为我不知怎样的风流儒雅，下台一看：才知道是个又笨又木的小伙子。
  我实在没有工夫。和女人来往，闲也是要紧的，时常不见面，她也就没有兴味了。我每天练戏已经很忙，再加之要留些读书和休息的时间，所以便不能起居无节；交际和酬应，我是素来不惯的。其次讲交际，不仅要时间，而且要钱。天影认识许多女人，我只看见他一天到晚忙得甚么似的，而且一天到晚当当。我正在离开了家庭求生活独立的时候，我哪里有许多闲工夫和闲钱拿去消费？天影所识的女子之中有一位很欢喜吃洋糖，天影常常一买就是好几块钱糖送给她，这也要算一笔大开销。他晚饭照例不在家里吃，一定在菜馆里，请的大致是女客，作陪的却十回之中有五六回是我，往往女朋友请他也顺便请我。天影在那时有三种买卖和他最接近，便是酒馆、糖果店、裁缝。他万分不能过年的时候，还要设法当了旧衣去制一件新皮袍，我觉得太苦了。我生平以为衣服最足以桎梏人，所以不大讲究衣服，曾记得在春柳的时候，我穿的一件黄色团花袍，是用祖父的箭衣改的，有人就称我为黄袍怪，我以为没有什么衣服我不能穿的。
  本来旧戏的舞台是不让女人到后台的，这是一种迷信，现在内地还有一部分如此。我们在笑舞台时，便时时有女客光临，她们带着水果、糖果、各种点心和些玩具、鲜花到后台来给我们，我们也就买些咖啡、可可之类的东西回敬她们。那时候演旦角的多半是留着长头发，所以外来的女客和扮上的女子，往往难于分辨。我们坐在一处，谈谈笑笑，毫没有甚么拘束，倒也有趣。她们最喜欢拿她们的手巾和我们掉换。我常笑说："我们也结个手帕姊妹吧。"后台的木匠师傅很有趣，他替我们用布景片搭起一所小房子，里面有炕床，有桌椅，有茶具和痰盂之类；电灯师傅又特别替我们装上电灯；冷的时候还可以生起火炉。
  这样的时日过得虽然不是甚久，有一个妓女便和我熟识了。她的衣裳我正好穿，她便时时勉强我穿她的衣服上台，久而久之就约到她家里去吃便饭。她纵酒佯狂，到〔倒〕也很有个意思。
  我也会连台吃花酒了，有两天也会睡到下午四点钟起床，也会把旧皮袍换个新面子。我这样干过两个月，我觉得万万不能继续，便以最坚决的态度再也不玩。还记得有一天晚上那女子站在我的房门外，我始终没开门，我隔着门把我的意思告诉她，我说不可彼此相误。那时候我完全是理智的，我决不能因为她的纠缠弄得许多的麻烦；她明白了，以后便没有见面。可是这种事情我生平只有过这一次。

我因为胡闹，每月用钱超过预算很多。那年除夕我实在窘极了，天影因为避债，在一家旅馆里开了一间房子，我也在那里，偏偏有人知道，有的送年礼，有的来请吃年饭，这些一一都要赏钱，但是我们一文不名，只得临时当当，无奈没有甚么可当的了，便只有尽其所有，一举而空之。正在为难的时候，恰好苏州民兴社又来聘我，而且带了钱来，我们实在高兴极了！

我第二次到苏州，比第一次更受欢迎，演了两个月，但是一个钱没有剩。我还要接济人家，到了这个时候除了继续搭班，没有他法，所以苏州民兴合约一满[47]马上又受了笑舞台的聘。

二次笑舞台演完，[48]便于1918年春天进了九亩地新舞台。[49]在新舞台演了一年半，便离开上海到了南通。自从杭州演戏，至到南通为止，在我的演戏生活中可以算一个段落。这许多年，我的生活独立问题总是和艺术的期望两下裏着。有一个时期我颇以唯美主义自命，我所演的戏大部分是爱情戏，这一半是因为自己角色的关系。我从来没有在台上演说过。自从演了京戏以后，甚至有一个短时期我不信戏剧艺术除掉以美感人之外能够在何种具体目的之下存在，这一层在当时便有些道学先生反对我。①

那时笑舞台完全是由商人组织的，有一个流氓商人要想垄断新剧界，他便组织一个公司，用非常手段把一班新剧演员笼络起来。所谓手段，总离不了金钱和洋奴势力两种，而后者居其大半。我们有几个人反对，很用了不少的力量，好容易才脱离了圈套。果然后来还有些演员因为上了当，戏不能不

---

① 我之所以倾向"纯艺术"的想法，约有如下几种原因：（1）演新剧的时候虽常提起社会教育，但如何通过戏剧推行社会教育并没有好好研究过，也弄不清其中存在些甚么问题，及至演了京戏，不懂得怎样才能把这种戏同社会教育联系起来，当时我是把艺术和宣传对立起来看的，我认为象《黑籍冤魂》那样的戏只是宣传，不是艺术，因为从中听不到唱工，也没有甚么好的表演。（2）当时有人反对我演《馒头庵》，却要我演《归元镜》一类宣传佛教的戏；还有人劝我编《割肉疗亲》之类愚孝的戏；我都以唯美为理由拒绝了他们。我对迷信和封建道德是坚决反对的。（3）坪内逍遥曾把艺术分别比作醇酒和药酒二类：认为醇酒是滋养品；药酒必定有副作用。我颇受这个说法的影响。"五四"运动以后，我从日文书里读到一些左翼的艺术论述，对艺术的作用，看法有些改变，直到参加南国社的时候才明白艺术是武器。

演，而钱又还是拿不着，要想脱离，以至于挨打、坐监。[50] 我们幸而免，总算安稳过去，然而也就弄了不少的麻烦。

我从这种麻烦的圈子里跳出来，不久便进了新舞台。我进新舞台不一定是为加了包银；我听见新舞台办得很好，以为可与有为，也是真的。我的几个老朋友对于我这个举动却不谓然，他们说新舞台的办事异常厉害，有丝毫不对的地方，常会使人大大的下不去，所以便断定我不上第一个当，一定要上第二个当。不过就我所知道的，当时新舞台办事认真，唱戏的不容易在他们那里去闹皮〔脾〕气确是真的，要说待人十分不好却不见得。无论如何他们到底是唱戏的，尽管想赚钱，总比流氓开戏馆多少懂得点演员的苦处。

提起新舞台就要说到夏氏兄弟。他们兄弟四个，老大月恒[51]唱开口跳（武丑）出身，其次月珊[52]，唱老生，其次月润[53]、月华[54]，都是武生，照他们的大排行算起来，月恒行二，月珊行三，月润行八，月华行九。在社会上人家叫起来就是老二、老三、老八、老九；这几个排行，似乎比他们自己的名字还要响些。

他们是安徽人，北边生长，哥儿四个，都长得魁梧凝重，孔武有力，而个个都是精明能干，不畏强御。当初在上海开戏馆，因为怕流氓捣乱，所以要联络几个比较大的流氓保镖，久而久之，保镖的流氓也就不免意存钳制，无论什么权利，他们总要先享；譬如发薪水也要先尽他们，尽管生意不好，后台的薪水发不出，他们总得预支，因此引起后台的不平，然而没法儿对付。

夏月恒到上海的时候，才十八岁，刚巧遇见这种事情，好几个天津流氓正在楼上账房里吵闹，要支用预备发包银的钱；他便抽一把刀，拦着楼梯口一骂，专等那几个流氓下楼决斗。谁知那几个流氓是没有用的，竟不敢下楼！于是流氓的气大挫，而伶界的气大伸。从此以后，夏家几兄弟一直和流氓斗了十几年，总算替伶人争了口气，而外来无理的侵侮也就一天一天减少了。这不仅在上海，在别处也是一样。从前在汉口，旦角上茶馆，必定要替流氓的头脑斟茶，夏家的团体到汉口首先就革除这个例，因此引起当地流氓的反感，生出许多的麻烦；可是夏氏一团，不屈不挠地设法应付，不想越应付麻烦越多。有一天流氓大头脑刘某，约夏月恒过江到武昌赴宴。他一想：去，免不了危险，不去，是万万不行。于是他们几弟兄和几个心腹朋友，计议妥帖，答应过江。到了第二天，大家结束停当一个个身藏暗器，月恒坐着轿子，几个兄弟和朋友们前后跟随着，一直到了约定的地方。那刘某估定他们决不敢去，不料他们竟去了，到底江湖上的人好汉爱好汉，不打不成相识，这样一来，大家反而做了朋友，这也是可资纪念的一件事。

还有我认为最了不得的，就是他们早已经感到了唱堂会是耻辱，所以他们在办丹桂戏园的时候，就设法不应堂会。本来他们受过不少演堂会的委屈，所谓传差，官上一传就得去唱。夏家弟兄为免除这种传差也费过不少的精神。在宣统末年和民国初年，南京新舞台成立的时候，他们才算完全不演堂会戏了。不演堂会戏这件事虽然局外人看着很平常，在当时不要说是那些有势力的不能谅解，便是同行的人也以为绝了分赏钱的路，大家反对。这个弊习连革了好几次命，都还没有革掉。夏氏在当时的努力，实在可以佩服。而现在上海的堂会却一天一天盛行，对夏氏真不能无愧。

新舞台最初设在上海南市十六铺，[55]以后才又改到城内九亩地的。[56]南市新舞台是在中国第一个采用布景的新式舞台。他们改革的动机的确是受了王钟声等春阳社的影响。那时因为中国还没有人会制布景，所以夏月润自己到日本去，因市川左团次的周旋，聘了一个日本布景家、一个日本木匠回来，编些新戏，配上新景，使旧剧新剧化，开从来未有的新面目。南市本是一个冷淡地方，这样一来，忽然大为热闹。新舞台本身赚钱自不用说，夏氏弟兄、潘月樵、毛韵珂他们这几家，一转眼都腰缠数十万。他们最受欢迎的戏有《新茶花》《明末遗恨》《波兰亡国惨》之类。当时种族观念正从国民间觉醒过来，这种戏恰合时好，如是潘月樵的议论，夏月珊的讽刺，名旦冯子和（原名小子和）、毛韵珂（原名七盏灯），他们的新装、苏白便成为一时无两。

辛亥革命，潘、夏诸人一齐加入工作，去攻打制造局。他们又组织救火会、义勇军之类，很能取得社会一般的称道，而伶人的人格也因以提高，新舞台本身的基础也就格外的巩固了。

至于新舞台的戏，既不是新剧，又不是旧剧，但与其说是旧剧新演，不如说是新剧旧演。最可惜的因为布景赚了钱，便不甚注意到排演上去。新戏当然是不用剧本，唱工格律都放在第二、三步，所以自从迁到九亩地之后，渐渐的台上的变化少，表演粗滥，唱功更不注意，只剩有滑稽和机关布景在那里撑持。《就是我》一类摹仿电影的侦探戏，出了不少的风头。

我到新舞台的时候，[57]他们都已暮气甚深。潘月樵自从1912年担过一次司令的名义，他对于演戏已经很不热心，只想再去作官；他的二十万家财，都交结了蓝天尉和岑春煊两个人，每天只听得他说老帅长老帅短。夏月恒是早已经在浙江当缉私营的统带，他不大到后台，一来就只听得"二老爷，二老爷"的声音叫得震天价响。月润担任伶界联合会的会务，在外面交际很忙，晚上便开怀痛饮，所以也没有十分的工夫去研究戏；月华常常多病，不大问事；只有月珊总理一切。论月珊的为人，要算他们弟兄里最沉着最能干的一个。他虽没有读过多少书，可是对于事理异常通达，待人也很能忠实不苟。他律己最严，丝毫没有嗜好，所以常轮到他说人，却轮不到人家说他。他城府颇深，办事极其精明，能勤能慎，而又有很强的决断力，与人相交，气味丝毫不俗，而管理事务井井有条。我对于夏三先生不能不表示敬意。可是我进新舞台的时候，他已经是没有丝毫奋斗的兴致，只存着当封翁[58]得过且过的念头，每天除照例处理后台的事务外就是念佛。我也曾对他提出许多改革戏剧的办法，他只能说出许多难处，连尝试的勇气都没有了。

所以我在新舞台每天除演照例的戏外，没有什么事；就是排新戏我也不在意下。那种临时凑的新戏，除上下场加锣鼓，及布景的尺寸大些而外，一切都和笑舞台相差不远。

我每天颇有闲暇，便读书作诗，并补习些外国文；然而我所注重的是演戏——演我想演的戏。我总觉得虽然是挂头块牌的旦角，总没有丝毫表现长处的机会。最不好的是我每天都读几行新书，有几个日本朋友时时都介绍给我一些文艺批评和创作，这些东西，使我对于现状越发不满，而我烦闷的态度时时露于外表，因此有许多人说我有神经病。我每天到后台很觉得无聊，便学徐半梅[59]的样，带一本书去。我曾经见半梅在笑舞台后台读完一部《红叶全集》[60]，我很惭愧，读书没他那样敏捷，而新舞台的后台电灯也和我的眼睛一样不很够亮。

我本来是近视，看近也可以说比人强，远一点的东西我便看不清。但是我时时刻刻都练习运用眼睛的方法，所以到台上显不出近视。我在新舞台有许多人包着厢来捧场，过几天一定来看我，见面头一句，一定问我看见他们没有，这不是冤枉吗？

象新舞台那样坐两千人以上的舞台，要我从台上看包厢，本来强人所难，但万想不到就是坐正厅的看客我也没法儿看得清。有一晚，我正出台的时候，

《自我演戏以来（1907—1928）》

有一个穿绿衣的女子靠台前走过，她朝台上一看，我也就不觉得看她一眼，她经我这一看，马上就站住了。

我因为她穿的绿衣，所以知道她是个女子，因为她戴着眼镜，眼镜的光在电灯下一闪，反光触动我的眼帘，不觉报之以一盼，她马上站住，这不是很有趣吗？

那时候时常有许多女人包围我。包厢看戏，当然很普通，每逢演完戏出来，常有些女子后面跟着。每天总要接几封情书。当时我没有工夫去理会；而且那些女子，也不过想把男人当一个消遣品，我对她们实在没有发生恋爱之可能。何况我除自己的爱妻韵秋而外，再选不出适当的配偶！

有一次有一个朋友约我同到街上走走，一走就走到一家人家，一进门就有一个女子出来迎接。她引我们进一间房，另外有一个姑娘在那里坐着。那女子人家都叫她T少奶，那姑娘人家都叫她S小姐。T少奶把我介绍给S，她的莲花妙舌在介绍词里极充分的表现出才能。她先述我的家世，这一定是我那朋友告诉她的；又称赞我的学问和我的艺术，再称赞我的人品。要不是打好腹稿，决没有那样的流畅吧。她说完，就把我的朋友一拉到别间房里去了，留下我和S小姐相对而坐，彼此暂时无言，只有微笑。以后便谈了些演戏的事，她历举我许多戏，表示出出她都看过，又批评这个配角不好，那个配角不好，似乎她简直要开间戏馆专为我请齐配角演个痛快。说完她靠着床上，问我搽什么粉，用什么胭脂，戴的是什么花，梳头的是男人还是女人。说到正高兴的时候，忽然进来一个少年，穿着银灰花缎的皮袄，一字襟绿宽边的背心，白丝袜紫呢暖鞋，梳着和女人差不多的头发，面白唇红，眉目清秀，但免不了带着几分下流气。他一进门很温顺的坐在S的旁边，她很不高兴地对着他，说："你去吧！我没有工夫。"那少年不走，她就走出去了。T少奶跟着进来，介绍我和少年相见。我只觉得他身上的香气一阵一阵地拥过来，我以为他比S小姐实在要漂亮些。

一会儿少年走了，T少奶和我谈起S的事，说她如何倾慕我，说着用手指着门外："刚才那个小孩，也算不错吧，可是她看不上眼。她是非你不可的。而且她很有两三万现货，全都带过来呢。"我听了她的话，丝毫没表示意见。她又说："你是个谨慎人，不轻易答应人，也不轻易抛弃人，这正是她选中你的地方。不错不错，你们多对几次眼光吧。有缘千里来相会，何必我来多说呢？"

　　这个时候S小姐和我的朋友进来，后头跟着一个老妈子手里端着水果，S笑眯眯地一瓣一瓣替我剥橘子，一颗一颗替我剥葡萄。她又故意坐得很远，叫我把果子递给她，我都照办。T少奶忽然问我："你们夫人去世差不多一年半了吧？"我因为她问得奇怪，不知道怎么回答。她又说："象你夫人那样聪明伶俐的人，怎样会掉在河里死了？真是想不到！"我说："没有。"她很惊讶的样子，"呵……是的，是的！我糊涂了。那是另外一个欧阳的夫人……你们夫人是上海人，死的那个是湖南人。"我说："不，我内人是湖南乡下人。"她说："呵，是乡下人，怪不得你们夫妻不和睦。"我说："我们很和睦。"她看着我们的话谈不下去了，便打好一口鸦片让我，我说从来不抽，她便自己抽起来。抽完了，她又拉着我的那个朋友跑到后背一间房里去了。S小姐斜靠在床上，她要我坐近她，把她的手给我握着，她迷〔眯〕着眼，不住地伸懒腰。她对我说："我就欢喜人家拿我闹着玩，一个女人给一个男人拿来开玩笑，这是多么快乐的事呵！你天天扮女人，你不懂女人的心吗？"我那个时候正是一脑门子的易卜生，对于她的话，失了感受性。她说我不懂，我到底懂不懂呢？

　　T少奶一会儿拉着我的朋友进来，先在床后头略站。她对我的朋友说："我早说那个是对了眼光，这个说不定，坏在他多少有点学问，轧姘头是用不着学问的啊，哈哈哈哈！"

　　夜渐深了，我和我的朋友起身告辞，走近大门，有一间房门偶然开了，里面坐着许多不三不四的男人。我的朋友告诉我说那都是在T少奶支配之下的。怪哉天下蠢材之多！

　　我觉得天底下的事，再没有比演一出好戏更快乐的。每当前面一出戏演过之后，台下人声嘈杂起来，大家都作看下一出的准备。我们化好妆，等在后台，心里有说不出的不安；说一定怕甚么，决不是的。凡属一个自爱的演员，当然认定舞台是他生命的归宿地，他的生命的表现只在登台的短时间里，如果在台上有丝毫错误，全剧就受了影响，他的生命就无从表现，自己的地位，就会摇动。这是就私而言。反过来说，观众费了金钱和时间来看戏，若是演得不好，便对不起他们。所以在登台的时候，必定要有充分的注意力，一上台便要把全生命都灌注在那里。我们往往演一个短戏，下台的时候觉得

《自我演戏以来（1907—1928）》

十分疲倦，这不是局外人所能想得到的。

常言说得好，"一分精神一分事"，一些儿不错，要演好戏必定要有精神。所以说"演剧是身体的艺术"，身体不好是不能演戏的。

在人声嘈杂之中，走出台去，上下一静，一举一动都为人所注意，演到情节最紧张的地方，差不多台底下的呼吸都听得见，这比全场喝彩还要好。

要台下注意，当然有许多方法，用法律，或是警告去让人静听不过是片面的；最要紧的是台上的呼吸调和。要求台上呼吸调和，便不仅是照顾对手的角色就够，一定要照顾全场，而对手角色的动作，尤其处处都要使之与自己的动作相应答而组织成一种自然的谐和。这种谐和，不容易得到，只要一得到了这种谐和，那真是舒服。音乐没有这样的风韵，美酒没有这样的香醇，好比春风微雨精室温衾之中，作一个极甜酣的梦，满身的骨节毛窍都含着美妙的韵律。一到演完带着陶醉后的疲倦回家，台上的情景，和着化妆品的余香轻轻浮泛，这种深纯的安慰，当然不自外求。但是这样美妙和谐，十次之中也不过得到一次二次，遇着舞台不好，配搭不全，装置不合，或是排练不熟，音乐不和，往往百次之中得不到一次。而且那些粗俗的演员，只听到台下喝彩，扬扬得意，决不能寻求到情感深处，寄托自己的生命；演一世的戏，不懂得谐和之美的，不知凡几。只要一经懂得，追求的心，必定很切，所以在我这种戏迷，一天到晚，只知道戏，对于性的扰乱、无谓的和人周旋，都觉得毫无意思，非但没有意思，而且极其烦厌。我看见他们那些为了几个下流女人一天到晚皇皇然不知所措的，真是莫名其妙。

新舞台的戏专注重布景的变化，表演道白只求快捷滑稽，细腻慰贴〔帖〕一概不讲；什么叫呼吸，什么叫调和，更不在心上。我起初有些不惯，后来我也学乖了，跟着锣鼓上场，跟着锣鼓下场，到〔倒〕也颇为省事。唱的时候颇少，道白的时候比较多。就以道白而论，有工夫便说长点，没有工夫便说短点，一以布景时间长短或是第二场的人换妆的快慢为标准。后台叫一声"马前"，我们便快快地下场；叫一声"马后"，便把话拉长，拉长再不够，便叫起板来唱几句，词儿都是临时编起来。这若不先在舞台上干熟了的颇不容易。照后台的术语，能够临机应变的叫作"活口"，不能的叫作"死口"。起初他们怕我是死口，以后看见我也能随意胡扯，他们都很欢喜，说："想不到你是活口！"最有趣的是赶排的戏，往往锣鼓打错，唱戏的也只好跟着走。

143

《自我演戏以来（1907—1928）》校勘及研究

譬如你预备唱倒板，他跟你打摇板，或是打慢板，预备唱慢板给你打成摇板之类，这种事数见不鲜；因为临时改锣鼓，会被台下发觉错误，所以唱的人只好将就敷衍过去。有一回有一个人扮一个老头子嫁女，本应该是唱上，场面打成念上，他只好念两句。但是一时想不起甚么辞〔词〕句好，他只好借用别的戏里"花烛亮堂堂，打扮作新郎"两句。第一句念出口，他忽然转念："今天是嫁女怎样好念打扮作新郎呢？"他这样一想，下句再也念不出来，其实念一句"打点嫁姑娘"岂不好吗？这就所谓"当场一字难"，他始终没念出来，只听得他接一句"呵哇呵哇呵哇"，笑得满台的人个个都抬不起头来。还有一次，一个花旦预备上去念两句："小姐得病症，叫我常挂心。"谁知胡琴响了，他只好改成唱。他刚开口，忽然想到五个字不好唱，他便想改一改；但是，刹那间没有办法，他只唱出"我小姐"三个字，接着莫名其妙的唱出"自那日"三个字。越唱越不对，结果唱成："我小姐自那日在花园一时间得下了不治的冤孽病症。"后台的人都奇怪起来，便有一个人在幕后叫了一声："好长的句子。"他越发慌了，下句便只唱出三个字来，"何日好？"这样一来害得那个唱小生的笑得走不出去。戏是这样演法，你想还有好戏没有？不过习惯已成，积重难返，主持的人没有改弦更张的勇气，大家又说要这样才能卖钱，虽有智者亦莫如之何。加之事实上也往往给主张改革的人以打击，有排一个月郑重出演的戏毫不卖钱，而排三天的《济公活佛》却有挤不开的人看。试问还是暂维生计呢，还是犯大不韪坚持自己的主张呢？

新舞台当时的营业方法，是不用包银十分大的角色，只靠新戏维持。然而同我一天登台的有武生何月山。他从北边到上海，不过赚三几百块钱，一出《塔子沟》，打真刀真枪，他就大红而特红。他所靠的是气力长，手脚灵便，真刀真枪打起来，看上去危险到间不容发。他又把旧日兵营里许多武技加进戏里，人家很觉新鲜，所以大卖其钱。还有唱《长坂坡》，一出场连着来五个鹞子翻身，又能一条腿丝毫不动的站半天；唱起来气异常之长，一腔转几十个弯不换气，就这几项本事，登时月薪从几百元涨到两千元以上。当那时他真是英雄年少，哪个不抢着要他？班主抢着要聘，坏女人抢着要奸，真是花团锦簇，盛极一时。不久他奸上了女人，胡闹的结果他的气力减退了：真刀真枪太快的地方渐渐不能应付；一条腿站住便有些摇摆；长腔使不到头。起初以为是偶然的事，以后不免就成了症候。他在新舞台正月初一头一天登

144

台，就哑得一字不出，他马上就要退钱不干，夏三老板到底是内行老板，他极力安慰他，留他养息，过了一向，他虽然好些，始终没恢复从前的原状。他自己烦闷，没有干长下去，出了新舞台没有多久，他就从繁华的上海解脱去了。

何月山出了新舞台，后台也就改组。凡属一百元以上的演员都作股东与前台合作。我在这个时候把优游、半梅介绍进去，天影是原来就和我在一处的。

半梅因为不愿搭班，没多久他就专门写小说去了。优游从那回进去，一直到新舞台停业，他没有离开。1918、1919 年之间，文明新戏已经由极盛转入衰败。民鸣解散，正秋他们到了汉口；优游从笑舞台而汉口，而民兴社也就很难支持，因此受了新舞台之聘，此时上海新戏界更形冷落了。

优游到新舞台，起初把《空谷兰》重演，生意不错。优游饰柔云，本是一时无两的杰作；我饰纫珠。我和优游两个都有相当的气力——我进过陆军式的中学，他是海军出身，我们演柔云和纫珠抢药相打的一场，互相扭住大滚满台，台下闹哄哄的拍手叫好，我们也以此为笑乐。潘月樵饰兰荪男爵，态度不错，可是我最怕的是后面团圆一场，他拉住我两只手叫一声妻，妻字一出口，唾沫好似毛毛雨一般飞了过来。

新舞台是以西装戏著名的，个个人都有几套西装。优游也排了几本西装戏，如《拿破仑趣史》之类。这种戏最要有忍耐的就是旦角，戏既长，场子又多，在北风怒号、冰雪满途的夜里，当新舞台那种深大空敞的后台，我们穿着袒胸露臂的西装，站在布景后面等候上场的时候，那真变了"冰肌玉骨"，若不是极力支撑，就几乎不能上场。可是上场以后，却也不觉甚冷，因为注意力的集中，下意识的作用，可以增加忍耐的力量，不过有时静默太久，头一句台词往往因嘴唇冻了不甚自由而难于出口。俗语有说："冻不死的花旦，热不死的花脸"，旦角再没有比穿西装更冷的吧。花脸在热天穿上棉袄，当然更不好受。还有靠把武生，他一样要穿胖袄（一种棉背心），大热天扎着靠，戴起很重的盔头，做种种激烈的动作，我以为比冷还难过。就是唱花旦的热天演《贵妃醉酒》一类的戏，也就够受的了。我有一次演《醉酒》正是九十七八度的大热天，台上开满电灯，我张嘴一唱，汗从脸上流进口里，幸而没晕倒在台上。

我在新舞台演戏没有什么成绩。人家都说在新舞台演戏功夫要退步，在某一点上看起来的确不错。尤其是武工，因为不甚注重武戏；其次就是唱工，慢板是从来都唱得很少的——短出的戏，偶然唱一唱，平素多半把唱工戏束之高阁。专靠演旧戏吃饭的角色，不很愿意搭新舞台，这也是一个原因。我呢，演自己的戏的时候很少，不过生活却颇安定。两夫妇租一所一楼一底的房屋住起来，每天还有些工夫读书，练戏，闲时还可以到郊外去逛逛，不过这种安定的生活不是我所能满意的。可巧有一个同乡人介绍我到南通去演义务戏，我听说南通是中国的模范县，所以很想去玩玩，于是便请了几天假去演了四天戏，因此认识了张季直。[61]

当这个时候，张敬尧[62]正在湖南作恶，凡属与民党有一点关系的人都避陷害，而他的兄弟张敬汤尤其擅作威福。于是各县各乡的志士都想起而驱此恶贼，民军四起。我外祖刘艮生先生为当局所疑，不能安居，动身来到上海。我弟俭叔，在乡下想起民军，为官迷的戚友到省城去告密，下令查拿，一面要封我们住屋，遂使我祖母和母亲不得不避到乡下，带着我的小侄儿住在一个佃户家里。我弟弟连夜逃走，母亲于月黑风高的半夜送他过一座山，当时的凄苦如今还留着创痕。我弟弟到了上海，几个有关系的亲戚也来了，我住的一楼一底，一时人满；而祖母和母亲又不能在乡间久避，只好一齐接到上海。我妻韵秋，只好立刻赶回湖南去接，这样一来，我便弄得十分困难。正在韵秋离沪后两三日，忽然所有的行头、衣服全被跟包的伙计偷去当了。我身上没有一个钱，弟弟病在床上，亲戚们也都生病。有一天晚上，我一看厨下没有柴米，第二天就要断炊，想找点什么去当，谁知打开抽斗一看，早已被人席卷一空，我只好姑且脱下身上的马褂，敷衍了一天的伙食。那几天四处去借钱自不用说，可是寄出的信一封都没有回信，去见人也没有着落，真是越急越没有办法，最后还是向夏三老板想了点法子，才过了急难。一面再设法请侦探，寻找行头，谁知侦探刚请好，报了巡捕房，那个伙计又把当票寄回给了我，反白花了数十元去谢侦探。幸喜祖母和母亲到沪都很平安，不过从此后把湖南的大家庭生活移到了上海。

正另外租好房子，打上海长住的主意，忽然南通派人来约我，说是张四先生想起一个科班，还要造一间戏馆。于是我写了一封信回张季直，把我想办演剧学校的计划告诉他。他回信一切同意，并说曾托熊秉三在北京招了一班学生，于是我便也答应到南通去。

《自我演戏以来（1907—1928）》

我辞了新舞台的朋友，先到北京去看学生，看过之后，甄别了一下，先派人送回南通；就着有工夫，我便偕同张氏的心腹人薛秉初[63]，由北京而奉天，而朝鲜，到日本去走了一趟。秉初因为在日本不惯，住三天就回来了。我原意是要就这个时候考查一下日本戏剧界的情形，我去访问了在上海认识的画家石井柏亭氏。又因小山内熏氏的介绍，参观帝国剧场，还看了一天大坂〔阪〕最有名的傀儡戏。本想多参观些地方，不想生起病来，在病院里住了一个月，甚么都没作，一出院就赶回了上海。

我二十三岁才出麻疹，出的时候几乎死了。在未出疹子之先，我一只手能举八十斤的铁锚掷出去；又能转动五百余斤的方石，推到十几丈以外，再推回来；腿向后一弯，在脚跟上站得起一个大人；自从一出麻疹，什么气力都没有了，瘫软在椅子上，经过三个月才好。好了之后，每年到夏天就要发软不能走动。这回到日本正当夏天，在北京又有许多的应酬；天气太热，火车的路线又太长，受了暑热的结果，一到日本，就又完全瘫软了。同时还发生几种炎症，越发没有办法，只好入院。

在病院里头并没有一个人来看我，因为朋友们都不知道，等到有人知道我已经差不多出院了。幸喜一个看护妇还不错，她替我找了一个人，买了不少的书。我每天只是睡着，远远听见弹琴的声音，我就想起舞台上的生活。想去看戏，却又动不得。只有读书，读了就睡，睡醒了又读。读完了一册《复活》[64]，一册《卡尔曼》[65]，一册雨果著的《哀孤星泪》[66]，还有两册卢梭的《忏悔录》[67]，两册社会主义的书，又零零碎碎东翻西翻看了些短篇小说。这些书里没有一个写病人心理的，我便伏在床上写了一篇日记，曾经在南通的报上登载过一半，如今也不知稿子到哪里去了。

我从日本回到上海，病也完全好了，便退了上海的房子，全家搬到南通，而我的生活又为之一变。

注释：

1　薛瑶卿（生卒年不详），苏州人，京昆名旦，曾与欧阳予倩一同执教于南通伶工学社。据漱石《海上百名伶传（三十六）》载："薛瑶卿，一字葆生，吴王台畔人。昆班作旦之改演京剧者也。初工《离魂》《惊梦》等闺门戏，有时亦演《思凡》

《下山》。身段念唱,皆臻绝目。嗣虑昆剧或将不振,乃改皮黄,专唱青衫《祭长江》《落花园》《彩楼配》《探寒窑》《女绑子》等,无一不演。隶天仙茶园金台班最久,每与孙瑞堂合唱《孝感天》《五花洞》诸戏,恰如五雀六燕,铢两悉称。虽字眼不能说尽吴音,然听者殊不以为病。而宫妆戏饰后妃、公主等角,尤扮相富丽,台步从容,与剧中人颇能适合身份。故当时有评其曲艺者,谓顾视清高气深稳七字,惟薛足以当之。为人性情和蔼有长者风,暮年辍演家居,颇得天伦之乐,盖其儿孙辈皆业商,经营所入,甘旨足供,老人故得颐养天年,寿至古稀以外而终为梨园中饶有福泽之人也。"(《梨园公报》1929 年 6 月 5 日)

薛瑶卿曾与欧阳予倩一同执教于南通伶工学社,后与新舞台的夏月珊、夏月润各出资五百元资助冼冠生开办"冠生园",遂使冠生园生意大兴,其子薛寿龄为冠生园经理。

2　杨尘因(1889—1961),号雪门、烟生,安徽全椒人。前清举人杨攀龙之子,小说《新华春梦记》的作者。杨尘因与梅兰芳、周信芳、苏曼殊、柳亚子、欧阳予倩等人友善,他能编能唱,擅评京剧,据说曾为梅兰芳、欧阳予倩等人编写过剧本。杨与苏曼殊的交往很深,二人在沪颇有名气,苏为"文豪",杨为"铁嘴"。新中国成立初,杨尘因应周信芳、欧阳予倩之邀,出任华东戏曲研究所编剧,后改任上海戏曲学校顾问。据载,"杨尘因,他是老评剧家,老小说家了。前几时很不得志,家中食指又繁,近来已到南京,去膺了一个什么秘书职。杨先生别的都好,却害在芙蓉膏上"(红丝《每日一人:杨尘因》,《小日报》1927 年 8 月 16 日)。"杨君确曾一度入老同盟会,后转入政涡,足迹遍大江南,以赋性磊落,水乳不融,旋乃愤绝出而砚耕以生,历数官场之黑暗,不爽毫发,《京华梦》其最得意之作也。君善作长篇说海,尤喜剧评,无如秉性孤介,廿载文场,依旧磋磋。君有瘾君子癖,夜则一榻横陈,烟云满室,兴来即榻畔振笔疾书,顷成千字。鸡唱报晓,即酣酣然入梦,栩栩然恒至灯昏始起床。君家负颇重,月非百余金不能给。前载孙东吴主笔政于《新》《申》,君亦担任辑务,兼为各书局撰稿。嗣《新》《申》易主,孙、杨均下台,于是专赖投稿为生。《东三省日报》君为特约撰述,月可获六七十金。时杨忽患痔病,辗转床褥,苦难握管,窘境已达极点。后幸《中华日报》创,君复膺总辑,得稍苏困。君以累于瘾君子故,外间绝鲜酬酢,衣服亦极朴陋,一袭布衫,油垢满积,而盈盈大脸,于思绕颊,亦不稍一雉剃,顾言谈怡如,谦怀若谷,此又为近今时髦名士所远不及也"(厚厚《杨尘因不康》,《上海小报》1926 年 10 月 13 日)。

又据《首都公安局设月刊编辑处》一则消息:"首都公安局长姚琮欲将该局宣传组成系统,以专责成。昨特令杨尘因及该局总务科长曹铸组织首都公安局月刊编辑处,由杨、曹两氏主编。该处即设前美国顾问胡德办公室,闻每月由该局津贴编

3 按，《大共和日报》1915 年 6 月 21 至 25 日，连载了《黛玉葬花》的剧本，署名为"予倩、尘因、冥飞合编"，并注明"不经许可，不准排演"。

4 按，1916 年 11 月 5 日欧阳予倩与查天影在笑舞台合演该剧。演出当日广告称："此次欧阳子新排歌剧《宝蟾送酒》，尤为《红楼梦》中之特别情节。盖以前所演，无非贾府之事，今则别开生面，舍贾府而演薛府矣。予倩饰宝蟾，天影饰薛蝌，剑魂饰夏金桂，三人竞啭歌喉，各尽所长，听之者如猫儿在披亚诺上面打架，动一动就有天然妙音，观之如见蚊虫在大地头旁边飞过，看一看即生无限趣味。"（《新闻报》1916 年 11 月 5 日）

5 据《菊部丛谈》载："克秀山，小丑中之老角也。年事已高，在沪上见其与刘鸿声唱《洪羊洞》。刘寿峰、郎德山之焦、孟二将，克秀山之老卒，其白口神情，整饬谨严，已臻化境。此戏在京中，亦未见有如克秀山之稳练可喜也。"

6 按，1914 年 12 月 7 日（阴历甲寅十月二十一日），梅兰芳第二次抵沪在第一台演出，第一夜《彩楼配》，第二夜《女起解》，第三夜《汾河湾》，第四夜《虹霓关》，第五夜《雁门关》。据陈定山《春申旧闻》载："梅兰芳第二次到上海，许少卿已将丹桂出盘。自开天蟾舞台（五云日升楼下），梅兰芳挂正牌，包银六千，每天外加梳头费三百元，由王大奶奶（明华）实受。每晚完戏，许大奶奶亲炖燕窝一盏进奉，杨小楼则吃白木耳。"

7 冯春航（1888—1942），字旭初，号春航，江苏吴县人，南社社员。自幼随父习京剧，12 岁入上海丹桂茶园，拜夏月珊为师，演技以清淡典雅胜，以反串时装戏《恨海》《血泪碑》中的女性著称于时，苏曼殊对其演技十分赞赏："亚子邀衲往观《血泪碑》一剧，观毕，衲感喟无已。春航所唱西曲，节奏过促，只宜于 Meet Me by Moon Light 之调。又春航数年前所唱西曲，无如今日之美满，实觉竿头日进，剧界前途，大有望于斯人云."上海光复时，参加攻打江南制造局的战斗。曾独自在上海创办伶人学校，专供同行子弟读书。后因嗓音失润而脱离舞台，入津浦铁路局任职员。柳亚子歆其艺，辑有《春航集》一书存世。

8 据郑逸梅《世说人语·一代艺人冯春航》一文："春航子玉珍，媳魏黛珍在南京，犹与我通问。"

9 有关伶人经济日常生活开销，据朱双云《中国之优伶》（文汇出版社 2019 年 8 月版）记载："生之者众，食之者寡。此寥寥八字，实致富之不二法门。顾中国之家庭，辄往往反是，而以优伶之家庭为尤甚。一优伶也，依之而生活者，平均约在十人以上，父母也，妻妾也，子女也，兄弟也，叔伯也；更有所谓私房场面也，伙计也，包头也，头儿也，书记也，保镖也，排戏也。大抵角儿愈大，包银愈厚，则寄生之虫，亦必愈多。夫以一人之生产，而供此多人之衣食，故其所入虽丰，仍不免乎左支右绌，甚或债台高筑，日处窘乡。"书中朱双云还以徐碧云、毛韵珂两人为例，说明民国年间伶人日常消费之巨。1930 年徐碧云由汉赴沪演出，随行家眷共 26 人，"碧云之半月包银，名为五千元，夷考其实，半为此寄生虫所蠹蚀，为其本人所实得者，亦仅十之六矣"。1928 年毛韵珂由沪抵汉演出，随行 19 人，在汉口演出的"包银为三千六百元一月，除……开支洋一千八五十六元外，韵珂实得洋一千七百四十四元"。

10　刘筱衡（1901—1969），别名竹轩，号国祥，祖籍北京。幼年随父移居上海，初习老生，后改旦角，1949 年后曾任上海大众京剧团团长。

11　按，刘筱衡主演的京剧头本《开天辟地》于 1928 年 6 月 1 日在上海丹桂第一台正式上演。

12　据《新闻报》1915 年 6 月 22 日广告，民鸣、新民"两大新剧团合演，特请春柳诸巨子欧阳予倩、吴我尊、陆镜若、蒋镜澄。民鸣新剧素负盛名，乃自正秋、优游辈十余人加入后，更觉花添锦上，首屈一指。若求并世上瑜亮，异曲同工，厥惟春柳是。顾其人材，瑜瑕参半，所以屡兴屡踬，不获大行其道。兹者民鸣、春柳，瑜亮同堂，一场合演，取菁遗粕，积极进行。凡春柳派之所不足者，则以民鸣派济之；民鸣派之所不逮者，则以春柳派辅之。熔两派于一炉，荟群英于一社，从此民鸣新剧将为上下五千年，纵横九万里，惟一惟二者也。是不特本社之大幸，剧界之大幸，抑亦嗜剧诸君之大幸。春柳派中第一人，允推欧阳予倩，泼辣风骚，无不知其三折肱焉，殊不知其哀情之作，有胜于风骚泼辣者，凡之四剧，哀情者二，风骚及泼辣者各一，可知其艺矣。至若我尊之情文兼茂，镜若之籍甚声华、镜澄之语妙天下，并皆超群轶伦，世无与匹。凡吾邦人，幸各早临。一穷新剧之观，而饱一时眼福。万勿姗姗来迟，致兴时乎之嗟也"。但当天民鸣社的演剧广告中未见任天知，任天知是新剧界的前辈，若当日与欧阳予倩等一同登台，广告中不可能不提及，故欧阳氏此述有误。

13　即顾无为（1892—1961），原籍浙江绍兴，寄居江苏南京。曾就学于上海警务学堂、江南法学院，后加入同盟会。1910 年参加任天知创立的进化团，投身职业演剧，并从事反清政府的宣传工作，以"言论老生"著称。进化团解散后，一度至长沙，创办湖南教育剧团。1915 年重返上海，加入并参与主持民鸣新剧社，以编剧为主。因所编演《皇帝梦》一剧，对袁世凯极尽讽刺而遭逮捕。获释后仍从事新剧编剧工作，编有《卖国救国》《铁血鸳鸯》《孙中山伦敦蒙难记》《安重根刺伊藤》等剧。1922 年在上海大世界创办导社，与其妻林如心进行男女合演而著称一时。1925 年，创办大中国影业公司，掀起古装片的拍摄热潮。后曾任大华影片公司总经理，经营过上海齐天舞台、南京大世界游乐场等。全面抗战爆发后，加入中华全国戏剧界抗敌协会，担任理事。新中国成立后赴港定居。据其妾卢翠兰所言，"盖无为原姓汤，顾则兼祧于人，故又名'顾则汤'"（《红报》1928年10月29日）。

14　据《新闻报》1915年6月27日广告，民鸣社"特请春柳诸巨子欧阳予倩、吴我尊。潘金莲戏叔，武都头杀嫂，均为旧戏中之最热闹者也。本社前演此剧，卖座必满，今更以春柳社之欧阳予倩君饰潘金莲，吴我尊君饰武松，自然较前益美，届时尚祈早临"。

15　按，指二代市川左团次（1880—1940）。日本歌舞伎为世袭制，初代市川左团次（1842—1904）高桥荣三之子，原名高桥荣次郎。曾与小山内熏合作创立自由剧场，与冈本绮堂等共同创作《修禅寺物语》《鸟边山情死》等新歌舞伎，在演技方面突出男性的艺术风格，乃近代日本话剧运动之先驱。

16　按，明治三十九年（1906），坪内逍遥和岛村抱月，共同设立"文艺协会"，以改革文学、美术、戏剧等为目的，是日本近代新剧运动之源泉。最初的文艺协会曾两次试演，均告失败。明治四十二年（1909），坪内逍遥在自己家设立文艺协会附属演剧研究所，松井须磨子便是演剧研究所第一期毕业生。明治四十四年（1911），文艺协会在帝国剧场公演了《哈姆雷特》《玩偶之家》，大获时誉。

17　按，1915年8月2日民鸣社演出《西太后》的广告中仍有欧阳予倩演剧的消息。"十一、十二本《西太后》，较之前数本，更有精采〔彩〕，更有趣味，更有可观。嗜剧者，个个爱看，越看越有味，今又重演矣。并附以欧阳予倩、汪优游之《苏三起解》，嗜剧者幸勿错过。一板三眼，唱唱念念，便可谓尽旧剧之能事矣，曰是不然。旧戏之妙，妙在刻征引商，不连累黍，尤妙在唱一句，要达一句意味，听者听其声音，便可知其悲喜。必如白香山诗老妪多解，方可与言旧剧。现在能唱西皮二黄者，不乏其人，而唱得能如白香山之做〔作〕诗者，则绝无仅有，有之，其惟欧阳予倩乎。予倩之为旧剧，能唱人所不能唱，能体贴人所不能体贴，五声和，八风平，节有度，守有序，天上人间，洵非屡举。而《苏三起解》一出，尤声情并茂，超群绝伦。梅兰芳虽以此剧名，然较之欧阳君，相去竟如天壤。附以汪优游之解差，益足为是剧生色，有若无于今夜登台演《西太后》之赵新，奇葩初胎，精神百倍，嗜剧者幸勿错过。"次日民鸣社演剧广告中便无欧阳予倩之讯息，据此可判断欧阳氏已于1915年8月3日离开民鸣社。

18　上海旧路名，光绪二十五年（1899）上海工部局填浜作路，北京路以西称梅白格路，以北称蔓盘路。民国三年（1914）后全改称梅白格路，1943年改新昌路至今。

19　按，1915年12月12日上海丹桂第一台刊出预告："敦聘南北著名文学大家、新旧青衣花旦欧阳予倩初七夜《玉堂春·三堂会审》，初八夜《白状元祭塔》，初九夜《玉堂春·苏三起解》，初十夜《三娘教子》，十一夜《宇宙锋》。欧阳予倩先生为新旧剧界鼎鼎大名、超群绝伦之人才，前在本台演唱，颇蒙各界赞美，所唱青衫，声调做工，实可与梅兰芳并驾齐驱，故人皆称之谓客串中之梅兰芳。因其长于文学，所唱音韵词句，莫不深为研究，与他人迥然不同。所排新剧如《红楼梦》等剧，早已脍炙人口，无待赘述，务请各界贲临是荷。今由汴来申，本台托人邀聘，准初七夜登台。"1915 年 12 月 12 日为乙卯年十一月初六日，据此可知欧阳予倩在丹桂第一台演出的准确时间为 1915 年 12 月 13 日而非 1916 年春，原述不确。

1915 年 5 月 29 日，欧阳予倩在第一台演出了全本《雷峰塔》之后便离开该台。1915 年 6 月 1 日，欧阳予倩与吴我尊、马二先生同时亮相英大马路东口谋得利外国戏院旧址的春柳剧场。据《申报》1915 年 6 月 1 日广告："予倩君研究新剧十有余年，自客岁现身舞台以来，名震时下，每杰作一出，举国若狂，则一般人士倾倒景仰君之艺术者，固属尽人皆知，毋俟重为夸大之言，连篇累牍也。刻下君倦言旧剧，重返春柳，定于二十夜（礼拜三）登台，准演君新编之《伟人》。此剧以深刻之笔，针砭浅陋之人，神龙点睛，变幻莫测，更得吴君我尊、马二先生同日登台。我尊君演剧，登峰造极，慷慨淋漓，随手拈来，都成妙谛，固已誉满吾国。马二先生文章卓著，洒洒出尘，以生花妙想，移之演剧，含英咀华，不同凡俗。三君联袂登台，琳琅珠玉，四座生辉，当独本剧场之奇光，当亦爱观新剧诸君之尤所渴望也。座位无多，尚祈早定。"

20 按，自 1915 年 12 月 13 日至 1916 年 7 月 27 日止，欧阳予倩一直在丹桂第一台演剧，未曾中辍。1916 年 8 月 11 日欧阳予倩离开丹桂第一台，进入笑舞台。1917 年 2 月 18 日至 3 月 24 日，《申报》刊出消息称苏州振市新剧社邀聘欧阳予倩、朱孤雁、查天影、黄幼雅等赴苏州演出。欧阳予倩此番离沪赴苏，与经营三的大声公司重组笑舞台有涉，据《新闻报》1917 年 2 月 26 日载《欧阳予倩查天影启事》："予倩、天影自二月初一起赴苏州演剧若干日，已得笑舞台前后台主任许可，并无宕账及预支薪水等情。再者，予倩、天影原为大成公司股东，自大声公司成立与咸安公司订立合同后，即经三面同意，将予倩、天影股东资格根本完全取消，所有大成公司以来之银钱出入，无论盈亏，一切均让渡于大声公司，概与予倩、天影丝毫无涉，特此声明。"《启事》中所述之"二月初一日"即为 1917 年 2 月 22 日，欧阳予倩在苏演剧时间月余。1917 年 3 月 31 日，《申报》刊出消息，称第一台"特聘南北驰名、新旧大家、超等花旦兼青衣欧阳予倩，刻已到申，择吉登台"。故文中所述"不久祥云约我到苏州，演了两个月"之说，尚待详考。

21 按，船菜源自苏州，相传春秋时吴王夫差乘坐龙舟宴游，开苏州船菜之风。至唐代，白居易任苏州刺史时，疏浚河道，筑修白公堤，七里山塘便可直达虎丘，遂使乘游船宴游虎丘成为历代相沿之习俗。加之苏州城河道纵横，出入其间，均以舟船为交通工具，一日三餐均在船上食用，久而久之船菜便成为苏州当地的特色美食。

22 按原文为"还有一个人告奋勇要替我代题"，排印有误，缺"自"字，今补之。

23 按，《佛遗教经》又名《佛垂般涅槃略说教诫经》，简称《遗教经》，姚秦鸠摩罗什译，是佛陀释迦牟尼一生弘法言教内容的概括总结。

24 按，《六祖坛经》又名《六祖大师法宝坛经》，简称《坛经》。禅宗六祖慧能之说，由其弟子法海集录成册，是禅宗的主要经典之一。

25 按，《阿弥陀经》又名《小无量寿经》，简称《小经》，与《无量寿经》《观无量寿经》合称净土三经，是释迦牟尼佛在憍萨罗国舍卫城的南方祇园精舍，与长老舍利弗等十六位大弟子及文殊等大菩萨以及诸多佛弟子而说的经典。

26 按，又名《佛说四十二章经》，是中国第一部汉译佛经。

27 按，该书名应为《大乘起信论》，是佛教的一部论书，主要阐述了大乘佛教生起、正信的理论，简明扼要地概述了大乘佛教晚期如来藏的思想，由因缘分、立义分、解释分、信心分和劝修利益分五部分组成。

28 按，该书是明朝道人洪应明收集编著的一部论述修养、人生、处世、出世的语录集。

29 按，欧阳氏此述不确，他因不满大声公司合并大成公司笑舞台而于1917年2月22日离沪赴苏，而朱双云、汪优游等合办笑舞台大成公司则成立于1916年3月17日，故而欧阳氏自苏返沪后不可能再加入朱双云之大成社。据当时报纸之记载，欧阳予倩于1917年3月31日回沪后即重新加盟丹桂第一台。
又据朱双云《初期职业话剧史料》（文汇出版社2015年4月版）记载："郑正秋离社之后，大成社为营业上的竞争，又约了欧阳予倩、查天影等加入。更为出奇制胜起见，商得予倩同意，于每周之末，加演其新编的《红楼梦》歌剧。此后盛行于歌坛上的《黛玉葬花》《宝蟾送酒》《晴雯补裘》《馒头庵》《负荆请罪》诸剧，完全是予倩在大成社里创造的。这样地经过一年，在表面虽座〔坐〕客常满，然实际里，则因竞争太烈，不惜超出预算去延揽人才，而每周的一出歌剧，又增加了一笔很大支出，因此亏负累累。等到一九一七年即民六丁巳二月底，即因周转不灵，而宣告结束。"

30 按，笑舞台1916年8月14日首演《林黛玉葬花》。

31 按，笑舞台1916年10月15日首演《林黛玉焚稿》。

32 按，笑舞台1916年10月29日首演《晴雯补裘》。

33 按，笑舞台1916年11月6日首演《宝蟾送酒》。该剧在笑舞台上演之后，有剧评道："九日（即星期六）笑舞台排演《宝蟾送酒》新剧，以予倩去宝蟾。记者偕余君毅民，并邀新闻记者十人偕往观之（上海日日新闻社记者同人井上君亦在座）。予倩本世家子，长于文学，风采洒然，而其志行高洁，不染时下习气，尤为他人所不及，新剧界中之矫矫〔佼佼〕者也。予倩之宝蟾，风神流动，而利口如刀，与夏金桂问答一场，针锋相对，不让分毫，其一种狡狯尖刁之态，自然流露，与天真烂漫、情态娇憨之女郎截然不同。盖情态娇憨之女郎，足以引起人之怜爱，而狡狯尖刁则令人可喜而又可恨。予倩能描摹至此，足见其艺术之高。送酒一场，流利荡佚，如见其人，唱时眉语目挑，极柔靡纤佻之致。而春情摇漾，乃隐现于眉目之间。唱工则浏亮轻圆，做工则温存软媚，而且身段手势又足以补唱做之不及。所谓唱所不能达者，补之以做工，做所不能达者，补之以身段姿势，斯演剧之能事毕矣。卸妆复出一场中，衣短袄，态度尤佳。剑魂之夏金桂，虽属配角，而唱做皆平稳无疵。天影之薛蜩，谨愿之态可掬，做工甚佳，台容亦隽妙可嘉。是剧为予倩所自编，词句雅驯，与《黛玉葬花》《晴雯补裘》等剧异曲同工。闻近来予倩又编《馒头庵》一剧，不日演唱。沪人士之欢迎予倩者，当必以先睹为快也。"（谷：《欧阳予倩之〈宝蟾送酒〉》，《神州日报》1916年12月12日）

34 按，笑舞台1917年1月7日首演《馒头庵》。欧阳予倩在该剧最后一场《灵魂托梦》中，有精湛的空中飞人表演，据《北平晚报》1937年7月4日《空中飞人》一文："欧阳予倩……最著名的《红楼梦》剧为《宝蟾送酒》《馒头庵》，《馒头庵》是秦锺与小尼姑智能的故事，他去智能，最后《灵魂托梦》一场，有所谓空中飞人者，别人仿他是打秋千，而欧阳予倩则与人不同。据说欧阳予倩演空中飞人，是特制的两条钢绳从台顶一直通到一块板上，人立板上，钢绳适在脑背各一。左脚一登，人便左，右脚一登，人便右。隔纱而看，绝似云端飘荡，还得唱一大段（别人有演此者，也只是和秋千一样，两边须用二人推送）。不过欧阳予倩这玩艺，也是从日本初期的机关布景中变化成功的。"

35 按，《鸳鸯剑》为欧阳予倩之代表剧目。有关此剧之演出情形，冯叔鸾《欧阳予倩之〈鸳鸯剑〉》一文道："予倩之演新剧也，以《鸳鸯剑》《大闹宁国府》著名，今易演旧剧，又排《鸳鸯剑》，是乌可不看，乌可不评。《鸳鸯剑》自情遗九龙佩起，至觉大限吞金止。前半为尤三姐之戏，后半为王熙凤之戏，配角重要者颇多，珍、琏、蓉儿父子叔侄三人及二姐俱此案中最有关系者，无论矣，若平儿，若善姐，若秋桐，若兴儿，若湘莲，若薛蟠，皆不能不择材器使，始能胜任愉快也。是夜所配，各角以余观之，当以陈嘉祥之贾珍为最，神情口白俱能干净了当，不涉支离。冯子和之尤三姐，慧洁则有之，豪迈则不及。盖三姐之为人，须有艳如桃李、冷如冰霜之概，而玩弄珍、琏，更须拉下脸来，不复有丝毫娇羞，态度举止佻脱，语言快利，尤为不可少之条件，而子和则总带一种沉闷之气，只算描得尤三姐之一半。苗胜春之蓉儿，滑稽佻达，均有可取，而身分既非贵公子，又非十七八之孩子。李少棠之兴儿，绝非童仆态度，评论凤姐一段白口，尚能有五六分不错，惟不应居然坐于尤二姐之前，须知贾府规矩极大，无论如何，小厮断断不能在有体面之丫头前失礼，更无论夫爷们所娶之二房奶奶也。李庆棠之柳湘莲太粗率，无温文尔雅气。李琴仙之二姐，更是饭桶。遗佩一节，竟至无戏可做，想渠本唱青衣，专能演幽娴贞静之女子也。克秀山之尤老娘，尚平平无疵。此角最难演，每无好坏之可言。麒麟童之贾琏，亦嫌身分不多，自始至终，总是慌张，此却不怪。盖琏二爷之身分本难做，而渠于《红楼》一书，恐又未尝熟读，如何便能入彀。余若平儿、善姐、秋桐之类，皆可不评，等之自桧可也。今请言予倩之凤姐。予倩之凤姐，最妙是台幕一揭了，鼕跪近盥具，及闻平儿之言，亦不大惊小怪，声色不懂，而调度有方，予倩演来能于稳重娇贵中而透出机变灵敏之神态。此其所以众口称妙也。诱二姐入府及闹府时，白口爽如哀梨并剪，滔滔滚滚如泻悬河，尤为绝作。余谓此戏之缺点，即因予倩一人是新剧，而余人则仍纯是唱四句摇板之老戏也。窃以为如欲添唱工，则二姐刺绣时，可用摇板西皮。柳湘莲哭三姐，可用哭头，三姐誓嫁，亦须用摇板。凤姐闹府须用快板，二姐自尽前须用反调，即念话中亦应有锣鼓，如此方成一出纯粹的旧戏，与只唱摇板者不同，且免得台下嫌戏冷。盖新剧全无锣鼓丝弦，则大闹宁国府一幕，为最闹热之处，今移入有锣鼓之舞台，则闹府一场忽然锣鼓无声，殊觉其太冷也。余尝谓今之民鸣、民兴等社之新剧，是一种带做工之说书，而说得又不好。今之各舞台中之新剧，则仍是不脱四句摇板之老窠臼。予倩此次所编之《鸳鸯剑》，则觉新旧拼凑，彼此格格有不甚相合之象，亦可见兹事之难，非急就可以成功也。"（上海《亚细亚日报》1916年1月7日）

36 按，笑舞台1917年1月6日首演《鸳鸯剑》《大闹宁国府》。据郑正秋《新剧考证百出》（学苑出版社2016年1月版）：《鸳鸯剑》，春柳剧本，分五幕，编者绛士。

本事：贾琏偷娶尤二姐，其侄贾蓉，实为媒介。其兄贾珍，夙昵二姐，积久生厌，以让诸弟，已复涎三姐美，屡图染指。贾琏力为之谋，三姐落落寡合，洁身自爱，无日不痛骂珍、琏等。既而贾琏、珍知其意属柳湘莲，因为之媒。湘莲乃以鸳鸯剑为聘，三姐私幸良缘已缔，所托得人。已而湘莲惑人言，诣尤氏索剑毁约，三姐悲愤，自刎湘莲前，以明其节。

剧情：第一幕，私遗九龙佩，及贾蓉说亲。

第二幕，莲、珍调尤三姐。

第三幕，兴儿道荣府事。

第四幕，贾琏出差平安州，途遇柳湘莲，定尤三姐婚事。

第五幕，尤三姐自刎。

《王熙凤大闹宁国府》，春柳剧本，编者予倩。

本事：王熙凤察知贾琏私娶二姐事，设计赚二姐入大观园，复遣其心腹仆旺儿至二姐未婚夫张华家唆讼。张华控之官，熙凤乃过宁国府与贾珍妻尤氏大闹。会贾琏归（时奉父命他出），父以婢秋桐给之作妾。熙凤因二姐未除，秋桐又至，妒甚。仍佯亲秋桐，以制二姐。二姐不堪荼毒，吞金自戕。

剧情：第一幕，熙凤拷兴儿，询贾琏私娶事。

第二幕，熙凤赚尤二姐入大观园。

第三幕，旺儿奉熙凤命至张华家唆讼。

第四幕，熙凤至宁国府与尤氏大闹。

第五幕，贾琏纳秋桐为妾，熙凤佯亲秋桐以制二姐。

第六幕，尤二姐饮恨自戕。

37　按，笑舞台 1917 年 11 月 19 日首演《贾宝玉负荆请罪》，剧名与原书中稍有出入。

38　按，笑舞台 1917 年 12 月 14 日首演《鸳鸯剪发》。

39　按，笑舞台 1917 年 12 月 22 日首演《晴雯补裘》。据郑正秋《新剧考证百出》：春柳剧本，分六幕，冥飞、绛士合编。事见《石头记》，怡红院艳婢，以晴雯为最。只以心高气傲，为忌者所中，遂致韶年夭折。诵《芙蓉诔》及《望江南》词，哀怨缠绵，庶足慰劳魂于地下。虽然，嗟何及矣。

剧情：

第一幕，大节下之绛芸轩（原著第八回）。

第二幕，撕扇子千金一笑（原著三十一回）。

第三幕，病补翠毛裘（原著五十二回）。

第四幕，晴雯之中馋（原著七十四回）。

第五幕，病中被撵（原著七十七回）。

第六幕，宝玉、晴雯之死别（原著七十七回）。

40　按，笑舞台 1919 年 11 月 5 日首演《热血》。

41　按，笑舞台 1916 年 8 月 13 日首演《不如归》。

42　按，笑舞台 1916 年 8 月 26 日首演《乳姊妹》。

43　按，笑舞台 1916 年 8 月 29 日首演《空谷兰》。

44　按，笑舞台 1916 年 10 月 11、12 日首演前后本《红礁画桨录》。

45　按，笑舞台未曾上演过该剧，欧阳氏记忆有误。

46　按，笑舞台首演《西太后》一剧，已是 1920 年 1 月 29 日的和平社时期，此时的欧阳予倩已离沪赴南通。

47　按，苏州民兴社于 1917 年 3 月 30 日正式开幕，至欧阳予倩 10 月 24 日重返笑舞台期间，未见苏州民兴社演剧广告中刊有欧阳氏演剧之信息，仅见其受苏州振市新剧社之聘演剧信息。

48　按，欧阳予倩第二次进入笑舞台的确切时间为 1917 年 10 月 24 日，当日笑舞台刊出广告"礼聘环球持〔驰〕名新旧剧名旦，文学大家欧阳予倩"。至 1918 年 1 月 3 日，欧阳予倩仍现身于笑舞台。

49　《申报》1918 年 2 月 14 日广告："新舞台礼聘超等新旧剧青衣兼花旦欧阳予倩初四日夜准演杰作。予倩君秉绝世之才华，驰骋于新旧剧界，生面别开，孤芳自洁久矣乎，誉满江南，然尚未展其抱负也。盖旧戏馆仅显其一部分之唱工，新剧场则不过随俗浮沉，均不足以见其蕴蓄之美。惟本舞台镕〔熔〕新旧剧于一炉，惟予倩君最为相宜。兹者本台以礼为维，邀请予倩入本舞台演剧，既得诸名角之辅助，又有鲜美之布景以烘托之，则其剧必为吾艺术界放一异彩无疑矣。"据此可知，欧阳氏出笑舞台、入新舞台之确切时间为 1918 年 2 月 14 日。

50　按，文中所述之"流氓商人"即为经营三，其所组织的公司即为大声公司。所谓的"手段"即指经营三在顾无为的建议下，筹资组建了一个跨地域的演剧组织，将上海、无锡、宁波、汉口等地新剧团体整合在一起，试图使当时新剧经营集约化。对此，欧阳予倩持反对意见，加之其在笑舞台上演的红楼戏成本过昂，入不敷出，遂脱离笑舞台。大声公司组建后不久，运转失灵，经营三收购大成公司垫资预付的款项无法收回，便将朱双云、汪优游等控诉于租界的会审公廨。该案错综复杂，法律诉讼经年累月，始得平息。

51　夏月恒（1865—1934），谱名昌学，号鸣皋，夏奎章次子，安徽怀宁人。幼年入玉成班拜黄月山为师，习文武老生，以《溪皇庄》一剧最佳。光绪年间随父至上海，演《开口跳》《时迁偷鸡》《三岔口》等剧，后投身行伍，1905 年在上海与其弟月华、月珊、月润筹建梨园公所。辛亥革命之际组织伶界义勇军，中山先生书曾书"现身说法"匾额表彰之。

52　夏月珊（1868—1924），原名昌树，字石桥，艺名小康弟，安徽怀宁人，夏奎章之第三子。夏月珊致力于京剧改良运动，排演多出时事新戏。1908 年 10 月与夏月润、潘月樵等在上海十六铺创建新舞台，该台采用灯光布景和转台技术，建成后上演了《宦海潮》《新茶花》《潘烈士投海》《拿破仑》等富有进步思想的时事新戏。辛亥革命时期上海成立伶界商团，出任上海伶界救火联合会会长。武昌起义后，夏月珊与潘月樵等率领伶界商团及救火会参加了攻打上海江南制造局的战斗。1912 年上海伶界联合会成立，为主要负责人之一，并与潘月樵等集资开办了榛苓小学。晚年排演十七本连台本戏《济公活佛》，开创大型戏以丑角为主的先例。

53 夏月润（1878—1931），原名昌泗，字云础，小名泉儿，行八，故称八老板，安徽怀宁人，夏奎章第四子，谭鑫培女婿。幼承家学，八岁即能登台演出，20岁后以扮演《挑滑车》《长坂坡》《连营寨》《冀州城》而享盛名于沪上。辛亥革命前致力于京剧改良运动，兴办新舞台之际亲赴日本考察，曾多年连任上海伶界联合会会长。

54 夏月华（生卒年不详），夏奎章幼子，工武花脸，艺名为赛奎官。

55 按，新舞台于清光绪三十四年十月初二日（1908年10月26日）在南市十六铺外滩太平码头落成，正式开幕，姚伯欣、夏月珊首任前、后台经理。

56 按，开明公司新舞台于1914年1月26日（甲寅元旦）开幕，由原先的十六铺码头迁入老城厢的九亩地，经理为姚紫若、潘月樵。是年8月15日因沿街菜馆失火而殃及新舞台，翌年春节再建后重新开演。至民国十六年（1927）底因戏院破损而拆除。

57 按，欧阳予倩进新舞台的大致时间是1918年2月初。1918年2月6日《新闻报》《民国日报》等刊出"戊午年新正元旦，新舞台日夜开演"的广告。然自2月6日至13日，因报纸缺损，无法统计。至2月14日，新舞台刊出的广告中欧阳予倩已名列其中，当时所演为《苏三引路》。14日《新闻报》还专门刊出"新舞台礼聘超等新旧剧青衣兼花旦，初四夜准演杰作"的广告。日戏为《苏三引路》，夜戏为二本《虹霓关》。

58 指封建时代因子孙显贵而受封典的人。

59 徐半梅（1880—1961），名傅霖，号筑岩，又名卓呆，江苏苏州人。早年曾东渡日本留学，回国后创办体操学校。1906年开始参与新剧演剧活动。1910年，与王钟声、陆镜若在上海共创文艺新剧场，演出新剧有《爱海波》《猛回头》《徐锡麟》等。1911年，独立创设社会教育团，除演出新剧《镜中影》《徐仲鲁》等，还上演了一些开先河的趣剧。1914年后，加入新民社、民鸣社、笑舞台等新剧团体的演出及编剧工作，一度以"趣剧"著称于时，有"东方笑匠"之谓。1921年5月，参与汪优游发起组织的上海民众戏剧社，共同倡导"爱美的戏剧"，参与创办戏剧刊物《戏剧》，并在《时事新报》的"青光"专栏发表多篇戏剧理论文章。之后弃剧从文，开始从事文学创作，发表长篇连载《我爱爸爸》《玉不碎》《李阿毛》等通俗文学，著有《话剧创始期回忆录》一书。

60 按，即《尾崎红叶全集》。尾崎红叶（1867—1903），日本小说家、诗人，生于东京，原名德太郎，因出生东京红叶山而改名，笔名有缘山、戏作堂、半可通人等。1885年与山田美妙等人结成近代日本第一个纯文学社团——砚友社，其作品主要是描写反映明治初期日本社会生活风俗的小说，如《姑娘博士》《梦中梦》、Yes and No 等。尾崎红叶的代表作是长篇小说《金色夜叉》，以写实的手法描绘了日本社会走向资本主义的发展过程。有《尾崎红叶全集》4 卷（大正十五年，春阳堂）存世。

61 据《小时报》1919 年 5 月 31 日载："新舞台艺员欧阳予倩近因南通张季直先生拟组织模范新剧团，为社会教育之补助，特于日前请假赴通，与张氏商筹此事，即在该处戏园演剧数日，再行返沪云。"

62 张敬尧（1880—1933），字勋臣，安徽霍邱人，北洋皖系军阀。曾入北洋军随营学堂，1906 年入保定军官学校第一期，1915 年拥戴袁世凯称帝，镇压护国运动。1918 年 3 月至 1920 年 6 月任湖南省督军，因遭湘省人士反对而被迫辞职。1932 年参加伪满洲国政府，1933 年 5 月 7 日，化名常石谷的张敬尧被蓝衣社暗杀于北平东交民巷的六国饭店。

63 按，薛秉初（1890—1960），为南通更俗剧场的前台经理，原名叕，字秉初，号莘园，江苏武进人。

64 按，《复活》是俄国作家列夫·托尔斯泰创作的最后一部长篇小说，首版于 1899 年。该是作家一生探索和思想的总结，被誉为俄国批判现实主义发展的高峰。

65 按，《卡尔曼》即《卡门》，是 19 世纪法国作家普罗斯佩·梅里美创作的小说，该书作者受普希金长诗《茨冈》启发，根据自己对社会矛盾的理解进行创作，塑造了吉卜赛女人卡尔曼反抗资本主义社会的约束、追求个性解放和个人自由的形象。

66 按，即法国作家雨果的小说《悲惨世界》，发表于 1862 年。

67 按，《忏悔录》是法国启蒙思想家、哲学家、教育家、文学家让－雅克·卢梭在其晚年写成的自传，从 1766 年起历时 4 年完成写作。

《自我演戏以来（1907—1928）》校勘及研究

在南通住了三年[1]

我到南通住了三年，本抱有幻想，不料一无成就。人家个个看我是幸运，但我物质上既无所得，精神上的损失，真是说不出来。

张季直待我不错，我也以长者尊敬他。不过彼此思想很有距离，他到底不失为状元绅士，我始终不过是一个爱演戏的学生罢了。

张季直能够给我以相当的待遇，其他的绅士们当然也会另眼相看，我在那里也就认识了不少的朋友。酬应之间，赋诗饮酒，如果安于浮沉自适呢，这种光阴也不错，无奈人家所给我的，都不是我所需要的，我便只觉得烦闷，从来没有什么快乐。

同事的人很少和我合适，所以无论什么事没有法子谈到一块儿。结果"脾气古怪""心地狭窄""骄傲"之类的批评，就自然而然加在我的头上来了。我实在没有法子，只有孤立在他们当中。

我到南通的目的，是想借机会养成一班比较有知识的演员，我又想在演剧学生能用的时候，便组织江湖班似的流动团体，四处去表演自己编的戏。其次我想用种种方法，把二黄戏彻底改造一下。关于这几层，我曾经演说过好几次，又写过好几篇文章，在当时的环境里可以说是毫无影响。本来在南通人的意思，只希望我在那里唱唱戏罢了。

我一到南通就在西公园的旧剧场里演戏，[2] 新的"更俗剧场"[3] 同时开工建筑，伶工学社[4]的学生也开了学。

西公园的舞台当然是很简陋的。在那里不过随便演些旧戏，却是为卖钱起见也排了几出新的，可是大都不能满意。

从上海到南通的时候，我和天影闹翻了，后来经薛秉初调停，仍复同去。秉初和天影气味极相投，秉初任前台经理，天影便任后台总管事，我虽没有担甚么名义，然而事实上被张氏付托，前后台都有过问之权。他们有事也来

160

问我，我的意见却不幸很少和他们相合。有一桩最有趣的事：秉初说《血手印》可以卖钱，要我演那个戏，我在新舞台本来演过，我又有的是西装，又何必不演？只是附带有个条件就是戏要由我编过，布景要新制。改编剧本当然不成问题，布景新制就办不到。有牢监一场，临时才知道牢监景没有，秉初定要叫我和《起解》《六月雪》一样，放张椅子当牢监。这我当然不肯，因此大闹一场。戏里的事他不懂，没有法子，试问穿着西装做旧戏身段是甚么滋味？可是他会来勉强你，其他可以想见。

伶工学社的学生，大半都是些贫民子弟。伶工学社的办法第一是要求他们能读书识字，所以我聘请有比较好的国文教师，而且对于社会常识都很注意。我把一切科班的方法打破，完全照学校的组织，用另外一种方法教授学生。那时候秉初和天影的意见要照旧科班办，不同意我的做法，但是我有牢不可破的主张，所以他们也不愿意踏进伶工学社的门。

我在校内写了有几个信条，张贴在各处，第一条开宗明义就说："伶工学社是为社会效力之艺术团体，不是私家歌僮养习所。"第二条说："伶工学社是要造就改革戏剧的演员，不是科班。"这本来是很平常的话，不过在当时只落得人家几声冷笑。

我不愿意我们的学生甚么都不懂，所以买了许多新杂志和新小说等奖励他们看，如《新青年》《新潮》《建设》等等都抽空去讲解些。可是徒劳了，学生的年龄太小，知识太幼稚，没有办法。加之那班教戏的先生，一天到晚都是勉励他们赶快学出来好拿大包银，这种种话比我所说的甚么话都有力量。

我当伶工学社的主任，本定有一百元的月薪，可是从来没拿过，因为经费不充足都贴在学校用了。张敬尧在湖南作恶，祖母和母亲不能在故乡安居，便全家都到了南通，我不能不生活，只有每天还是演着戏。我不演不容易维持剧场，何况伶工学社的经费一部份是要靠剧场的收入。我虽然唱戏拿包银，但是比较在上海拿得少。本来出外码头（从上海到他埠谓之出外码头）无论谁都要加钱的，可是我非但不加，而且自愿减少。我以为要这样才可以表示态度，表示我所为的是要替我剧界作一点儿事，不是为包银。只要戏演得好，生活勉强过得去就是了，不必千方百计替自己鼓吹去求加包银，这层意思，我尤其想让伶工学生明白。可是在后台的人另外有一种解释：有人说我是故意这样作，故意自己压低薪水，使大家不好说要加薪，有人并以为我暗中可以从张氏得津贴。

有人对季直说："人家的科班三个月可以出戏，伶工学社几时能够有戏看呢？"我便说："科班是用火逼花开的办法。若要办科班，找欧阳予倩便是大误。"

有人当季直的面问我："学生国文的钟点不太多吗？"我说："我还嫌太少。"季直接着说："要他们学成你那一样的程度当然不容易。"我不高兴便说："我不愿意他们像我这样没出息，何况他们比我还差得远！"

更俗剧场新建筑落成了，[5]舞台的图样本是我审定的。造了一小半的时候有小小的更动，我大不以为然，但是许多人都请不要提起，我也就只好不说。落成之后觉得很拢音，在楼上、楼下最后一排都听得很清楚，而且比上海的大舞台、第一台、天蟾之类的舞台都适用，不过改动的一点始终觉得不好。

剧场管理规则完全是我一手拟定的，[6]那时剧场秩序之好，恐怕通中国没有第二家。座位依一定的号码，场内不售食物，看客不吐痰，不吃瓜子。有吐痰的马上有人拿毛巾替他擦干净；有自己带着瓜子进来的，有人马上替他拾起吐下的皮。无券看白戏的绝对没有。后台的演员绝对不到前台坐着看戏。招待员常穿着制服严肃地站在门口。开幕之先一个个座位都有人检查，演毕马上就将地板洗过。

后台从来没有喧哗；门帘口没有人站着看戏；墙上决没有人写字；地板每天洗一次，地下也强制的没有人吐痰。后台所有的人都有一定的坐位，不至乱杂无章。从来旧剧演员排新戏照例不到，但是在更俗剧场没有不到的。别的虽没有好处，总算清洁整齐，比别的后台略为看得过些。

以上所说的许多琐碎事，在现在的新式剧场里当然毫不成问题，不过在那个时候，在中国内地那种环境之下，在旧戏班的后台，实在不容易办到。既就吐痰一事而言，你刚说不许吐，回头一看，已经满地是痰。还有一个人，他伸着大拇指故意对我说："我什么都改得了，就只有吐痰改不了。慢说是这样的地板，就是像某某家里那种厚绒地毯，我也就是这样咳儿——孛儿。"说着一口痰已经顺着他的表情落在地上，我当时气了，也就唤起了一个决心。我说："不随地吐痰是极小的事，要是连这一点儿小事都改不了，可见我们的下流根性太深了。如果我们的重要演员不肯改他的下流脾气一定要破坏大家遵守的规则，我们宁愿牺牲这个演员。他为他自己的下流脾气被牺牲，是他的耻辱，能完全除掉这种下流脾气才是我们这团体的光荣。"我对他硬来，终于他也软了。还有门帘里伸头出去看的习惯，也很费了许多的事。有一回前台经理掀开门帘朝外看，我当时照后台的规则罚了他，从此以后一切都渐渐地就绪了。

我当时的主张就是理直气壮不畏强御地硬干。不行的演员，无论是谁荐的，不能进来；要革除的演员，无论是谁的讲情，决不和他通融；这样一来，前台经理大省其事，演戏的精神一天一天好，生意也有蒸蒸日上之势，不过暗中攻击我的人一天一天多起来。幸喜我样样公开，丝毫弊端没有，所以他们也拿我无法。然而俟隙而动的鬼蜮计划，也就潜伏着，时时若隐若现地使我感觉到。

加之我初到南通，我本来就很忙，除却演戏编戏教学生而外，还办了个小小的日报，常常要作文章，所以我就登了个广告不赴宴会。谁想这个也引起了社会一般的反感！第一个就是镇守使署[7]的人，他们说我摆架子。这本来是笑话，不赴宴会算甚么摆架子呢？然而除了在戏台上总见不到我的面，有人来访我，不是遇着我在看书，就是遇着我在写稿子，便又发生了不少的误会（不过在我自己始终不知误会之所由来，大约这也是中国社会的通病吧）。结果几个月之后我的主张完全被打破了，事实上竟没有法子拒绝宴会。无论哪里，凡属新到一个演员，大家除看戏之外，都总想见见他的本人，或者请吃一顿饭谈谈，人家以为是好意，不到，他们就要生气。尤其是那些自充好老的阔人，以为连个戏子都请不动，未免太失体面。这种情形就现在还是一样。可是一个在艺术上努力的人，要和许多不相干的人去应酬，真是大损失。加之中国人请客从来不依时刻，这种损失，更是说不出。幸喜南通当时的宴会很能按时，这也是模范县足资模范的一事。

更俗剧场论管理可以算是不错，论戏却没有甚么进步。所演的戏太俗恶的虽然没有，好的也数不出。南通的绅士们颇提倡昆曲，不过要卖钱还是要靠新排的二黄戏。我当然排过不少的戏，但我对于自己所排的戏，从来没满意过，所以从来没有留稿，现在更不愿意再去提起；至于当日卖钱不卖钱那是另一个问题。

我在更俗剧场也曾编过好几出话剧，可是到如今连戏单都没有留存一张。我所作的诗文，从来都是随作随弃，剧本也是一样，还有要赶戏的时候，写整个剧本来不及，便由我口里说，演员们各人分记，叫作"单片"。[8]这种单片，演过之后，我也没有功〔工〕夫去收集，略一因循，便不由得渐渐散失了。

更俗剧场开幕的第一天，张四先生亲到升旗，这总算是很隆重。那天晚上，演的是我所编的五幕悲喜剧。因为开幕的头一天，所以戏名总要取得吉利些，这个戏的名字就叫《玉润珠圆》[9]。这一类的名字，现在一看，可以说不像个戏名，就是以戏的内容而论，也觉得这个名字不恰切。这个戏是写一个男学生一个女学生相爱，同时有个洋行买办千方百计要娶这个女学生。他一方面贿买女的父母，使他们卖女儿，一方面他又诬赖那男学生是乱党。在那青年学生被迫不能不逃走的时候，一对情人惨痛分别。男的改了名字，加入一个探险团（当然不好说去加入革命集团）；女的也逃出家去，在武昌一个小学校里当教员。过了好多年，把她这个学校整理得特别好，深得学生的爱护，成绩也异常的显著。男的在探险团里，同伴大半都死了，最后他在生物学上得到很大的发现。回国的时候，到武昌去演讲，在演讲席上遇见了从前的爱人。那时候那个买办已经被人暗杀了。有知道他们的历史的，便都出来希望他们能够在武昌结婚，可是他们不同意。他们以为只要相爱，不必结婚。从此那个男的便和那女的专心致志办那个小学校。他们在末一幕收幕的时候说："我们何必结婚呢？我们的生命是爱，不是结婚。我们的事业就是我们的儿女。如今老年人过去了，中年人也不久就要变老年人的，我们的希望、国家的希望，都在这些小学生身上！"

这个戏在舞台开幕的头一天演，我当时以为很不错，结果除男女分别那一场，有人拍了两下手掌之外，观众没有丝毫的表示。以后我很想听听人家对于这个戏的批评，但是无论见着谁的面都一字不提，简直好像是有组织的冷淡。这出戏从此也就没有演过第二次。过了一向，听说镇守使对张孝若说，这出戏里男女分别的那一场也和卖胭脂差不多。这种话我听了丝毫不生气，不过笑笑罢了。听说以后他对于我们的"文明新戏"都是这一类的批评，那自然不管他，镇守使终不失其为镇守使也。

我以后又编过一出叫《长夜》，一出叫《哀鸿泪》，一出叫《和平的血》，还有些记不起了。《长夜》是以天灾后又遭兵灾的灾民为经，织入军阀的内战编成的三幕剧。其中最活动的是奔走游说的政客，和中饱营私的赈务委员。

《自我演戏以来（1907—1928）》

他们除了中饱，除了吞蚀赈款而外，还把赈款私下让军阀提去充军饷，不管灾民的苦痛——不，灾民越苦，他们越得法。就是那些政客们，当他们奔走营私的时候，何尝不是拉着民众作背景？这出戏对当时的政客和办赈的绅士颇下一点攻击，重重的黑幕由几个趁火打劫的外国人和两个哨兵的口里说出来。这个戏在当时演的是悲剧的收场。两个哨兵正在谈话的时候，忽然听得远远有大众悲苦之声，哨兵说："这是那些灾民在那里哭呢！"接着又听见枪炮声响，哨兵甲说："戒备！那边有了接触。我们为甚么？我们怎么样？"哨兵乙说："我们何必问。我们只能抢口饭吃，生死碰命吧。"哨兵甲说："我们替大帅抬银子，杠子都抬断了好几根，到如今还是要拿性命去换饭吃呵！"两个哨兵正在说着，忽然一个官长出来，用枪指着那哨兵，问他："你说什么？"远远灾民的哭声和枪炮的响声同时增大，闭幕。

这个戏演后也没有批评，只有孝若对我说："你那个戏也对，也有很多不对吧？"听得出他反对那个戏对于当时的政事有所影射，他是站在大帅那一头的。

诸如此类的戏，我随编随演，也有好些的，可是丝毫痕迹没有留存。当时每天要换戏，所以剧本都不甚完全。现在有人以编得快演得快自诩，以临时编临时演，上台不用剧本为天才；我们那个时候却真不在乎，晚上想一想，第二天就有一个大致的剧本，马上排，马上演，演起来还包管舞台效果不错。大胆老面皮，在广告上还要糊里糊涂莫名其妙的鼓吹一气呢。

南通自从更俗剧场开幕后，所有国内的好角色可以说都去过，梅兰芳、余叔岩、王凤卿、杨小楼、郝寿臣、罗小宝、王蕙芳、程艳秋、王长林等等都到过。剧场还没有竣工，张季直已经有信约梅兰芳。以后，北京的角色都陆续在更俗剧场登台了，真可谓极一时之盛。

梅兰芳到南通，张季直在郊外造一所牌楼迎接他，名曰"候亭"；在更俗剧场前台辟了一间小厅，名之曰："梅欧阁"。意思是纪念他和我，还写了一付〔副〕对联："南派北派汇通处。宛陵庐陵今古人。"[①] 并选辑许多人题咏的诗出了本《梅欧阁集》。当时捧旦角兴出诗集，如《春航集》《子美集》之类，我

---

① 上联"南派"当然指予倩，"北派"指梅先生。"汇通处"大约泛指南通是南北二流派汇通的地方。下联"宛陵"是宋朝一个诗人梅圣俞；"庐陵"是和梅圣俞同时的欧阳修。意思大约是说：古有梅圣俞，今有梅兰芳；古有欧阳修，今有欧阳予倩。

不以为然，曾写信给张季直，请其停止付印，可是书还是出了。

袁寒云[10]也在更俗剧场演过三天。[11]他说是去和张季直请安，其实带着他那新讨的姨太太到南通逛逛，就便过过瘾罢了。他那时昆曲已经唱得不错。我和他唱过《小宴惊变》《游园惊梦》等类的戏。[12]恰好那时候名丑克秀山在南通，他和克秀山学过戏，就便温习温习，又唱了《三字经》之类的丑角戏。

他那鸦片烟瘾老过不足。剧场的时间不象请客一样可以随意迟到，可是他尽管催请五六次还不下楼。天影带着管事的坐在他楼下恭候，时时问他的跟随："二爷怎么了？"那跟随的回答是"二爷刚起呢！""二爷正在擦脸呢！""喝着茶呢！""抽烟呢！"一会儿看见他自己带的厨子端菜上楼以为有希望了，谁知一吃完饭又要二十几口烟起码。

剧场的时间已经紧迫了。我们都化好装等着他，大家皇皇然看着戏要脱节了，不得已破从来未有之例加演一出不相干的戏——在北平凡属大角色不来，便加演一出，谓之"垫戏"，是最坏的风气。从前谭鑫培因为是内廷供奉，所以架子格外大，伺候他登台是一件很烦难的事。寒云是佩皇二子印的（他有个图章文曰"皇二子"，镌刻甚精），当然比内廷供奉更高几级，而薛秉初先生当太子登岸，上戏馆，都派有几条枪排队跟随，使太子之威仪保持无替，这也可说是一件妙事。

寒云有一个无论谁都学不到的本事，他能一连七天不下床。谁去访他，生的当然不见，熟的他从不拘形迹，尽可在床前卧而相见。他睡外床，他的姨太太睡里床，两个老妈子替他烧烟，两个替姨太太烧烟。饭来了在床上吃，吃完饭，过了瘾，他精神来了，提起笔来写诗文；非但是小品，对联匾额都可以在床上写，而且行款决不会歪，很足以显出他对这一套搞得很熟。他以曹子建[13]自命，也借以卖弄卖弄才学。

他是个颓废的贵公子，风流自赏，其实他很平易近人，并没有一些架子。前几年他很想自己振作一下，居然把那样大瘾的鸦片烟戒断了，这很难得。虽说是环境逼着他，当时有许多人物不能戒烟的还多着呢！有人说寒云有政治作用，或者有也未可知；即使有，也不过是秀才造反，倒不如唱两支昆曲，填几首小词还靠得住些吧。

秉初招待寒云本想是借太子之名号召一下，在寒云却不过随意消遣，两者的意思不同，当然结果不会怎么好，寒云也从那次以后没有到过南通。他回到上海有一段游南通的纪事[14],对我颇有微词,这个我当然毫不在意,不过以后我逐渐又发现了诸如此类许多有趣的事情:更俗剧场的后台离前台太近,所以不宜高声说话——本来在后台不可高声说话,我当然厉行这个规则,因此有人——重要的职员,就借此去煽动新来的许多武行。他们认为武行比较脑筋简单,所以从武行入手。他们对武行说:"到了这个后台,武行不准说话,因为欧阳先生最恨的是武行。"受了这种煽动的对我发生反感是必然的事。

那时候真刀、真枪颇能叫座,但往往弄出危险来。有的劈伤了头,有的戳伤了眼,有的一枪过来刺穿面肉,伤折了牙齿:我于是劝他们不要打真刀、真枪。真刀、真枪并不能算艺术,可是因为能卖座就有专靠真刀、真枪出风头的角色,不叫他们打,好像是湮没了他们的本事,大不高兴。有人又对他们说:"欧阳要绝你们武行的生路了!"

这样一来许多武行对我发生很大的误会,只等着机会爆发。因为每月的薪水能够照发,他们也就不说甚么。不久便有盖叫天在后台骂人的事。

盖叫天本不是打真刀、真枪的,可是因为何月山拿真刀、真枪出了风头,他也就当仁不让。他到南通不过是短局,[15]而他的好戏如《乾坤圈》《三岔口》之类已经够唱的了。谁知人家会对他冷言冷语说:"张老板,你的真刀、真枪可惜不能在这里露一露!"他说:"怎么不能露?"于是就有人对他说某某绝武行的饭碗的话,他听了登时大怒,一定要演《铁公鸡》打真刀、真枪。秉初、天影顺水推船,说是绅商烦演,下不为例。又弄许多人写信给我,要我通融,一方面又有人去煽动盖叫天。他本是个直性子的人,就在后台大跳。以后我走去问他,对他一说,他完全明白了,翻过来他便骂天影。这种事我看得清楚,决不怪盖叫天,因为他也是上当的。[16]

我办伶工学社,养成演员的方法当然和一般人的见解相反,因我对于演员学生所抱希望不同。换句话说,就是:我所要养成的演员,不是他们所要养成的。

伶工学社正在进行着,同时有一个演员养成所出现。这个事情发生在十兄弟拜把以后。十兄弟的大哥是天影,支持他们的是秉初。其余我的打鼓的、拉胡琴的,还有配戏的花旦如赵珊桐(即芙蓉草)、潘海秋等几个人,都在一盟之内。在戏班里拜把是很平常的事,并不必十分深交,一说就可以拜把。

167

《自我演戏以来（1907—1928）》校勘及研究

拜把的手续也很简单，只要择个日子点一炷香，大家把年庚八字写出来排列一下，磕个头就哥哥兄弟叫起来。以前江湖上，这种结合是颇有力量的，有时候真显得出义气，可是久而久之随便拜把的太多，便不免成为具文。戏班里有句话："把兄弟，狗臭屁。"这就是说，易结易散，没有道理。

这回他们这十兄弟在结合之初，也不过和普通一样，可是他们特为此事到琅山庙里去发誓烧香，仪式听说比平常格外隆重，因为这样，一到磕头之后，这个结合便立时发生作用。

首先由秉初、天影发起办演员养成所。秉初拿出大部分的钱，天影也抽出多少，养成所由天影主任。招生章程是他们请吴我尊起的草。他们到上海招了几十个略为〔微〕学过些戏的小孩，立刻办起来。后台许多人都是教习，在十兄弟中的人，那当然是义务教授，非但如此，其中比较景况好点的人还捐多少薪俸呢！

在他们开办的时候，我尊把他们的内容又来告诉我。我本有所闻，至此完全明了。据说这件事得了张季直的同意，即使张季直不见得知道，孝若[17]是知道的。我问孝若，孝若不置可否，他只用说笑话的语调对我说："他们简直要跟你比赛了，哈哈哈！"

有一天在张家遇见秉初，我就当面问张季直是否知道他们的新组织，他说完全不知道。我又问是否两个性质不同的组织可以并存，他说："无并存之必要。"我又问："然则取销〔消〕哪一个？"他便回过头去问秉初到底是怎甚么回事。秉初说："不过天影自己带几个徒弟罢了。"我便说："天影私人有多大力量，怎么能够有招生章程，一气带三十几个徒弟？总另外有人做他的后援者吧？"于是张季直要秉初传话给天影，叫他立刻解散。

天影心上当然不舒服，他想带着全班重要角色，加入上海某某两个舞台，使南通剧场解体，可是秉初不愿意这样作，上海的两家舞台也写信来加以辨正，以后就没有话了。

我才到南通，祖母就去世了。我送了灵柩回湖南，丧事办完了，经过汉口，被大舞台留住演了三天。那时正是王慧芳、郭仲衡两位在那里主持，他们硬留我，还有许多熟朋友帮着拉拢，我就答应了。[18]我甚么都没带，所有的行头等等都是用慧芳的，又烦了两个绸缎店在两天晚上赶起〔齐〕了四套古装。戏演成了，生意特别的好，因此我回到南通不久，又和慧芳对调，我

168

到汉口,他到南通。从此以后,我又连到过汉口两次。跟我到汉口的人,薪水都比平日增加许多,有的一倍以上,有的还不止,因为这样,人心也赖以维系。而十兄弟不久也就闹起架来,其中有一个人私下对我说了许多秘密。我当然置之不问,因为我知道至多不过将团体解散,象那种团体,解散与不解散,都没有甚么关系。他们以为我是非借南通图个人的长包银不可,不知我从来对于这层就很淡。

我在中国各埠演剧,最受欢迎的要算是在汉口。汉口观众对我那种狂热,真是出乎意料,尽管大风雪天,电线都断了,戏馆里还是满堂。许多大名角都不能演在我的后头。只是我很惭愧,我的戏真还不够,在我自己,只不过以为偶然罢了。

南通剧场每年只演八个月戏或者九个月戏,冬天看戏的少,照例停锣,这时候便有人来约我们到他埠去演。我到南通的第二年冬天,恰好余叔岩到南通演完了戏,约着一齐到汉口。到了汉口,叔岩忽然在开幕的时候,跑回北京去了。他这是故意让我打一个头阵,他来接上便好格外显出他的号召力。这种心理,不止他有,可是象他这样硬干的,我可也是头一次见过。他是个著名会出花样的,他登台几天之后说病了。忽然这样,忽然那样,花样非常之多,结果弄得不欢而散。这一次天影他们本想在汉口独立的,一来是秉初不赞成,他不主张放弃南通;二来汉口方面出钱的人,第一个条件就是指明要我;他们独立不成,还是回到了南通。

古语说:"水至清则无鱼,人至察则无徒。"又说:"不痴不聋,不作阿姑阿翁。"看起来自古迄今,中国的处世哲学,就是马虎为主。戏馆本来是弊端最多的地方,可是一有弊端便不能长久支持。前台卖票弄弊的方法最多,后台管事的对角色身上的剥削,和在薪水上,以少报多的种种,都是很普通的。我本不是个精明人,但是在戏馆里混过相当的时候,也就样样都有些明白,所以一开幕我就注重在杜弊,这当然是违反一般的处世哲学,而且断了某一类人的财路也未可知,所以临我要离开南通的时候,有一个人不客气的对我说:"象你这样,必至于众叛亲离。人家跟着你谁不想捞几个外水?"这个话并不尽然,而且对我带有几分威胁。我当时就说:"反对我的只有二三个人,也不是为了捞外快。"

我主张剧场归伶工学社运用,以巩固伶工学社;秉初主张伶工学社附属于更俗剧场。我主张逐渐由伶工学生主持更俗剧场，宁肯卖少点钱，只要能够敷衍开销就行了；而秉初却主张多请角色多卖钱，伶工学生只能受雇。就以上两点，就可以知道伶工学社和更俗剧场成了个对立的形势。我的主张没有变更，秉初也决不肯让步，再加上些旁人的挑拨，以至渐趋于破裂。

关于更俗剧场的事，我不愿再多谈。就是伶工学社的内部也发生变化。有人看见学生渐渐养成，可以唱戏了，以为这个事情异常简单，趁此时期接了过去可以图利，于是便与剧场方面反对我的人联合，向我进攻。

第一，说我不该将国文钟点加多；其次，就反对我教学生西洋的唱歌和跳舞，说是白费时间。还有一件事是人人反对的，就是我组织了一个西洋管弦乐队。当时对于这件事加以非笑的很多。戏馆里的人、学社里教戏的先生，以至于平时的一班朋友，都拿来当笑话讲。"这班学生，倘若是学军乐队，还可以去送送大出丧，你看那种大大小小的外国胡琴有甚么用处？讨饭都不能当碗使。"这种样子的讥笑很多，但是我决计不理。

当时我们的学生每人会唱的昆曲平均有二十几出，皮黄戏平均三十几出。四部合唱大家都唱得很好。钢琴也有相当的练习。跳舞呢，基本步伐都学会了。至于乐队，我们是用十五个人组织的，有四个小提琴，一个中提琴，一个大提琴，一个巴斯（低音提琴），[19]还有一个钢琴，其余都是吹乐器。他们学了三年，虽然不能演奏正式的交响乐，短短的曲子也还过得去。

因为南通难得教习，我就送了这一队人到上海，一切由热心音乐的陆露沙[20]主持，租一所房子给他们住着，没有钱我自己贴。人家见我如此，以为我是迷信西洋，深为不平。及至他们会了十几支曲子，我便接他们回来开个演奏会，又编了个儿童戏《快乐的儿童》，试演过一两次。

演奏会可以说是失败了——当然不会得到半分同情的，然而我是那样干了。不料音乐学生和演戏的学生中间发生了隔阂：演戏的学生因为受了教戏先生的陶融，又受环境的支配，以为音乐队的学生是没有用的，便看不起他们；音乐学生在上海多少也染了些虚嚣之气，看不起演戏的学生，以为他们的西乐比唱戏来得高尚些、新些。并且教职员本来就不赞成他们，又看见他们那样趾高气扬格外起了反感，于是就有合谋取消音乐班的意思。有一次，孝若请客，要学生去奏乐，学生没见过这种场面，到了宴会的地方，十分感觉委屈，有不高兴的表示，因此更加贻人以口实，这也不能不算在我的账上。

《自我演戏以来（1907—1928）》

伶工学社办到第三年，经费渐渐不继，事实上非将更俗剧场极力整顿，把全部收入都归伶工学社不可。过了上半年，我就有意带着学生到别处去谋生活，恰好汉口来聘，我便答应了。最重要的条件，就是要维持伶社的开销，当时有我的好朋友反对此举，他说汉口这个码头，为我个人计要好好的留着，千万不可和人家打长的合同。这个话很对，但是我专只想到替伶工学生设法，没有计算到自己的利害，竟自带着一班学生到了汉口。

此次到汉口生意不大好。但是伶工学社本年的用费总算维持住了。这一回天影盛意居奇，数年相共，从此就分了手。汉口半年期满，已到严冬，其时马连良、杨瑞亭都被聘到汉口，前台的人要我在汉口演下去，和杨瑞亭合作，组织后台，我觉得没有意思，便又带了全班人员和伶工学生回南通过年。

汉口的前台，因为不容易组织班底，又想在第二年正月多少作些生意，所以用种种法子留我，我不肯，他们甚至于想用一种江湖上的暴力来逼我。我为顾全面子起见，临行自愿尽义务多演十几天。又全体多演五天，其中一天说明是为筹旅费。我怕他们赖我们的旅费，所以郑重声明，谁知临了还是只替我和伶工学生买了船票，其余全班的人都没有人管。到了船将近要开的时候，我只得带着一班唱戏的把前台经理请到船上问他要船票。那回有朋友帮忙，所以办得很顺利。不然少数人，倒很容易设法，全班总共百多人，又带着公家的行头、布景，以及私人的行李等二三百件，只要闹点乱子，真是难于应付。那回总算大家安安稳稳地回到南通，没有出甚么乱子。

我临从南通到汉口的时候，本来约定更俗剧场照往年的例在下半年停演几个月，等我们回去接着再演。不想秉初早已和很糟的一个女戏班订了约。我们回去，舞台被人家占住，伶工学生去演戏，还要和那个班子去商量。这件事我心里无论如何忍不下。还有就是音乐队被解散了。经费既没有着落，剧场又不能应用，我自己也穷得不成样子，总计三年之中，垫出去的钱不下七八千元，再没有力量继续，我只有决计离开南通。[21]

本来自我到南通以后，环境一天逼紧一天，我早就有去志。一来以为学生多少有希望，二来因为我的家一时无从安置，就也忍耐下去了。后来弄到忍无可忍，而我所视为鸡肋者，方有人眈眈〔眈眈〕旁伺；加之有些因为荐角色不能如愿的人，写信攻击我，说我是乱党，逼得我不能不走。

在那个时候我也早有准备。张敬尧滚出了湖南，我便把家里的人一部分

《自我演戏以来（1907—1928）》校勘及研究

送了回去，夫妇二人轻快地离开了南通。这只算是一个乱七八糟的梦吧。

不久我还回到南通去过一次，只见剧场的大门也破了。伶社学生中除少数尚能自爱外，抽烟、聚赌堕落的事不一而足。这也只好付之一叹罢了！

我住南通三年，虽然在自己一无所得，对社会对艺术也没有什么贡献，可是为事业心所支配，也就经过不少的起伏。我若是能把自己的主张藏匿起来，只朝做名角的路上走，那我便钱也有了，房子也有了。还可以不和人闹蹩扭。①

那时候我也曾想设法去多弄几个钱，设法把伶工学社独立，但是我除了演剧以外也没有法子弄钱，所以不得不从搭班子去设法。这个弱点被同伴的发觉，我所受的痛苦也就更大。

我在南通三年，演剧始终没有加过薪水，而且伶工学社主任的薪水从来没有拿过，②可是每到他埠，月薪从三千元到七千元不等也曾赚过，而结果丝毫无余，还弄到欠债。一来月薪的数目虽不能算小，却不是月月如常的，偶然出一次门，多赚几文总弄得得失不能相偿。既然当了几千元的角色，便要有相当的排场，正好比卖化装品，装璜〔潢〕和广告比实质的费用还要大得多。而且排场一经放大，急切难于收小，而无谓的交游酬应，只有日见其多。例如在汉口，在湖南，住在旅馆里自己占两间房，有时另开三间房子待客，纸烟平均每天总抽去三四罐，其他可以类推。我是素来不喜欢酬应的人，然而也没有法子。自己虽不去招惹，有时却又难于拒绝。最可笑的，空架子越大，社会上越能认识你。从来骂我的老先生也就会对人说："予倩是我的学生。"或者："予倩我与他有世交。"不过我生平从来没有在任何人面前递过门生帖子，有人在文字里或是书简中称呼什么欧阳生之类，那也不过是他一厢

---

① 我到南通的时候，因为受了"五四"运动的影响，又读了些进步的艺术理论（多半是日译本）和欧洲近代剧，不免有些盲目崇拜西洋，同时我又热爱京剧。我读了贝多芬、瓦格拉、比节等的传记，我就想把西洋歌剧的方法适当地运用到京戏里。我觉得京戏的场面乐曲单调，锣鼓嘈杂，必须加以改革，使其能充分表达人物的情感。我要求伶工学生有文化；精通京戏、昆曲，并会唱许多民歌小曲；又懂得些西洋音乐。有了这样一班青年演员，就可以逐渐把京戏改换面貌，成为新型的歌舞剧。我想得很美，但有些不切实际，尤其在那个时候办个管弦乐队，那样硬干，是可以不必的。

② 当时我作为一个挂头牌的角色，适当地增加薪水是应当的，但我为着要表示我不是为钱，而是为了戏剧改良的事业，便坚持自己少拿钱，这样一来别的角色也就不便过分提出加薪的要求，这是与搭班子的习惯不合的。这样好象我是帮着老板，又象特别表现个人。当时我想得太简单。

《自我演戏以来（1907—1928）》

情愿罢了。

南通为一时的模范县，^①有好几个工厂，好几条马路，好些的学校，参观的人连翩不断的来来往往很多。张四先生虽然在政治舞台上没有具体的活动，他始终成为中心人物，而在资产社会尤其负有声望，所以奔走于其门下的大有应接不暇之势。更俗剧场、伶工学社，无论其创设的精神如何，久而久之事实上成了"模范县"的装饰品，因此光顾到我的朋友也就特别的多，我也就没有法子不打肿脸装胖子。我对于这类的生活觉得十分厌倦，但是一时没有法子自拔。

一个在舞台上活动的人不想作名角，这是欺人之语。我呢，除了充名角

---

① 南通之所以被称为模范县，听说是因为它具备了一个县自治的初步规模。主要依靠的是有一个大生纱厂。听说张季直为筹办这个纱厂曾经吃过不少苦，恰好第一次欧战爆发，当西方帝国主义者无暇东顾的时候，这个钞厂就赚了钱。张季直想用他的政治和经济地位为家乡办一些事：修了约十公里的一条马路；有到邻县的公路（？）城里有电灯；开辟了公园；办有中小学和一所农科大学；还有图书馆和一个小型博物馆；1919年造了更俗剧场，并办了伶工学社。南通有自办的银行叫淮海银行，还办了一个江轮公司，有两条轮船来往上海、南通之间。张季直颇注意交通和水利，但没做出甚么成绩。他为着纱厂的原料，控制了本县和邻县一些棉田。南通有一个镇守使，有驻兵；有县知事；可是他们都要听张家的话，警察局就是为张家看门的，以此行政显得比较统一。
我到南通的时候，大生纱厂正在要扩充一个第三厂。由于内部管理不善，有营私舞弊的情形，加之日本人的纱厂大力倾销，并利用当地奸绅把南通、如皋、东台、海门几县种的棉花用预付定钱的办法收买了去。大生纱厂受到内外夹攻，非但第三厂没有建成，连第一、二厂都弄得不能维持，以致负债累累。大约是1921年，已为上海银行团所共管。纱厂的挫折，连带影响着其他的事业也不能不减削或无形停顿，淮海银行也歇业了。这个时候提起"模范县"，好像不免带着惋惜，要不就是讽刺的意味。
张季直急于想培植孝若（他只有这个儿子）继承他的事业，孝若很年轻能干，在美国留过学，一回来就当了大生纱厂的董事、淮海银行的行长。为着提高政治地位曾依附安福系，并在江苏省议会选举议长时，以美国式的做法和颇负声望的老绅士张一麐竞选，引起了很多人的反感。好些他父亲的老朋友都写信给张季直提意见，全被他押下来。他并印出假的报纸去蒙蔽他的父亲。这次的事没有使孝若的政治地位提高，反而使他父亲张四先生的声誉受了很大的影响。
张孝若少年新进，风流自赏，可是思想极为落后。有一次，杜威到南通演讲，孝若公开对和杜威同去的一个不知叫甚么的中国教授说：请杜威只谈教育，千万不要提起"民主"。孝若后来吃上了鸦片烟，娶个小老婆住在上海，被家里的厨子暗杀了。
张季直在当时被认为是进步的、爱国的、有正义感的实业家，但他对"五卅"惨案发表谈话，公开反对工人、学生的行动，那时我在上海。我曾经听到有人说："阶级意识必定超过民族意识"，我不明白。及至"五卅"运动，我亲眼看到帝国主义者凶恶的面目，十分愤慨；也看到工人、学生正义凛然、英勇无畏的态度，不胜敬爱；因此不能不对报上张季直的谈话反感。他的那个谈话启发了我，使我明白了什么是阶级意识和民族意识。

而外，还多少对戏剧界抱了些志愿，有这两重的负担，我的力量——才力、金钱——便来不及，也是有的。我在南通，正是文明戏根本失败，古装新戏全盛，而爱美剧运动方始萌芽的时候；我在舞台上虽有微名，实在是个孤立无援者，几个思想落后的朋友，丝毫不能给与〔予〕以帮助，而环境的压迫只令人感到一己之脆弱，惟有抱着无穷的烦闷，浮沉人海而已！

我离开南通那年，[22]北平人艺剧专已经成立。上海也有汪仲贤在新舞台演《华伦夫人的职业》的尝试，结果是失败了。我和仲贤办了一个杂志，叫《戏剧月刊》，由中华书局出版，销数不好，不久也便停刊了。

和伶工学社性质相似的，有陕西的易俗社。我带学生到汉口演戏的时候，他们也正在汉口，生意虽也还过得去，终究不够开销，困苦万状。我们因为志愿相似、境遇相同的原〔缘〕故，彼此深为接近。他们那时已经能够全靠学生支持，我们的学生便还不够，在汉口的时候，还是以我个人充台柱来维持局面的。我很佩服易俗社办事的精神，有一篇文字[23]作一介绍，载于《予倩论剧》中，兹不赘述。

注释：

1　按，欧阳予倩正式赴南通之前，曾在南通做短暂的演出，据《新闻报》1919年6月15日《鸣谢欧阳予倩、查天影两君》广告："二君莅通，晋谒季老，参观实业，勉徇敝园敦请，登台四日，技献生平，空巷万人，群瞻丰采。乃以行旌遽返，不获挽留。本戏场袓饯馈金，亦既拒绝，诸名流醵资致赆，又复坚辞。赋性清高，热心公益，谨纫雅谊，特表谢忱。南通西公园戏场谨启。"
又据《申报》1919年6月30日"创办剧场伶学"消息："通绅张啬庵投资五万元，创办优伶学校及规模较大之剧场各一所，已物色冯光九、高楚秋为校董，其学生由张氏函请熊秉老就近在京津一带拣选，额定为六十名。一俟此项学生抵通，即由沪上著名艺员欧阳予倩担任教授。至剧场地址则觅定马路旁唐家花行附近之旷地。"由此可知，欧阳予倩抵通的时间大约在1919年7月间。

2　据残存的南通《公园日报》第31号记载，1919年10月8日欧阳予倩在南通西公园剧场上演的日戏为《贾宝玉负荆请罪》，夜戏为《嫦娥下嫁》。欧阳予倩赴南通演剧，随行者尚有查天影、吴我尊、邹剑魂、徐半梅等。吴我尊除登台演剧之外，还兼任《公园日报》之编辑主任。因该报残缺不全，若以1919年10月8日是该报第 31 号计，则欧阳予倩在南通正式登台演剧的时间当为 1919 年 9 月 8 日。

3. 据《二十年来之南通·更俗剧场》（南通县自治会印行）载："该场建于民国三年，系张季直先生私资兴办，在西公园马路，距农科大学一里许，车行费一毛可达。前门榜'更俗剧场'四大字，季直先生所书也。旁有售票处二所，门之东首有剧场救火队，设备可谓周至矣。入第二门须验票，撕其一角始入，依等次号数就座。客座分二层，即楼上与楼下是也。层分数等，可坐三千余人。侍者衣号衣，侍立四围，北书'恳请诸君勿食瓜子'等字，盖瓜子污地，不易扫除也。该场男女不分座，场作半圆形，剧台高约三尺许，场周多辟太平门，左有男厕所，右有女厕所，均标明中英文。满场电灯数百盏，夜间灿烂异常，此场内大略情形也。该场除表演新旧剧外，兼映影戏，新剧兼有之，多为学校所表演。旧剧则选其有益于世道人心者，如淫滥无稽之作，俱在所摈，与津沪诸地迥然不同。影戏则分输入与本地自制者二种，如《张南通》《游南通》《新市场》《五山风景》及《陈团长阅兵》等，为欢迎科学社社员开年会时所摄制，曾大蒙赞许。其经理前为欧阳予倩先生，后以因故他去，今已数易人矣。"更俗剧场于 1919 年 11 月 1 日（己未年九月初九日）重阳节当天，正式开幕。

4. 据《二十年来之南通·伶工学校》（南通县自治会印行）载："该校原名伶工学社，在南通城南模范马路之左，商校与农科大学之间，占地八亩余。成立于民国八年，系张季直先生捐资自办，年费一万二千金。现有学生六十四人，分古剧及新剧两班，于原有课程外，兼授伦理、国文、英文、珠算、笔算等，除闲日在校演习一次外，每日晚间复往更俗剧场实地演习。故学生毕业后，多见重于京沪各剧场也。初办时主任为戏剧专家欧阳予倩。欧阳予倩湖南浏阳人，东洋留学生也。后以事辞去，继其事者为吴我尊。"

5. 据《公园日报》1919 年 10 月 20 日广告载："南通更俗剧场现已落成，重阳开幕。建筑宏大，布景精富，角色齐全，戏剧优美。"

6. 按，欧阳予倩制定的《更俗剧场规约》刊于南通《公园日报》，由该文可见欧阳予倩经营新式剧场之理念。兹抄录如下：

更俗剧场者，南通之地方剧场也，为邑中第一娱乐机关，虽不敢以通俗教育自诩，要之感动与慰藉参半，寓针砭于谈笑之中，天职所在，未敢多让。中国之有地方剧场自南通始，必有以模范他邑。执事人等及编演诸员自当兢兢业业，慎勉从事而促其进步，助其改良者，惟观客诸公是赖，谨布规约，伏祈省览。

一、本剧场有座位一千二百，椅子极为舒服，无论正厅包厢，每位编列号数，在东边者为单号，在西边者为双号，于进门处悬牌指明，俾易辨晓。贵客如欲购东边下场门座位者，请购单号；欲购西边上场门座位者，请购双号，预先定座亦请说明；

一、凡座位一经卖满，不再添椅，一使空气流通，一使观客便于出入；

一、凡经预定之座位，以先后为次，后来者不得争夺，茶房、案目亦不得令先来者让出以敷衍后来之主顾；

一、凡预定座位，请付定洋，或由熟悉之案目负责，一经定好，不得临时退悔；

一、本剧场力求清洁，瓜子食物果品等，不在座中兜售，另有饮食店以供观客休憩，果皮瓜核，幸勿弃掷地上；

一、座中除中国小帽外，敬祈脱帽，以免妨碍视线；

一、戏剧精妙处不在锣鼓丝弦之嘈杂，而在言语表情之周密，言语表情周密处即体贴人情细微处，敢乞静听勿哗，俾全神味；

一、拍手叫好，原所以鼓舞演者兴采，惟勿作怪声及吹口哨，致扰他客清听；

一、本剧场对于旧时剧场及舞台上习惯之不善者，务求逐渐改革，旧戏剧本亦当随时加以删订，幸观客诸公不以遗传之法则相责难；

一、加官废除，临时点戏及颠倒戏码，恕不应命，贵客如欲烦戏，请先期通知；

一、本剧场执事人等及茶房、案目均有制服，贵客如与交涉，或寄存物件，乞认明号数及徽章，俾免紊乱；

一、本剧场茶房、案目无论对于何等观客，均须待遇恭谨，若有傲慢不周之处，请贵客通知账房，即行究罚。

更俗剧场谨布。(《公园日报》1919 年 10 月 20 日)

7　按，镇守使为民国北洋时期临时的军事官衔编制，一般设置于省内的某一要地，其职权与前清的总兵类似，相当于今天的省军分区司令，其官署则称为镇守使署。镇守使设立法，源于北洋政府 1913 年 12 月 19 日颁行的《护军使暂行条例》。

8　按，单片是指发给演员仅与角色相关的剧本台词。

9　据我尊《更俗剧场〈玉润珠圆〉之好成绩》一文："更俗剧场开幕之夕，演予倩君所编之《玉润珠圆》，其剧本余已有批评。及试演后虽布景道具间有不完全，演员台间有不周密，要之大体实可当优美二字。最可钦佩感谢者，则观客始终静听，心与神会，故演者与观者之呼吸翕然相合（日本名优高田实君有言，演剧之所以能动人者，因能与台下呼吸相合也。凡不能动人者，皆未能与台下呼吸相合也。余常叹为名言）。演者忘其身在台上，观客亦几觉身入境中，此为中国剧场绝无仅有之现象。不图于南通见之，而今而后，充予倩脑筋，学力所至，充观者脑筋，学力所至，如针引磁，如胶投漆。一剧不已，继以多剧。剧本之取材，构造之程度，继长增高，非至南通演剧之能力为全国第一，南通观剧之眼光为全国第一不可。破题儿第一遭，已有如是之成绩，余幸附骥尾，虽欲不狂喜，安得不狂喜哉。"(《公园日报》1919 年 11 月 4 日)

10　袁寒云即袁克文，袁世凯的二公子。袁克文（1890—1931），字豹岑，号寒云，河南项城人，生于朝鲜汉城（今韩国首尔），昆曲名家，民国四公子之一。

11 据《公园日报》1919年12月20日广告，袁寒云"准于十一月初一登台"，即阳历1919年12月20日，首演剧目为《清溪曲痴》。

12 按，欧阳予倩此述不确。据南通《公园日报》记载，1919年12月22、23、24三日袁寒云连续在南通更俗剧场登台演剧，共演出了《三字经》《折柳》《赏荷》《审头刺汤》《回营》和《佳期》等剧。其中22、23两晚演出的《审头刺汤》《佳期》两戏中，欧阳予倩配戏。1920年1月4日，袁寒云再度登台，与欧阳予倩合演《小宴惊变》和《西厢记》。

13 即曹植（192—232），沛国谯人，字子建，曹操第四子，曹丕同母弟，封为陈王，逝后谥号为"思"，故称陈思王。曹植是三国时期曹魏著名的文学家，建安文学的代表人物。其代表作有《洛神赋》《白马篇》《七哀诗》等，与曹操、曹丕合称"三曹"。

14 按，书中所指，即寒云《箴更俗剧场》一文，载于《晶报》1920年1月30日。袁氏文中，对于欧阳予倩演剧，非议颇多，兹将原文抄录如下："清河公建更俗剧场于南通，招予倩天影董其事，志除陋弊，为海内范。善诚善矣，惟目之所及，有不能已于言者。夫俗既云更，则选剧为独要，若《夜走麦城》，支离荒怪，唐突前贤，以此为正剧，直俗而恶矣。又若《鸳鸯剪发》剧中，史太君连骂邢王二夫人曰'骚■'（此字太不雅），是比史太君为上海妓馆之鸨妇，岂文学家排戏所宜有？尤非更俗者之吐属。且史太君骂时，予倩之鸳鸯适在场上，其心无二用，听而不闻耶。乱弹调虽无多，而皆能表一时之情态，若从容则歌慢板，匆迫则歌快板，悲伤则歌反调，俱有定规，不可移易。如用乱弹调编剧，则不能不守其规，旧剧正旦歌反调者甚鲜，若《祭江》《祭塔》，皆至惨至哀之剧也。花旦传情之剧，反调万不应用，而予倩之某剧，于极旖旎之中，忽歌反调一折，是使歌妓举哀以侑酒耳。又若《富春楼》《梵王宫》等最俗恶之剧，不应演也。至于后台规则，亦未能尽涤其旧。如出牙笏一事，其立法甚善，其形式可易也，如管事之妄自尊大，尤其荒谬者。一日有某配角，在场上犯规，或扣其包银，或停其生业，即可惩其余矣。乃某管事，大发鼠威，拳足交加，凶殴不已，虽至腐旧之剧馆，亦无如是之虐遇配角者，既损人格，又伤人道，而文学家之管事，在侧且赞曰'打得好'，真俱无心肝者也。梅兰芳以妖媚惑人，予在京报，斥之屡矣。稍达事理者，必曰梅之演剧，不特不可以正风俗，且直足乱风俗者也。狂妇荡女，趋之不遑，兼以无行文人，鼓扬于后，甘比于奴隶而不耻。试思梅之所以颠倒人者，舍媚与色，复何有哉？予倩羡之，自知色之不敌也，乃专务于媚，且甚而过焉。若《送酒》《馒头庵》，斯最著者也。欲以媚与色动人之伶，纠风更俗，是使淫妓劝贞节，恶乎可哉。更俗剧场中，特辟梅欧阁，主人翁之肺腑，可以窥矣。

殆欲假更俗之名，行蓄声伎之实，掩耳盗铃，徒然自欺。马二先生所谓旦癖者，信不诬也。"

15　按，1920年7月6日，盖叫天在南通演剧。

16　按，盖叫天在南通演戏时曾与欧阳予倩有矛盾。《晨报》1920年12月31日汪仲贤《剧谈》一文，在述及加入伶界联合会条件时写道："……四，排斥新剧家。凡是没有师父传授的人，就叫做〔作〕'外行'。凡是外行，都不准入会。但是他们想举的四个名誉会长黄金荣、许少卿、尤鸿卿、童子卿等可都是'外行'……以上所记，惟有第四项是我们要注意他们底原因的。此事底远因，起在南通。去年阴历腊月，盖叫天到南通去唱过几天戏，因为他在台上耍真刀真枪，刺伤了一个配角。张四先生便下令禁止以后不准再用真刀上台，此项命令是由管理剧场的欧阳予倩去对盖叫天发表的，从中就有人挑拨是非，说欧阳予倩骂盖叫天等演武戏的人们是'双手落地底畜类'，他们就怀恨在心了。欧阳是外行新剧家，因为抑制欧阳予倩便抑制新剧家，今天这一件事便是盖叫天提议的。"

17　按，张孝若（1898—1935），张謇之子，名怡祖，字孝若，留学美国，1919年任南通淮海实业银行行长，1925年任扬子江水道委员会会长，1935年在沪寓所遇刺身亡。

18　据《中外新报》1920年3月19日《欧阳予倩之告白》一文："欧阳予倩在汉口大舞台演剧三日，近登一告白于汉报，其词云：敬启者。鄙人自去夏承乏通州伶工学校主任及南通报务以来，职任剧繁，舞衣久御。此次王母见背，扶榇返湘。葬事犕〔粗〕毕，迭接张季老函电促归。匆匆过汉，无意逗留，乃承各界殷殷推挽，情不能却，拙无可藏。惟是此行孑然一身，百不备一，时日仓卒〔猝〕，局促尤多，深惧难副雅望，良用歉然，谨达下情，诸维亮察，是幸。此启。"

19　此段与1929年、1933版有出入，原版为"有四个Violin，一个Viola，一个Cello，一个Bass"。

20　按，陆露沙（生卒年不详），陆镜若之弟，陆尔奎次子，原名景蓓，字菊轩，早年曾留学日本。

21　按，欧阳予倩在南通演出的情况，因史料匮乏，不得其详。兹根据残存的南通《公园日报》，统计欧阳予倩在南通西公园剧场和更俗剧场演剧的部分内容，详见下表。

时间	日戏	夜戏	备注
1919年10月8日	《贾宝玉负荆请罪》	《嫦娥下嫁》	欧阳予倩在南通西公园剧场演出。《嫦娥下嫁》预告，"情节佳妙，布景新添，电光月色，与众不同，大有可观"。

《自我演戏以来（1907—1928）》

续表

时间	日戏	夜戏	备注
1919年10月9—13日			缺报纸
1919年10月14日		《嫦娥下嫁》	预告："特请予倩先生排哀感顽艳家庭悲剧，二十二夜准演《不如归》。"
1919年10月15日	《爱情之牺牲》	《不如归》	
1919年10月16日		《布袋夫妻》《御碑亭》	
1919年10月17日			缺报纸
1919年10月18日	《黑籍冤魂》	《馒头庵》	
1919年10月19日	《一念之差》	《不如归》	
1919年10月20日		《孟姜女万里寻夫》《情天恨海》	
1919年10月21日		《妻党同恶报》	
1919年10月22日	《双头案》	《嫦娥下嫁》	
1919年10月23日		《王熙凤泼醋》	
1919年10月24日		《虹霓关》《杜十娘怒沉百宝箱》	
1919年10月25日	《金榜题名》	《谁先死》《贾宝玉负荆请罪》	
1919年10月26日	《不如归》	《黛玉葬花》	
1919年10月27日		《一念之差》	"更俗剧场礼聘南北欢迎超等梆子二簧文武花旦芙蓉草，重阳开幕，即行登台。"
1919年10月28日		法国第一讽刺名剧《社会阶级》	

179

《自我演戏以来（1907—1928）》校勘及研究

续表

时间	日戏	夜戏	备注
1919年10月29日	《请宋灵》	《强盗装鬼》	无欧阳予倩登台广告
1919年10月30日		《剖腹验花》	无欧阳予倩登台广告
1919年10月31日			无演出记录
1919年11月1日	《投军别窑》	《玉润珠圆》	更俗剧场正式开幕，欧阳予倩首次在更俗剧场演出
1919年11月2日	《情天恨海》	《义婢青梅》	
1919年11月3日	《汾河湾》	《黛玉葬花》	
1919年11月4日	《虹霓关》	《宝莲灯》	
1919年11月5日	全本《雁门关》	《一念之差》《布袋夫妻》	
1919年11月6日	《金殿装疯》	《宝蟾送酒》	
1919年11月7日	《宝莲灯》	《不如归》《御碑亭》	
1919年11月8日	《穷花富叶》	李笠翁名著《凤求凰》	
1919年11月9日	头二本《虹霓关》	《嫦娥下嫁》	
1919年11月10日		《贵妃醉酒》	
1919年11月11日		《鸳鸯剑》（尤三姐自刎）	
1919年11月12日	《思凡》	《彩楼配》	"特烦欧阳予倩君改定著名西装侦探好戏《英国血手印》"
1919年11月13日		新排侦探好戏《英国血手印》	
1919年11月14日		《黛玉葬花》	
1919年11月15日	《凤求凰》	《黛玉焚稿》	

180

《自我演戏以来（1907—1928）》

续表

时间	日戏	夜戏	备注
1919年11月16日	《黑籍冤魂》	《不如归》	
1919年11月17日	全本《儿女英雄》	《思凡》	
1919年11月18日	《审人头》	《贵妃醉酒》	
1919年11月19日		《青梅》	
1919年11月20日		《一念之差》	
1919年11月21日		《上元锡福》	予倩新排歌舞剧《上元锡福》，啬公题名。有歌有舞，灯彩齐全。串演者有伶工学生、欧阳予倩、查天影、赵桐珊、张月亭等八十余人之多。
1919年11月22日			无予倩演出信息
1919年11月23日	《宝蟾送酒》	《晴雯补裘》	
1919年11月24日		《苏三起解》	
1919年11月25日		《宝莲灯》《儿女英雄传》《火烧能仁寺》	
1919年11月26日	《谁先死》	《上元锡福》	
1919年11月27日		《馒头庵》	"更俗剧场特别广告，初六夜准演予倩君生平杰作《红楼梦》之一《馒头庵》，新添特别布景，空中歌舞，大有可观。"
1919年11月28日		《家庭恩怨记》	
1919年11月29日	《九更天》	《恨海》	
1919年11月30日	《玉润珠圆》	《王熙凤泼醋》	"更俗剧场特别广告，啬公审定、予倩新编优美新剧《麻衣案》，准初十夜开演。"

181

《自我演戏以来（1907—1928）》校勘及研究

续表

时间	日戏	夜戏	备注
1919年12月1日		《家庭恩怨记》	
1919年12月2日		《黛玉葬花》	
1919年12月3日	《换妻缘》	《麻衣案》	
1919年12月4日		《馒头庵》	
1919年12月5日		《嫦娥下嫁》	
1919年12月6日		《雁门关》	
1919年12月7日	《贵妃醉酒》	《王有道休妻》	
1919年12月8日		《思凡》《黑籍冤魂》	
1919年12月9日		《一念之差》	
1919年12月10日	《孟姜女万里寻夫》	《家庭恩怨记》	
1919年12月11日		《王熙凤泼醋》	
1919年12月12日		《不如归》	
1919年12月13日			缺报纸
1919年12月14日	《玉润珠圆》	《义婢青梅》《儿女英雄传》	
1919年12月15日		《贵妃醉酒》	
1919年12月16日		《情天恨海》	
1919年12月17日	《麻衣案》	《思凡》	
1919年12月18日		《黛玉葬花》	

《自我演戏以来（1907—1928）》

续表

时间	日戏	夜戏	备注
1919年12月19日		《馒头庵》	
1919年12月20日	《贾宝玉负荆请罪》	《御碑亭》《上元金锡福》	
1919年12月21日	《家庭恩怨记》	《鸳鸯剪发》	
1919年12月22日		《宝莲灯》	
1919年12月23日		《审头刺汤》	夜戏袁寒云登台，欧阳予倩配戏
1919年12月24日	《黛玉葬花》	《佳期》	夜戏袁寒云登台，欧阳予倩配戏
1919年12月25日		《虹霓关》	
1919年12月26日		《宝蟾送酒》	
1919年12月27日	《布袋夫妻》	《游园惊梦》	
1919年12月28日	《一念之差》	《小宴惊变》	
1919年12月29日		《鸳鸯剪发》	
1919年12月30日		《黛玉葬花》	
1919年12月31日	《换妻缘》	《家庭恩怨记》	
1920年1月1日	《南北共和》	《青梅》	
1920年1月2日		《四进士》	
1920年1月3日	《爱情之牺牲》	《麻衣案》	
1920年1月4日	《鸳鸯剪发》	《小宴惊变》《西厢记》	欧阳予倩与袁寒云合演
1920年1月5日		《情天恨海》	

《自我演戏以来（1907—1928）》校勘及研究

续表

时间	日戏	夜戏	备注
1920年1月6日	《苏三起解》《儿女英雄》		
1920年1月7日	《玉堂春》		
1920年1月8日	《思凡》		
1920年1月9日	《佳期》		
1920年1月10日	《凤凰山》		
1920年1月11日	《御碑亭》		
1920年1月12日	《情天恨海》		
1920年1月13日			缺报纸
1920年1月14日	《柳暗花明》		
1920年1月15日	《爱情之牺牲》		
1920年1月16日	《馒头庵》		
1920年1月17日	《一念之差》		
1920年1月18日	《思凡》		
1920年1月19日	《三堂会审》		
1920年1月20日			以下缺报纸

22 按，1923年初，欧阳予倩已离开南通返沪。据1923年1月16日《申报·亦舞台之剧讯》载："该台新聘之欧阳予倩，原拟阴历新年开演，兹因余等急于北上，而合同满期，与封箱相距尚有多日。故即先约定予倩，惟正式合同，尚未签定，大约须二三日后，由通来沪时签订。此次与予倩同来者，有潘海秋、王青云

184

等数人。"又据 1923 年 1 月 17 日《申报·欧阳予倩启事》："予倩离沪三年，沪上知交久疏音候。此次来沪，行装甫卸，被促登台，未及遍为走谒，忽略之罪千乞。未定通信处，暂由亦舞台沈君少安代转。"由此可知，欧阳予倩已于 1923 年初离开南通回沪。

23 按，该文为《陕西易俗社之今昔》，刊于广东戏剧研究所丛书《予倩论剧》，广州泰山书店 1931 年 5 月版。

《自我演戏以来（1907—1928）》校勘及研究

离开南通以后

我在汉口有些朋友帮我解过些人事上的纠纷，我觉得还是江湖上比较有些照应；一班阔人的情我实在没有法子领：有一回有一个当店的老板托人介绍说是只要我正式去拜访他，他便可以借些钱给我，随便几时还；还有便是一位阔人约我吃晚饭，我去了等了很久不见开饭，而有许多人在那里赌钱，我不高兴便要走，主人留住，结果有人对我说明，说他们赌钱，便是为我，主人想和我订交，所以约些朋友要抽几千元头给我。当时气得我甚么似的，我说了几句对不起他们的话就跑了。此举有人不以为然，但是我不能拿人格去换包厢里的看客。

我离了南通，便搭了亦舞台，[1] 又和余叔岩混了一个月，和马连良混了两个月。我那时也有我的打算：总想是搭班子弄几个钱，到外国去再读两年书，关于戏剧便专从文字上做工〔功〕夫。我虽是这样想，结果还是一场幻梦。

我在亦舞台三个月[2]的收入只够抵我以前的亏空，三个月满期前台要和我订长期合同，我有种种的念头不甚愿意。我的同伴们联合向我要加薪，而亦舞台便要求我减薪；要求加薪的并没有理由，他们只说是别处钱多，他们要走，我一算他们所要求加薪的数目比亦舞台要求减少的数目大一倍，而且还附带许多条件，坚持不下。我没有办法，只好辞班。谁知我一辞班，他们又来求我转圆[3]，我信已经发出了，不能自己收回，于是他们又要求我作书致亦舞台，推荐他们继续。我照他们的意思办了，亦舞台也答应了，但是前台看穿了他们的弱点，一个一个把他们的薪水减削三分之一，他们也就很老实地干下去了。这种情形颇令我难过，于是把几年来的伴侣一齐解散了。其中有好几位因为在南通几年，接连加薪，生活安定，他们便纵情在烟赌里面，越来越没有办法，一到上海格外添了开销，所以只有逼我。还有一个人，也假装为债主所逼不能上台，居然临场不到，借故借钱，在这种情形之下，当

186

然没法儿合作的了。

从亦舞台辞了出来,旧人尽散,我对于搭班事丝毫未去进行,每日只是读书作字,唱昆腔罢了。这个时候,因袁安圃[4]君认识好几个唱昆曲的朋友,时相往来,并常与寒云相见。但是我手中不名一钱,典借道穷,竟没有法子继续这种名士风流的生活。韵秋从正月重病,几至夏初方愈,她竟省钱不肯继续服药。我有三个妹妹,大的、第二的都因遇人不淑,早年夭折,第三个妹妹[5]嫁了唐有壬[6]。三妹出阁,我正是没有办法的时候。他们婚后从长沙到上海,我竟连请一饭的钱都没有。恰好杭州来约我去演几天,我不管三七二十一就跑去了。[7]那里除我而外其他的重要角色一个都没有,戏当然演不好,生意也不佳,我胡乱演完几天,急急回到上海。以后又到南京下关去混了五六日。南京只有女班还行,我去生意不甚坏,但也从来没卖过一天满座。上海报上都登着我在杭州、南京连日满座,备受欢迎,一再经各界挽留等等广告式的记事,这一定是在报馆里的熟朋友替我鼓吹的。

从南京回来,[8]因仲贤[9]的介绍认识了戏剧协社一班朋友。有一晚应云卫[10]请仲贤去替他们化装,仲贤恰好有戏,来不及,便介绍我去替他;以后我也当了社员。[11]

我从南通回到上海,因梁绍文[12]的介绍,认识了田汉。恰好洪深[13]回国,我到笑舞台去看他演《赵阎王》[14],便认识了他,不久我介绍他加入了戏剧协社。自从他导演过《少奶奶的扇子》,上海才有正式男女合演的话剧。

我从南京回上海,正是夏天,便哪里都没有去,不久又以薛瑶老的介绍再进新舞台,这是1923年秋天的事。[15]

这次在新舞台,干了一年半,从1923年秋天到1924年秋间一年之中总算胡乱混过。[16]新舞台那时候的组织仍然是和我上届在那里一样,由几个中心角色作股东与前台合作。我当然也是股东之一,月薪照生意的好坏有成数的增减。本来新舞台虽然暮气日深,变化太少,生意也还稳当,可是当时时时有战事,一来就戒严,受的影响实在不小。到了1924年的冬天,齐卢之战[17](齐燮元、卢永祥对打)爆发越见没有办法。有一晚好容易排了一本新戏要想略苏困涸[18],居然大卖满堂;不料临时戒严,把二千余观众,全数不放出城,从此我们的生机断了。夏月珊又恰在这个时候死去,后台负责无人,只好由仲贤、君玉、凤文和我几个人暂行维持现状。本想从速停演,谁知警察厅不准，说是要借戏园维持人心，以致越拖越苦。好容易我们才从九亩地迁移到六马路亦舞台①演了一个半月，我们这班当老板的除了几个月薪水丝毫没有之外，还要贴出许多钱去，真把我陷得好苦！

在将近过年的时候，香港有人来聘——这是第三次——我不愿意去。那时"国民政府"正与香港绝交，[19]我决计不到香港，而且我就是到香港也绝没有好结果的。

刘汉臣[20]弟兄，我和他们同在新舞台相交颇厚。汉臣的岳父刘凤祥，在大连起班，要约汉臣和我去。汉臣的哥哥汉森和我研究，我也就答应了。[21]回电打去，从大连就有人来接了。见面之下，答应先付一个月钱，当时交了半个月钱作为定洋。我接了定洋预备动身，便去赎些当，还要留下几个钱作家中过年的用费，而新舞台方面还要催缴赔账。可是定钱用完了，其余的钱老不送来，那接的人忽然来说大连没有钱寄来，只好请先动身，等到了那边，再行付清，我深知不妥，当然有许多的争论。我想不去了，但不去也没有办法：一则是刘氏兄弟的面子；二来我若不去必然要立刻把半个月钱退还，虽然不过千把块钱，我连二百元都还不出，还讲什么？好，去吧！我便上船走了。临走的时节母亲病着，韵秋也病了，又生冻疮，很厉害。我在船上倒也有些旅行的趣味，过青岛有个日本朋友约去全市游了一圈，甚为爽快。

到大连，凤祥在码头迎候，登岸见马路及一切建筑都很整洁，也不觉得甚冷。第一件事就是凤祥约去洗澡，第一个不好的印象也就是这件事。浴室不洁，并不要紧，我们尽可自己洗盆，可是手巾不洁，实在没有法子。尤其可怪的就是浴客都在客座中擦背：他们坐在椅子上，或是躺在擦背人的身上，擦背的使劲地替他们擦着，擦的姿势好像是打拳练武；擦下来的泥抖在地下，踩在脚上，觉得很不舒服。这种擦背（北方人叫搓澡）我以前没见过。

洗完澡就到戏馆里去，门口一望，除了新粘的红纸而外，都是破陋不堪；一进门觉得脏不可言。许多卖零食的小孩子，满布在客座里，地下到处是果皮、破纸。上得楼去，被请坐在账房里，见了好几位前台的管事先生。人家都说大连是最厉害的码头，无论哪个唱戏的到大连都要吃大亏回去。据说这

---

① 亦舞台原在汉口路大新街口，因改建惠中旅馆，把招牌搬到六马路（云南路）中央电影院挂起来，不久也就完了。

《自我演戏以来（1907—1928）》

前台几位先生，有软有硬，软的就是赔笑诉苦，硬的就是拳头、手枪对付。我那天见了他们却还看不出来什么特别难办的情形，而且他们都很客气。

账房是两个套间，我们在里面屋里坐。房中生着个火炉，太阳射在玻璃窗上，小坐也还不错。只是肚子饿了，久等没有饭吃，火炉上炖着一锅牛肉，一线一线的香气飘了过来，我想他们尽可不必请吃什么下马筵席，胡乱弄碗饭来，就着牛肉吃了就完事岂不好吗？正想着的时候只听得一声开饭，凤祥老板走了进来。他说："明天过新年，什么都没有买，对不起，改天再请吧。"我们当然客套几句，立即跟着他到外间屋里去入席。只见每人面前两个饭碗大的又高又大的馒头。回头菜来了，就是那炖在炉子上的牛肉，连锅端上来，并无第二样。我是从来不问精粗美恶都能吃的，可是那牛肉之咸，那馒头之硬，又是生平所未见。我平时最爱吃面食，这种纯粹的山东风味却被它降服了！无论如何，我只吃完了一个馒头。因为没有汤，只好用茶来往下咽。刘汉森吃一口，叫一句好，我也说好，因此不觉得想起家中正在吃团年饭，想起雪里红〔蕻〕冬笋，江南风物浮映在回忆之中来了。

吃过饭，排戏单，排好戏单便去看下处。住的地方在连升栈的三楼上，房子是新裱糊的，可是没有床铺，只用木板搭起一个大炕。一间小房只剩了一尺的空地，既无从放桌子，又不能摆椅子，我只得赶紧叫一个木匠来，把大炕拆开，搭成一个小床，勉强支起一张小桌子也好看看书，写写字。布置妥帖又是吃饭时候。中饭剩下的牛肉还有半锅，馒头由蒸的变了烤的。我预先就弄好了一碗开水，很痛快地又追下一个馒头去。

当晚是阴历新年，[22]我因为第二天就要演戏，写完几行日记便钻到被内去睡了。睡下之后不免计算到许多事情；随手抽过一本王尔德的《一个不重要的女人》看了几行，看不下去，又拿过日记来翻了一翻，过一阵也就睡着了。谁知一到半晚，外面忽然象崩山倒海一般响得异常，起初莫名其妙，定神一听才知道是鞭炮。大连当除夕和元宵那种爆竹之盛实在是可称全国第一——时间久，放得又齐，一家放，千家同放。而且到了元宵那晚，马路两边的店铺对放爆竹，烧得满街烟火，交通阻断。我在除夕那晚被鞭炮惊醒，再也无从入梦，只有寒气逼人的漫漫长夜，一灯相对，不觉得思家之念油然而生。好容易到了明天，推被而起，这才感到北方的寒威，实在令人生畏。同伴的人还没有一个醒来。我等了很久，胡乱弄些水洗了脸，迎着好像刀子一般的风,出门去走了一走,看见满街都是过新年的景象。路旁小摊子上摆着都是浏阳鞭炮。中国人的铺子全关了门,可是日本人的店铺,因为不过阴历年还照样开着。我想找一个地方去吃餐早饭,但是我身边拢总只剩下两块钱还要留着作零用呢,也就不敢尝试。地方也太生不敢太走远了,而且不知到哪里去好,只好一步一步踱回来。一进门掀开那又重又厚的门帘,便有很浓厚的大蒜味,好像拒绝生客似的,把人望外推。上了楼,进得房去,恰巧刘家的跟包已经在那里生火,把煤烟弄得满房。我生平最怕煤烟呛人,一呛嗓子就要发炎,在航海之后,经过一夜的失眠,又这样一呛,结果大受影响,我知道戏是唱不好的了。

新年那一天还是由老板供给饭食,我们行装甫卸,也实在无法自己举火。那天早饭只有韭菜饺子一味,在我口腔发炎的时候,就有些吃不下去,想用口汤来送一送,也没有,我还是回到栈房,用开水送馒头觉得还舒服些。

刚把肚子填饱,凤祥说要约我去会几个朋友。第一个会的是朱春山,他是大连最有势力的一个人。他和大衙门(市政府)很通声气,日本人关于治中国人怎么治,都要去请教他。他有很大的生意,就是近百家的妓馆。管理妓馆营业的有事务所,事务所里分工办事有完备的商业组织。事务所里的干部人员,都是狐裘貂帽,很象从前北平各部的长官,在殷勤待客的时候,含着一种森严的态度。朱春山人家称为朱三爷,他的势力不仅限于大连,凡东三省一带,到处有他的羽翼。他的生意也不止是妓馆,还有各种各样的大宗买卖——鸦片、人口。日本人非常之倚重他,大衙门当然要给他许多便利。我还没有见他,就有人对我谈起,据说提起他的名字,可以令人不寒而慄〔栗〕,乍一见他,却是很客气的一个老头儿,比我们在上海所见的"闻人"似乎又另外有种神气。

除朱三爷之外我还见了一位张三官,人称张三爷,江湖上很有名气。听说日本人进大连,他很有功,所以日本人还是器重他。他不象朱三爷那样的数百万大富翁,他一切都好象很随便,但一见就知道性情很刚执,不大说话,头上还留着辫子,坐很久都没见他笑过。他就住在戏园后面,但轻易不甚和人见面。除张三爷之外我还见了一位拳术家,他在大连也开有一间铺子。不过铺子是副业,他的收入全靠放重利,借钱给妓馆。他外表非常豪爽,一动就讲打,坐下来就谈他制服人的方法,吹他的毒气。不过我颇"欢喜"他,因为他说话实在爽快。

以上这几位都是刘凤祥所称为朋友的,我都见过了。他们都和这戏馆间接直接有些关系,要是离了他们,这戏馆一定开不成功。非但如此,日本人要在中国人中活动,绝对离不开他们。试看中国各处的租界,就只有这类"朋友"最占势力。就上海而论,有几位"豪杰",真是顺之则昌,逆之则亡,在外国人庇荫之下,实行其吸血主义,是何等痛心的事啊!

我那时见过他们之后,一路走回戏馆,吹着一阵阵的冷风,心思异常恍惚,好像酒醉作呕一般。及至走到戏馆,看见旧式的台上,已经在那里跳加官,跳财神,包厢里坐的清一色全是娼妓。一个一个不是大红衣、深绿裤,就是大红裤、深绿衣。据说大连的习惯,正月初一日妓女全出来看戏,我很对她们表同情,以为她们只有这一天自由自在地出来看戏,我总要演得好些才是。谁知我的喉咙发炎很厉害,竟至于只够敷衍了事,一直过了三四天以后才见好些。

大连那个戏园,本来简陋之极,后台尤其脏得很。在那样冰天雪地的北方,只有一个小破脸盆烧几块木炭,如何抵得住那种寒气?然而也没有法子补救。一咬牙把皮袍、棉袄脱掉,换上两层薄绸的古装。唱吧!也就那么过了。

大连的那些班底,都是可怜得很的人。他们携家带眷差不多流落一般。其中并不乏可用之才,但是因为负债以及种种关系离不开大连。这种情形不仅是大连,北方各埠,大致都差不多。北方各码头都不象上海那样交通繁盛的商埠,伶人失业者也很多,所以只要能够守住一个地方勉强有口饭吃,也就不事外求;越这样退一步想,负累越重,而老板对待他们的手段也就越发苛酷,如是他们便弄到永无翻身之日。就以大连而论,那些班底,都是很顺从的样儿。他们从来没有论月拿过钱,只靠每天分现份,分的时候常是七折八扣,还有不实不匀的地方。每遇风雪往往停演,停演便没有钱分。不过没有钱分的日子,老板要给米饭或是面粉;无论如何,班子存在,总也饿不死的。老板们利用着饥饿,便把团体维持住了。他们当中也有想离开甲埠到乙埠去的,但是很不容易——一则是穷了走不动;二来不得老板的许可走不动,无论受了什么不好的待遇,要是秘密走开必然会遭很大的危险;三来其他各埠也有同样的一班苦朋友,不得些奥援,不容易入帮;有这许多的苦处,他们也只好低头听命。在大连那个地方,鸦片归日政府公卖,日本本国人绝对禁止吸食鸦片,对中国人虽不是彰明较著的奖励,却也为着增加税收所用的方法和奖励差不多。许多伶工染上了吸鸦片的嗜好,他们因为他埠没有大连便利,便舍不得离开大连;这种人也不少。

我在大连登台,一连七天,生意都不好,我便和汉森商量想设法退了钱回上海,他们再继续给我钱的希望是早打消了的。凤祥绝对不允我的要求,我一面作书四处借钱,等到有回信,转眼已经又是两个礼拜。

从我登台一个星期以后,生意忽然好起来,也不知是甚么缘故。大连市有人口十三万,其中九万是苦力,大都看不起戏;其余四万之中百分之九十是商人,智识分子不过占最少数。老实说,我的戏多少偏于知识份子,不合大连市民普遍的味口。他们爱听卍字不断头[23]的长腔,爱看真刀、真枪,爱看不近情理、夸张色情的情节,这几层我都作不到。可是演过两个星期以后,刘汉森翻些新舞台的连台戏,如《济公活佛》之类,我在当中唱唱联弹,舞舞绸带,登时连着就是几个满堂。后台的苦朋友多分几个份子钱,都欣欣然有喜色,说:"这个戏多排几本吧,也好吃几天饱饭!"我在这个时候,只有一味乱来,差不多每天都唱联弹,舞绸带。我的意思想胡乱敷衍几天,好快些走,谁知对方既不让我走,又不给我钱,只是间或送我十块二十块做零用,当然我明知没法向对方要,也就只好不加追问。幸喜有朋友寄给我二百元,我急忙汇百元回家,不然我妻卧床重病,医药都没有着落。余下一百元我只有保存着作回南边的盘川,明知我要走,他们不会给我路费的。

我在大连遇见的熟人只有一个孙定臣,他是个票友,也会唱青衣,我跟他是在汉口认识的。他在海关办事,每天公事完了,必定来和我作伴,情意殷拳,非常可感。除他之外,全是新交,日本人也有,中国人也有。中国人大抵都是在日本人的机关办事的事务员,日本人便大抵都是与南满铁道会社有关系的,如满蒙文化协会(以后改称中日文化协会)[24]的干部,有一个叫中沟新一的来找我,就此辗转介绍全认识了。还有个中日合组的(?)诗社叫嘤鸣社,也来找我唱和些打油调;青年会来找我讲演,因此认识了不少人,其中有一个成了好朋友的,就是龙田长治。

龙田是个经营修船工事的,他深喜读书,精于新派日本画。他在画家石井柏亭氏及音乐家田边尚雄氏的记载里看见有关于我的话,他便拿一本旧书为贽[25]来找我，我和他一见如故，彼此作了朋友，一直到今天还是和旧时一样。前几年他回了日本，遇着些失意的事，目下除画画之外，专门研究佛学，前几年我到神户还和他见过一次。

文化协会和青年会要求我在日本剧场演过一次戏，在大连明治大学同学会和早稻田同学会的人们都来送些花圈之类捧场，但是这回的演剧却没有什么意义。[26]那时候有人想挤开刘凤祥而承继他的班子，因此停演一二日，便由文化协会和青年会的发起，在日本剧场演了一夜。青年会的意思是想筹几个钱，文化协会却只想藉以与中国知识分子联络，各有各的用意；临了文化协会担任一切，把这件事办了，青年会颇为不快。这类所谓筹款的事，我干得实在多，到一处演戏，总有人来要求筹款，有时筹得的款也相当的多，可是款子得到正当的用途固然有，被所谓名人支配得毫无下落的事也不一而足。有两次在新舞台为灾赈筹款，一次在汉口替湖南水灾筹款，结果全部饱了经手人的私囊。这回到大连，居然没有演过所谓义务戏，这是特别的。

我演戏越演越不耐烦，刘凤祥也不想在大连久恋，他便跑到哈尔滨、天津这两个码头去打路。另外有一班人要想夺取凤祥的班子，便极力来对付我，我是去志已决的人，当然无论怎么说也不能再留。到那时候箱底那一百元已经用去了一半，还没有走成功。我那回到北边本想趁机会到苏联去看看，满以为前台多少总要给我几个钱，结果非但西伯利亚的火车没有坐成，还要借钱回上海。

当凤祥外边打路的时候，冯春航到了大连。他本是应了营口的聘，谁知不受欢迎，演了几天，无法继续，他便来到大连，演了五六天，把大连的报酬还了营口一部分的借项，一面派人到青岛打路，青岛说妥了，他便离开了大连。这回他到营口，带了两个同伴：一个彩旦，一个大花脸。人家都说花旦搭班应当带小生或是老生，他偏带这样两个，觉得奇怪，不过他也是提携旧时的穷朋友，并不为台上的用处，搭班还只算是他一个人。

当他在大连演完了几天，等候青岛来信的时候，那实在可惨：他住在戏园一间小屋子里，没有窗户，全不透光，开门又怕风，也只好关着。各人用个小锅烧饭，煤烟迷漫满屋，可是他那倔强的性情，还是充分的表现着，他从来不和人多说话。

春航登台的时候我到旅顺去逛了两天，住在东北大学汉文教授许觉园[27]

氏的家里，备承他优渥的招待。晚上我一个人到博物馆一带散步，雪已经铺得很厚，路上行人除我之外再没有第二个，除掉远远地偶然听见日本哨兵马蹄之声，再没有一些音响。我看那雪实在美丽，铺得又平又匀，爱得我不忍去踏破它。在寂静之中，吸着清冷的空气，好象把在大连所受的尘嚣恶浊，洗刷干净了。我听其所之地乱跑了一阵，始终没有见到一个人。我回到许家，围炉讲话，看他的画，读他的诗——他的两位夫人，本是姊妹两个，她们都会吟诗作画，又精于烹饪，大家煮酒纵谈，到夜深才睡，我真象是到了家了。

从旅顺回到大连，我本来约定凤祥再帮三天忙可以走了，不料前台勉强送三百元来，要求再演八天，说从前我是帮凤祥的忙，这几天是帮前台的忙；我知道他们纠缠不清，决计不允。在这个时候，忽然接到一个从兄弟的信，要缴学费，家里也催寄钱还债，没有法子只好忍耐下来，又经许多朋友担保演满以后再不继续，我便答应了。拿三百块钱，寄了一百五十元替从兄弟缴学费。他是一个勤勉的大学生，我必得要极力帮助他；家中也寄了一百元，留下五十元自己用。却不想忽然又出了别的问题。

凤祥从哈尔滨回来，路过奉天，恰遇着张作霖生日，他便去包了一班堂会。这事是由汤玉麟作主，凤祥承办，当然凤祥不会把大连的班子放空，于是大连一班人就变了汤玉麟孝敬张大帅的礼品。

凤祥回来，非常高兴，以为他是胜利了，而且全班的人都有赏金的希望。在北边的伶工与其靠搭班，不如靠堂会，堂会所得的份子，总比搭班多些，所以大家听见堂会都欢喜。这也是因为私家养歌僮的习惯的遗留，有钱的老爷们不必费事去养歌僮，他们可以把伶人叫到家里开心取乐。他们不是不能到戏园子里看戏，可是叫班子到家里唱觉得有面子，也格外自由些——想看什么戏就可以点什么戏；想让谁和谁配演，就可以拉拢；各班的好角色可以荟萃一堂，赏心悦目，既可以联络各方面的感情，又可以表示自己的阔绰，真一举而数善备焉。

在伶人方面呢，小角色只是跟着大角色走，他们都是倚靠着大角色吃饭，大角色便全靠堂会的照顾，所以中等角色以及小角色都只注重堂会。凤祥这回接着了堂会，真高兴极了，全体角色没有一个不欢喜，但是我生平最反对的是唱堂会。我反对堂会的理由，前面也曾说过，不必细谈，而且这次凤祥完全没有取得我的同意，我当然可以不理。在凤祥以为他替我谋了生财之道总可以令我高兴,他当然不是坏意,而在我便不能不坚持我的主张。这样一来,凤祥急了,作揖说好话,继之以哀求,我始终没有答应。然而我要是不答应,这回的事便不成功,刘凤祥当然难于下台,后台大众以为我要阻他们的财源,大家都联合起来向我要求,前台诸人又请出几个报馆的记者和我的几个熟人一齐对我来讲。还有人想出一个掩耳盗铃的法子,叫奉天某通讯社打个电报约我到奉天去讲演,于是也好便中演出戏,不露痕迹。他说:"这不是两全其美面面俱到吗?"我无论如何,不甘心被卖,于是许多人都走开了,听我们自己解决。那天晚上恰好有人来替我饯行,我把这个事也对他们说了,他们不置可否。我在散席之后接到中国银行行员王小纯一封信说:"众怒难犯,止戈宜防"。旁边打着两行密圈,我便也有了打算。我一个人走到外面打听好了到上海的船,随又叫了几个挑夫,在我演满的头一天和他们讲好,约定第二天天一亮就收拾上船。一切都预备好了,我跑去找了一趟龙田长治,他听了我的话非常愤激,马上设法要去弄五百个修船的工人作我的后盾。

　　第二天一早,那天是1925年的3月3日,我天没亮就约齐了挑夫,居然把行李都运上了船。我有一个吹笛子的不知干什么去了,老等他不来,我只好让他去。谁知他怕追不上,便乱嚷起来,被凤祥知道了,弄了全班人追我,把我包围住,当地的流氓也派人帮助他们,其势要和我拼命;不过还好,并没有对我有失礼的表示。其时满洲报的金念曾、海关的孙定臣、中国银行的王小纯许多人都来了。龙田长治闻信追来,还有几个新相识的日本会社员一齐赶到。大家看这个情形,都觉得后台的情形太急迫了,劝我为大家的利益牺牲,我在这种状况之下,竟只好是将就了事,他们便将我的行李从船上搬下来,存贮到别处去了。

　　4日清晨,朱春山派前面提过的那位姓王的拳术家送我到奉天——实际是监视我,一路上谈的无非是些江湖上的事。他劝我许多话,非常亲切:他叫我和他合股放利债;又说奉天有几个好朋友甚么爷甚么爷的,都是妓院老板,都有义气,他替我介绍,随便花一千八百不成问题。他语气之间要仍旧留我在大连,说着掏出二百元给我,说他知道我不宽裕,非极力帮我的忙不可。我表示感激他的盛情,可是决不接受他的钱。我知道他既拿出来,总要敷衍一下,于是我说要多少用些日金,便和他借了二十圆,那时我因为急切没能退得船票,身边一文无有,这二十圆日金也就很为得力。

从大连动身的时候,最可感的就是龙田长治氏一个人睡眼朦胧到车站送我,他非常替我着急,想送我到奉天去,我坚辞,他才算了。他和我握手那个情形,如在目前。就是在大连的时候,他介绍我认识些男女画家,如伊藤顺三氏、丹羽小芳女士都是很有趣味的人。

到了奉天,当晚在一个叫金鼎臣的家里吃晚饭,席中遇见所谓唐少帅、汤少帅者——奉天重要军人的儿子,大抵都称少帅——那些少帅不知天高地厚的神气,无处不叫人头痛,以后遇见张学良,才知道他真是少帅当中出类拔萃的人物。

金鼎臣当晚和送我的拳术家商量,说:"北京的角色,个个都有后援,戏码、赏号、待遇,都预先接洽好了,你们来得迟,非想个法子不可。既来了总要有个面子。"于是替我筹划如何才能见长,如何才能让大帅看见,如何才能得到多的赏号;我真不能忍耐,便说:"这些都没有甚么相干,大可不必这样。"他听了我的话,便不再往下说了。

各处来的许多戏子都住在一个废宫的颓垣败壁之间,殿廷空阔,虽然有几块板遮隔着,终抵不住关外那种严寒,板隔的小房一间里住十几个人,起初没有火,个个都冷得打颤;以后生了火,那煤烟和大蒜的浓香,一走进去就会令人醉倒。

北京的大角色,除梅兰芳住在中国银行外,其他有的住在朋友家,有的住在栈房里;那时候所有的栈房都满了,他们也都是几个人一房挤得满满的。我算是受了特别优待,和拳术家王先生同住一间房。汤玉麟派了两个兵来服侍,这是他们的好差使,因为好去睡觉。到了第二天早晨,有一个团长来送出入证给我。他一进门坐下,也不说话,半天才开口:

"你们几个人?"

"两个人。"

"我问你们几个人?"

"全班好几十人,正确的数目要问刘凤祥,我们这里两个人。"

"我不管。给你两个徽章吧。"

他给了我徽章,又问我:"你会几出戏?"我揣摹〔摩〕他那神情,忍不住要笑。他的护兵非常伶俐聪明,能言惯语,他见我神情不属,便接着对我说话:"你别看我们团长是行伍出身,他起过小班儿呢。他什么都会,他还开

《自我演戏以来（1907—1928）》

过澡堂子呢。"

我听他说完，不禁肃然起敬。

张大帅暖寿[28]那天，我们都进府去演戏，见了汤玉麟[29]，他也很客气地招呼一下。我好比恶〔噩〕梦一般，演完一出便走了出来。第二天是正日子，街上非常热闹，许多军民扮着高跷、狮子、龙灯之类，齐集在帅府门前。一行一行走过来，经过府门，便有指挥者大声高叫："给大帅拜寿！"

龙灯走过，把龙头高高举起，大叫："龙灯给大帅拜寿！"叫着一齐跪了下去叩头，起来玩舞一回走去。狮子走来，高叫："狮子给大帅拜寿！"跳起来跪下去，三起三落，舞一番走去。高跷不能叩头，便作出许多滑稽的样儿，看的人一齐大笑。门口有四个大字"与民同乐"。可是那些龙灯之类，望门而拜，除了门内的几个卫兵，府里并没有一个人看见。

堂会的后台，女角色的风头最健。这回的戏本是由许多师、旅长送的，所以各人都想把自己的礼物，当大帅出来的时候献出去，于是秩序单便发生困难，差不多要紧的戏，都是临时酌定。而许多送礼的都到后台来监督他们的礼物，要趁机会献出去。因此不免有笑话：一个角色上去，后面便有人催快点下来，他不便彰明较著地催，只好冷言冷语地说些不入耳的话。这些话男角色听着不响，除乖乖儿听着之外，也就没有便宜。可是女角儿不然，可以反抗。（？）有一个旅长自说是戏提调，坐在后台，找着事骂人，真是严若冰霜。二个女角走上去揪他一把说："瞧不出你到〔倒〕有两下子，还会发脾气呢。"旅帅回头一看，只见他的白牙齿从他的黑胡子丛里露出来。女角又说："舌头那样儿挤着，好像含着个大茄子，还骂人呢。"旅帅说："我长的就是这个舌头嚜。"她们正在闹着，有一个帅府参谋，走进来，大谈其天主教义，和新旧教的历史；汤镇帅也走来，他就谈的是打枪和骑马；等到那女角进来卸妆，他们的谈锋一折，眼光飞射，好像打一个石子落苇塘，水波微动，蛙声顿寂。

我回到栈房，有好几家戏馆派人来和我接洽，并且送些钱来给我用。本来要讲唱戏的话，就在北边混几个月也不错，可是我精神上所受的刺激太多，万万没有法子再混。

汤玉麟他本是红胡子出身，为人豪放，他看着戏班子也和江湖上的弟兄一样。演完了戏，他把大连的班子会齐在一间栈房里，他盘腿坐在一间小屋

197

《自我演戏以来（1907—1928）》校勘及研究

里炕上，四围放着钱，他自己来一份一份地分派。哪是戏份，哪是赏号，他都随时有斟酌。前台的人想多得好处又想从角色身上挖一点，他很看得清楚，用一种特别的口吻一边笑着一边骂着他们，看他那神气好像是旧小说里常见的。

分完了钱，我得一千元。我自己留了二百元做路费，其余的除开销前后台外，全数分给后台的穷苦人。[30] 这一举大出他们意料之外，我实在不过代他们抱不平罢了。拳术家王先生说我是个朋友，他自愿把我的行李一切由大连运回上海，我便全数交付给了他。

汤镇帅约我看他的马，又同去游东北两陵，看见群鸦乱飞，拿过兵士的步枪来，一发而中；用钢弹打鸟真算不容易，颇有寨〔塞〕外健儿风。第二天他约我吃饭，吃完饭同去逛窑子，我不甚有趣，便托病跑回栈房，想检点行李，到北平去。我接到了上海的信，说是陈嘉璘兄已经替我办好了搭第一台的事，第一台后台主政的是周信芳，差不多全班都是熟人，我颇为高兴，可是我在奉天还想多玩一两日。好在一个人，一件行李，尽可逍遥自在一下。

那晚回到栈房，房里已经坐了有五六个客。一个是徐士达，一个杨大光[31]，一个杜仲枢，谈起来彼此还有点世交，还有一个便是一位新闻记者盛桂珊。除杜仲枢之外，都是奉天人，不久我和大光、士达竟成了朋友。①

士达、大光和青年会的阎玉衡[32]三位是奉天有力量的青年。他们的思想颇为进步，对社会对政治都怀着很深的不满，而且有一种不可遏抑的热情。他们说奉天没有新剧，要我替青年会的学生们排几个戏，说也好留些种子，我答应了他们，第二天便移居到玉衡的家里。他们又凑了二百元寄到我家里去，于是我打定主意在奉天住些时候。

奉天真是很冷，春季还是冰雪坚凝，地上的小便堆到几尺高，这是在南边见不到的。我初到阎家的那晚，他给一间很大的房，初一进去就是进了冰窖一般，好容易烧了半夜的火，才有些些暖气。我在房里总是日夜不断的添着煤，都还觉得寒气侵骨，不能坐着写字，我只好把条绒毡围在腰里，用捆铺盖的绳子绑起来，背向火炉坐着，这才可以勉强过去；但是披着皮大衣出

---

① 徐士达后来成了蒋介石的红人，当过专员。1948年香港报载有一艘从大陆撤退到台湾去的船，中途沉没，徐士达全家都在船上。杨大光和一些失意军阀政客念佛，只有阎玉衡同志参加了革命。

《自我演戏以来（1907—1928）》

门，虽在风雪之中我也不怕。奉天本地人大约是耐惯了冷，尤其如徐士达，始终只见他拖一件破棉袍从来不曾叫过冷。他之为人，性情豪迈，操守谨严，一种坚忍耐苦的精神，处处都可以看见。

奉天人每天吃的是两顿高粱水饭，上午十点一顿，下午四点一顿，这个颇象广东规矩，不过他们艰苦得很，没有饮茶、吃点心的习惯，而且高粱水饭那种粗淡，娇生惯养的南边人是万万吃不来的。阎君夫妇，为我预备大米饭，又把开饭的时间改成合我的习惯，我于心颇为不安，而他们待我精神上的优渥尤有过之。

我住在那里很安稳，译了一个易卜生的戏，看了几本书，还写了些论文登在奉天报上。我住的地方，名叫小河沿，是奉天名胜之一，可是冷天除冰雪之外，只见几排枯树。我翻着日历知道已经是绿遍江南的时候，而奉天还是冰封雪壅，有一天在一家小饭店里见几幅西湖画景，遂不禁有南归之意。

又有一天我到日本图书馆去看书，回来经过一间日本酒店，我走了进去，看见盆里一枝柳树，因为屋里暖，出了很长的芽，这种新嫩的颜色，在全灰白色的奉天城里，我只见过这微细的一两点。我信口说道："你们的柳树发了芽了！"一个酌妇回眸微笑答道："树都发了芽，能够不喝酒吗？"她坐下来一杯一杯地殷勤相劝，不觉得一转眼就喝光四瓶啤酒，她还是只管劝，我算清账带着微微的醉意摇摇荡荡地走回去，觉得是旅中有趣的一件事。

我在奉天演讲过很多次。有一次在青年会讲演平民艺术，话里有"我们要从特殊阶级手里，夺回被独占的艺术"的话，我主张彻底的革命。这回的演说颇得听众同情，青年学生和我来往的一天一天的多起来，我在他们当中挑选了一些人，排了两个戏，一个是《少奶奶的扇子》，一个是《回家以后》。还有一个独幕剧，我忘了是甚么。演的地方是总商会，收入是妇女青年会的。那回费了好多事没能做到男女合演，但是几个角色都还算过得去，而且他们很热心排练，足有一个月不断的工夫才上演的，成绩不能算坏。我最初没想到要这样长的时间，本想还排一出易卜生的戏，以后因为行期已定，便只好作为罢论。我回到上海以后，还时常接到奉天学生来的信，好象从那回以后，他们并没有继续表演。有的对于他本省的政治和社会异常不满，希求革命，词意之间，异常激烈，在国民军得了武汉以后，忽然没有音信了。

在奉天排戏作文读书之外，惟与士达、大光纵谈。大光他实在是精明强

199

《自我演戏以来（1907—1928）》校勘及研究

干，在官办储蓄会有个小事，不足以展其才。士达在市政公所当科长，他本是日本京都大学的工科生，在市政公所颇有实权，还有建筑工程以及车辆之类都归他管，在旁人可以借此发财，但是他公私之界极严，清贫自守，分寸不逾，有个德国人送他一辆汽车，他拒而不受，每天只在冰雪中跑路。他除工程学、机械学而外，还留心军事教育和政治的史料，颇有效死国家之志。现在他们两位也不知怎么样了。因为职业变迁，通讯地址更变，玉衡又到美国去了，无从询问消息，今年春天不知在哪里听得玉衡已经回了国，可是我还没写信问他。

临动身的头一天下午，玉衡介绍我见了张学良，坐他的军用飞机飞了一小时，这是一个新经验。从飞机下来，那晚和玉衡、士达、大光喝了一夜山东老酒，第二天清早上火车直奔北平，[33] 一路上冰雪坚凝，还是全无绿意，谁知一进山海关，过不到几站，桃花已经红了。

在北平住了一星期，匆匆回到上海，丝毫没有休息，便在第一台登台了。[34] 那时是周信芳管理后台，一班都是熟人，相处得不错。信芳正排《汉刘邦》，我也帮他搜集些资料，但因卖座不甚好，只好一本一本地赶着排下去。他固然是忙得个不了，我也曾化着妆〔装〕，利用下场的空隙，赶写剧词。这本戏当然说不上什么历史意义和艺术企图，不过是求其卖钱而已。信芳是个欢喜读历史和历史小说，又爱好文学的人，他很想编些有意义的历史戏，但如何能把历史戏和当时流行的机关布景结合起来，使它又有意义又能卖座，却是个难于解决的茅〔矛〕盾。我记得在第二本里我饰的是虞姬；还有一本不记得饰一个什么姬人，和刘邦一同逃走，走到一间庙里，而追兵已至，两个便藏在香炉里面，菩萨显圣，追兵翻转香炉竟是空的，这便是机关的巧妙。人进机关，后台叫作钻机关，当我们钻进香炉里面，仅仅容得下两个人，还要用特别紧凑的方法互相拥抱，所以逼得连气都出不来。我们跑过好几个过场，往炉里一跳，蜷伏下去，和伏酸菜一样，一个木盖从上面压紧，只听得彼此的肺部和外面的锣鼓一样紧张，咙咚咙咚地响个不住；他的汗一点一点地滴在我的颈上，而台下采声大作。从机关中钻了出来，不免粉黛交下；赶忙拂一拂尘土，改一改化装，换上一套衣服，如此喘息未定，又匆匆地走出去，大唱其整段的二簧，风尘仆仆的我，这样连来几天，嗓音便受了影响。

登台没有多久，忽发了痛风症，左脚大趾痛不能行，只得告假养病，一连两个多月坐着不能动,计算起来,并请假扣去的薪水和医药费又得打饥荒。到了冬天,第一台主人因积欠太深,倡议改组,我又和信芳、灵珠诸人当起合股的老板来,结果赔本不少,戏馆还是被人家占了去了。我从此不想再登台卖艺,我并不怕穷,不过钻机关唱联弹,还要靠借债过日子,也就觉得太不值得了。

从第一台出来,卜万苍拉我同进民新影片公司当编辑。我替他们编了一出《玉洁冰清》并且还自己演了一个角色。[35] 片子还没有出来,我却又应了汉口的聘。最初本只说是去演一个星期,谁知从登台那日起已经订去了半个月的包厢,以后接接连连竟演了两个月。恰好《玉洁冰清》的影片到了汉口,我率性多住几星期,作了些推销的工作。影片演完,又演了一个星期的戏,这才回到上海。[36]

此次到汉口,有一件事我还记得:汉口——不仅汉口,大凡在内地各埠,戏子不能公然逛窑子,因为那是老爷、少爷们的特权。民国以来,这个风气略为改了一些,但是戏子逛窑子,或是妓女接待戏子,一般人还是认为是罪恶——有一个唱武生的在新市场大舞台演戏,虽然俗不堪耐,却也颇能叫座;其叫座之能力全靠吸引女看客,这些女客之中,妓女当然占一部分。这位先生极力替自己做广告,着实不免有些近于招摇:他到晚上在草帽上装上三盏小电灯坐着汽车在马路上穿来穿去,引得行人驻足而观,他却自鸣得意,不以为丑。

他姘识了一个妓女,和他私下订了婚约,并且约定在他合同满时同回上海。谁知这个妓女有一个熟客硬要娶她,那位先生是个富商,年纪七十多岁,还十分留心内宠,在这个妓女那里大约化〔花〕过不少的钱,他听见这个消息,便去和警察厅长商量,以败坏风纪淫污闺闱的罪名从严究办,便把这位武生押了起来。这位武生本和吴佩孚的几个下级军官是朋友,这几个军官想用强力从警察厅保他出来。于是警察厅以非常手段提来拷问,不由分说先用木锤〔棰〕将他的左右脚踝骨打断。以后不知道怎么样,这件事传到吴佩孚耳朵里去,他主张重办。

新市场的一班董事全是巨绅富贾,当其剧场兴旺观客盈门的时候,他们也都欣然色喜,以为那武生的广告方法很好,一到了闹出乱子来了,他们立刻都起来维持风化。其中大多数主张枷号游街;有一个买办便主张枪毙,以傲效尤，大家也就同声附和。在正要游街的头一天，我恰好到了汉口，那一天的报纸关于这件事很热闹的登载着，许多人打听路线，预备看热闹。

我觉得这种事情太可笑了，我匆匆下了栈房，立刻去找了许多熟人替他疏通；遇到几个明白点的绅士，他们约我晚上在华商总会去谈谈。

晚上到了华商总会，当地名人大都见着了，他们正在谈着这个案件。我见他们七嘴八舌，似乎不便替那武生辩护，我只好以参加讨论的态度和他们谈话。我说："某人虽是品行不好，事情总出在你们各位管辖的新市场，惩办过了，叫他立刻离开汉口，各位维持地方的责任也就尽了；他如今肢体已经毁损，同时剥夺去一切公权，也就不算罚得很轻；如果处理得太重，恐怕大家也不能十分心安理得吧。而且，拿去游街，在他个人至多不再到汉口，但若这样办，似乎把新市场的弱点极力暴露，恐怕更不好办吧。"他们听了我的话也颇以为然，于是介绍我在第二间房里见了那个警察厅长。那厅长不记得姓什么，他是留日法政速成学生。瘦瘦的，两撇小胡子，穿着长衫马褂，抽着水烟，他说在东京见过我，我却完全记不起来。我简单和他谈了几句，他也并不坚持说要怎么办。结果游街的事收回成命，过了一向，那武生被罚了六百元驱逐出境；那个妓女仍然花枝招展，时时到新市场大舞台看戏，她得了那种特别广告的帮助，格外知名了。

汉口夏天的奇热，这一年我算尝到了滋味，深夜在房间里一直开着电扇还有华氏九十八度。在台上张嘴一唱，汗从面上流到口里。我每晚演戏，白天还为影片《玉洁冰清》的放映忙个不了，及至动身回上海的时候，革命军已经攻下岳州了。

我回到上海，万苍因和侯曜不合，离开了民新，民新便叫我当导演。我一个尽料的外行被逼得勉强工作，只好从头学起，但在一年之中，却增进了不少摄影场和暗房中的智识和经验，而电影界的生活，也亲身尝着了。

中国电影演员的生活，正和从前文明戏的演员差不多；所不同的，最初期的文明戏演员，都带几分浪人气，以后的便都带几分市井流气，而电影演员因时代的不同，都妆点出些西洋气——从表面上看，男演员大概有一身夜礼服，女演员大概有几件半西式的漂亮衣裳（当然那些临时雇用的小演员不在此例）。跳舞场他们时常要去，所以衣服也要相当的整齐，门面总是不能不要的。但是，那些穿漂亮衣服、坐汽车、吃洋糖的女明星，回到家里去不见得有钱买米。有一次七个明星在一间房里坐着等夜饭，七个人倾囊拼凑，不到五块大洋；那些男明星便更不用说了。从前有些女演员要在咖啡店去当女侍，大引起影剧界的反对，老实说，干这种副业，也正为正业的经济条件不充足的原故。据说还有秘密营他种副业的，只要不抛头露面，在中国社会里也尽可以认为没有其事，何以女侍便认为丢脸些？有个朋友对我说："尽管去嫖，却千万不可到跳舞场。跳舞场许多人看见；嫖，只要自己不张扬，可以不让一个人知道。"

我在民新公司的时候，女主角都是些夫人、小姐，另是一个派头。民新对导演的待遇似乎也比别的公司优些；有些小公司的导演，一个月只有几十元的薪金，却从早至晚，从晚到天亮，很少休息的时间。

在中国电影界当导演有几件事要注意——一、用钱要极少；二、出片要极快；三、片子要能卖钱。所以要苦心去揣摹〔摩〕风气，还有就是要绝对耐得辛苦，要受得气。前三桩是连类来的；如果用钱多，出片慢，卖不着钱，三者有一于此，必大听其不堪的闲话；三者都不如程，便要被排挤，丢了饭碗。

至于受辛苦一层，不必多说，也可想而知。片子要出得快，当然要赶：有炭精灯的公司，往往一夜拍到大天光，白天还要赶着整理片子和剧本，还要布置演员，选择外景，检点布景、服装，以及处理临时发生的事务。导演要能全盘打算，稍一不留神便弄出笑话来。那没有灯的公司便把时间反过来，白天从早晨八九时到太阳落山拍戏，晚上办其他的事。

老板不容易敷衍，演员也不容易驾驶。有面子的演员往往不听话，还爱闹闹脾气；小演员虽然不敢闹脾气，可是大都没有才能，或是有些才能，又少了训练：所以万万不宜躁急。有时候为公为私都有忍气吞声的必要，求其方方面面周到并取得相当的信仰也不是一朝一夕之力可以做到的。

外国比较好的的影片公司，设备很周，分工很细，各部分又都比较健全，所以导演不至太过烦心；而且资本和时间比较充足，不致拼命死赶。[1] 中国的公司资本周转不来，设备又不完全，全靠拿命去拼，所以累死了也出不了什么好的东西。日本影界的情形与中国相去也不甚远。

---

[1] 我当时的看法是这样。后来我才知道些"好莱坞""乌发"一类电影公司老板的厉害。

我当了一年多导演,增进不少的阅历,尤其和女演员办交涉,从到摄影场才是破题儿第一遭。我虽干过爱美剧团的事,对于女演员另外有人负责,所以与我没有什么关系。我生平最不会敷衍女人,所以女演员和我发生好感的很少。在拍戏的时候,她们往往会生气,往往不依规则,有时弄得不好,又会大哭不止。起初对这种情形觉得为难,久而久之,看惯了,也就麻木不仁,若无其事。

有些导演欢喜请女演员吃饭。我有一个同道的朋友,请了几个女明星到大华饭店吃晚饭,她们大点其菜——大华点菜是很贵的,每盘要两元——结果他对我说:"她们真糟,点了菜又不吃,真害得我好苦,半个月薪水没有了!"说着大笑一阵。这样的经验我还没有。我在民新公司编导了《三年以后》[37]《天涯歌女》两部片子。约满之后,没有继续,从那里出来又零零碎碎到内地各埠去演了几次戏。以后我很厌倦登台,只想多读点书,多写几篇剧本,差不多有半年光景,整天坐在家里。那时候许多干戏剧运动的朋友也都没有办法,以为只好从文字上多努点力,所以全钻到书斋里去。恰好革命军到了武汉,上海一班文人多从书斋里跑到街上,可是平日没有多多积累,急切也无以自见。在这种新旧交替的时候,颇有青黄不接之概,过渡期的情形,大概总是这样吧?

那时上海的新剧团还是戏剧协社比较活动点。田汉从"醒狮"退出来组织南国社,有如异军突起,我参加了南国社,并在南国艺术学院担任过一点课。又曾在一个叫鱼龙会的晚会上和周信芳、高百岁、周五宝等几位演出了我编的《潘金莲》,这要算我自编自演的最后一个戏。

1927年,田汉领着唐槐秋、吴静(槐秋之妻)、顾梦鹤、严雨今、唐琳、易素(女)、黎清照(女)等到了南京。田汉约我也同去,我正应了大舞台的聘,一时走不开。过了一个月,我才辞了大舞台的事去到南京。

在南京的事情,当时有一篇《国民剧场的经过》[38],让我把它录在下面,当时的记事,比目下的追忆或者更清楚些,这也是生平一种经历,在我个人不能不认为重大的。

注释：

1. 据《申报》1923 年 1 月 18 日广告载："亦舞台所聘之欧阳予倩，于昨晚登台，演唱《人面桃花》，观者深为拥挤，九时半已满座营业大佳。"据此可知，欧阳予倩自南通返回上海，搭班亦舞台的确切时间为 1923 年 1 月 17 日。

2. 据《申报》1923 年 4 月 18 日广告，欧阳予倩与潘海秋、张月亭等在亦舞台演出全本《卧薪尝胆》，并注明"只有一天"，第二天即 19 日亦舞台的广告中已无欧阳予倩之讯息。自 1923 年 1 月 17 日始，至 4 月 18 日止，欧阳予倩南通返沪后在亦舞台演出的时间，恰好三个月，书中所述准确。

3. 按，原书为"转圆"，排印有误。应为"转圜"，调解之意。

4. 即袁樊（1903—1963），字安圃，号卧雪，江苏吴县人。曾在诚孚公司供职，师从张季直、冯超然学习书画，并与俞振飞、殷震贤、项馨吾、翁瑞午、徐子权等曲界人士合作彩氍，高亭唱片公司曾为其灌制唱片。1962 年赴港，次年卒于车祸。

5. 即欧阳立征（1900—1984），湖南浏阳人，毕业于湖南福淑女子中学，是浏阳有名的才女。

6. 唐有壬（1893—1935），字寿田，湖南浏阳人。唐才常之子，欧阳予倩妹婿。早年毕业于日本庆应大学。1927 年 10 月任南京国民政府交通部次长；1931 年 1 月任立法院立法委员；12 月当选为中国国民党第四届候补中央执行委员，并推为中央宣传委员会委员；1933 年 8 月任外交部常务次长。1935 年 12 月 25 日，唐有壬在上海寓所遭中华青年抗日锄奸团成员暗杀身亡。

7. 按，《申报》1923 年 6 月 23 日载《欧阳予倩赴杭演剧后之沪闻》道："欧阳予倩君，自亦舞台合同期满后，即在家研究，故历在本埠各校担任演讲，颇得听者欢迎。前因杭州第一舞台须聘名角，故特派人来沪，与予倩相商，请其赴杭。予倩本拟过夏再决，惟因来沪者再三商请，乃允短期演唱，俟秋凉后再行正式立合同。予倩去后，已于前日登台，大受该埠顾曲者欢迎，连日均售满座，对于《玉堂春》，更为称赞云。"据此则消息可知，欧阳予倩莅杭演出的时间为 1923 年 6 月 21 日。

8. 按，《小时报》1923 年 8 月 6 日"艺术界消息"云："名伶欧阳予倩前受南京新舞台之聘，前往演戏一星期，刻因其夫人在沪患病，已暂辍演，于昨晨乘沪宁快车返沪。"据此消息可知，欧阳予倩从南京回沪的时间大抵为 1923 年 8 月 5 日。

9. 即汪优游（1888—1937）。

10. 应云卫（1904—1967），字雨辰，号扬震，祖籍浙江慈溪，上海人。中国早期话剧、电影导演和戏剧活动家。1922 年与欧阳予倩、洪深等人发起成立戏剧协社，1930 年 8 月加入中国左翼戏剧家联盟，1933 年导演话剧《怒吼吧！中国》，

1934 年加入电通影业公司，1935 年任南京国立戏剧学校教务长。抗战期间，先后发起组织中华全国戏剧界抗敌协会、中华剧艺社，任上海救亡演剧队第三、四队总队长，执导《保卫卢沟桥》等剧和电影《塞上风云》。新中国成立后曾任江南电影制片厂厂长、上海市电影局顾问、中国电影协会上海分会副主席等，先后导演了《妇女春秋》《周信芳舞台艺术》《武松》等故事片和戏曲片。

11 据《小时报》1923 年 6 月 5 日载，戏剧协社"公请欧阳予倩先生为剧务顾问。欧阳君富于剧学，此次该社演剧，即公请先生担任化妆〔装〕，将来必更有所供献于社会。又悉该社下次拟排演之戏剧或为欧阳君之《赤子之心》及《泼妇》……"

12 梁绍文（1899—？），广东顺德人，毕业于北京大学，早年参加少年中国学会，后加入国民党，参加北伐战争，并受国民党中央指派，多次赴东南亚开展党务工作。曾赴美国华盛顿大学访学两年，回国后任汉口大元帅府秘书、上海与吴淞警备司令秘书、上海兵工厂政治部秘书、驻印度尼西亚苏门答腊巴邻旁市代理领事、驻美国西雅图副领事等职。著有《南海诸岛游记》一书。

13 洪深（1894—1955），原名达，字伯骏，号潜斋，别号浅哉，笔名庄正平、乐水、肖振声等，江苏武进人。早年就读于上海徐汇公学，1912 年考入清华学校，1916 年留学美国俄亥俄州立大学，1919 年转哈佛大学，专修文学、戏剧，获硕士学位。1922 年回国，在上海从事戏剧创作和演出。其一生共创作、编译了 38 部话剧剧本，参加和领导过戏剧协会、复旦剧社、南国社等戏剧社团。新中国成立后曾任中国戏剧家协会副主席、对外文化联络局局长。主要作品有《赵阎王》《农村三部曲》《走私》《鸡鸣早看天》等，著有《电影戏剧表演术》《电影戏剧的编剧方法》《戏剧导演的初步知识》《现代戏剧导论》《抗战十年来的中国戏剧运动与教育》等教科书和著作，辑有《洪深戏剧集》《洪深戏剧选闻报》《洪深文集》等。

14 按，《赵阎王》一剧在上演之前曾连续两日在《新闻报》《申报》等报上刊载预告。1923 年 2 月 6 日该剧以"鼓吹裁兵"之名义，正式在笑舞台上演，当日《申报》广告云："戏剧改进社假座笑舞台排演鼓吹裁兵白话新剧《赵阎王》。社会新剧《赵阎王》，系戏剧家洪深君所新编。洪君留学美国，专门研究戏剧，深得个中三昧，曾在纽约等处登台奏技，备受社会欢迎。前年因华北水灾，演剧筹赈，排演英文《木兰从军》，尤著声誉。此次慨允牺牲色相，现身说法，实为回国后第一次。演员除洪君外，尚有笑舞台著名艺员李悲世、李天然、秦哈哈及其他社员。至于布景等，悉仿西式，诸君留心社会问题，赞成鼓吹裁兵或研究戏学者，谨请早临赏赞是幸。地址：广西路笑舞台；时间：阳历二月六号、阴历廿一日晚九点一刻起；票价大洋 一元。售票处：笑舞台、孟渊旅馆账房。"但仅一演而辍。

15 按，欧阳予倩重返新舞台，始于1923年7月4日。《申报》1923年7月2日"欧阳予倩将在新舞台客串"消息道："欧阳予倩前因赴杭帮忙，颇蒙该处各界欢迎，刻已返沪，于本月四、五两晚（二十一、二十二日）应九亩地新舞台之聘，客串两晚。第一晚演予倩得意之剧《人面桃（花）》。第二晚演双出好戏，一为《馒头庵》，该台舞台极大，飞舞必颇有可观；一为三本《虹霓关》，亦系予倩之杰作。"1923年7月14日（阴历六月初一日），新舞台歇夏。同年8月17日，新舞台开幕，欧阳予倩的《百花献寿》作为开幕的重头戏，该戏"为欧阳予倩君得意杰作之一。剧中有歌、有舞，有当场将鲜花向观众座中飞散。新舞台的地位特大，散花、飞舞，都比别处有回旋之余地，更能将好身手特别施展"。
又据《小时报》1923年2月6日"特约马路电"载："欧阳予倩演《百花献寿》时，常以鲜花一束，亲送于第一排当中座客。之前有人闻此，俟其续演此剧，特定第一排当中座位。但临时竟无其事，殊为快快。大约此举，一须碰予倩高兴，二须看客人运气。"

16 按，有关欧阳予倩在新舞台演出情形，《小时报》1924年2月20日道："前晚（十七日）新舞台欧阳予倩演《百花献寿》，鲜花一篮，演时随手掷花于台下，并用力掷向花楼中，累掷累坠。花楼前排有数女据坐，形甚踽踽。"

17 按，又称江浙之战。1924年9月3日至10月15日，直系江苏督军齐燮元、福建督军孙传芳与皖系浙江督军卢永祥之间爆发战争。9月3日，双方开战，重点在上海外围的浏河、宝山、嘉定、松江一带，浙军略占优势。至10月初，齐军、孙军攻下上海外围的宝山、松江、嘉定等地，浙军战败，卢永祥被迫通电下野，其残部推皖系徐树铮为总司令，以图继续作战。10月15日，徐树铮遭上海租界当局软禁，战事遂终。江浙战争成为第二次直奉战争的导火线。

18 困涸：匮乏。语见唐刘禹锡《同州谢上表》："今本部灾荒，物力困涸。"

19 按，文中所指之"国民政府"系指广州民国政府，与香港当局之绝交源于"杯葛事件"。所谓"杯葛事件"系指1925年6月23日，广州各界民众和从香港回来的罢工工人在东校场举行大会，声援上海的"五卅运动"。会后万人大游行在路经沙面租界时遭到英法军队的枪击，酿成"沙基惨案"。广州政府连续三次发布抗议照会，并多次提出解决惨案的条件，但英、法驻华公使却迟迟不向广州政府作复，反向北京政府提出交涉。广州国民政府遂与港英当局绝交，中断与香港的一切经济往来，香港顿成"臭港"。广州国民政府代理外交部长陈友仁致函港英当局建议中英双方就杯葛事件进行谈判，但终因双方分歧巨大而无果。

20 按，当时伶界有两个刘汉臣，艺名同为"八岁红"，一在天蟾舞台演出，一在新舞台演出。在新舞台演出之刘汉臣（1902—1927），系邱治云之徒弟。据《申报》1927年1月21日消息："被捕伶人刘汉臣、高三奎，以通敌罪名，昨午在津枪决。""刘父早亡，有昆季三人，彼行三，兄汉森、汉泉。"(《戏报》1927年2月20日）欧阳予倩文中所述之"汉臣"，即此刘汉臣。刘汉臣被杀，虽系通敌赤化罪名，实则与奉系军阀褚玉璞之妾私通有涉。据《绮情楼杂记·褚玉璞杀伶人刘汉臣》载："民十三奉军击败直系后，奉军将领褚玉璞……有宠妾某氏，与伶人刘汉臣通，时有丑始……得其情，褚遂电北京宪兵司令王琦，谓刘有共党嫌疑，令捕送保定，王立遵办。"褚玉璞枪杀伶人刘汉臣，乃民国天津八大奇案之一，秦瘦鸥的小说《秋海棠》，即以此为题材，被誉为民国第一言情小说。

21　按，欧阳予倩赴大连演剧的确切时间据《新闻报》1925年1月14日"游艺消息"载："欧阳予倩闻定二十二赴大连搭班。"

22　按，1925年的阴历新年应是1925年1月24日，阴历乙丑年正月初一日，欧阳予倩于前一天即1925年1月23日抵达大连。

23　按，"卍字不断头"即意连绵不断。

24　按，1920年7月1日"满蒙文化协会"成立，1926年9月13日该协会更名为"中日文化协会"。

25　贽：见面礼。

26　据《上海夜报》1925年2月27日《大连欧阳予倩之演剧会》消息："满蒙协会拟开之欧阳予倩演剧会，自发表以来，大受一般之欢迎，咸欲一享耳目福。关于剧目之选定，已由各专门家协议，决定四种如下：一旧剧《打鱼〔渔〕杀家》，二欧阳予倩之新剧《人面桃花》，三由《西游记》中所选之武剧《金刀阵》，四以跳舞为中心之《百花献寿》。以上皆为代表的脚本，一经寓目，即可知中国之变迁。会费共分两■，白券两元，蓝券一元五十钱。再欧阳予倩氏曾肄业于明治大学与早稻田大学，故该两校校友，亦均拟力予援助云。"

27　许觉园（1885—1972），原名学源，字觉园，号大洪山人，别署闲月。善写菊，人称"许菊花"，湖北孝感人。早年就读两江师范，参加武昌首义，任职湖北军政府。后受宋教仁之托，主办国民党报纸《中央新闻》而遭袁世凯之嫉。许得《顺天时报》记者辻听花之助，至旅大任教。抗战期间，蛰居重庆，悬壶自养，与同乡董必武有诗文唱和。新中国成立后，曾任中央美术学院教授、神农医学社社长。有诗集《采风录》存世。

28　暖寿，指在寿诞前一日置酒食祝贺。

29　汤玉麟（1871—1949？），字阁臣，辽宁阜新人。前清管带出身，1917年参与张勋复辟，后出逃。1919年任张作霖顾问，后任奉天东边镇守使等职。1928年12月任热河省政府主席。1933年3月任伪满参议府副参议兼热河省省长，同年8月被国民政府通缉。1934年1月，复宣布抗日，同年5月任军事委员会北平分会高等顾问。

30 据《小时报》1925年3月19日载："新剧家欧阳予倩到奉演剧寿张，不收一钱。向各校讲演数日，于十三日早车赴津，各校学生赴站台欢送者三四百人。"

31 杨明辉（1895—1966），字大光，山东蓬莱人，后移居辽宁宽甸。民国时期任教于燕京大学、辅仁大学、中国佛教学院等高等院校。1924年九世班禅避难于北平，杨大光居士一直侍奉其左右，被藏民尊为"内地活佛"。"九一八"事变后，杨大光在北平与东北名流阎宝航、高崇民、杜重远、车向忱、卢广绩等成立"东北民众抗日救国会"，组织东北抗日义勇军，抵抗日本侵略。

32 阎宝航（1895—1968），字玉衡，辽宁海城人。1918年毕业于奉天两级师范学校，1918年4月在程砚秋、张学良、郭松龄等人的支持下，创办了奉天贫儿学校。1921年被基督教奉天青年会聘为青年部干事。先后组织"星期三会""启明学社"等团体。1937年加入中国共产党，同年在上海发起成立"东北抗日救亡总会"。1941年参与组织中国民主革命同盟。1945年发起成立东北政治建设协会，任理事长。1946年任辽北省人民政府主席。1949年出席中国人民政治协商会议第一届全体会议。新中国成立后，任外交部办公厅副主任、条约委员会主任委员等职。"文化大革命"中遭迫害去世。

33 按，欧阳予倩由关外抵达北平的时间为1925年4月16日。据北平《社会日报》1925年4月17日消息："新剧家欧阳予倩，献艺沪汉各大戏场，历有年所，颇得社会欢迎。昨日上午已抵都门，市中名伶梅兰芳、杨小楼、小翠花等及各园台柱、捧角专家均到东车站迎迓。现住后门内黄化门其友唐某宅，稍事休息，拟在京出演拿手好戏，以飨都人云。"

34 按，1925年4月30日，《申报》刊出丹桂第一台的大幅广告称：

"丹桂第一台礼聘名重海内外、文学渊邃、艺术优美、新旧剧家、青衣花旦欧阳予倩，现已到申，择吉登台。予倩君的文学，名重士林，予倩君的艺术，脍炙顾曲家之口，他的鼎鼎盛誉，既已遐迩遍传，妇孺皆知，只要把他的台衔披露报端，足够哄动时下，正不必做广告的健笔，再替他做什么颂扬文字。不过有三桩事情，窃以为非向各界诸君报告一下不可，你道那三桩事情，原来就是：

"第一桩，本台已然名角如林，不过像予倩君这么一位文学渊邃、艺术优美的艺员，也正所需要，因为他演新戏的程度，悲旦，做表深刻，入木三分，泼辣旦，意气飞扬，加人一等。他唱老戏的程度，青衣，声清韵醇，字正腔圆，花旦，张露八面，靡往不宜。本台主张发扬老戏，同时也主张提倡新戏，对于这种一事精、百事精的角色，当然多多益善，于是不惜重金，把予倩君聘了来，从此本台不论演什么戏，一经他加入，锦上添花，倍觉绚烂，对于本台，这就叫作得其人哉。

"第二桩，予倩君才大艺博，游踪所至，何尝不畅行厥道，但结果终觉得他非用武之地，乡非久恋之乡，不能够把他所得意的才，所快心的艺，尽情宣传出来。现在下隶本台，你来罢，你擅场什么，准让你把什么漏出去。凡是才子，就怕怀才莫展，从此予倩君占定地盘，非但才可以展，而且长可以馨。对于他，这就叫作得其所哉。

"第三桩，予倩君最早隶的是那家，原来就是本台，最早请予倩君演他所首创发明的古装戏的是谁，原来就是本台的麒麟童君。凡深知予倩君的，试思予倩君游踪所至，也曾这般相得否，如今旧地重莅，老搭档复聚一室，本互助精神，收合作效果，说来说去，只是便宜了顾曲诸君，诸君眼缘真不浅啊。"

1925 年 5 月 3 日，《申报》再次刊出丹桂第一台的大幅广告："丹桂第一台礼聘名重海内外青衣花衫新旧剧专家欧阳予倩，特烦欧阳予倩君新排义侠哀感的杰作《是恩是爱》。欧阳予倩君的广告见了报，各团体各界个人寄本台转致他的函件，盈筐满篚，足见他所固有的号召力，实实与众不同。现在予倩君快要登台了，他为酬谢知音起见，打泡就唱新戏。目下已筹备好了两出。一出就是《是恩是爱》，一出限于篇幅，耽几天再宣布，如今先把《是恩是爱》的优点奉告顾曲界：（一）连台戏有趣，整本戏有劲。本台连台戏，已有《汉刘邦》，予倩君便舍连台戏而排这出整本戏《是恩是爱》，情节一气贯串，自首至尾，一夜演完，各界诸君看了，如哀家食梨，如使并州剪，干脆爽快，别具风味。（一）《是恩是爱》，是除仁至义尽、恩至爱尽的侠情哀剧，这段公案，起得出人意外，完得出人意外，由予倩君的生花笔点缀成剧，情文并茂，格外出色。（一）《是恩是爱》，取材于太平天国韩宝英割爱救父、殉夫报友事。太平天国，若不苟安南省，自相并吞，何致成而复败。当时太平天国的内容，恰与吾中华民国的现状垺，予倩君特笔兼及，给执政诸公立一竿形。诸公看了，若能猛省憬悟，民国的前途，正光明着哩，然则只道这出戏，是侠情哀剧，还是小看了这出戏了。"

35 据《小时报》1926 年 5 月 4 日 "电影界消息"："民新摄制《玉洁冰清》除女明星数人担任要角外，戏曲家欧阳予倩亦扮演剧中为富不仁富翁。" 又据北京《益世报》1926 年 10 月 31 日广告，上海民新影片公司当年第一次出品《玉洁冰清》，"文学戏曲巨子欧阳予倩编剧"；"欧阳予倩以青衣著名而在此片中饰一吝啬富翁，能刻划〔画〕入微，惟妙惟肖"。

36 《新闻报》1926 年 6 月 8 日《欧阳予倩莅汉记》道："汉口自怡园美商大舞台相继拆毁后，汉上舞台，愈趋愈下。乃桐珊应老闒之邀，鬻技西舞台，予倩应新市场聘，先后莅汉。汉上梨园，顿形热闹。予倩乘鄱阳轮于二十五日抵汉，同来有赵化南及王兰卿二君，先寓同善里，后以该里嘈杂异常，迁居湖北街世界大旅社三十八号。君前次来汉，名满三镇，备受各界热烈之欢迎。此番重来，予于二十七日假翼江楼宴君，辱蒙惠临，潇洒风流，绝无半点尘俗气，谈笑极健，满座甚欢。在座半属汉上票友，谈长话短，并各歌一段。予倩所唱为《五花洞》二六，声音清脆，腔亦新颖可喜。席散同至世界大旅社小谈，并央君唱《刺汤》一段，至十一时始兴辞去。予倩嗓音较前清亮宽润，愈觉婉转动听。打泡三天，二十八《长生殿》，二十九《人面桃花》，三十《龙凤环》，皆君杰作也。三十阴雨，而座不稍减。此次来汉，包银二千番，同来之赵化南三百五十番，王兰卿为一百二十番。合同约定一月，予倩告余俟合同满后，或将赴日本一行云云。"

据《爱丝》1926年7月19日"街谈巷议"："欧阳予倩赴汉口新市场后，深得各界人士之欢迎。兹因合同期满，欧阳君不愿蝉联，新市场主人乃决计邀著名花衫谭红梅庽代。兹正在接洽中，闻包银月一千元，同行者尚有孟春帆、葛正瑜云。"除此之外，欧阳予倩还在汉口演出新剧《枪毙阎瑞生》。又据《笑报》1926年7月8日消息："欧阳予倩近日在汉排演《枪毙》，颇能轰动一时。"

37 据《申报》1926年10月30日"游艺消息"："民新影片公司自《玉洁冰清》《和平之神》二片发行后，续即拍摄《三年之后》。该版为欧阳予倩编剧兼导演，月初赴南通摄取外景，在通半月返沪后逐日又在本埠乡间补摄外景……又闻该公司昨饭后由导演欧阳予倩君率同演职员数十人，分乘汽车驰赴虹桥路续拍希白旧居及德纯被杀等数段，至夕阳西下方回公司云。"

38 按，原文发表于1927年10月10日的《新闻报》(国庆增刊第二张)。

《自我演戏以来（1907—1928）》校勘及研究

国民剧场的经过[1]

我们做了多少年国家剧场与地方剧场的梦，总没有机会实现，就连一个小剧场，都组织不起来。这要怪我们文艺界同人力量薄弱；不过在近十几年来这样瞬息万变民不聊生的时局之下，我们也实在逼得一筹莫展；观望敷衍是不能免的事实，妥协将就也有不得已的苦衷；然而这是一时的，我们的步伐丝毫没有乱，工作一刻没有停，希望仍然十分热烈，心血时常一样的沸腾。我们在艰难困苦之中，每每感到斗争的兴味，却随时随地负荷着过渡时代的悲哀。

大凡社会事业，总不能脱离政治关系。青天白日旗飞扬到长江的下游，全国的空气，都得着无穷的兴奋，总以为沉闷的社会便能生气勃然；只要加紧着我们的努力，眼见得理想之实现就不远了。

那时觉得南京少不得些新艺术的装点。革命的纪念塔，要建筑在艺术上面，正人心，培风俗，洗涤现在，启示将来，也舍艺术无所归。我们好比受监禁的囚徒，苦于饥渴，听见政府有艺术科之设，便似得了自由的门径，怎么不图自效呢？

我自从民新影片公司出来以后，混了些时，又上了个多月的医院。刚刚病愈，恰好大舞台邀我去帮忙，说来说去，居然订了半年合同。大舞台是上海近来有名的好班子，唱戏又不吃力，钱又靠得住。"什么全别管，吃饭就完了。""时局还没有定，你混着再说吧。""大舞台唱唱戏，每月拿几百千把块钱过日子多舒服？何必空想什么革命呢？"这都是朋友劝我的话。可是又有人向我说："你去唱狸猫吗？唱观音吗？这又何苦！"朋友实在关切我；我呢，明知道目下流行的本戏，我是唱不好的，不过艺术和文学始终当不了饭吃，莎士比亚当时替人牵马，华格拉替人抄写乐谱，孔子也尝为委吏，我除了劳力，没有捷径可以得衣食，社会上对于专门家，尤其没有丝毫的保障，

212

《自我演戏以来（1907—1928）》

我们这些人不能不吃饭，儿女不能不读书，既不能天天向朋友借钱，又不能跟着英雄豪杰去变戏法，得了吧，决意跟着大舞台后台一班苦朋友，钻几场机关布景，唱几句九音联弹，挡几段善有善报恶有恶报大快人心的场子，叫看客们呵呵一笑，大家好吃饭呵！

大舞台自有一种常常照顾的看客，生意的重心，是在三层楼和两廊。那些主顾们，爱看的是场子热闹火爆，动作要爽利快捷，情节要容易明了；爱听的腔调是要调门高，要气长，要腔多而熟，如《露兰春》《莲英托梦》一类，最为欢迎。我是否能在这几个标准之下当选，颇有自知之明，所以既不敢在排戏里面参加丝毫意见，也不敢将我所编的那几出温戏拿出来卖弄，只是作童养媳一般盲目地随着混混罢了。可是每每觉得我虽然挂着正牌，连一个三路角色都比不上，这是何等的滋味！

大舞台后台的同事们待我非常的好，他们见着我极有礼貌，而且对于戏剧上的问题时常促膝讨论。还有许多人愿以师礼事我，我无论有什么事，他们都非常的关切，我实在感激他们。他们对于我的戏颇表同情，每逢唱单头戏，有许多人到台下去看，看完了，再来与我仔细的讨论批评，我也就便将我的理想对他们讲说；他们没事的时候，也毫不客气地告诉我他们的经历和见解，我于此得他们的益处也不少。他们对于目下的连台戏并不满意，他们说："机关快没得变了，联弹快唱厌了，以后的饭怎么吃？"这几句话道破目下戏剧界的危机，可见人人希望有一种新的创造。可是创造不是咄嗟立办的事，要编一出戏，必须要经很多次的推敲，那自然要相当的时日——华格拉《尼布伦肯》二十五年才完成呢，就是易卜生也不过一年做一个剧本。① 若说到歌剧，尤其难弄，要有新的创造，非有新的音乐不可。

无论是学理，是新思想，是新艺术，决不能没有历史的根据，有爱因斯泰的相对论，必先有牛顿的三大定律；欧洲各国的音乐，都是从意大利音乐渐次蜕化而来。我国的音乐，有几千年的历史，并且各处歌谣，都有它很浓厚的地方色彩，只要加以整理改造，便可以有很好的成绩。我不是音乐专家，够不上说负这责任，我也曾经同许多专家谈过，他们都很以为然。不过中国

---

① 引华格拉和易卜生为例，以为慢就会出好作品是不对的。当时因为每天要换节目，逼得不能不粗制滥造，我故意强调要创作的时间，其实也是消极的说法。

《自我演戏以来（1907—1928）》校勘及研究

音乐家生活得穷困，又怎么能够专心于此？至于戏馆的老板们，更是想不到这层；这也难怪，他们既不知道有艺术和文学，也梦不到现在过了还有将来；甚至于他们的营业计划，也是短期的，所谓"抢一抢"，抢着了就收手，抢不着便只好自认倒霉，再等机会。

　　大舞台的办法，是后台演员三五人与前台合作的。他们十股老板，每股一千元，总共不过一万元；外加案目、茶房的押柜，合计不过一万三四千元。总算运气好，平平稳稳维持了十年。这十年之中，他们自然是在营业上没有放松一步。象大舞台那种戏馆，平常日子不添京角，每月开销平均要一万六七千元，他们的真正资本只有一万元，倘若是卖不进来，岂不马上就要停办？老实说，戏班子里的同人都是些光蛋，有积蓄的实在是凤毛麟角，哪里来的钱赔？招牌挂得尽管辉乎其煌，拆穿了说，不过是混一天算一天。在上海的戏馆里，除了仍然邀几个京角可以哄一哄外，没有新排的戏自然站不住。至于排戏的标准，第一就是要迎合看客的心理：大家欢迎神怪，便匆匆忙忙赶一本神怪戏；欢迎皇帝，便来一出真命天子；怕他们看短了说不佳，便从六点钟唱到一点钟；怕他们说少了不值，便将两本的材料紧缩在一夜演完，挂起两本一夜演完的广告，以资招徕。哪里还有什么戏剧上的主张？也绝不许你有主张啊！目下还算好，一本戏平均能够唱一两个月，已经是弄得人筋疲力尽；从前每一礼拜，甚至于每三天要换新戏，试想怎么能够好得了？所以有许多人责备上海各舞台说，为什么不改良，为什么不进步，这都是不负责的话。

　　我于是看到了两点：一、要就戏剧加以改造或从新创作，全靠站在职业的剧场以外的专门戏剧家拿牺牲的精神努力贯彻主张；二、要公家有相当补助来建设一个小剧场以为模范。我听见南京总政治部有艺术一科，艺术科又有戏剧一股，自然是心响〔向〕往之，不过那时候我初进大舞台，才订合同，不能离开上海。可巧褚保衡从南京到了上海，把田汉、唐槐秋及南国公司的职演员全拉到南京去办戏剧及电影两股的事；田汉去到南京回来的时候，对我说起，说南京只要有人努力去干，必然能够渐渐地实现一部分理想，所以劝我也加入，可是总没有具体的办法。随后朱隐青因郑心南[2]的介绍又从南京来看我，我们与田汉三人谈了很久，结果是我决定一个月后到南京去。跟着我便告了一天假到南京去看了一趟，事情就算定了。我便开始与大舞台办

《自我演戏以来（1907—1928）》

交涉，我说愿意帮一个月忙，实行合同上的规定。他们自然照例留我，后来见我很坚决，也就答应了。我帮忙不过二十天，童子卿、赵如泉二位很客气地设宴替我送行，到了我从南京要回来的时候，他们十股东仍然将我帮忙期内应得的薪水，送了过来，我很感谢他们的厚意。可是那时候他们已经散伙了，我在南京的计划也因政变而中止了。

当我与大舞台订了合同，我妻韵秋便替我仔细打算，怎样的持家，怎样的还账；后来听见要到南京去，她口中不言，心中闷闷，她愁着一家不易支持：大舞台第一个月的薪水，后台开销以及添置行头，早已用完了，第二个月就没有收入；南京的月薪算是定得最丰的了，二百多块钱，不过抵演剧薪水四分之一，有时还拿不着，一声要到南京，另谋住处，另起炉灶，又怎样开销呢？两处的开销，又怎么够呢？她想的实在不错，可是我那时候完全没有顾及，我只觉得艺术家当然要革命，革命的社会应当培养革命的艺术，我只要小剧场成功，便也无暇顾及家事了。当时有些关切的朋友来告诉我，说南京的局面不久要变，总宜慎重些。这层我也明白，只是不信会有那样快。我想剧场只要能照我预定的计划开演一两个月，我便能将演员的团体结得坚固；社会上对我们的主张，必有相当的同情；用售票的收入，可以慢慢地想维持之道，就是政治部万一津贴减少或是甚至于没有津贴，也不至中途解散；并且我想政局虽变，未必一个剧团都要连带解散，就是解散，我总算有过一番努力，总比坐着没有动的好。谁知结果只开演了三天！

我在政治部的名义是艺术指导员，同顾问差不多的位置，也不属于哪一处哪一科，不过我自己规定只担任戏剧股的事。我第一步就是组织剧场与一个演剧宣传队。在军政时期，军事正在进行，军阀没有就范，人心浮动，所以要极力地宣传主义，鼓吹革命。就宣传的工作论起来，标语和口号的力量自然很大，讲演也可以拢得住群众的精神；不过这些方法都是单刀直入的、警告的、教训的、煽动的，甚至是命令的。艺术便不然，艺术是注重暗示、诱导和感化的。要求宣传的意义深入人心，非借重艺术不可。我们既是在宣传革命，当然不是拿艺术来讲娱乐和陶冶性情，也没有许多的余裕来做过于专门的工〔功〕夫。宣传的工作，我们是要切实用一番心血的。不过我当时有个坚决的主张，就是要用艺术来宣传，必先有艺术。我认为必要组织剧场，因为舞台艺术非借舞台不能表现；而且演剧宣传的队员，全是新招募的，非

《自我演戏以来（1907—1928）》校勘及研究

有训练不可，总要给他们些表演的标准和练习的机会。至于剧场之于文化于社会的效用，更无〔毋〕庸多说。

演剧宣传队的计划，我已经怀了将近十年了。我的意思是要组织一个团体，用相当的时间，授以演剧的技术，于是预备些旅行用具，率领着他们到乡下去演戏，一面表演，一面再随时训练。每到一处，我们便将那地方的人情风俗、民生状况，客观地记载下来，随时发表。我们也不打旗帜，也不标主义，好象就是一个普通的江湖班，使民众容易同我们接近。我们可以利用音乐、歌曲、舞蹈、默剧、户外剧、二簧戏种种，做媒介钻进民众里面去。我们一面演戏给他们看，一面可以将我们所编的歌曲，随时教给小孩子们唱，这样只要行三五年，我们的团体建筑在民众间的基础必然巩固，真善美的种子种在民众心中必然渐渐地发出嫩芽，这便是革命的一大势力。而且我们的记载，可以供风俗学者、社会学者等及各方面的参考。有人以为这种办法，过于迂缓，不切实用，我以为革命不是一时的，是应当不断的，目前的功利不可看得太重，根本的整理不可看得太轻。吗啡针的作用固然很明显，滋养料的供给，是万万不能断的。

演剧宣传队员招齐了，剧场也组织好了，就取名叫国民剧场。演剧的节目，是话剧与歌剧并重。我以为在中国音乐没有加以整理，新歌剧没有产生以前，旧戏不能废；不过要把舞台装置、表演法、场子，与乎剧情的内容，极力使其近代化。关于这一层，我想另外作篇文字，详细谈谈，这里不多说了。

国民剧场的演员是从上海聘去的，有些是旧戏演员，有些是南通伶工学校的学生，还有王泊生君及吴瑞燕、杨泽蘅、黄玉如女士，是北京艺专最出风头的学生。他们许多人都是有事情的，他们情愿南京去住破屋子，喝碱水，大家都是很高兴的。① 只有高百岁改变计划，他在某种势力之下，有难言的苦

---

① 这次到南京去的时候大家都表示高兴，到了南京有的人就对生活不满。及至失败回上海，更新舞台的事又没成功，所有京戏演员都没有提任何意见，王泊生却把经手的一些行头、乐器拿去卖了，反过来还要我赔偿他的"损失"。我说："大家都发了一个月的薪水，你不是和大家一样吗？我并不欠你什么。"他说："你知道我一个月赚多少钱？"我说："你不是干戏的吗？一个月来前后白花了六七百块还要怎么样？"他说："我在北京演一出戏至少三百块，一个月的包银少了二千五百元我不干，你给我算算吧！"……想不到人艺剧专出身的"新剧家"会耍这一套流氓。我还从来没见过他那样的，但在王泊生不过是极小一端而已。

216

衷，我也决不怪他。

南京最难弄的就是房子，因为空地多，住房少。自从政府成立，南京城里的房子几乎没有一间不满的。我们花了许多冤枉钱，费了许多的时日，好容易把府东街的戏馆弄妥，又好容易才租得许家巷的一所房子作宿舍。那些二房东还要从中渔利，他们情愿让军阀的军队占用，决不容受好意的商量，真是可怪。我们只要租到了手，也就不暇去多说话了。

府东街的戏馆，实在是破烂得不堪，上头漏，下头湿，栏干〔杆〕都断了，楼板一走就陷下去。原有的椅子，大半被从前的军队当了柴火，总之没有一样不是七零八落。我们样样从新修理，从新油漆，从新添置：装电灯，做布景，置行头，置乐器，费了一个月的工夫，一切全备，有来看的，都说是南京第一。我们原定八月十日开幕，以后因为火车罢工，木料不能运进城，又推迟了几天，到十七日才开幕。还没有开幕，孙军[3]的炮从浦口接接连连地打了来，满城风雨，宣布特别戒严，火车上到上海的人，连车顶上都满了，我们在这个时候，仍然照预定的日子开了幕。

头三天本来请各机关、法团看的，所以都是赠券。那时候刘文岛主任对我说："在这种时候，你就是送票都没有人来看戏的。"谁想大不其然，到了七点钟已经人都满了，外面还有许多人闹着要买票。

开幕的第一天，我们演的节目是：我与潘伯英[4]合作的《革命前进曲》，丁西林编的《压迫》，戏剧股长唐槐秋编制的默剧《降魔舞》，还有拙作歌剧《荆轲》。看客颇为欢迎，评判也相当的满意，最可喜的有许多同志写信来讨论剧情，总算不寂寞。

第二天（十八日）风声又紧了些。看客比上一天更多，挤得水泄不通。我们也格外的起劲，连夜预备发行第二次的特刊（但是出版、印刷两股的人都走光了），又准备在二十日下午，到野外去演一个我编的户外剧，名叫《入伍的兵》。戏剧股办事人本就很少，我和唐槐秋往往每天做上十几小时的工作，开演以后格外忙，但是丝毫不觉疲倦。因为队员有许多不来了，演员又有人生病，我与唐槐秋还要去装太监，跑龙套，扮县官，这是生平没有干过的，一上台许多人都笑了。第一次的特刊，差不多四分之三是我一个人在六个钟头里写成的，我从来写文章没有像那样快过。只是一递一递的人来报消息，却把我苦坏了。

第三天（十九日）各机关完全停顿了。可是不到六点钟看戏的人就满了。许多的伤兵硬要进去，怎么都讲不通，约在礼拜日送票请他们看，也不答应，几几乎闹起来，而门外的人更有加无已。那几天的招待员，都是政治部的前敌宣传员自告奋勇来的。他们没有法子了，便有人打电话与戒严司令部，不多时，宪兵来了，戒严司令部的兵也来了，好容易将秩序维持住。

场内的看客堆起来了，台上的戏慢慢地进行着。谭抒真[5]新作的《革命军凯旋曲》，由总司令部军乐队全体出奏，受了盛大的欢迎。那天晚上没有演《压迫》，添演了两出旧戏。

小提琴、大提琴和钢琴的声音，悠悠扬扬地响起来，是潘伯英和前伶工学校乐队队员周善同、姜志宪等组织的西洋管弦乐。幕开了，默剧《降魔舞》正登场，十几个舞女正在那里降槐秋饰的魔王，我妻韵秋管着下场门的射灯，我就扮着龙套，一面管着上场门的电光；注视那些舞女的步伐，比头两天格外整齐；舞到一小时半的时候，台下的看客静得没有一些声息。忽然听得硼的一声，好像廊下炸了电灯泡。台下的观众却都没有注意，只有极少数的人，回头看看，台上的跳舞的女孩子也丝毫没有慌。一会儿全剧演完，才有人来报告，说是门外头打伤了五个看热闹的人。问起肇事的原因，却没有人说得出，有人说是枪走了火，有人说是被捣乱分子掷了一个小炸弹。要说是枪呢，如何一响连伤五人？有一人受两伤的，有一个人膀子上去了一块肉，有一个人肩上穿一个小洞。若说是炸弹呢，却有一个受伤的人说是卫兵开枪。当时在门内有政治部的卫兵一名，在门外就有宪兵和戒严司令部的兵，谁也说不出是哪个开枪的。我们的招待员等，自然没有权利〔力〕去检查那些兵士，他们因为没有什么看客来了，都在门内，所以门外的事也不甚了了。据兵士们说是炸弹。[6]

出事以后，歌剧《荆轲》仍然上了场。戒严司令部的军官坚决要求我们停演，他说风声紧急，万一不停演，再闹出事来，他们不能负责。我们当然没法，只好停演，谁知观众不肯散。朱隐青科长便对大众说明伤人的事，及戒严司令部的意思，问大家：是赞成停演的便请站起来退场，赞成演下去的便坐着不要动；结果只有三个人立起来，其余的人都坐着不起身，那三个人看见大家不动，也复身坐下了。没有法子，只好接续再演，他们仍然是笑逐颜开地拍掌。

到了十一点钟，戏还没有演毕，外边情形似乎很严重，宪兵走了，戒严司令部的兵也再不能耐了，我们才宣布停演。军乐队奏一个很长的曲子送着观众慢慢地散尽，我们也就收拾收拾整队回到宿舍。那时候伤的人送到医院去了。地上、墙上都是鲜红的血迹，街上的人看见我们走过，一丛一丛地窃窃私语。我们到了宿舍，计议次日是否开演售票，没有决定，又听见伤者之中已经有一个人死了。

次晨，我一起床就去见刘文岛[7]，说起昨夜之事，他说不能演了，再演还要出事情。他想解散，但是还欠了木匠、厨子和行头的店账，总共要千多块，一时哪里拿得出？没有法子，他便写了一张手谕，叫将国民剧场暂行移沪再行设法，又拨三百元作为移迁之费。那天下午他也走了，政治部的人几乎空了。下关的炮声越发厉害，一切都无负责之人，如是我们便打算动身。但是我实在有无穷的留恋，人家说南京太荒凉，我说因为荒凉，才要我们来给他〔它〕温暖；因为一无所有，我们正好在这片空地上照着我们的意思来建筑。这小小的国民剧场，借的是破旧房子，虽然因陋就简，却也整齐干净，我还想在这瘠地上培植些花木，谁想一阵罡风连泥土都刮去了！我只好怀着许多种子，另外再种呵，我是丝毫不感觉失意的。

我见了刘文岛后，回到宿舍，路上遇着一口棺材，听人说伤者又死了一个。到宿舍的门口，有勤务兵来说一共死了三个，两个大人，一个小孩子，他们真死得冤枉，谁都觉得很难过。出事是在剧场以外，于剧场当然没有责任，不过在平日我们很可以演一天戏抚恤他们，不然就是政治部也要想个法子。偏偏遇到政治部本身停顿，也竟是无法过问，我不过勉强向街坊、邻居，表示一种说不出的意思罢了。二十一日清晨我到军事委员交通处，请替我们设法挂辆三等车，办妥回来，遇见第三路总指挥政治训练处要留我们，以后听见各军政治训练处都要裁撤，只好作为罢论。我想孙军万不会过江，只要有法子维持伙食，维持开演时的秩序，便可不走，所以又请几个处长去请示军事委员会，结果也没有办法，最后还是非回上海不可。但是挂车没有了，我饿着肚子，在中正街火车站太阳地下守了一天。总算凑巧，弄着了三辆装牛马的车，才将行李装好，真费了不少的事。

人都到了车站，车要开了，我妻忽然病发昏绝——两个月来她帮我办事，一面理家，操劳过度，加之以惊骇、暑气，便不能支持了。请了个医生来注

《自我演戏以来（1907—1928）》校勘及研究

射用药，方才醒了过来，用行军床抬着放在铁棚车内。好容易等着一个车头要开了，忽然听说下关被隔江的炮打坏了一个车头，不能前进。后来勉强开车，到下关已经没有炮声，可是与军事管理处煞费商量，始终没有车辆。军车是满而又满，客车已经是无从买票，那军事管理处处长，也只好打几句官话回城去了。我们大家坐在水门汀地上，暂时买些烧饼之类点饥，我吃了一碗馄饨，真是生平未有的鲜美！等到客车到了，我们只好分几队硬挤上车去。幸喜几位女士都很强健，居然占着了坐位；唐槐秋带着赵文连父女等九个人占一间女厕所，真是猗欤盛哉！我们的铁棚车因为是四个轮盘的，不能挂快车，只好等次日九点二十五分的慢车。我们弟兄夫妇、刘坤荣夫妇、理化民，和几个伶工学校的同学等，总共二十余人，挤在铁棚车里，牛马粪的臭味自然不免，夜静后连续不断的枪炮声亦复清脆可听。只有半夜，在我们的车上加挂十几辆车，一辆一辆地挂上去，把人的头都撞晕了，病人是格外禁不住的。等天亮了，知道九点十分的快车还没有开，便趁着乘客没来，先将妇女、小孩子移上特别快车，我因为要先到上海设法存放物件，并预备款项，也就先一步动身，只留舍弟等十九人在慢车中押行李。预计他们不过迟两三小时，可抵北站，谁想我们到了，他们被孙军的间谍毁了铁道，在安亭出了轨，车子全翻在河里。车身都扁了，器物有许多压坏了。奇怪，他们十几个人一个都没有伤！只听见许多人在车厢内叫救命，有的说他的头没有了，有的叫着他自己的名字，说他的心压扁了，结果都安然出险。车翻的时候，便有无数的土匪放枪来劫车，白崇禧的兵刚巧到了，开了几排手机关枪，方始打退。后来才知道这回事情，本是要不利于白崇禧的，不料他随后才到。可是那次两车手榴弹都没有爆发，只有两个兵被子弹箱压得受了重伤，真是不幸中之大幸。等回到上海，我们许多人费了很大的事，才把那些东西搬了回来，除掉剧场的椅子、灯泡等有损失外，其余还好好保存着。如今事已过了，回想到到〔倒〕也有趣；最可感的是我们的同伴没有一个有不出死力帮助。照我们的机遇看起来，这回颇为可惜；照我们同志们的努力看起来，我们始终要大大的成功。

这次戏剧股用了将近一万四千元，领公家不过一万一千四百元，存的生财约值二三千元，其余装修及杂用之费只好算是白费了，可惜一张票都没卖过，就此完结。[8] 演员们都付了一个月薪水，只是他们到上海，从前的事不能恢复，一个个多是高赋闲居。我与他们本有长久共事之约，遇此意外急变，也就无可如何。还有那些木匠、漆匠、厨子、行头店之类，都跟到上海等着要钱，他们只管问着我。好容易在朋友处设了小小法子，敷衍他们先回去了。要想拿行头变钱，漫说一时无人要，就是有人要，戏班里的东西是转手就不值钱的，所以我极力想勉强保存着。我想在上海择一个地址开演，一来可以继续主张，二来也可安置这同心协力的团体。不料经过重重困难，始终成为画饼。我以为凡事只要有计划有主张，便不怕失败，南京开演三天，自然有相当的价值，所花的钱也决不冤枉，所得到的是事业上的积累，社会决不会冷淡我们的。

因为许多同伴们生活的关系，不免四处奔走。最初要槐秋到杭州去，想租西湖舞台开演。槐秋只带了三天的旅费在西湖却住了一礼拜，弄得几乎回不了上海。先以为朱隐青在那里可以想些法子，谁知他也穷得什么似的。

杭州既不成功，又在无锡去设法，无锡又不成。一想只有苏州可去，便由朋友介绍找着苏州新舞台的主人张某，和他磋商。正在谈条件凑股份的当口，有一个政治部的同事自己来找我，坚求附股二千元，我真是高兴极了，于是约定一天的下午签约定事。到了那天，一吃过午饭，就有许多人齐集在我家里，个个都欣然有喜色。谁知时间慢慢地过去，借款的人没有回信，附股的那个朋友也不见面，只送一信来说他急病入院。我急了，走到他寓所去看他，只见衣服、帽子、被褥丝毫不乱地陈列着，等了半天，不见一个人；我便租了一辆汽车，赶到他信上所写的那个医院里去，又扑一个空。问起医院里的办事人，他们有些认识我，就替我遍查诸病室，没有那个人，我回到家里，再去他寓所，已经搬空了。留下一封信给我，说他因为那个医院不好，换了中国红十字医院，等我去到那里仍然没有，我就证明是被欺了。以后才知道他以为我有钱，想从我处行他的方便，后来他看见我着实要靠他的钱办事，他其实是妙手空空，所以只得逃避。我们的事临时受了这个打击，一时没有办法，只好一面设法回复张某，一面另图别计。

恰好有人要办闸北更新舞台，想用我们的班底，来和我商量，我便答应了。不想伙伴中有一个票友，他完全不顾大局，他虽然本事有限，只是奇货自居；好容易勉强说妥，又经过许多的困难，费了无数的精神，居然把事办妥。

《自我演戏以来（1907—1928）》校勘及研究

舞台租定，定钱交了，角色们的定洋也发了。登起广告，挂起牌，设好事务所，排好戏，静等开场。第一天晚上，我们还照例请几桌客招待些朋友，预备叫他们捧捧场。虽然费了不少的精力，而情形并不甚好，那天晚上总算睡得比较舒服。

第二天一切都妥当了，准备夜间开幕。到了下午，有许多女工在更新舞台大门口一间茶馆里开会，因为这间茶馆建筑的时候，大约有偷工减料的弊病，人多乘不住，一时全间楼倒塌下来，压死一百六十几个女工；遍地砖石木屑之中，睡着百余具鲜血淋漓的尸首，试问我们的戏还有什么法子开？而且这间茶楼本是更新的产业，墙壁相连，因为它倒了，对更新的本身便不能不发生疑问。警察来了，禁止出入，到这个时候，我只好对大家说一句"没有法子"，彼此分手。从此以后我也就不愿意再搭班子演戏。①

---

① 1927年，我在上海大舞台搭班卖艺，经常演的是《狸猫换太子》《观音得道》一类的戏，唱五音联弹，钻机关布景。如果只为维持生活，也就得过且过，但总觉得就那样过下去没有意思。老想自己搞一个比较理想的剧团，那怕是跑江湖也好。朋友们也认为我能停止搭班，从事文艺运动比较好，田汉同志也曾这样劝过我。他约我到南京，我以为是个机会，无论如何总可以组成一个剧团，适当的活动一下。当北伐军节节胜利直达武汉，赶走吴佩孚，收回英租界，我和大家一样，异常兴奋，感觉国事向好的方面有了新的转变。当时我对宁汉分裂究竟是怎么回事并不清楚。由于阶级意识模糊，不能从政治方面考虑问题，以为只是派系之争。当时南京是怎样一个局面，我没有详细了解；到了南京怎么办也考虑得不够周密，以为把剧团成立起来就搞到哪里算哪里再说。例如我想成立个演剧宣传队，说是宣传革命，究竟宣传什么革命，为谁作宣传，并没有明确的纲领。当时我对于反帝国主义侵略、反封建，反军阀、反土豪劣绅、反对不良的社会制度是坚定的。我站的是小资产阶级的立场，我所宣传的当然是资产阶级民主革命。这个时候我已经认识到艺术是武器。我常说要为被压迫者说话。有一次，不记得是谁曾问我："你是要为被压迫的人说话，还是为被压迫的民众说话？"我说："为一切被压迫的人——军阀压迫下的民众和殖民地的民众。"我所凭的只是个人的热情和正义感。我到南京只想利用机会组织剧团演些较有意义的戏。班子是仓促凑成的：有京戏演员也有话剧演员，以为这样两者都能演，可以灵活运用，事实上这样做矛盾一定很多。这个团体因为战事不到一个月就解体了。后来想起：即使继续下去也会很快就起分化，可是在那种不安定的时期，也只是走一步算一步，麻烦总是不断会有的。只没想到会垮得那样快。垮了也没有丝毫愧惜。因为还没有建立起感情。

如果我不到南京，我本来打算率性把演戏只当解决生活的手段，抽空做些研究工作，写点剧本。一到南京就把这个计划打破了。还弄得一身的债。有一个好处就是我看出了蒋介石一伙和其他的军阀没有两样。

自我演戏以来，前后二十一年，经过不少变动起伏。当时我也有些理想，对话剧运动和京戏改良也曾作过一些努力，只因从形式方面考虑得比较多，思想内容方面注意得太少。所以没有什么贡献，回忆过去，感觉空虚，也是很自然的。

《自我演戏以来（1907—1928）》

　　《自我演戏以来》，写到这里作为结束。曾记得我有个好朋友，颇有知人之目；有一天他评判许多熟人，说某人怪，某人刁，某人清，某人浊，加我一个笨字。的确，的确，我不仅是笨，而且很笨。我自知不聪明，便万万聪明不得，于是主张说笨话，干笨事，作笨工夫，这篇自述，也不过是笨话中之一篇罢了。

　　前半生的事，大致都说完了，这不过叙述平生的经历，乃用以自省，既不用夸张，也无所事其妆〔装〕点，只是想到哪里说到哪里。过去的事自顾何能满足；一成陈迹便忏悔也忏悔不来。若是造些理由，掩饰既往，实在可愧。未来的事，是要看自己的才能和努力如何，有一分努力，便无论成败，无论别人知道不知道，总有一分成绩。空口说白话以伟大自期，似乎不免肉麻之诮；而且革命事业，也决不容人独成其伟大。换句话说，"伟大"与"平凡"的界说到底怎么样，在我是不能详加辨释。窃以为人生重要的部分，只在日用寻常之中；宗教、哲学、科学、艺术，离开了日用寻常平凡之事，便都无从成立。或者越伟大越平凡，不平凡的只有天上的神仙，但是我们没有见过；要不然就是残害人类的偶像。从前功成万骨枯的将官，如今的甚么甚么，无非都是偶象作用。现在我们还脱离不了偶象崇拜的习惯；许多人似乎都希望有能供多数人利用的偶象之存在，生怕偶象失了效力，便拼命去一重一重地装金，或者一面妆〔装〕点一个偶象，一面高呼打倒偶象，结果把自己造成偶象，这就是"伟大"。

　　我不过是个伶人，一个很平淡的伶人，就是现在我虽不登台演剧，也不过是一个伶人罢了。我对于演剧自问颇忠实，作一个伶人大约可以无愧。有人说我有相当的学识与普通的伶工有别，这是过去的笑话，难道一个伶工，象我这样一点点浅薄的知识都不要吗？

注释：

1　按，该文曾发表于1927年10月10日的《新闻报》。南京国民剧场系由南京府东街前同春舞台改建而成，于1927年8月17日正式开幕，仅三日而辍。府东街位于南京城中华路北段，北自内桥，南至三山街一段。清代江宁府衙门在此街西，故名府东街，1932年改名中华路。

《自我演戏以来（1907—1928）》校勘及研究

2 郑心南（1891—1969），原名郑贞文，字幼坡，福建长乐人，化学家、编译家和教育家。早年留学日本九州帝国大学、东北帝国大学，1909 年在日本加入中国同盟会。回国后在商务印书馆编译所任职。1920 年应陈嘉庚之邀，参与厦门大学的筹建工作。1932 至 1943 年任福建省教育厅厅长。郑氏博学多闻，通晓中国文学、历史，对戏剧、电影亦多有涉猎，曾主持重修《福建通志》，编著《闽贤事略初稿》，并翻译了多部自然科学的著作，内容涉及数学、物理学、地理学、动物学、植物学、气象学等学科。

3 按，1927 年 7 月，南京的蒋介石阵营和武汉的汪精卫阵营分裂，张作霖便命令孙传芳进攻已经屯兵在徐州的蒋介石。孙传芳率部击溃蒋介石的部队，蒋军遂退守南京江北的浦口一线。8 月间，孙传芳率部兵分三路渡江，沿京沪线作战，与蒋、桂两军在南京附近的栖霞、龙潭一带激战五天，孙军遭重创。

4 潘伯英（1903—1968），原名根生，江苏常熟人。素好评话，曾师从朱少卿学艺，尽得真传，以说《张文祥刺马》、《鄂州血》（又名《武昌起义》）、《亚森罗苹探案》、《枪毙阎瑞生》等著称于时。

5 谭抒真（1907—2002），山东潍县人，我国知名的音乐教育家、乐器专家。早年就读于北京大学音乐传习所，1940 年毕业于沪江大学。后历任上海音乐学院教授、副院长兼管弦系主任、顾问。1982 年接受美国旧金山音乐学院授予的名誉博士学位。

6 按，有关南京国民剧场之意外事件，李寒秋《南京国民剧场之惨剧》一文备载其事，兹录于后："总政治训练部为求一般民众认识美及表显艺术革命起见，特由该部宣传处艺术科戏剧股，组织民国剧场，以为表显之场所。委新旧剧大家欧阳予倩主其事，赁定府东街前同春舞台为剧址，筹备经月，始于十七日开幕。不幸开演未及三日，竟酿成惨剧，现已奉令停演，昙花一现之剧场，竟以短命告终。肇事之日，予亦为观剧者之一。兹以其事显末，分述如次。

"场内演剧：该场开幕之前三日，不售门票，专招待各团体代表。十九日予持票往观，盖招待之末日也。当演至正剧《荆轲刺秦王》时，场内有人满为患之势，且炎热难受，予即出场。时门首麇集无票之民众数百人，卫兵驱之不退，只得听之而已。

"场外开枪：旋其军有武装同志十余人来，欲入场观剧，因无券被阻。武装同志云，吾辈明日即出发，今后有无机会来观剧，殊难逆料，必欲入观。争执良久，双方欲用武。卫兵举枪拟射，各武装同志见事〔势〕不妙，即向东西散去，而无情子弹，轰然一声，随之而出。于是场内之匕首刺秦王上，与场外之枪弹伤民众，同时表演。

"死伤多人：在惨剧未开幕之先，武装同志方散时，后方民众不知，仍鹄立不动，致被击毙三人，伤二人。最惨者为附近庆祥鞋铺小店主夏某，被弹击穿肋骨，鲜血四溅，墙上血迹殷然。被枪后尚欲逃避，未三步即倒地身死。又附近森昌藤店女主人，抱一六岁小孩，在该处看热闹，一弹射来，将小孩击毙，该小妇无恙，乃抱尸恸哭而回。又天青街某帽店夥友腹部中弹，大呼救命，倒地晕去。旋异入医院，但未及诊治，即气绝。此外受伤者为一车夫，右臂皮肉击破。及一不知姓名这某甲，伤在小腿。均无大碍，自行入院医治。

"拘捕一兵：当场内闻得场外袭然一声，秩序即乱，幸由招待员百般制止，观客始未惊散。至出场时，始知上述之惨剧，戒严司令部于出事后拘一兵去。

"欧阳予倩之谈话：前日有某报社访事往访欧阳予倩询问一切，欧阳氏云，予此次奉令组织民国剧场，煞费经营，耗去许多金钱与精神，始克靓成。不料才开幕，即发生不幸事，殊觉令人灰心。就事实言，此事剧场不负丝毫责任，而就良心言，终觉不安。余个人主优恤死伤者，逆料政治部方面，当有妥善办法，现正值戒严时期，本剧场开幕伊始，即发生此不幸事，以后更不堪■。刘文岛主任亦鉴于以上原因，决计停演，现已决定全体迁移上海，继续表演，以为艺术之宣传。但第七军方面，对于吾等，颇表好感，意欲挽留，但吾等大都不欲再居此。语时颇现懊恼之象云。"

7 刘文岛（1893—1967），号尘苏，湖北广济人。曾参加北伐，任民国革命军总政治部副主任。1931年起先后任驻法、奥、意公使。全面抗战爆发后，任最高国防委员会委员。抗战胜利后，任华中宣慰使、闽台清查团团长等职。著有《政党政治论》《行业组合论》《行业组合与教育思潮》《意大利史地》等书，有商务版存世。

8 据《北平晚报》1936年2月12日《十年前的南京国民剧场》一文："……青天白日旗飞扬到了南京以后，沉闷的南京社会，登时觉得生气勃然，在这个新都城中，自然少不得有新的艺术的点缀。便在这个时期，在上海大舞台挂着正牌的名伶欧阳予倩，突然放弃了钻几场机关布景、唱几句九音联弹的戏子生活，跑到南京来参加革命艺术工作。欧阳予倩到南京来的前夕，是受了某种相当刺激而下决心的。当革命军打到南京，上海的艺术界一时兴奋起来。南京总司令部政治部请田汉去当艺术顾问，田汉就约欧阳予倩同去。他就穿起军装，挂起皮带来了。欧阳予倩所担任的名义，是艺术指导员，他第一步就组织国民剧场。演员中有王泊生、吴瑞燕、杨泽蘅、黄玉如女士等。原定八月十日开幕，后改至十七日才上演。第一天，上演唐槐秋的默剧《降魔舞》、予倩的歌剧《荆轲》。这二个编剧人，还要去装太监跑龙套，扮县官，他们两人虽都是优伶出身，但是生平从没有扮过这种角色，所以一上台竟使观众哄堂大笑。第三天（八月十九）夜戏，观众正在屏息看《降魔舞》时，忽然门外砰的一声，好像铁门倒下来一般。观众正聚会精神注视着舞女们的优美舞姿,安静如常,等到剧完,有人报告门外有人投掷炸弹,伤了五个人,大家才惊惶起来。但是台上仍旧上演《荆轲》,后来戒严司令部派兵来警告,才宣布停演。总政治部戏剧股,组织国民剧场,一共化〔花〕了一万几千元钱,可惜连一张票都没有卖过(上演三天,都是请各机关法团的,所以没有售券),吃了一个炸弹,就此关门大吉。"

《自我演戏以来（1907—1928）》

附 录

回忆春柳[1]

　　1907年初春，我记不起是哪一月哪一日，仿佛记得是过阴历年那几天，我在日本东京骏河台中国青年会一个赈灾募款的游艺会上，看到春柳社友第一次的演出法国小仲马作的《茶花女》。[2]因为是游艺会性质，又是第一次的尝试，演的只是全剧的第三幕一幕。李息霜饰茶花女，曾孝谷饰亚猛的父亲，唐肯饰亚猛，孙宗文饰配唐，这是我第一次看到的话剧。这一幕戏的上演，得到日本新派演员藤泽浅二郎很多的帮助。日本有一位老戏剧家松居松翁对李息霜的演技极为欣赏。[3]他说，他看了这个戏令他想起在法国蒙马得尔小剧场那个女演员杜菲列所演的《茶花女》。但一般的评论，都以为演得最好的是曾孝谷。我辗转托人介绍认识了曾孝谷，我才知道他们有一个同人组合名叫春柳社。

　　《茶花女》的演出引起了他们对戏剧更高的兴致，接着就想演大戏，决定把林琴南（林纾）、魏易翻译的美国斯托夫人的小说《黑奴吁天录》改编上演。这个戏用的人比较多，因此不能不扩大春柳社的组织，在这个时候，我和吴我尊、谢抗白都参加了；李涛痕也是演《黑奴吁天录》的时候才参加的，后来他自称春柳旧主，不知何所据而云然。

　　鸦片战争以后，经过甲午之战、庚子年八国联军进北京，由于清政府的腐败，中国的国际地位真是一落千丈，国家时时有被瓜分的危险，中国人无论走到什么地方都被人看不起。在这个时候中国人民的心里激起了空前未有的民族独立思想。那时知识分子当中，不少有志之士为着挽回国家的颓运，为着民族的独立自由平等，奔走呼号，参加了那时的革命运动；有的是同声响应，以文字发抒其感慨。林纾、魏易翻译《黑奴吁天录》，看他们的序文，就可见他们对帝国主义者的狰狞残酷表示愤慨，警告中国人必须独立自强。甚至说：美国虐待华工比对黑人更甚，力辟有些人倾向欧美，认为西人能宽待藩属的谬见；痛心于外人虐待华工而中国国弱民贫，怯懦的外交官不敢讲话，也没有人把华人被虐待的事情记录下来广事宣传。他们翻译《黑奴吁天录》是想借这个小说警醒国人。

春柳社所演的《黑奴吁天录》，根据林琴南的译本改编，编者曾孝谷曾为这部书所感动自不用说；当时日本留学生当中民族思想的高涨，也给了编者很多的启发和勇气。春柳社选择《黑奴吁天录》为第一次正式公演的节目，是适合于当时客观要求的。

现在请看一看这个戏的节目单：

春柳社开丁未演艺大会之趣意 [4]

演艺之事，关系于文明至巨。故本社创办伊始，特设专部，研究新旧戏曲，冀为吾国艺界改良之先导。春间曾于青年会扮演助善，颇辱同人喝采〔彩〕。嗣复承海内外士夫交相赞助，本社值此事机，不敢放弃，兹定于六月初一日、初二日，借本乡座举行丁未演艺大会，准于每日午后一时始开演《黑奴吁天录》五幕，所有内容之概论及各幕扮装人名，特列左方。大雅君子，幸垂教焉！

第一幕　解而培之邸宅

美洲绅士解而培，有女奴意里赛。数年前妻哲而治生子一，名小海雷。哲为韩德根家奴，性刚烈，有才识，执役威立森工厂有年，勤敏逾常人，威以是敬爱之。解又有奴曰汤姆，忠正厚实，解遇之尤厚焉。是日有贩奴者海留来，解故负海多金，逾期久未偿，海恶其迟滞，促之甚，解不获已 [5]，允以汤姆为抵。海意犹未足，更请益焉。

扮装人名（以登场先后为次）

黑奴珊亩（七滋）　　黑奴恩特（惜秋）
汤　姆（存吴）　　　意里赛（严刚）
小海雷（莲笙）　　　哲而治（抗白）
解而培（喃喃）　　　海　留（涛痕）

第二幕　工厂纪念会

跳舞蹲蹲，音乐锵锵，威立森工厂特开大纪念会。来宾纷至，解而培夫妇、韩德根辈皆与焉。献技竟，威立森授哲而治赏牌，韩德根怒阻之，来宾为之愕然。

扮装人名

工厂执事燕光（凤嗟）　黑奴甲（亚东）
黑奴乙（惜秋）　　　　黑奴丙（尊是）
黑奴丁（朗间）　　　　黑奴戊（宽子）
黑奴己（在廉）　　　　黑奴庚（竟志）
汤姆夫人（齐裔）　　　意里赛（严刚）
小海雷（莲笙）　　　　女黑奴子（踏天）
女黑奴丑（兰客）　　　女黑奴寅（春雨）
女黑奴卯（城南）　　　女黑奴辰（玉天）
威立森（我尊）　　　　印度侯爵（罗奥）
侯爵从者（知天）　　　日本大山丰[6]太郎（呵老）
日本大山君子（海老）
牟宽尔（亚孟）　　　　类　克（乐知）
莫尔敦（秋台）　　　　拿　温（逸客）
买　克（慕文）　　　　爱斯文（紫云）
海　留（涛痕）　　　　韩德根（存吴）
马　概（止林）　　　　哲而治（抗白）
解而培（喃喃）　　　　夫人爱密柳（息霜）

第三幕　生离与死别欤

解而培鬻汤姆、小海雷二奴于海留，即署券矣，意里赛知其事，泣述于夫人爱密柳前，爱亦为之涕下。旋哲而治来，谓自工厂辞职归，韩遇之益虐，将远扬以避之。意里赛更述鬻儿之事，夫妇相持哭之恸。

扮装人名

海　留（涛痕）　　　解而培（喃喃）
爱密柳（息霜）　　　意里赛（严刚）
小海雷（莲笙）　　　乔　治（兰客）
哲而治（抗白）

第四幕　汤姆门前之月色

狂歌有醉汉，迷途有少女，夜色深矣。意里赛子身携儿出逃，便诣汤姆许，诉以近事，汤姆夫妇大愕，亦相持哭之恸。

扮装人名

跛醉客（息霜）　　醉客乙（我尊）

醉客丙（抗白）　　醉客丁（止林）

大山君子（喃喃）　　大山丰太郎（婴爱）

汤　姆（存吴）　　汤姆夫人（齐斋）

意里赛（严刚）　　小海雷（莲笙）

第五幕　雪崖之抗斗

哲而治既出奔，韩德根辈率健者追捕，哲走深山以避之。时天寒大雪，困苦万状。忽见意里赛携儿来，悲喜交集。未几健者侦至，哲奋死力斗之，卒获免于难。

扮装人名

韩德根（存吴）　　马　概（止林）

汤　姆（严刚）　　兵　士（喃喃）

兵　士（与文）　　威立森（我尊）

哲而治（抗白）　　反尼斯（吾斯）

及　姆（七滋）　　意里赛（踏天）

小海雷（莲笙）　　及姆之母（明堂）

根据这个戏分幕的情形可以看得出编者的意图：照斯托的小说着重在基督教的人道主义，极力描写汤姆信教的虔诚。在春柳这个戏当中从头到尾没有涉及宗教思想。还有一点就是原书的结尾是解放黑奴，而这个戏的结尾却是黑人杀死几个奴贩子逃走了，以战斗的胜利闭幕，这在观众中获得很好的效果。

这个戏分五幕，每一幕之间没有幕外戏，整个戏全部用的是口语对话，没有朗诵，没有加唱，还没有独白、旁白，当时采取的是纯粹的话剧形式。

这个戏有完整的剧本，对话都是固定的，经过两个多月的排练（有时候是断断续续的），才上演。因为大家都要上课，演员不是每次都能到齐，因此主要的角色排的多一些，有些角色排的少一些。在表演方面，力求表现感情的真实，但有些角色，例如海留这样的反派，大家认为表演有些过火。

《自我演戏以来（1907—1928）》

当时对于闭幕时的效果颇为注意，每一幕应当在什么地方落幕，曾经加以反复排练。

这个戏并没有完全依照小说，例如第五幕雪崖的抗斗不应该有汤姆，因为那时汤姆被卖掉已被海留带走了，而且汤姆始终不肯逃走——他放走别人自己留下，他虔诚地愿为众人受罪。这个戏末了一幕是怎么样演的，尤其是对汤姆这个人物怎样处理的我记不起来了。但是这一幕里头既有汤姆，那他必然是没被海留带走，他也和哲而治一同逃走了。这样处理是不是对，是另外一个问题，但可见编者的心理，是愿意汤姆也一同逃走，在当时也可能以为这样做使戏比较容易结住，同时也好让观众舒一口气，不致过于压抑。

这个戏里头有许多的穿插，现在看起来毫无道理。据我的记忆，原来剧本里头也没有，许多都是临时加进去的。例如第二幕威立森工厂纪念会，这一场的主要情节，只是要说明哲而治原来是韩德根的家奴，韩德根把他租借给威立森，威立森很重用他。他发明了一个洗麻机，替工厂赚了很多钱，威立森给他一个赏牌，他的主人韩德根大不为然，夺了他的赏牌，把他从工厂里带回去，加倍虐待他。当时在这一幕里头加上许多的游艺节目：唱歌、跳舞都有——我就扮一个跳舞的女孩子和其他三个人跳过一场四个人的队舞，据当时的剧评认为还颇美丽，究竟跳的是怎样一种舞我始终也不明白。还有在宾客当中，有印度侯爵，日本的贵宾大山丰太郎、大山君子，此外还有两三个日本女客。因为曾孝谷、李息霜是美术学校的学生，他们的同学——印度人、日本人、朝鲜人都有——有好些个都要来扮一个角色到台上走走，于是他们高兴扮什么就扮什么，弄得满台盛会，各国的人穿着各国的服装上去。事实上不仅小说里没有这样的事，就是在黑奴解放以前的美洲也不可能有这样的事。但是这一场戏场面十分热闹，观众特别欢迎，尤其是有中国来宾在里头唱一段京戏，台底下特别哄动。又如第四幕汤姆门前之月色，"狂歌有醉汉，迷途有少女"，也弄上日本人的一男一女，并没有必要。而且汤姆的住处是在他的主人解而培的家里，狂歌的醉汉、迷途的少女经过他门口也是不合理的。

《黑奴吁天录》这个戏，虽然是根据小说改编的，我认为可以看作中国话剧第一个创作的剧本。因为在这以前我国还没有过自己写的这样整整齐齐几幕的话剧本。这个戏尽管现在看起来有些多余的穿插，但是几场主要的戏，

《自我演戏以来（1907—1928）》校勘及研究

如哲而治和他的妻子意里赛分别和意里赛把被卖的消息告诉汤姆的场面都十分动人，演得十分严肃。当时日本的戏剧家如伊园青青园[7]等都曾予以好评，在留学生当中反映也很好。

照节目单上的人名看，有的一个人演三个角色，有的一个人用两个艺名[8]，有的就是一个角色前后用两个人扮，还有就是有的角色扮演的人临时不来又换了别人，也有派定了角色临时变更的。这个戏的节目单，日本早稻田大学演剧博物馆保存下来了唯一的一张。我很感谢天理大学的教授中村忠行[9]先生把这个节目单的照片送给我。根据这一张节目单使我记起许多事情，但是究竟年代太久了，五十年前的事，尽管是我亲身经历的，有一些不完全记得起来，我很难详细谈出当时演员是怎样调度的，但也不妨就我所能记得起来的略微谈一谈。

哲而治，写的是抗白演的，我记得这个角色是庄云石演的，因为云石原在广东做官（一个候补知县），不便出自己的名字。当时哲而治这个角色是不是由庄云石和谢抗白两个人分演，还是由庄云石一个人演到底，我记不清楚了，我只记得抗白除在第四幕演了一个醉客之外，还在第二幕里扮一个宾客唱了两段京戏。

扮意里赛的严刚我不记得是谁了，可是在我的记忆中有一个说起来似乎奇怪的印象，那就是曾孝谷（存吴）有一场演过意里赛，而且人家认为演得非常好。他演意里赛的时候，可能是庄云石演汤姆、抗白演哲而治，现在还有一张相片，还可以看得出穿着柳条衣服扎着头巾的意里赛，一个矮小个子，那个轮廓显然是曾孝谷，演汤姆的一个比较高大的还仿佛认得出他是庄云石。

小海雷本来派的是我，莲笙是我临时取的艺名——偶然想起小连生（即潘月樵）就随便取的。当时认为我还太大，就另外物色了一个小孩演小海雷，仍然用的是我的艺名莲笙。我就改演女黑奴丑，就是那跳舞的女孩子。此外我还在第三幕里扮演了解而培的儿子小乔治。我原名立袁，号南杰，就根据类似南杰的字音取了个艺名叫兰客，只用过这一次，以后我就一直用予倩这个名字，没有改过。

孝谷和息霜都是美术学校的学生，布景是由他们设计，服装也是由他们选定的。在日本演戏，布景、服装、小道具都有专门做这行生意的铺子来包办。就服装而言，管戏装的铺子有各种各样的服装，大小长短可以修改应用，

《自我演戏以来（1907—1928）》

有些必须新做的，他们也可以想出种种方法，拼拼凑凑，求其在台上好看又能省钱。我们演戏用服装道具只出租金就行。布景也比较简单，后台有各种不同尺寸的布景板，可以拼凑应用，非万不得已不必新制。而且日本的布景工人最会打省钱的主意，布景板从来没有用整块新布去蒙的，他们都是用旧报纸一糊，等干了涂上颜色就行。我们当时把布景、服装、道具开出详细的清单，并对承办者加以说明，就由本乡座的后台包办，所以非常省事。至于布景、服装、化妆〔装〕是不是完全合乎南北美战争以前美国人的生活实际情形，我们没有加以考据，事实上不可能那样做。我看见斯托小说上的插图，黑人都是剪发的，那时候我们的戏里汤姆和哲而治等，都披着长头发；跳舞的女孩子也都披着长头发，而且她们都擦〔搽〕着很厚的白粉。当时以为男的黑奴应当涂得黑一点，跳舞的女黑奴擦〔搽〕得白一点也没有关系。可能那时候我们以为戏主要是求其情节动人、演得动人，布景、服装、化妆〔装〕方面只要大体过得去也就行了。这个问题以后我们回国演戏的时候，还经常谈到，将来我还想谈一谈。

《黑奴吁天录》演出的日期是1907年6月1日、2日，共演了两天，演出的剧场是日本东京本乡座。当时的票价一律日币五角，最先卖出的三百张，每人赠价值一角钱的赠品。象本乡座那样的剧场，租金是相当高的，由于藤泽浅二郎（新派名演员）的介绍和特别帮忙，一切费用在内据说五百块钱[10]包下来，此外当然还有其他的费用，结果总算没有亏本。但是几个留学生在外国动员那么多人，举行那么大规模的演出，实在是一件非同小可的事，特别是曾孝谷、李息霜，当时他们负担之重是可以想见。可喜的是总的说这个戏的演出是成功的，无论从思想方面看，从艺术方面看，在那个时候可以说是成功的。观众为汤姆、为意里赛流着眼泪，对白人的奴贩子切齿痛恨，这就表现着演出的效果。在工厂纪念会上唱两段京戏尽管是不大调和，可是那种亲切之感，深深地激动了侨居国外的人，怪不得全场观众狂热地欢呼。

《黑奴吁天录》演过以后，春柳社全体照过一张像〔相〕，这张照片和当时一些剧照我一直保存着，不幸在抗日战争当中和我的住宅一同被烧掉了，不然我看着相片还可以想起更多的事。

那时任天知要我们把《黑奴吁天录》搬回上海演，息霜、孝谷经过考虑，也曾和几个朋友商量，没表示同意，事实也是做不到的。我从那个时候知道

《自我演戏以来（1907—1928）》校勘及研究

任天知，但直到1913年以后才和他在上海见过面。我记得他并没有参加过春柳社，当然他是一个能力相当强的活动分子，在国内初期的新剧运动，他是起过相当的作用的。

　　当时中国公使馆很反对留学生演戏，有些一时高兴参加春柳的人因为怕影响他们自己的前程，渐渐地就不来了，又因为筹款、租剧场都有困难，大规模的演出很少可能，就只好计划演一些人少、简单的独幕戏。1907年冬天又借常磐馆演过一次，演的是两个独幕剧：一个是息霜主演的，戏名忘了（有人说叫《生相怜》）[11]；我只记得他扮一个披长头发、穿着白缎子西装好象西洋古画上的少女，曾孝谷扮他的父亲，一个学音乐的广东同学扮他的情人。他一直认为这个广东人对艺术的理解力特别高；他每在钢琴上弹一个曲子，那个人就站在他后面听着，他弹完了回头问他："怎么样？"那位广东青年往往能够说出许多玄妙的道理，息霜听了很高兴。他还参照西洋的名画定制头套服装，在屋里打扮起来请那位青年提意见。那个青年似乎不大会演戏，那个独幕戏又是很有诗意的，意思是要演成诗与画结合起来的戏，但观众感觉不容易看懂。我那次演的是曾孝谷编的独幕戏，戏名好象就是《画家与其妹》。涛痕演画家，我演他的妹妹。这个戏也是扮的西洋古装，涛痕在画画的时候，我站在他的后面吹一支玉屏箫，这也未免可笑，可是因为我会吹箫所以就在台上露一手。孝谷也不说什么，我就自由发挥一番。

　　这一次的演出可以说没有什么收获。从这次演出之后，春柳社在戏剧方面就没有活动。① 可是那天我正在后台化妆〔装〕，忽然有一个很活泼漂亮的青年人来看我们，那就是陆镜若。他名叫陆辅，字扶轩，日本东京帝国大学文科生，镜若是他的艺名。当时他表示要参加春柳社，但因为他是常州人，不大会说普通话，孝谷认为他不能演戏，过了一向，才勉强让他参加为社员。后来他为学习普通话，的确下了一番苦工，尤其在表演方面，他真是好学不

---

① 春柳社是几个在东京学美术的留学生发起的文艺团体，主持人是李息霜和曾孝谷，社务分美术、文学、音乐、戏剧四部，在戏剧方面所表现的只有大小三次公演，其中《黑奴吁天录》是大规模的、有代表性的，影响也大，此后只一次演出晚会，戏剧的活动就中止了。陆镜若所组织的申酉会和新剧同志会可以算春柳社诞生出来的戏剧团体，在上海演出时为纪念春柳社而用春柳剧场名义也是合理的，春柳剧场不等于春柳社。我们一向分得清楚。后来涛痕以一个春柳社员用春柳社名义活动，自称春柳旧主，是不妥当的。

234

倦。那个时候，在我们当中读过不少剧本、还能谈些理论的要算是他。我和他一见面就成了最亲密的朋友，每天都要抽空到他住的地方去和他研究表演，研究化妆〔装〕，星期天不上课就和他作化妆〔装〕实习。那时藤泽浅二郎办了个俳优学校，镜若课余就在那儿学习，他也把学到的东西告诉我。我尊、抗白都是戏迷，我们四个人常常碰头，就想做些演出活动，镜若、我尊去和孝谷商量，孝谷也还高兴，答应替我们写剧本。我们计划借一个小地方，演几个小戏，凑来凑去居然凑成功了。镜若的姨妈恰好到了日本，借给他一点钱，就干起来。那时息霜正专心画油画、弹钢琴，对演戏的兴趣已经淡了，他没有参加。我们为了行动便利起见，没有用春柳的名义。那正是1908年的冬天放寒假的时候，因为在戊申己酉之交，就临时取了一个社名叫申酉会。我记得是演了三个独幕戏，最后一个是《鸣不平》。演出地点是锦辉馆，一个借给人开会的地方。这一次也推销了一点戏票，因为《鸣不平》演得相当好，演出还是比较成功的，这就鼓舞了我们大干一次的兴致。1909年初夏就有《热血》的演出，也用的申酉会的名义。

《热血》是法国浪漫派作家萨都的作品，原名《杜司克》，日本新派戏剧作者田口菊町把它译编成为日本新派戏剧本，改名《热血》。我们演出的时候根据抗白的意思改名《热泪》，以后在中国演出仍名《热血》。那时我们并没有看过萨都的原作，只是根据田口菊町的日译本翻译的。据说萨都的原本是三幕，田口译本却是五幕，大约为着适合日本新派戏的上演，照原本有所改动，我们又根据田口的本子改成四幕，也可见我们的本子与萨都的原作有出入，而且我们在排练的时候还不断有些修改。我们那个时候挑选这个戏，因为：一、我们看日本新派名演员河合武雄、伊井蓉峰演过这个戏，我们很喜欢；二、主要角色只有四个，镜若、我尊、抗白和我担任起来刚好合适；三、青年留学生当中革命空气相当浓厚，这个戏适合于客观情势。我们都不是革命党人，可是反对专制倾向自由的思想，不可能不影响到我们，尽管在我们四个人当中每个人的感受有所不同，我们在排练的时候，不知不觉把一个浪漫派的悲剧排成宣传意味比较重的戏。那个时候觉得一个戏感情要强烈些才过瘾。

现在我想分幕谈一谈这个戏的故事梗概，在这里必须先说明一点，就是剧中人的名字除掉杜司克之外，其他都是我们当时为着易说易记随便改的。

角色的名单如下:

　　歌剧女演员杜司克
　　画家露兰（原名马立奥·卡法拉多西）
　　警察总长保罗（原名斯卡尔披亚）
　　革命青年亨利（原名谢札利·安基罗底）
　　侦探长
　　警察
　　事件发生在拿破仑全盛时代。地点是罗马。

　　第一幕：圣安得烈教堂内。画家露兰正在为教堂的装饰画起画稿，他看见一个女的进来祈祷，非常美丽，他把她作为自由女神像的模特儿画了一张速写。原来那个女的是某侯爵的夫人，她的兄弟亨利是一个革命者，约定这一天越狱逃走，侯爵夫人就在这个礼拜堂里接应他，把一套女人衣服放在约定的地方，让他好化妆〔装〕逃走。过了一会，越狱的亨利从教堂后面出来，倒在台阶下面，被露兰看见，赶紧上前搀扶他。亨利求他救护，不料他们是同志，露兰便把他所带的食物给亨利吃了，帮他换了衣服，并指点亨利到他家里去藏起来。

　　正当这个时候，露兰的未婚妻杜司克来看露兰，她仿佛听见露兰在和一个女人谈话，她一上场发现他盛食物的篮子空了，又看见一个美丽的女子的速写，她以为原来露兰另有情人，经露兰反复解释，她才半信半疑到女王宫里参加演奏会去了。杜司克来的时候，亨利急忙藏了起来，她一走，露兰便匆匆忙忙把亨利送到家里。警察总长保罗带着兵到教堂来搜查，发现了囚犯的衣服，还捡到侯爵夫人遗落的一把扇子，又见画家露兰没把画具收好就走了，就断定亨利跟他们有关系。

　　保罗爱杜司克，认露兰是他的情敌，所以他一方面用侯爵夫人的扇子去离间杜司克和露兰，同时利用搜查国事犯的机会去威逼露兰。

　　第二幕：露兰家里。杜司克受了保罗的挑拨，回家来和露兰大闹，露兰苦于不能把真情告诉她，言语不免支吾，更加引起了杜司克的疑虑，几乎要和他决裂。正在不得开交的时候，亨利走出来，对她说明原故，这使她大难为情。警察已经在外面叫门了,露兰以自己一生的名誉要求杜司克帮忙,杜司克以见义勇为的态度让亨利藏在屋后的枯井里。警察总长保罗进来,杜司克和他敷衍。保罗严厉地问露兰要越狱的囚犯,当场用酷刑审讯,露兰只剩恹恹一息,还是坚决不招,保罗又用甜言蜜语哄骗杜司克,最后她忍受不住,就说出来了。她以为说了就可以救露兰,不料保罗把亨利和露兰一同带走。

第三幕:保罗约杜司克到他那里去吃饭,杜司克去了,想营救露兰,保罗趁此机会威胁她,同时表示爱她,爱到已经疯狂了。杜司克起初和他辩论,最后表示顺从,她只恳求保罗释放露兰,第二天一早就让他离开罗马。保罗满口答应,还给了露兰和她出境的护照。但是他说,为着掩人耳目,必须做一次假执行——就是放一声没有子弹的枪,执行之后露兰就可以逃走。他说着马上把侦探长叫来,吩咐他对露兰假执行,叫他照老规矩办事。侦探长答应走了,保罗斟酒劝杜司克,杜司克恨极了,她满满地喝了杯酒,退到桌子旁边,保罗上去拥抱她,她回手拿起桌上切肉的刀把保罗刺死,匆忙逃了出去。

第四幕:在一个城堡上,露兰、亨利被枪杀了,侦探长带着警察退下。杜司克上,以为露兰没有死,叫着他的名字,把他抱在怀里,一看他真死了,才知道上了保罗的当。侦探长发现了保罗被刺,带着警察来抓杜司克,她纵身从城堡上跳下去死了。

这个戏里头的主要演员,我尊、抗白是京剧票友,有些登台的经验;镜若在藤泽浅二郎那个俳优学校学习,也登过好几次台,见过些场面;我在《黑奴吁天录》里尽管饰过两个角色,那只是初次小小的尝试——尤其是小乔治见父亲那一场,喃喃让我从花道走上舞台,我一出场看着那花道,好像长有十里地,好容易走近舞台,看见喃喃装了我的父亲站在那里,我眼睛望着他,口里叫一声"爸爸",脚下一不留神摔了个大筋斗。他说:"孩子你怎么啦?"的确我也不知道怎么了。在锦辉馆演小戏的时候,我装一个西洋女佣人,又闹了一次把油灰装的高鼻子弄掉了的笑话。不过经过这几次之后,我的胆子倒特别大了。演《热血》我生平是第四次登台,可是演那么大戏的主角还是第一次。"初生之犊不畏虎",那时候我的自信心不知道怎么会那么强,我好象很有把握似的,对于杜司克这个角色,觉得我饰十分恰当,我也的确下过一番工夫。在四个人当中,我把剧本念得最熟,无论哪一段可以毫不思索地冲口而出，我差不多真把剧中人的话变成了自己心里头的话。那时候并没有什么导演制，我就一边在屋里头研究动作表情，有时就找镜若、我尊反复排练。我不能对角色作性格的分析——那时候我们还不会那样做——我只能设身处地去体会杜司克的身世和她的生活环境，根据戏的情节，看她所遭遇到的每一个事件，她的心里是怎样的想法，她如何应付。当然我无从懂得十九世纪初期罗马女演员的生活，我只能够就我所读过的小说、诗歌（也有中国的，也有外国的）当中所描写的各种女性，看她们的生活和她们在性格上某些共同之点，来研究我所演的角色。那时还谈不上什么科学的分析，多多少少还是从自我出发。看如果我是杜司克，遇见那么一些人，遭遇那么一些事变我会怎么样，我是从人们共通的感情来演这个角色的。至于动作表情，我从看画片、看电影（默片），还有就是到火车站去看那些来来往往的西洋女人，看她们走路、说话、转身、回头、笑、握手等等有些什么变化，回来反复模仿。

  第一幕出场的时候，我想和露兰有几个钟头不见了，我就想起诗经里头"一日不见如三秋兮"的话，我很爱他，恨不得一刻也不离开，哪怕是半天不见，也就象隔了很久一样，因此一走出台看见他，我的感觉是整个身心都交给他了。慢慢地再问他刚才同谁在说话。看他有些形色怆惶〔仓皇〕（露兰因为杜司克是宫庭〔廷〕的歌手，不敢向她泄漏秘密），及至发现自由女神像的速写，认识那就是某侯爵夫人的像，就以为露兰又爱上了侯爵夫人。我在排戏的时候，想起小说里头各种不同的女性每当这样的场合是怎样应付，原来排的是表示很大的怀疑，露兰对我作种种解释，我都不信，结果一气就走，他把我拉住；上台之后我忽然灵机一动，我对着那张速写，我的呼吸短促，胸口起伏，声音也变了。我说："侯爵夫人真美呀！你画的也真好，可是还差一点儿。"说着我就拿起他的画笔在那张速写上面使劲打一个叉，往地上一扔，回身就走，他一把拉住，一面解释一面向我跪下；看他十分着急那个样子，我也就心软了。以后我们一直是这样演的。

  第二幕：杜司克受了保罗的挑拨，把侯爵夫人的扇子带回去，决心和露兰分开。恰好亨利还藏在露兰家里，露兰还不敢对她说真话。正在要决裂的时候，亨利从里头走出来，露兰大惊，杜司克也楞〔愣〕住了。亨利说："姑娘不要走，我是个政治犯，露兰在礼拜堂救了我，侯爵夫人是我的姐姐，也

《自我演戏以来（1907—1928）》

是为帮我逃走才上礼拜堂去的。我姐姐是非常正派的女子，他和露兰从来不认识，请你不要怀疑。对不起，我打扰你们了，再见吧！"说着就往外走，露兰止住他，告诉他走不了。杜司克异常惊讶，又感觉十分尴尬，难以为情。一个较长的停顿，她上前向亨利握手道歉，回头象小孩子似地拉住露兰的手蹲下去伏倒在他腿上。这个时候警察叫门了，杜司克答应露兰保守秘密。她指点亨利藏好，赶紧跑回来，假装着和露兰玩纸牌。露兰紧紧地拉着她的双手，二人对望着，他轻轻叫了一声"杜司克！"没有别的话——他是那么感激她，在共患难同生死的时刻里他们的爱情又增进了一步。

保罗带着警察上场。问露兰要逃犯，不说，使用钢丝制的脑箍当场套在露兰的头上慢慢收紧，他昏过去醒过来始终说"不知道"。杜司克被警察推倒在台中间，她和保罗辩论，责备他，又恳求他；保罗吓她骗她，说只要她说出亨利，就放露兰。她不忍见露兰那种痛苦的样子，可是露兰就在昏迷之中还不断地叫着她的名字，她几次咬紧牙关，保罗又叫收紧，露兰又晕过去了，她上前一扑就倒在地下。保罗轻轻地对她说："救你的心爱的人吧！"她不能再坚持，就说了。松了刑，露兰缓过气来，杜司克上前抱住他，露兰问她："我没有说吧？"她说："你没有。"警察报说犯人抓到了。露兰一把抓住杜司克："你说了吗？"保罗叫把露兰带走，她叫起来："怎么你还是不放他？"保罗说："他也是国事犯。"杜司克紧紧抱住露兰不放，露兰用力把她推开，昂然跟着警察走下。她又愧又悔倒在地下痛哭。我们就是照以上所说那样演的，我每逢演完了这幕戏，总是满身大汗。

这个戏的三幕本就没有以上这一幕，拷问露兰是在保罗办公室里暗场进行的——保罗的晚饭已经摆在桌上，听侦探长报告亨利还没有抓着，非常生气，就把露兰抓来审问，露兰不说，他就把他送到隔壁的拷问室里去受刑。他约杜司克吃晚饭，她来了，保罗很有礼貌地接待她，他好象猫玩耗子似的逗弄着她，让她说出亨利在什么地方，最后告诉她露兰已经抓来了，就在隔壁屋里。他打开一点门让她听见露兰呻吟之声，接着他又把门开大一点，让她看见露兰受刑的惨状。在他的威胁诈骗之下，她说出了亨利的藏处。保罗叫把露兰从拷问室放出来送回监狱。露兰看见杜司克，问她："我没有说吧？"她说："没有。"侦探长来报亨利抓着了，露兰知道是杜司克说的，极为愤恨——这样做似乎比较集中，但是露兰跟杜司克的戏比较少一点，杜司克

239

《自我演戏以来（1907—1928）》校勘及研究

跟保罗的戏就比较多些。这一场保罗的戏比杜司克还重，从逗弄杜司克到对杜司克表示狂热的爱，都是保罗的重头戏。我们是照四幕演的，所以保罗被刺一幕一开幕杜司克就上场，她去恳求保罗放露兰，保罗忽软忽硬的逗弄她，想尽方法让她舍弃露兰，以便为他所占有，最后被她刺死，这样做比三幕本曲折少一些，这一幕似乎有些单调。当时我尊演保罗这个脚〔角〕色，气派是有的，可是奸狠的地方演得不够深沉。尤其是表示多少有点变态的狂热之爱他不能体会。为着怎样把保罗刺死，我曾打听过怎样用小刀子杀人。有人说匕首从腰部猛刺进去，被刺的人叫不出来，主张我刺保罗的腰部，但是我在台上，还刺的是他的胸部。当他来抱我，我装着毫无抗拒的样子靠近桌子，出其不意拿刀猛刺过去。头一天用的是餐刀，那是杀不死人的，第二天拿的是切肉的刀，是一把真刀，生怕失手不敢猛刺。这两次我刺的都不自然，他死得也不自然，这都因为事先的准备不够，排练不够，同时每逢这些地方双方还要有些舞蹈和技击的工夫才能表演得好。当保罗被刺倒下的时候，照例台下必定响起一阵掌声，那千万不要以为是为表演鼓掌，可是我们当时未免有这样的错觉。

　　第四幕也就是最后一幕，照原本被执行枪决的只有露兰一人，侦探长告诉他还有一个短时间，问他有什么话说，并允许他和亲人话别。杜司克赶来了，告诉露兰保罗已死，又告诉他执行只用空枪。执行的时间到了，侦探长命令杜司克退下，然后露兰在执行前有几句话和他的艺术的理想告别。执行后，侦探长和兵士全部退场，杜司克上场发现露兰真死了……我们演的时候改成露兰和亨利同时绑上，露兰慨叹地向亨利道歉，亨利安慰他并作壮语，说专制必定会倒，自由平等的世界一定会到来……露兰兴奋地同意他的看法，最后亨利说："我们生前是朋友，死后还是朋友。"露兰说："我们生前是同志，死后还是同志。"这些话当然博得满场的彩声，我们都觉得这样改才好。

　　在这一次的演出当中，我们一致认为镜若是很好的小生，而且他能演各种不同的角色，他还很有干劲有干才。这一次的布景、服装看上去都还不坏，服装当然也是拼凑起来的，后来有一个欧洲戏剧家看了我们的照片，他问我为什么在一个戏里头穿了不同时代的服装。当时我们对欧洲服装史没有研究过，在那样一次演出中也无从考据，而且认为这是无关重要的。

　　《热血》的演出比《黑奴吁天录》的演出在某些方面是有进步的。这个戏的演出形式，作为一个话剧，比《黑奴吁天录》更整齐更纯粹一些——完全依照剧本，每一幕的衔接很紧；故事的排列、情节的发展、人物的安排比较集中；动作是贯串的，没有多余的不合理的穿插，没有临时强加的人物，没有故意迎合观众的噱头，在表演方面也没有过分的夸张。我们的演技尽管很嫩，但是态度是严肃的。我们对于一个戏的整齐统一虽然没有完全做到，但是比《黑奴吁天录》还是显著地进了一步。镜若比较懂得编戏和排戏，所以在舞台形象的统一方面特别注意，这本来是好的，也是正规的要求，但回国以后，要打开另外一个新局面，有些正规的想法就行不通。这是后话。可是《热血》第一次的演出，我们在跑码头的当中，还经常会想起来。

《热血》是中国留学生业余演出的第二个大戏，在中国留学生当中博得很高的评价，说这个戏真正可称为社会教育，尤其是同盟会员，认为这次演出给了革命青年很大的鼓舞。可是在《黑奴吁天录》演出后，日本各报有很多的剧评，对《热血》的演出却一个字也没有。这次演出的费用我们是借了官费生领生活费的折子向高利贷去借的，担了不少的风险。年纪轻，热情高，顾虑少，说干也就干起来了。这一次以后，公使馆就放出话来，谁要参加演戏就取消官费。镜若和我都不是官费生，可以不管，但是要想再作大规模的演出就更困难了。

可以这样说，从常磐馆演出几个小戏之后，春柳社的戏剧活动就中止了；《热血》演出以后，申酉会的活动也停顿了。《热血》的演出因为息霜、孝谷都没有参加，所以仍然用的是申酉会的名义，但尽管如此，镜若、我尊、抗白和我都是春柳社友，我们始终尊重春柳这个系统，申酉会不过是戊申己酉之交一次临时演出所用的名称，可以说《热血》演出以后这个会也就没有了。1912年镜若、我尊回国，抗白没再干戏，另外有一个留学生，东北人马绛士，他和镜若、我尊等在上海组织了新剧同志会，由镜若主持其事，有不少在上海的青年参加了这个会。在演出的时候，仍然挂上春柳剧场这个招牌。所以我想把我们在日本演出的时候，作为前期春柳；回国以后作为后期春柳，这样也还是切合实际的。

1910年暑假镜若回到上海，和王钟声合作，在味莼园演出过三个星期，当时他把日本新派戏作家佐藤红绿的《潮》，改译成中国剧本演出了，剧名《猛回头》。次年（1911年）暑假回国，恰好黄喃喃想在上海演戏，镜若就给

《自我演戏以来(1907—1928)》校勘及研究

他排了一出《社会钟》,这也是佐藤红绿的作品,原名《云之响》,由镜若改译成中国剧本的。

1912年镜若在上海成立新剧同志会,最初参加的有马绛士、罗曼〔漫〕士、吴惠仁、蒋镜澄、姚镜明、陆露沙等。以后陆续参加的有吴我尊、欧阳予倩、胡恨生、董天涯、董天民、郑鹧鸪、冯叔鸾、管小髭、张冥飞、宋痴萍等。这帮人在那时候可以说志同道合,生活都相当清苦,但心情都很愉快,对艺术的态度很认真,社员在私生活方面也比较严肃。我们除了吃和住最低限度的供给之外,什么也没有,娱乐和消遣那更是谈不上,可是大家也从来没有为这些表示不满,一同吃苦惯了,也就心安理得。最怕的就是戏不受欢迎,更怕戏演不好,可是如何才能把戏演好,如何才能吸引更多的观众,我们的确考虑得不够,也没有详细地深入地加以研究,根据当时的环境采取更好的措施,这可能是失败的根源。也是先驱者的苦痛。

同志会在上海成立,原想把根据地安置在上海,可是上海这个码头是买办流氓富商大贾控制着的,象我们那样几个毛头小伙子,想在那里开辟一个新的局面,当然颇不容易。我们并没有资本,全靠镜若利用亲戚朋友的关系来维持团体进行演出,因此作不出一个固定的计划在一个地方坚持下去。只好上海吃不开了往别处走,去跑外码头;外码头遭遇了困难,又回到上海。我们除上海之外在江浙一带跑过苏州、无锡、常州、嘉兴、杭州一带,还到过湖南、汉口,就这样维持了三年。

凡属一个新的运动,必然会经过许多复杂的变化,新剧同志会到各个码头去演出,经常和当地有关的人合作,用各种不同的方式组织演出,并不一定用同志会的名义,例如到湖南和一个新成立的剧团合作,以后又组织文社。不管组织名称怎样变动,同志会的宗旨和作风并没有丝毫更改,我们一直自认为是春柳社的继承人,所以在上海演出的时候,就挂出春柳剧场的招牌,并引以自豪。

同志会所演出的戏,按尚存的节目单一共有八十多个,其中有剧本能够作为看家戏的,只有《家庭恩怨记》《不如归》《猛回头》《社会钟》《热血》《鸳鸯剑》等六七个,其余全是临时凑的、没有剧本只有幕表的戏。我们的主张是戏必须有剧本,必须要排练成熟然后上台。但当时无论在什么地方,必须每天换戏——当然有些戏比较受欢迎的可以反复替换着演,可是六七个戏,

《自我演戏以来（1907—1928）》

每个戏平均翻两次头也不够一个月的节目，所以必须有更多新编的戏，要不是救火那般赶紧拼凑，新的节目出不来，全靠少数几个老节目决不能维持。同志会也和当时其他的剧团一样，一开始就是职业团体，并不是业余的，所以必须靠每天的收入来维持。有时候我们的戏演得并不坏，可是上座不好，我们尽管用为艺术、为社会教育来安慰自己，来为自己打气，可是心里着急也只有自己知道。

镜若在藤泽浅二郎所设的俳优学校学习过，以后他参加了早稻田大学的文艺协会，曾经和岛村抱月、松井须磨子还有现在早稻田大学演剧博物馆馆长河竹繁俊在一起，他还在《哈姆雷特》里扮演过一个兵士。他在俳优学校的时候，学习的是新派戏——新派是对日本歌舞伎说的，认为歌舞伎是旧派，这正和我们当时叫话剧为新戏，叫中国原有的戏为旧戏是一样的意思。镜若倾心于新派，所以他对日本的歌舞伎并没有什么研究；及至进了文艺协会，对西洋的古典剧尤其是莎士比亚的戏发生了很大的兴趣。岛村抱月、松井须磨子演《复活》获得很大的成功，镜若看到这个戏，同时又读了一些易卜生的剧本，他便倾向于文艺协会的做法。回国以后，他很想搞莎士比亚，他也想演俄罗斯古典剧，他还想一步一步介绍现实主义的欧洲近代剧。可是他想的很多，而事实上他仅仅介绍了日本的新派戏。他很想写剧本，他就编了一个《家庭恩怨记》，这个戏在春柳剧场所有的戏当中是最受欢迎的。它的故事梗概如下：

军官王伯良趁辛亥革命民军起义的机会，弄了一笔公款逃到上海，娶了个妓女小桃红。小桃红原和一个叫李简斋的相爱，她到了王家，简斋和她经常私下来往；有一天被王伯良前妻的儿子重申撞见，她便设计陷害重申，王伯良听信了小桃红不断的谗言，盛怒逐子，重申无以自明，用他父亲的手枪自杀了。王伯良原为重申娶了个童养媳梅仙，重申一死，梅仙也疯了。后来王伯良发现小桃红另有情人，他一气把她杀了。王伯良有一个办孤儿院的朋友曾经向他募捐，他正趾高气扬的时候便一毛不拔，此时他把他找来，说他没了儿子就想起孤儿的可怜，愿意把家产（冤枉钱）捐给孤儿院，他想自杀。他的朋友劝他说：国家正在多事之秋，应当努力于救国事业，他接受劝告，便离开了家。

辛亥革命的时候，是有一些那种所谓"司令"之类的军官，捞到了一笔

《自我演戏以来（1907—1928）》校勘及研究

冤枉钱，就成了暴发户。一到上海首先从堂子里娶个姨太太，可是这些人的钱易来易去，大多数好景不常〔长〕，镜若这个戏描写了这种人。他认为象王伯良这样的人脑筋简单、知识浅薄，但是性格比较爽快，心地比较单纯，尽管他会做些糊涂事，经过一番打击之后，也可能幡然改悔从新做人；他用一分好心肠给了这样的人一点可能有的希望，希望他们在社会上做点好事，还希望他们能够爱国。同时那一类的家庭变故在中国的封建社会里并不生疏。在那个时候用一种新的戏剧艺术形式，好象真的生活一样生动地表演出来，而且有些场面相当动人，就无怪其会受到当时观众的欢迎。这个戏悲剧的气氛比较强烈，而作者的态度是温和的。那时候的观众大多数是属于中上层社会的，还有就是学生、小市民，对他们说这个戏也比较容易接受。

　　这个戏有两场颇为观众所称道，一场就是王伯良做寿那一天，小桃红做成圈套诬告重申下毒，王伯良大怒要赶走儿子，他拼命喝酒，醉倒在书房里一张沙发上。重申走进去，想对父亲说明许多事情，可是怎么也叫他不醒，重申向他恳求、哭诉，只听到他发出些含含糊糊的呓语，失望之余，重申自杀。枪声一响，王伯良翻了个身，直到家里人闹起来他才惊醒。另一场就是重申死后，疯了的梅仙每天晚上都到花园里去找她的未婚夫，声声叫着哥哥；王伯良走到花园里想避开她，她已经走到他面前，问哥哥哪里去了，他说："你哥哥走了，不会回来了！"这一扬演得很阴森，那时候的演员往往假戏真做：我曾见绛士演完这场戏下来满面泪痕倒在椅子上，这种事我从来没有过。镜若演王伯良、吴惠仁演小桃红、绛士演梅仙、曼士演重申，当时颇有定评，他们的舞台形象几十年来还活在我的记忆之中。我也演过好多次小桃红这个角色，我当然有我的特点，演得也不能算坏，可是像惠仁那样能在很随便的笑语顾盼之间，表现出那样深沉、老练、尖刻而又十分柔媚，我自问不如。

　　《不如归》是日本德富芦花的小说——故事跟《孔雀东南飞》差不多一样——写一个中将的女儿片冈浪子在家里被继母歧视，出嫁后夫妻异常和好，但婆婆不欢喜她，常遭磨折，她郁郁成病，又经亲戚中的坏人挑拨离间，她的婆婆就趁她丈夫出征不在家的时候把她休了，等到她丈夫回家，浪子已死。

　　这个小说当初在日本曾轰动一时，编成新派戏也到处受到热烈的欢迎。新派戏演员喜多村绿郎演浪子非常有名，马绛士就受了他的影响，有些地方就是学他的。这种家庭故事的戏很容易受欢迎。这个戏有好几个场面是十分

244

动人的。剧本由绛士改译,演的时候有相当的一些改动,因为当时译本还有的不合乎中国的风俗习惯,演员自己就把它改了。但总的结构和表演的某些技巧都还是喜多村绿郎他们演的那个路子。这个戏女人来看的多,赚过不少她们的眼泪,因此男观众也跟着多起来。

《社会钟》原名《云之响》,是日本新派剧的作家佐藤红绿的作品。写一个农民有两子一女——石大、石二、秋兰。这三姊妹的母亲刚养下石二就死了,他们的父亲偷了人家一瓶牛奶,村里的人——主要是庙里的住持(大地主)就咬定他是贼,逼得他一家人搬到山里去住,过着异常穷困的日子。石大对此极为不平,他的父亲因遭到物质生活和精神上双重的重压,一病不起,因此更激起了石大对村人的反感,他感觉:父亲只偷了点小东西,你们就逼得我一家活不下去,那我只有跟你们拼,于是他一狠心就实行偷盗,甚至于抢劫伤人。他的父亲死了买不起棺材,他就打破庙里的钱柜埋葬了父亲,由此村里人更怕他也更恨他,认为他是村里头最大的坏人,和尚庙里正要铸一个钟,就把他的象铸在钟上,让许多人来撞钟就是对石大那样的大坏人的一种惩罚。石大的兄弟石二是个先天不足、后天失调、发育不全的"傻子",石大的妹子秋兰在城里一个姓左的绅士家里伺候一位阔小姐左巧官。后来左家发现她是石大的妹子,就被开除回家,在一个庙前摆小摊子过活,最后又被住持赶掉了,把这兄妹三人挤到了山穷水尽的地步。石大被捕了,当把他押解到半路上的时候,他挣脱了绳子杀死三个押解的人,逃回家去,放一把火烧了庙里的钟楼,先把饿得快死的石二和秋兰杀了,他自杀在钟楼下面。这是主要情节,戏里还有些穿插:如描写左巧官的娇纵,她赶走秋兰,秋兰骂她;后来巧官和一个流氓游山,遇见石大,拿掉她的钱,逼她把衣服脱了,石大用刀指着她说:"原来你们阔人脱掉几件漂亮衣服也和我们穷人一样,可是你们的心比我们穷人脏的多。"这些都必然博得许多彩声。剧中还安排了一个中将代替作家说话,他见了左巧官就说自由要有点范围;左巧官庶出兄弟要出家,他就让他还俗;当石大被捕,他偶然遇上了,就发了些感慨说:"这不是你的罪恶,是社会的罪恶!"等等。

这个戏显然受了雨果《孤星泪》的影响,故事的起头和《孤星泪》一样。这个戏在当时表现着一种萌芽的社会革命思想,在辛亥革命以后的时期,这个戏也还是能引起一些观者的共鸣,但既是改译的,应当使它更合乎中国的习惯，例如左巧官逼着她的父亲赶走庶母，这样的事中国没有。最后石大见全家走到了绝望的境地，就杀死自己的兄弟和妹妹，然后自杀，这种强烈的场面，中国的观众也不习惯。这都是日本人的想法。可是当时在各处地方上演，也没听到有谁提过意见。

《猛回头》也是佐藤红绿的本子翻译过来的，原名《潮》。这个戏可以说是反对高利贷、帮助贫穷人说话的，我们演的回数也很多，但是也和《社会钟》一样，剧中人的一些想法和处理问题的方式方法是日本式的。这个戏的主角也是一个被迫当了强盗的哥哥，《社会钟》的结尾是哥哥杀死妹妹，《猛回头》的结尾却是妹妹杀死了哥哥。这个戏在当时也可以说有一定的社会意义。

《热血》在国内演得不多，我们在湖南组织文社的时候，特为这个戏做了布景、服装，还花了半个月以上的时间从新排练，以为必然大受欢迎，但卖座远不如《家庭恩怨记》。《黑奴吁天录》我们回国来一次也没有演过，就是王钟声他们也只在上海演过一次，以后从来没有哪一个剧团注意到这个节目，可见当时观众不欢迎纯粹外国的剧本。新舞台的《新茶花》（中国故事、时装、唱西皮二黄）十分卖钱，可是我们演小仲马的《巴黎茶花女》却是观众寥寥。

我们也演过几个《红楼梦》的戏，其中《鸳鸯剑》《王熙凤大闹宁国府》比较最受欢迎。《鸳鸯剑》是 1913 年我在湖南文社成立时编演的，主要的对话用的是《红楼梦》的原词，所以很快就把剧本写出来了。我演尤三姐，绛士演尤二姐，我尊演贾琏，镜若演柳湘莲，卖座很好。这也就是我第一次在上海春柳剧场登台的打炮戏。《大闹宁国府》是在 1914 年冬天编成的，这都是有剧本的戏。

看春柳剧场的剧目，比较受欢迎的就算那几个有剧本的戏。大家认为春柳的特点就是整齐、严肃、认真、不随便乱凑，但是用两三天或者一晚上的工夫挤出一张幕表，随便说说就上台，又怎么能够不乱凑呢！观众对我们那些临时凑的戏不满，我们当时也感觉得很痛苦。

春柳剧场的上演剧目共计约八十一个，除掉《鸣不平》《老婆热》《真假娘舅》之类的短剧三四个之外，都是长剧；这些戏的内容和演出的情形，有的我记得起来，有的记不起了。至于那些急急忙忙凑出来的剧本，有的在说明书上注明了出处，有的没有，有的看故事梗概就知道它是根据什么编的，有的不知道。现在我初步想大致分一分：

自己的创作而又写成完整的剧本的，可以说只有《家庭恩怨记》一个。

根据自己的意图编制故事、安排人物、写成详细幕表、附有重要的对话，但没有写出完整的剧本的约有十几个。如《运动力》《神圣之爱》《怨偶》《浮云》《芳草怨》《陈七奶奶》《文明人》《亡国大夫》《新戏迷传》《中山狼》《爱晚亭》《田小辫子》之类。

纯粹的翻译剧本，基本上照原作演出的只有三个:《热血》《茶花女》《鸣不平》。

根据外国剧本改编成中国戏的，有《猛回头》《社会钟》《不如归》《新不如旧》《真假娘舅》《老婆热》《异母兄弟》《血蓑衣》等八九个。其中只有《猛回头》《社会钟》《不如归》三个有完整的剧本。

根据外国小说改编的（多半是商务印书馆出版的、林琴南译的小说）约计八九个。如《迦茵小传》《兰因絮果》《夺嫡奇冤》《黑奴吁天录》《鸳盟离合记》《火里情人》《蛇女士》《爱欲海》等。

根据中国古今小说笔记改编的约有二三十个：包括《聊斋》《红楼梦》《水浒》《天雨花》《凤双飞》《劫花惨史》《恨海》《官场现形记》《谐铎》等小说的材料。

看春柳剧场的剧目，多半称赞爱国志士、见义勇为的人和江湖豪侠之流；宣扬纯洁的爱情、婚姻自由、爱人如己、牺牲自己成全别人；反对的是：高利贷、嫌贫爱富的、以富贵骄人的、恃强欺弱的、纵情享乐的、不合理的家庭、不合理的婚姻制度、腐败的官场等等；同情被压迫者、同情贫穷人；有些戏写一个人能运用聪明智慧打破坏蛋的阴谋；有些暴露社会的腐败和黑暗。总的看起来倾向还是对的，也反映着当时知识分子进步的一面，但思想方面有很大的局限性，在那个时候当然难于作较高的要求。剧目当中也有个别的戏还带着消极的思想——一来因为急于拼凑成戏，有了就算，对于旧小说、笔记上的材料照抄下来，无暇加以选择；或者由于编的人一时的消极情绪，或者自鸣清高，就不知不觉透露出出世甚至厌世的想法，好在这样的很少，只是其次又其次的。春柳同人有个最大的缺点，就是不自觉地走上了艺术至上主义的道路。我们对于艺术形式的完整想得较多，而战斗性不够强；还有

《自我演戏以来（1907—1928）》校勘及研究

就是我们对于当时的环境、当时的社会太没有研究，我们的戏和当时的社会问题结合得不紧密，因此就有曲高和寡之感。同志会朋友们对艺术的态度要算严肃的，处世的态度也是自爱的，没有什么庸俗的倾向，但不免有高雅出群的味道。镜若领导同志会，他曾经提出两种面孔：庄严的面孔和和蔼的面孔。他说对艺术要庄严，对人要和蔼，以和蔼的态度同人合作，以庄严的态度实现艺术的理想。但是同志会一直没有一个明确的纲领。我们的艺术理想究竟是什么？达到这个理想的策略和步骤应当如何？从来没有详细的讨论过。我们只是想演正式的悲剧、正式的喜剧。依镜若的想法把团体巩固起来，介绍一些世界名作，这不但是在那个时候行不通，后来一直也没行通。中国的话剧是按照另外一条道路发展的。那就是：利用新的戏剧艺术形式，结合中国社会发展的丰富内容，承继中国戏剧的优秀传统，因时因地用各种不同的、生动活泼的斗争方式推进运动，建立为中国广大群众所喜闻乐见的、为人民服务的话剧艺术。五十年来的经验证明了这一点，我们那时候不懂，也不可能懂。

春柳剧场的戏悲剧多于喜剧，六七个主要的戏全是悲剧，就是以后临时凑的戏当中，也多半是以悲惨的结局终场——主角被杀或者自杀。在八十一个剧目当中，喜剧约占百分之十七，其中有一半是独幕戏，而且除掉《鸣不平》当一个戏排练过以外，其余差不多都是胡乱凑的，我们的演员都不大会演喜剧，也没有认真加以重视，喜剧在春柳剧场只能算是临时凑数的。纯粹的悲剧对中国的观众已经不大习惯，象当时我们那样接连演几个悲剧就很难吸引观众，一般的观众为着散心去看戏，如果叫他每次都带着沉重的心情出戏馆，他就不高兴再看。

我们当时也想到，用外国戏改编和用外国小说改编的戏太多，因此就改着在中国的小说笔记里去找材料，但在等米下锅迫不及待的情形之下，不可能写出好的剧本。同时在表演方面我们比较以细致见长，因此感觉细腻熨贴〔帖〕有余，生动活泼不够，也就是说对艺术的夸张、重点突出注意的不够，这样就容易把戏演温。当然不是说我们的戏都有些温。

春柳剧场的骨干，大多数是日本留学生，都直接受过日本新派戏的影响，镜若、绛士上台，就往往不知不觉在节奏和格调方面或多或少流露出日本新派演员的味道。有些演员完全没有看过日本新派戏的，他们一方面向镜若学

《自我演戏以来（1907—1928）》

习；同时他们为着扮演中国社会各阶层的人物，就不能不向社会各阶层的人物去进行观察，并从多方面去模拟来创造角色形象。象吴惠仁演小桃红，他对于上海妓女的形象和心理是懂得相当透的。但是，我们当时对中国社会各阶层的人物，无论从哪方面说都理解得不深，体会得不够，因为我们没有把大门打开跑出去，深入社会各阶层。如果说小市民层的各种人物形象的创造，那我们远不如当时其他的文明戏团体，这一点我想留在《谈文明戏》那篇文章里去谈。

　　春柳的戏反映时事的不多，可以说所有的戏都是传奇味道的，故事完整，情节曲折。如果要反映当时的政治问题那就须要运用更生动活泼的形式。例如《运动力》就不过是活报性质的东西。这个戏结局的时候，说到一个绅士贿选议员迫使佃户加租，于是农民激动起来，把他的房子烧了，这是出于编者主观的安排。当时农民烧地主房子的事是有的，这里不过和选举的事联系起来罢了。这个戏只演了一两场，湖南的绅士们对这个戏的结局曾经提出反对的意见。1913年冬天汤芗铭代替谭延闿当了湖南督军，同志会受到迫害。我们回到上海就一直没有演过直接反映当时政治问题的戏。我们虽然演过象《亡国大夫》那样反映日本吞并朝鲜的戏，但是也勉强搞成情节曲折，显得软弱无力，既不真实而且观点不正确。《亡国大夫》说的是甲国的一个外交部长卢某受乙国的威逼利诱，签定了卖国条约，及至甲国为乙国所并，乙国的政府借搜查军火为名，抄了卢的家。卢破产，流落到偏僻的海滨。他有个女儿嫁给一个姓金的，这一对青年夫妻都加入了爱国党团，因为反对卢的行为早就离开了家。金因谋刺乙国大臣，死狱中，有遗书给他的妻子，指示继续斗争的策略，托另外一个青年交给她。当他们在海滨密谈的时候，无意中遇到卢某。恰好有乙国军官经过，戏弄卢的女儿，卢上前辩理，被那军官打死。她的女儿便夺了那军官的佩刀，杀了军官。见有乙国的兵追来，她纵身投海。这个戏前半出是根据当时的新闻报道，后半出是编的。这个戏显然指的是日本吞并朝鲜的事。当时的爱国思想，多半寄托在个人的发奋。当时帝国主义者在世界各处对弱小国家施加很大的压力，似乎毫无还手的余地，因此产生一种消极抵抗的想法。当时象我们这样的知识分子只有一腔愤慨之情，找不出正当的出路。就像《安重根刺伊藤》《亡国大夫》，还有张冥飞所编没有演出过的《高丽闵妃》，以及《波兰亡国惨》《越南亡国惨》等类的戏，也只是发抒忧愤，表示不甘屈服之情。当没有正确的政治领导、人民的力量还没有得到发挥的时候，我想这种思想上的局限也是可以理解的。我们当时不喜欢用"言论派老生"对台下作大段演说的那种搞法。如果我们能够有另外一种方式那也很好，但是我们也没有通过另外别的形式，对当时从人民中涌现出来的民族思想、爱国主义进行正面的有力的宣传。我可以说我们大家对上海的买办流氓是相当恨的，但也没有在我们戏里反映出这种心情。从这些方面看，我们当时艺术热情有余，政治热情还是不够，而且很不够。作为一个走在前面的、想开辟道路的艺术团体，这是个大缺点。

春柳剧场把弹词小说编成戏上演以为可以叫座，但仍然没有起色。当时别的剧团演弹词编的戏却颇受欢迎。我们对弹词小说没有研究，对其中的人物很少理解，随便编成幕表草率上演就只能敷衍故事，不可能有精彩的表演。别的剧团呢，他们对弹词小说比较熟悉；还有最重要一点就是他们能从说书先生和苏滩艺人那里吸收许多精彩的东西。说书先生和唱滩黄〔簧〕的曾经把小说融汇〔会〕贯通，加工安排，能使听者眉飞色舞，适当地吸收他们一些动人的部分用到戏里是非常好的。在上海的市民观众中，尤其是家庭妇女，对弹词小说都颇熟悉，如果演得不够逼真，不够亲切，就很难吸引她们。第一是人物形象，还有最重要的是语言。春柳用的是普通话，别的剧团用的是相当漂亮的苏白，而且对话活泼流利，容易引起观众的兴趣，这也不能不说是得益于说书和滩黄〔簧〕的经过艺术加工的生活语言。我们就没有注意这些。至于表演方面，他们或多或少、有意识或无意识地吸收了旧戏的表演方法，这样就更容易使观众感到亲切，引人入胜。当时有人这样说：春柳是洋派，某些剧团是土派。说是土派大约指的是多带些中国民间艺术气息。结果是洋派不受欢迎。其实我们回国以后在表演方面一直逐渐有所转变——演的戏既然用中国故事根据中国的风俗习惯，那就不可能不努力刻画中国各阶层的人物形象，久而久之日本新派戏的影响便渐渐地淡了。但是在刻画人物形象方面我们下的工夫却是十分不够。

同志会在上海成立起来的时候，任何条件都是很差的。最初镜若借了一点钱，租了一所两楼两底的房子，大家胡乱住下，就借地方演戏。上海的码头打不开，就利用种种关系到苏杭一带去活动，以后到湖南，再回上海租到了谋得利剧场就是谋得利唱片公司仓库的楼上，有五六百个座位，在南京路东面靠外滩的地方。那时上海的娱乐场所都集中在福州路、福建路、汉口路一带，谋得利很偏僻，而且一开始很少人知道。有人说那个地方一下雨就有鬼打死人，可见其冷清。那就是我们在上海的活动地盘，挂的招牌是春柳剧场。在谋得利演出的时候，镜若得到一个朋友周柏年的帮忙。周柏年的哥哥叫周佩箴，在张静江所开的一个古董店里办事，镜若不断通过周柏年从那个古董店里通融一点钱，从票款里扣还，以后因为那个古董店的生意不好，周柏年又死了，就挪移不动了，我们的活动费更没了把握。那时我们说，没有资本就等于不得天时，没有适当的演出地点就是不得地利，幸喜大家团结的还好，总算是有了人和。但是一个戏接着一个戏不卖钱，就总想出奇制胜去搞一个满座，或者是想多少迎合一下观众的心理，勉强卖几个钱维持生活，这样做戏就愈来愈演不好，卖座也就愈来愈没有起色。看着不能维持，找不出一条出路，理想中的远景究竟还远，人和也就不易维持，及至1915年（民国四年）从上海到杭州去演出，已经是山穷水尽。那时候只有镜若一个人能背，可是债就把他压的喘不过气来。他的亲戚朋友都责备他，我们到他家里去，他的父母妻子都以愁苦的容颜对着我们，而团体里头有些人还怪镜若没有手段。但是镜若的态度从来没有表示过悲观，他告诉我们日本文艺协会解体的时候，坪内逍遥博士重病入医院，有人劝他不要再搞剧团，坪内回答说："拿破仑也有失败。"当时镜若带着微笑说："不要着急，总有办法的。"于是他晚上照样和大家一同演戏，白天就在西泠印社去翻译易卜生的剧本，不久他就病了，回到上海他就死了！这个团体就散了。

　　春柳在话剧运动当中做了些启蒙工作，《黑奴吁天录》和《热血》的演出，是一个气势蓬勃的开始，那时我们大家都年轻，回国以后，对客观环境了解不够，估计不足，全凭一股热情，说干就干起来，居然也就打开了一个局面。那时候也只好那么办：凑一帮人，弄几个戏，就在那从来没有人航行过的大海里头去飘〔漂〕去，会不会遇风暴、触暗礁，毫无顾及，只是想象中一个美丽的岛在吸引着我们。这一条船是破了，探路的航行还是没有错误，春柳对当时的影响还是好的，对话剧启蒙运动还是有一定的贡献，也可以说有不小的贡献。成绩也还是显著的。

　　春柳的戏，是文明戏的一部分，春柳剧场也就是文明戏剧团中的一个团体，有人把春柳的戏和文明戏分开那是不对的，但在当时春柳的确自成一个

《自我演戏以来（1907—1928）》校勘及研究

派别，在剧本方面、表演方面、做法方面，都和当时其他剧团有所不同，其中有得有失，我想在谈文明戏的时候去做些比较，这里就不谈了。

　　1957年7月14日于无锡大箕山。

注释：

1　按，《回忆春柳》是1959年版《自我演戏以来（1907—1928）》新增的内容，发表于1957年第3期《戏剧论丛》。该文将春柳社的内涵扩大至在日期间春柳社及之后申酉会的留学生演剧活动、陆镜若归国后成立的新剧同志会的演剧活动和1914年以后春柳剧场的演剧活动。实则春柳社是清国留学生在日期间所成立的一个"以研究各种文艺为主，只是先立'演艺部'，同时也有春柳社的'出版部'，经营出版事业，刊行杂志，登载翻译文章、选述、书画、小说、脚本等，并有与'演艺部专章'类似的出版部'专章'"。其次，春柳社演艺部是以"研究新派为主，提倡'新派演艺'即以言语动作感人为主，即今欧美所流行者，以旧派为附属，即国内之昆曲、二黄、秦腔、杂腔等剧种形式，并有一定改良"（详见凡川《春柳社创建时期几则史料的认识》，载《戏剧学习》1981年第1期）。
日本学者中村忠行也认为，"说到春柳社，大家都认为这是留日中国学生组织的中国最早的新剧团体，事实也确如此。但是如果要再严密一些的话，这种说法也不见得没有问题。首先，在春柳社成立之前，上海已经有汪优游（仲贤）组织的'文友会'的活动，另外还有关于沪学会戏剧班话剧公演的记录，所以春柳社也不一定就是中国最早的新剧团体。而且更重要的是，春柳社本是一个文艺研究会，而并非单一的新剧团体"（详见中村忠行《春柳社逸史稿》（一），载《戏剧》2004年第3期）。春柳旧主李涛痕在文中亦道："盖春柳社，本分文、艺为两部也。"除此之外，春柳社这一社团组织还带有一定的"官方"色彩，除了正式成员之外，还有所谓的"名誉赞成员"，如日本伯爵宗重望、留东学生副总监督王克敏、留东陆军学生监督李士锐、学部右侍郎达寿、学部左丞乔树柟、学部主事彭祖龄、陆军部军学司监督罗泽晖、法部右丞曾鉴等，均为春柳社的"赞成员"。
自《茶花女》《黑奴吁天录》之后，春柳社演剧部发起人之一的李叔同便辍演并实际退出，之后留日学生继续进行的演剧活动便不再以"春柳"之名义进行。1911年辛亥革命爆发后，留日学生相继回国，陆镜若、马绛士等在上海成立的新剧同志会虽以昔日的"春柳旧人"为主干，然并非春柳社的原班人马，如以"春柳旧主"自居的李涛痕便不在其中，且新剧同志会仅是一临时组织，并无固定之演出场地。至1914年以新剧同志会为主的演剧团体，租赁了上海外滩谋得利剧场，正式以"春柳剧场"之名义对外演出,借此强调该社之历史渊源及与同时期其他新剧团体之间的差异性。然这一时期的春柳剧场,与留日期间的春柳社已无实际的传承关系,且人员变动较大,新增人员中亦有不少是当时的职业新剧演员,未有留日之经历。

有关春柳社员回国后的演剧及内部情况,马二先生《记春柳社》一文,记述了春柳剧场由盛而衰的经历,并涉及其内部诸多的人际关系,兹录如下:

"今上海之嗜新剧者,每每不能忘情于春柳,而太息咨嗟,以为何遽成广陵散耶。记者亦当日春柳社中之一人,自其不支,遂乃脱离关系,厥后屡屡蜕变,卒致瓦解。镜若既死,余子亦多流落四方。今兹临楮操管,追记往事,能无悯然。

"未谈春柳之先,须有一言奉告读者,则余与春柳之关系是也。先是余因罗漫士而识镜若,镜若念余尝为郑正秋编《鸳鸯剑》及《风月宝鉴》两剧,演于新民社,遂邀余加入春柳。余曰:'我非新剧家,前此不过偶尔游戏,胡可因而易业。'镜若曰:'兼之为何害?'余笑曰:'新剧家在今日,恐非美名。'镜若曰:'是亦在人耳,何害?'余乃与立约,一不能旦旦登台,二不能受社中约束,三须用客串名义。镜若皆诺,余乃加入。故余对于春柳,乃社员之宾,而非社员。其在社中,非剧中事,一概不加过问。即今,兹之所以执笔评论春柳,亦以傍观者之资格发言,而非以局中人之自述也。余演新剧若干时,而人无以新剧家目我者,且至今而仍不失为新闻记者之我,皆识此之由。

"春柳社之主任为镜若,然镜若之为人,能柔而不能断,可以和衷而不能折服人,绝非办事之才。予倩也,我尊也,小疵也,镜澄也,人人得而左右之。甲曰如此如此,镜若唯唯。乙曰如彼如彼,镜若又唯唯。数人俱有主张,镜若只好听凭大家主裁。然各人皆相持不肯相下,其结果则不能不生意见与争执。及今思之,镜若之主任,殆无异于黎氏之任总统,盖天下好人未必能办事,且未必不害事也。

"镜澄之在春柳,是犹民国之张勋,其外表则冲天大炮也,而实则只图一己之势力,全不知从大局着想。而其在后台,动辄拍案大骂,气焰不可一世,无人敢撄其锋,又俨然徐州拍出之电报也,不亦怪哉。

"马绛士者,阴谋家也,见人则瘦弱可怜,复不善言词,实则专一从背后生枝节。镜若固尝因彼而与人争论也。

"与绛士相对者,则有予倩,予倩每与镜若有所争,其中必夹有绛士在内。绛士恒不出面,而以镜若为之机械,予倩以是而益不平。

"予倩之为人极好说话,而有时乃神经病大发,悻悻相争决裂,趋于极端意者,此为湘中人士之特性也耶。

"我尊者,此数人中之和事佬也。盖镜若演生,绛士予倩演旦,而我尊则大似小丑。后台之演活剧,固犹之乎,在台上无甚悬殊也。

《自我演戏以来（1907—1928）》校勘及研究

"小疵则似二花脸，戏却甚少，然每演必非常热闹，偶忆一事，述之如下：小疵夏夜苦热，辄与社友为麻雀戏，而予倩厌其剥落惊人不能安睡，阻之不听，则取其牌数张使不能成局。小疵大怒，谓此事务所乃公共之地，苟厌喧嚣，当自谋居址，胡可侵人自由，以故置不已。次晨且宣言于众，谓主任纵人凌辱，绝计引退。镜若则彷徨无计。余笑谓此非大不了事，予倩举动诚过，果嫌其碍人安睡者，胡不婉言复劝小疵，不必决裂，果喜此者，余将与君共之疾呼取牌来，且曰予倩若不敢来干涉，当是默认太过也。小疵被强不过，乃复成局，而予倩果不复言。一日镜澄不知为何事，忽潜自他去，至晚登台，缺一人，且其所演之戏，无人能代者，勉以天涯承乏。镜若觅之不得，惶惑无主，镜明亦相率同去。翌日，乃知其寄迹某客栈中，镜若往恳再三，镜澄执不可。后经小疵、我尊等同为转圜，邀之回事务所，乃至镜若抚慰再四而后已。

"综此观之，可知镜若之为主任，诚大不易。其敷衍各位社员，直无异于现政府之对于各省督军也，然镜若亦非决不闹脾气者。某次排《爱欲海》，而镜若及绛士两人皆醉，同往黄浦滩乘凉。将近九时，仍未开幕，台下看客颇有哗噪之势，不得已，乃由我尊主张改演他剧，并宣布二人临时暴病，不能登台，以谢看客焉。

"类此之事，既常常发生。吾所记者，不逮什一。则其内部之纷扰为何如，更安有余闲以谋艺术二字之进步耶。故春柳社之后半期，人则犹是，而精神已非。可知意见之害事，虽在一极小之团体中，亦能使之呈杌陧不宁之现象也呼。

"春柳社迁于石路后，已为不能自主时代。因有新股东加入，自然多一重势力之主张，而其最荒谬可笑者，莫如演《西游记》一事。

"《西游记》之在京戏中，无非几出武戏，若《三调芭蕉扇》，若《盗魂铃》，皆是一种滑稽之作，其根本要着，仍在武技。新剧家既乏武技之研究，当然不能演此剧。而春柳社乃偏偏欲演之，岂日暮穷途，固应有此倒行逆施之举耶？

"是时，予倩已归湘，余亦脱离关系，惟绛士、小疵等。绛士为悟空，小疵为八戒为二郎。虽然神鬼乱出，妖魔毕现，而既无锣鼓相助，则对打自难起动，且又不善打，纵学得一二套（快枪、灯笼泡）等，又苦不精熟，其结果大为看客所訾病，自是而春柳之声誉隳地矣。

"春柳诸子纵极愚，何忍贸贸然欲演《西游记》。余尝疑焉，后乃知此中尚有一重黑幕。

"编剧家冥飞者，国民党分子也。彼欲藉孙悟空以形容袁世凯，谓虽是神怪戏，而含有政治意味，必受人欢迎。然而独不思看客之能细心领略至此者，有几人即能领略矣，亦必其技艺有可观，而后乃可餍人望。不然者，岂空言骂几句袁世凯，便成其为好戏也耶？

"编演二者既皆技穷，于是上海乃无立足之余地，复移往杭州。比自杭归来，镜若

254

遂物化，而春柳乃零落星散，并其名亦不存矣。"（《时事新报》，1917 年 8 月 8 日、9 日）

2 按，《茶花女》一剧演出的具体时间为 1907 年 2 月 11 日，地址为东京神田区的青年会馆。（详见吉田登志子《谈春柳社公演的〈茶花女〉》）

3 日本学者对于欧阳予倩文中所说松居松翁观看李叔同演《茶花女》一事存疑，认为《茶花女》一剧演于 1907 年 2 月 11 日，而是时松居松翁恰在法国巴黎充当市川左团次的■■，故不可能观看李叔同在日本东京之演剧。欧阳氏此述有误。松居松翁（1870—1933），原名真玄，别号松叶，日本导演、剧作家。

4 原文刊于春柳社丁未演艺大会说明书，现藏于日本早稻田大学。

5 1959 年版为"己"，现据《春柳社丁未演艺大会说明书》原文改之。

6 1959 年版为"丰"。

7 按，《早稻田文学》1907 年 7 月号刊有青青园之《清国人的学生剧》。

8 按，旧时伶人有取艺名之俗，如当时著名的艺员"小子和"即冯子和，"夜来香"即周凤文，"七盏灯"即毛韵珂，"赛奎官"即"夏月华"，"小叫天"即谭鑫培，"元元红"即郭宝臣，"十三旦"即侯俊山，"十二红"即薛固久，"白牡丹"即荀慧生。民国以降，伶人改称艺员，艺名亦渐废止。

9 中村忠行（1915—1993），中国戏剧史专家，出生于中国台湾新竹，1935 年进入台北大学攻读日语和日本文学，1947 年到日本天理语学专门学校任教，后任天理大学教授。

10 按，明治三十年（1897），日本实行金本位，规定 1 日圆约等于 750 毫克（0.75 克）黄金，1 美元约等于 2.005 日圆。当时 500 日圆之市价，相当于 375 克黄金，是一笔不菲的款项。

11 详见前注。

《自我演戏以来（1907—1928）》校勘及研究

谈文明戏[1]

　　这不过是一篇回忆录，既不是全面的有系统的史料，也不可能作为全面的总结论文，我只能作为一个文明戏的老演员，根据自己的经历，就所能记起的一些事谈一谈我的感想。

　　任何一个新运动在进展的过程中，没有不经过失败和分化的，话剧运动也没有例外。作为初期话剧的文明新戏，由兴盛而衰败，有它本身内在的原因，也有客观的原因，"五四"以后话剧运动在原有的基础上有新的发展，一直到今天，也经过不少变迁，今天正是开花结果的时候，我们看看目前，展望将来，也还有回顾一下过去的必要，那我写这篇回忆录也就可能不是多余的。

　　多少年来，差不多在近三十多年当中，文明戏一直成为讽刺的对象。台上只要是演得不好的、过火的、有点带胡闹的表演，人们就会说这是"文明戏"。这公平吗？不公平。那为什么这三个字会变成坏名称，而文明戏会被人轻视甚至于鄙视到这步田地呢？文明戏在初期的话剧运动中有不少贡献，经过一个时期的发展，在表演艺术方面也有一些好的成绩，但因种种原因它的发展曾经停滞，便产生了堕落的现象，一蹶几乎不可复振。为什么会搞成这样呢？我们不妨想一想，回顾一下过去错误的道路，也还可以供今天的参考。过去是不是也有些比较好的经验可以利用？我想也不是没有，在百花齐放的今天，文明戏不管是朝通俗话剧这样的路子发展，还是采取滑稽戏或者是讽刺喜剧的路子，总而言之有了新的发展的希望，看五十年来我们路是怎样走的，今后我们的路应当怎样走，把这个问题提出来，我想也是戏剧界的同志们所关心的。

文明新戏原来非但不是个坏的名称，而且是一个好的名称，初期话剧所有的剧团都只说演的是"新剧"，没有谁说文明新戏。新戏就是新型的戏，有别于旧戏而言，文明两个字是进步或者先进的意思。文明新戏正当的解释是进步的新的戏剧，最初也不过广告上这样登一登，以后就在社会上成了个流行的名词，并简称为文明戏。

上海是新剧的发祥地，远在1889年就有教会学校圣约翰书院学生演出的《官场丑史》[2]。1900年（光绪二十六年）有南洋公学演的时事新剧《六君子》《经国美谈》《义和团》等三个戏。[3] 1903年育材学堂演出了《张汶祥刺马》《英兵掳去叶名琛》《张廷标被难》《监生一班》四个戏。[4] 1905年有汪仲贤（即汪优游）兄弟等组织的文友会[5]，演出了《捉拿安德海》《江西教案》两个戏。[6] 1906年有朱双云、汪优游、王幻身、瞿保年等组织的开明演剧会，他们所提出的有所谓六大改良：一、政治改良（演五大臣出洋考察宪政）；二、军事改良（练新兵）；三、僧道改良（破迷信）；四、社会改良（禁烟赌）；五、家庭改良（诫盲婚）；六、教育改良（嘲私塾）。朱双云、汪优游都是新剧运动中的健将，那个时候他们所提的六大改良是有积极意义的。[7]

在1907年日本留学生组织春柳社演出了《黑奴吁天录》，[8] 影响及于上海，王钟声等组织了春阳社，演出了《黑奴吁天录》。[9] 1908年，汪优游、朱双云等演出了《新加官》《一剑愤》《诉哀鸿》《烈女传》等。[10] 王钟声演出了《孽海花》《宦海潮》《新茶花》《官场现形记》《秋瑾》《徐锡麟》《张汶祥刺马》等。[11] 辛亥革命以前的学校演剧，还不具备话剧的雏形，就是春阳社所演的《黑奴吁天录》，据看过的人所说既不像新戏又不像旧戏。这一次演出是失败的，但是分幕，用布景，却是从这个戏开始。有一点应当指出的，以上所说的那些学校剧不管怎么幼稚，春阳社演出的《黑奴吁天录》，不管它是怎样四不象，汪优游、王钟声他们初期的演出，尽管不过是简单粗糙的东西，都是一种新的尝试，这种新的尝试一开始就是同当时人民所关心的政治问题、社会问题结合着的，这是一个好的开始。

1908年任天知和王钟声在春仙茶园演出的《迦茵小传》，[12] 据说就有些像话剧了。1910年暑假，陆镜若从日本回国同王钟声等用文艺新剧场的名义，在味莼园演出了几个戏。镜若排了《爱海波》〔根据日本中村忠行的考证：《爱海波》原名 *The Bondman*，英国荷尔·卡因（Sir T. H. Hall Caine）

于1890年作，经日本新派演员川上音次郎改译，当时是根据日译本重译上演的）。[13] 同时又排了他改编的日本新派剧《猛回头》。[14] 1911年暑假镜若又为黄喃喃等排了《社会钟》，[15] 新剧同志会又演出了《热血》等戏，这样就比较完整地介绍了话剧的演出形式，镜若所编的《家庭恩怨记》起了示范作用。

　　文明戏接受了欧洲戏剧分幕演出的形式，但在当时除掉春柳剧场始终保持着分幕的法则，从来没有演过"幕外戏"之外，其他剧团差不多都演幕外戏（朱双云、汪优游、徐半梅都反对幕外戏，所以在笑舞台时期始终不用幕外）。幕外戏是照顾中国观众的习惯想出来的方法，因为换景的时间观众不耐烦等待，所以下幕之后，接着在幕外演一小段过场戏，把幕与幕之间的情节加以说明，连贯起来，这个做法在当时对于推广新剧是起了作用的。自从有了新剧，中国的戏曲舞台也改了样子：上海建立了镜框式的舞台，挂上幕，也用开幕闭幕的方式来分隔场子。旧戏场子分得多，就更不能没有幕外戏。现在舞台上挂一个二道幕，在幕前做过场戏，也就是从文明戏的幕外戏的方法发展来的。有了幕外戏就必然会影响分幕分场的安排，同时也会影响故事的排列；如果说不把一个戏从整体来考虑，胡乱加演幕外戏，那就必然会破坏一个戏的完整，所以春柳就是坚决不用幕外戏。的确当时用幕外戏的，只是为着在换布景的时候照顾观众的情绪，并没有为一个戏的整体着想。好在不用剧本，幕前的过场戏，可以根据布景时间的长短而随意伸缩。但是尽管幕外戏可以灵活运用，究竟因为有了幕外戏就使分幕的方法也不够谨严了，这一点只要看文明戏的幕表就非常清楚。可以这样说，文明戏尽管接受了分幕的形式，实际上有许多都是按照中国旧戏的分场方法来分幕的。

　　春柳剧场的戏是先有了比较完整的话剧形式，逐渐同中国的戏剧传统结合起来的。当时上海的其他剧团，最初对话剧的形式并不熟悉，更不习惯。他们就按照从学校剧以来的经验，只在舞台前挂上一块幕就搞起来了。当时他们所能看到的只是京戏、昆戏；他们所能看到的剧本，大多数只是街上卖的唱本之类的东西；在表演方面，就他们所耳濡目染，不可能不从旧戏舞台上吸取传统的表演技术，至少是不可能不受影响。所以我想说：文明戏——也就是初期话剧——是用了外来的戏剧艺术形式、从自己的土地上长出来的东西。[16]

《自我演戏以来（1907—1928）》

王钟声与任天知[17]

上海有新戏（文明戏），应当从哪一年算起？我认为从 1907 年算起比较适当。1907 年以前只有在学校或私人集会的一些非正式的业余演出，还不具备话剧的形式，自从 1907 年王钟声在上海组织春阳社演出了《黑奴吁天录》，这个戏是第一次用分幕的方法编剧，用布景，在剧场里作大规模的演出。[18] 尽管演出并不十分成功，而且还有很多缺点，还是应当把这一次的演出作为话剧在中国的开场。[19]

王钟声，原名希甫[20]，并不是干戏的，他对戏剧可以说毫无研究，他从湖南到广西，我就在桂林认识了他。那时他说他是在德国学法律的，广西法政学堂就请他教书；湖南行文到广西要抓他（说他拐逃了两个少女），他跑到上海，自称为调查戒烟丸委员。[21] 他的演说得到马湘〔相〕伯和沈仲礼的赞赏，同时同汪笑侬作了朋友，还同汪笑侬[22]的姨妹结了婚（以后曾因离婚涉讼）。[23] 他在 1907 年忽然干起戏来。他是个不拘小节的、手腕异常灵敏的活动分子，但他从春阳社演出之后，对戏剧发生了很大的兴趣。他很聪明，长于言辞，说话很有煽动力，能吸引人的注意，所以他一上台就能引起观众的共鸣。他在上海就曾和京戏演员合作演出过一些戏，剧场门口和台口挂的红底金字牌上面写着"钟声先生"。当时他能够一个人打进京戏班子，又组织春阳社作那么大规模的演出，后来他还带着几个人到北京跟杨小楼、尚和玉这些大角色同台演出，足见他活动力之强。他当时是不是下了决心从事于新剧运动不得而知，还没等到能建立一个正式的剧团，他就为运动独立在天津被杨以德所杀（一说为陈夔龙所杀。[24] 陈是杨的上司）。

象春阳社这样的组织，里面有绅士，有买办，有商人，有学生，成员是很复杂的，可是当时王钟声只求其能够联络可能联络的一些人，组织那么一次演出，在五十年前的上海，一个陌生人单枪匹马干这么一桩事情，并不是轻而易举的，我们应当给这一次演出以公平的估价。当时马湘〔相〕伯、沈仲礼都算是开明绅士，当人民间民族思想高涨的时候，也激起了他们的爱国情绪，他们赞成演出《黑奴吁天录》，是可以理解的。他们一出头，上海有些头面人也就跟上来凑热闹，青年学生当中的活动分子当然很高兴参加。春阳社只是业余性质的，继《黑奴吁天录》之后还演出过两次：一次在辛家花园

259

演的《张汶祥刺马》；[25] 另一次是 1908 年正月在味莼园为着筹款演出过七天，从成立不到半年这个社就解体了。1908 年 2 月王钟声和任天知创办通鉴学校（根据朱双云的《新剧史·春秋篇》），有汪优游、查天影等参加，以后他们都成了新剧界的名角。可是这个学校只维持了两个月就解散了。钟声和任天知合演过《迦茵小传》。[26] 这两个能干人合作也并不长，不久王钟声到了北方，天知一个时期不知去向。到 1910 年天知重回上海组织进化团，汪优游、陈镜花、王幻身、萧天呆、钱逢辛等都参加了，这可以算中国新剧第一个职业剧团。任天知带了这个剧团到各处演出，他从南京回到上海，新加入的有顾无为、陈大悲等，便成了一个阵容最强的剧团。[27] 他们就在新新舞台和京戏一同演出，曾发生很大的矛盾：因为每个新剧所占的时间都相当长，而京班所留给他们的时间不够，所以每一次都演不完而观众大哗——这个事情京班也有难处：如果留给新剧足够的时间，那京戏的好角不到九点就要上，好角又不肯。为着这样很难解决的矛盾，双方合作不下去，而且新剧和京剧同台演出并不是好办法。[28] 我还记得曾孝谷回国经过上海，曾一度参加进化团在新新舞台登过台，[29] 但不到两星期因为干不下去他就回四川去了。进化团自在新新舞台演出失败后，就到芜湖、扬州、宁波、南京、汉口等地旅行演出，[30] 以后就无形解散。进化团散了之后，天知并没有再办剧团，大约是 1914 年我和他一度在民鸣社同台演过几个戏，[31] 以后就不知道他的去向了。

1912 年 3 月，陆镜若组织新剧同志会，这是一个自成一派的剧团。这个剧团跟天知他们的做法不同，新剧同志会的作风我在《回忆春柳》一文中已经介绍过，在这里不详细谈，但是谈到进化团[32]的时候，我想不妨提出来作些比较。

任天知和进化团

进化团的活动时期从 1910 年冬到 1912 年秋，大约是两年光景，时间不算长，可是在各处地方影响很大，这是一个新派的剧团。这里所谓新派，并不是因为任天知经常挂起"天知派新剧"这个招牌，而是因为这个剧团：第一，它成立于辛亥革命的前夕，起了为辛亥革命作宣传的作用。据徐半梅的回忆录，进化团的团员有许多在辛亥革命运动中牺牲了。[33] 任天知受了日本志士剧（壮士芝居）的影响，他用化妆〔装〕演讲那样的方式，反映当时一些政治问题，为革命作宣传。另一方面，也演了一些外国戏剧或外国小说改编的戏，还有用中国小说改编如《恨海》之类的戏。但它的特点，就在家庭故事戏当中也羼杂着化妆〔装〕演讲的成份，这样就产生了"言论派老生"这样的角色；就是剧中的主要角色，不管小生、花旦也往往会对台下说大篇道理，这种地方他完全没有拘泥于话剧的形式。二、编剧的方法——一方面采取分幕的形式，但是故事排列是照中国传奇的编剧方法来处理的——故事完整，有头有尾，为着容易看懂多少是平铺直叙的，章回小说式的，多用明场、少用暗场，因此就要有幕外戏。幕外戏的作用，不完全是为换布景的时候免得观众寂寞，也为着贯串戏情。

以上两点是进化团演剧的特点，也就成了文明戏的特点。最初上海的学校演剧以及朱双云、汪优游所搞的业余剧社[34]，采取的也大体是这么一个路子，不过到进化团利用了外来形式，发展了而且固定下来了。

"春柳"——新剧同志会——采取的是另外一个路子，它反对对台底下讲话，反对"言论派老生"那样搞法，从来不用幕外戏，严格遵守分幕制度。

进化团在活动当中，锻炼出了好些个有才能的演员，这些演员后来都成了上海几个有代表性剧团的台柱。还有进化团在各个地方演出，也启发了不少爱好戏剧的青年参加演戏和组织剧团，其中也出了一些好演员。在一个时期许多好演员集中在上海，就造成了文明戏全盛的景况。在这里我想这样说：上海的新剧也就是文明戏，从学校演剧，经过进化团的组织，成了一个系统，可以说除掉春柳剧场，上海当时所有的剧团都是属于这个系统的。春柳剧场另外成一个系统。所以我想把文明戏也就是中国的初期话剧分成两个系统，也可以说是两个派别：一个就是任天知所领导的进化团；一个就是陆镜若所领导的新剧同志会，也就是春柳剧场。[35] 春柳在艺术方面那种整齐严肃的做法，给了当时的新剧很好的影响，当时新剧界对春柳也相当尊重。[36] 但若论对当时政治问题的宣传，对腐败官僚的讽刺，对社会不良制度的暴露，还有对于扩大新剧运动，扩大新剧对社会的影响，这些方面春柳至少是有些拘谨。进化团采取野战式的作法，收效是比较大。

旧戏舞台上反映的是历史事件，表演的是历史人物；新戏所反映的是当代的生活，当代的人物；用新的戏剧形式，表现着人民切身的社会问题，和人民自己最熟悉的、体会最深的社会生活。新戏一出来，受到广大群众的欢迎是很自然的。当时春柳的做法，从艺术方面看并没有什么错误；只是对于当时中国的社会、中国人民的要求了解不够，没有能够深入社会各阶层，没有使艺术在广大群众中生根，还有就是对于如何推广运动，如何使运动更深入，考虑得不够，在战略和战术上都是比较保守的。而进化团的做法，一开始就跟当时的革命斗争紧密结合着，一方面因此而受到统治阶级的压迫，另一方面获得了人民的同情。但是第一个阶段过去，进入第二个阶段，就应当考虑如何提高艺术性的问题，这一层任天知想的不够周到。在进化团解散以后，后来的一些剧团对于表演艺术是有所发展，但因开始的时候对艺术的要求不够谨严，也没有看出一个发展的方向——究竟新剧应当走向哪里，应当如何走，就没有根本的看法——也就是说无论在思想方面、在艺术方面没有一个领导的力量，而粗制滥造的作风和习惯又为商业剧场所助长，这就使新剧全盛的局面好景不长，很快走向了下坡路。尽管有许多有才能的演员，没有能充分发挥他们的才能挽回颓运。

　　新剧是在辛亥革命的前夕兴起来的，由于辛亥革命的刺激，而趋于繁盛，台上的言论往往得到观众的热烈鼓掌，正因为多少能够说出群众心里的话。当中国人民觉悟逐渐提高的时候，帝国主义者对中国的压力加倍增强，人民希望有强大的力量领导着他们解除枷锁，但是辛亥革命尽管推翻了清政府的统治，并没有比较满意地回答人民的问题和要求，殖民者的势力和封建势力结合起来了，加强了对人民的压力。在这个时候新剧的台上老一套的言论失了光彩，新的言论产生不出来。跟着政治的低潮，民鸣社转向《西太后》《三笑姻缘》，新民社转向《梅花落》《空谷兰》（两者都是外国小说改编的）、《珍珠塔》和其他的家庭戏。这个时候，新剧在政治思想方面，在艺术思想方面都走向了消极的一面。但在表演艺术方面，却不能不说有一定的新的成就。这种情形在政治低潮的时候，是自然的现象，但是就文明戏当时的情形而论，也不能说演家庭戏就是堕落，不能说家庭戏里头完全没有反映政治问题和社会问题。还有就是在家庭戏盛行的当中，也还有反映政治问题的戏。

《自我演戏以来（1907—1928）》

新剧的三个阶段

现在我想把新剧的创始到衰落——从 1907 到 1924 年——分为三个阶段[37]：

第一阶段 1907—1911 年为创始时期——从春柳社在日本演出《黑奴吁天录》，王钟声组织春阳社，经过在兰心大戏院、张园等演出，和陆镜若合作组织文艺新剧场演出《猛回头》等戏，和任天知合作演出《迦茵小传》，到进化团成立（包括王钟声到北方演出），这是创始时期。

第二阶段 1911—1917 年为发展兴盛时期——进化团在各地演出受到欢迎；新剧同志会成立，建立春柳剧场；新民社、民鸣社、开明社、启民社等职业剧团先后成立；这一时期尽管其中有的剧团维持不久，有的剧团活动不多，但总的看起来这一时期是比较最兴旺的。

第三阶段 1917—1924 年为日趋衰败时期——1915、1916 年，春柳和民鸣社相继解散；[38]1918 年郑正秋在亦舞台演出失败之后，[39]上海新剧的活动地盘只剩了笑舞台一家，而新剧的演出越来越糟，直到不可收拾。及至笑舞台的房东把那块地翻造成弄堂房子出租，新剧在上海的演出地盘就没有了。[40]剩下来一些演员，只能走向游艺场勉强维持生活，有些就到小城市里演出糊口，文明新剧就没再有什么发展。[41]

事实上新剧到了 1918 年就已经停滞不前，日趋腐败。[42]所以我想把 1907 到 1917 年，十年当中几个主要的剧团所上演的剧目翻检一下，大体看一看文明戏发展的线路，同时想就便谈谈几个主要剧团的领导人物。

王钟声和任天知所演的戏

王钟声所演的戏，现在所知道的如下：《黑奴吁天录》《迦茵小传》《猛回头》《爱海波》《孽海花》《宦海潮》《官场现形记》《新茶花》《秋瑾》《徐锡麟》《张汶祥刺马》《革命家庭》《热血》《爱国血》《禽海石》等。这些戏主要是宣传革命、讽刺和暴露统治者腐败的。

任天知领导的进化团所演的戏如下：《血蓑衣》（根据日本中村忠行氏的考证，是日本村井弦斋从英国戏改译的。日译本名《血之泪》）、《东亚风云》、《新茶花》（知识分子从军的故事）、《安重根刺伊藤》、《恨海》（又名《情天恨》，悲剧，写一个书香子弟嫖、赌、抽鸦片烟，堕落到不堪的地步，他的未婚妻极力想挽救他，等到他有些觉悟，已经一病不起。这个戏在当时每个剧团都演）、《尚武鉴》（日本戏改编，原名《鬼士官》）、《血泪碑》（这个戏冯子和演的最有名，后来民鸣社陆子美演也很受欢迎）、《黄金赤血》（劝募爱国捐）、《共和万岁》（赞颂辛亥革命）、《黄鹤楼》（叙述武昌起义）、《新加官》等。在以上所举的十一个剧目当中，反映当时政治问题的就占一半，恐怕还不只这个数目，因为有些临时凑的，现在连幕表都不存在，无从考查。

王钟声和进化团所演的戏，可以说百分之八九十都有它宣传的目的，所以在当时都当他们是革命党，遭到统治者的疑忌和迫害。王钟声还很年轻就被杀了，任天知自从进化团解体以后就很潦倒，作为新剧的创始者，这两位都是很可纪念的。

就以上所举进化团的十一个剧目，其中反映当时政治问题的六个，外国戏改编的两个，其余三个如《新茶花》反映着当时富国强兵的思想——写一个留学生和一个爱国的妓女恋爱，她鼓励他并帮助他投笔从戎，打退了犯境的敌人。在当时一般都认为要强国就必先强兵，因此对学陆海军的留学生曾经寄与〔予〕希望，《新茶花》一时大受欢迎，主角的言论往往引起热烈的掌声，但是这个戏所演的故事，只是一种空想，所以不久就过去了。《恨海》最初是进化团一个团员钱逢辛根据小说编排的。这是个家庭戏，但在封建社会里，富家子弟十有八九是堕落的，这个戏反映了这样一个事实，还有这个戏深刻地描写了鸦片烟的毒害，虽是个家庭戏，有它的社会意义，就特别受到欢迎。

现在我想挑出《黄金赤血》来谈一谈：一、男主角调梅娶妻生子小梅、女爱儿。调梅留学去了，正当辛亥革命，家被流氓乱兵抢劫，一家离散：调梅妻（以下简称梅妻）被卖至妓院；子小梅被旗籍文知府从乱兵手中买去，当了佣人；女爱儿被卖到野鸡堂子里。调梅回国，劝募爱国捐，走到妓院，演说一通，妓女捐钱不少而嫖客不捐。恰好就在这个妓院，调梅遇见了他的妻子，他便责备老鸨买良为贱，立刻把妻子带走。二人走到街上被清兵抓住，说他是革命党，遇到印度巡捕，调梅对他说了几句外国话，印捕就放了他，把那两个清兵抓走。他夫妻二人就在尼姑庵里找了间房子住下，不想那住持十分淫乱，来往的有官吏，有绅士，有和尚，也有土匪，结果因为争风吃醋土匪杀死僧尼，放火烧庵，调梅夫妇狼狈逃走。二、调梅计划演戏募捐，要他的妻子卖花募捐，他的妻子因募捐到文知府家，遇见小梅，她严辞〔词〕责备文知府买良为贱要和他算账，结果彼此妥协，文知府捐出家财一半，小梅就跟着他母亲回去。三、调梅因准备演戏，遇到一群髦儿戏的女演员，他的女儿爱儿也在其中。爱儿从野鸡堂子逃了出来被女班子收留当了演员，至此调梅一家团圆。当时因男女不能合演，调梅便在幕前对观众演说，为革命募捐。大体的情节如此，其中穿插着清朝官吏的腐败情形，和流氓乱兵抢劫。这个戏看得出临时拼凑的痕迹，而且凑得很生硬，但也可以看得出一点天知的思想。

这戏有三个重要角色，调梅是言论正生，梅妻是言论正旦，小梅是言论小生，在戏里这三个人都说一套道理。任天知的日本名字叫藤堂调梅，剧中主角调梅，可以说是代表他自己，就由他本人担任。看调梅对妻子说的话，他对因革命发生的内战十分忧虑，生怕它会延长下去，所以想种种方法劝募军饷，帮助民军取得胜利，推翻专制，建立共和政体，以为只要这样，就可以享太平之福。但事实上并不如此简单，当南京光复，进化团演出了《共和万岁》，在这个戏里描写了铁良、张人骏、张勋等腐败官吏狼狈逃走，群众在孙中山的铜像下开提灯会，歌颂那个时候的胜利；不久，南京临时政府解散，袁世凯做了总统，局面大变，帝国主义者利用军阀加紧侵略，国内的封建势力地主买办非但丝毫没有动，并进一步和帝国主义者勾结，扩张了他们的势力。任天知尽管是有志之士，但有政治热情，没有政治的锻炼，也得不到正确的理论指导，就是有一个理想，也是比较抽象的。因此他也和当时其他一些小资产阶级的爱国志士一样，只有自发的一腔愤懑，一时可能很热，碰了钉子也容易冷却下去。他在上海那么多年，究竟是怎样一个人，是什么地方人，真姓名叫什么，谁都不知道。如果说他是一个革命家，他用新剧宣传革命，那么他革命的目的，他的理想是什么，也没有人知道。据说他和王钟声合演《迦茵小传》以后，曾经因为生活困难，对事业前途失了信心而想自杀，被人救了，后来才组织进化团，一跃而享盛名。但从各方面看来，他似乎从来没参加过如同盟会之类的革命组织，和江湖上的帮口也没有关系；他似乎是全靠个人奋斗。他没有资本，几乎是不名一钱。好容易搞起了进化团，自从在新新舞台受了挫折之后，就只得退向中小城市，不想仍然不能维持，主要是因为没有周转金，就不能不解体，好的演员也就都分散了。进化团解散以后，天知作为一个演员，搭别人的班子演戏原无不可，但是他不甘心——他曾短期参加过民兴社。[43]我在民鸣搭班的时候，朱双云把他请来，我们一同演过几个戏，大家似乎也没有把他当一个领导者来尊重，不久他就走了，在新剧舞台上便再也见不着他了。[44]

天知爱好戏剧，但对戏剧并不很内行，他似乎也没有决心把戏剧运动作为终身事业，一来就中途退却了。在辛亥革命前夕，演新戏到处受迫害的时候，他勇敢向前，并没有表示畏缩。帝制推翻以后，他是不是因为怕遭受统治者的迫害而抱消极态度呢？还是他理想中的共和政体没有建立起来，而个人的事业又丝毫没有保障，他认为没有希望了就一撒手就去了呢？我想后者是他消极的原因。一个个人英雄主义者往往在一帆风顺的时候，容易显示才能，一遇挫折便韧性不强，天知未免也就是这样。

刘艺舟[45]

在这里不由得使我想起刘艺舟。据说他在日本看过《黑奴吁天录》《热血》等剧，颇为感动，后来加入同盟会。1910年回国，曾一度因革命嫌疑被捕，出狱后随王钟声演剧。武昌起义时，他在山东曾帮同攻打登州，做过山东临时都督，不久退职，加入新舞台和夏月珊等合作过。他曾经组织过励群新剧社，有一段小启：

> 艺舟浪迹江湖，年将不惑，蹉跎岁月，逐目皆非。大地风云，日与砂石同飞走，而来日茫茫，岁不我与，亦不愿郁郁与草木同休也！回首神州，医疗束手[46]，进则豺狼当道，举步维艰；退则洪水横流，立锥无地。伤心惨目，又非艺舟一身已焉！艺舟自视菲材，秉性孤僻，既不欲涂脂抹粉，献媚于市人；亦不欲婢膝奴颜，夸荣[47]于乱世。丈夫争功，不在刹那，而目光所注，当在千百年之间，此艺舟以铁板、铜琶谋生活，有心人当毋作优孟观乎。是故重整旌旗，跳我傀儡，虽不敢云云梦之竹、咸池之钟，可以警世；而渔阳鼓、吴市箫、伯牙琴、桓伊笛，亦足以励群也。吾心之向提倡人权，吾志所趋，铲除国贼。人溅之以铁血，吾溅

之以心血，同利于国、利于身，吾志未酬，吾心不死！吾国一日不强，吾舌一日不弊。有生之日，即吾奔走鼓吹之年，碎骨[48]粉身，亦吾之所不计。豪者自豪，伟人自伟，吾行吾素而已。知吾者，当在讴歌俚曲之间而觅爱国励群之道，则吾道不孤矣。[49]

这个小启谈的不是剧团的宗旨而是个人的志趣，这和任天知高标"天知派新剧"是同样的做法。在当时社会上还看不起演戏的人，这种宣传方法可能是必要的；可是他们在台上发表言论过分突出个人，便不仅破坏了戏的完整，而且使同台的角色难于配合。最初台上的长篇言论有的也能使观众动容，后来因为太多了，也就渐渐不受欢迎。可是刘艺舟一直保持着他的作风，他会在台上大发牢骚，还会找出许多新的题目，给与〔予〕当局尖锐的批评讽刺，因此他所到之处，常被当地的官吏注意，有好几次他在台上演戏，警察等在门口，他发完一段言论之后，往往不等戏完就从后门逃走了。他就这样干了一生，但他在新剧运动中，没有起什么领导作用。他由于强调个人奋斗，没有很好跟人合作过，尤其在艺术方面没有留给人一点印象。

陆镜若和春柳剧场[50]

进化团以及上海的许多剧团都是以幕表起家，也就是说他们一开始就没有完整的剧本，甚至没有剧本，只靠一张幕表演戏，演员上了台都是自由发挥。春柳剧场（以下简称春柳）不同，春柳开始所演的戏都有完整的剧本，有"准纲准词"，不允许演员在台上不依照剧本自由发挥。就是到了后来，因为每天换戏，来不及写剧本，也用幕表，但是幕表写得比较详细，剧中人应当说什么话，事先总得要排一排，力求整齐合理，所以在台上没有长篇的议论，没有突出的噱头，演出形象始终是比较整齐合理的。在表演方面相当细致，但有时不免较多地注意生活细节，有自然主义的倾向。春柳在三年之中所演的剧目，据现在所能查到的有八十一个，但反映中国当时政治时事的除掉《运动力》[51]《黄花岗》[52]就没有别的了（两个戏都只演了一二场）。象《黑奴吁天录》《热血》《亡国大夫》之类的戏，表现了政治思想和政治感情，但没有得到充分的发展，春柳的戏反映社会问题的比较多，暴露封建家庭的罪

《自我演戏以来（1907—1928）》校勘及研究

恶、腐败官场的丑态，反对高利贷，反对社会不良的风俗习惯（如吸鸦片），反对嫌贫爱富，反对不合理的婚姻制度，反对持〔恃〕强欺弱；歌颂行侠好义、纯洁的爱情、革命志士等等，总的说来是这样。但从这些戏当中可以看得出编剧者多是从封建社会出身，受了资产阶级民主革命新思潮的影响，他们还没有完全能够脱离封建残余的束缚，他们很善良，有正义感，也要求进步，但是找不到正确的方向，辛亥革命的启示，因为不能答复人民所提出的问题，也就显得软弱无力。春柳的戏，多半是情节曲折，除了一些暴露的喜剧，还有就是受尽了苦楚最后勉强团圆——带妥协性的委委屈屈的团圆之外，大多数是悲剧。悲剧的主角有的是死亡、被杀或者是出家，其中以自杀为最多，在二十八个悲剧之中，以自杀解决问题的有十七个，从这十七个戏看，多半是一个人杀死他或她所恨的人之后自杀。有的就是为家计牺牲自己，卖身为娼，结果愧愤自杀。这些戏暴露了社会的黑暗面（主要是封建社会的罪恶），反映着根深蒂固的封建势力难于打破，而解决矛盾的方法只是消极抵抗——尽管有愤世嫉俗之情，因为找不到正确的出路，就不免流于消极；甚至虽是极少数的，还有厌世之想。春柳的戏，激昂慷慨奋发自强少，就在别的剧团里也不多，这大半是由于当时客观环境局限着编剧者的理想，同时因为编剧的人（如张冥飞[53]、宋痴萍[54]等）多半是书香门第出身的，有一套文人的积习，参加社会斗争很少，所以编出来的戏不可能深刻，而且封建道德观念总是拖泥带水纠缠着他们。陆镜若一直在外国，他对中国的社会不很熟悉，所以编的戏，在情节方面总觉得多少有些生硬。春柳的戏，尽管大多数都有一定的社会意义，能够亲切地反映当时社会生活的真实，能够深入人心的却是太少。但是，春柳的戏还有个特点，那就是有好些戏反映着在那个时候一种萌芽的社会革命思想。《社会钟》《猛回头》之类从日本剧本改编的戏自不用说，此外自己编的戏里头也有些类似这样的戏。例如《运动力》，写一个地主为着贿选议员强迫佃户加押租，被农民把他的房子烧了。又如《宝石镯》，写一个木匠，想把他的女儿嫁给他的徒弟，不料她被一个阔人引诱，把她娶了去，过门不久那阔少爷对她就厌倦了。他的父亲非常生气，竟至一病不起，而死后无以为殓，他的徒弟跑去告诉他师父的女儿，她变卖一个宝石镯葬了父亲，因此被诬，说她和那徒弟有私情，把她赶了出来。她无面见她父亲的徒弟，竟至流落街头，最后她怀着一把短刀伺机杀死了那少爷，而后

268

自杀。这种戏已经有了瞢眬〔朦胧〕的阶级观念。有人认为春柳的戏，因为走前了一步，对当时的一般观众有些脱节，我想也可以这样说。朱双云曾说春柳的戏"陈意过高"不易为一般观众所接受，的确有些戏也可以说陈意过高，但有些戏的情节并不是陈意过高，而是某些部分，尤其是解决问题的方式，或者由于编者思想含混，或者就不大合乎中国的风俗人情，跟一般观众有距离，而春柳同人也的确不免多多少少有些关起门来自鸣高尚的味道。

陆镜若可以说在当时对于话剧是唯一的通才，他读过不少剧本和文学书籍，学过表演和舞台技术，能演、能编、能排，还能够谈些理论。他为人的品质是善良温和，他的事业心相当坚强而有韧性；他从来不吹嘘自己，不作自我宣传，他对大家一律平等，如果发现有人演戏不严肃，他很生气，可是他从来没有疾言厉色。他能苦干，遭遇到困难从来不说，当时我们看他有些象个苦行僧。他有他的艺术理想，也有才能，有实践的决心，象他这样一个人，在当时由他来领导一个剧团，为初期话剧奠定基础是很适当的。可是他一回国就把一个剧团背在身上，对内对外从筹划演出费用、维持大家的生活，一直到演出事务，包罗万象都担在一个人身上；他每晚都演戏，还编戏排戏，这样就把他弄得很苦，几乎是没有余裕考虑更重大的、例如剧团究竟如何办一类的问题。当时我们说干就干起来，预先并没有一张什么蓝图。剧团发展的方向似乎考虑得很少；一般的说，大家都说戏剧是社会教育，但是教育的目的是什么，方针是什么，我们演的戏应当起什么样的作用，当时很少考虑过。在政治方面，镜若是同情革命的，事实上我们所演的《黑奴吁天录》《热血》以及一些暴露社会黑暗的愤世嫉俗的戏，可以说是配合了当时的革命运动。支持春柳的人多半是同盟会的或是与革命有关的。但是镜若和我们都没有直接参加革命斗争，对当时的政治问题很少研究，平常也很少谈到个人的政治见解，在几年紧张的演出当中，可以说我们关心政治关心教育都很不够，不知不觉走上为艺术而艺术的路。到后来每天排戏都来不及，一点起码的艺术理想也几乎谈不上，就不得不趋于焕〔涣〕散。照镜若的想法是演好戏，介绍当时欧洲进步的戏剧，这些都只成了他的幻想。春柳虽然是失败了，在艺术方面、生活方面都还保持着一定程度的纯洁。镜若临死还在极力挣扎，他始终是抱着一种向上的精神领着大家的。陆镜若对初期话剧运动是一个示范性的人物，他的贡献是不可磨灭的。

春柳剧场的经营方式也比较朴素。镜若看起来是一个随和的人，可是他有一股子硬气，他的父亲不过是商务印书馆的编辑，他自己是个留学生，凭他的社会关系不可能找一个资本家当老板，他不愿意找，那个时候也没有人愿意当；就是通过周柏年的关系，向张静江所开的那个古董店去通融一些钱，由票款扣还，也只是通融不是津贴。及至票款收入不好而那个古董店又亏了本，那一条通融的路也断了（徐半梅先生在《话剧创始期回忆录》中谈到春柳剧场的经费说："前台的经费，每月由巨富张静江补贴若干，这是由镜若的母舅吴稚晖去向张氏接洽的。"这不是事实。镜若的母亲姓朱也不姓吴）。到1915年春柳只得离开上海到杭州，镜若也因劳累而死（1915年阳历9月16日），正年三十岁。春柳演了许多悲剧，陆镜若之死是最现实的。

1913年新剧在上海的状况[55]

自从任天知在上海失败，带了一班人到宁波、芜湖一带，[56]春柳社从苏杭回到上海，又于1913年正月去到湖南，[57]汪优游、王无恐、邹剑魂等也到了汉口湖南一带；刘艺舟仍然在各地发挥他的言论；这个时候新剧在上海没有什么大规模的演出。还有留在上海的一些演员，因为经营三、张蚀川、郑正秋、杜俊初四人组织新民影片公司，招收了其中比较好的一部分，一个时期他们就不演新剧。[58]由于以上的原因，1913年的上半年上海的新剧呈现了一时的沉寂。及至那年秋天新民影片公司解体，郑正秋组织新民新剧社，演于兰心大戏院。[59]民鸣社和启明社相继成立，新剧在上海又活跃起来。新剧同志会同人从湖南回到上海，次年春在谋得利开演，开明社也到了上海，苏石痴又开办了民兴社，以男女合演为号召，这是一个最兴盛的时期。朱双云在他的《新剧史》里有这样几句话："癸丑秋（1913年）7月，首创新民剧社时，新剧萌芽，摧残殆尽，而郑氏（郑正秋）卒以回天之力，底于中兴，则其有功剧界岂浅鲜耶！"[60]他为了推崇郑正秋，就作了这样的颂扬，其实所谓"摧残殆尽"，所明"中兴"都不过是他一时行文之便随便说的。事实上那个时期新剧在上海尽管有约半年光景的沉寂，可是在上海以外的各处地方，却在蓬勃发展，不仅是原在上海的剧团到了其他省市，就是广东、福建、河南、湖南、北京、四川和江浙一带都有成立剧团经常上演的（有的短期解散，有的维持到三年以上的）。在这个时期，新剧在演出方面不仅是量的增加，而且是质的不断提高。

新民社[61]与民鸣社[62]

新民影片公司停顿了，郑正秋为了维持一班演员的生活就办了新民新剧社。在他还是第一次办剧团，他原来对新剧是不感兴趣的，这一次也多少有点逼上梁山的味道，从此他就成了新剧界的闻人。

新民社是以演家庭戏起家的，半梅有这样一段话："他（郑正秋）一上手便把家庭戏来做资料，都是描写家庭琐事，演出来不但浅显而妇孺皆知，且颇多兴味。演戏的人也容易讨好。于是男女老幼个个欢迎。"[63] 新民社演了些中国的家庭故事，也演了些外国的家庭故事，像《空谷兰》《梅花落》是根据包天笑翻译的英国（？）流行小说改编的。说的都是英国贵族家庭悲欢离合的故事。这些的确受到当时观众的欢迎。

说到家庭戏，新民社以前不是没有，而且还有相当的数量，进化团春柳社都演过不少家庭戏。但是进化团是以宣传革命的戏为主；春柳的戏是以反映社会问题的戏为主。家庭戏也不一定就不好，通过家庭戏也可以反映社会问题、政治问题，如进化团、春柳所演某些家庭戏都有这样的倾向，尽管所提出的解决问题的方法不一定完全正确，甚至于还有不恰当的地方，但是态度是严肃的，对于被压迫受苦难的善良的人，表示出深厚的同情。但是新民社的家庭戏，多半只追求情节的复杂离奇，追求廉价的舞台效果，许多戏都是看完了不知道它想说明什么。有些戏把罪恶的描写作为正文，到最后生硬地加上些报应惩罚之类的情节，可以说毫无意义，这种戏对于社会非但起不了好的作用，而且很可能起坏的作用，可是当时只求其在台上胡乱博得观众哄堂大笑或者硬挤观众几点眼泪，把钱卖进来，就认为最大的满足。象《恶家庭》这样的戏，就是有代表性的。这一开端引起了后来许多所谓家庭戏越来越糟。从新民社起弹词小说搬上了舞台。弹词小说并不完全坏，里头也有好东西，就看怎么处理。象《珍珠塔》，作为反对嫌贫爱富，描写一种古典式的真纯的爱情，可以成为一个好戏。《三笑姻缘》如果其中的某些片段编成喜剧也未尝不可，如果把封建社会那些游手好闲的花花公子的纵欲行为描写成风流韵事，把一夫多妻制看成合理，那就台上的效果、票房的收入都抵不了毒害社会的罪恶。当时新民也好，民鸣也好，演弹词戏在表演方面是有些拿手的，但是在意义方面好象丝毫没有顾及，真不能不为之惋惜。当时已经有人对这类的戏提出抗议，《新剧杂志》第一期（1914年）有署名啸天的一篇论文，其中有这样一段话："英人既灭印度改订其学校之课本，除忠顺驯良外无教训，除家庭农工外无智识，盖不欲其知有政治军事之关系，致不便于制驭，是谓奴隶教育也。奈何今日我国之自称新剧大家，以教育社会为前提者，其所演剧，除家庭儿女外无剧本，除妒杀淫盗外无事实，除爱情滑稽外无言论……且所演家庭剧亦未能导人为善（如《三笑》《珍珠塔》《双珠凤》等剧），是直导人穿穴逾墙，且若提倡多妻主义者，是直全无心肝者矣。"他的话可能有些过分，但不能不说是痛切言之。1918年郑正秋在结束亦舞台药风新剧场演出时，在他与观众告别的《药风（正秋的别名）敬告》里，发出了慨叹，他说："新剧为吾国所必当有者，因社会万恶不可无药药之耳。乃剧人不德，使吾有新剧万恶之叹。"最后他说他想筹几十万资本，编演正当的小说戏来和诲淫小说以及女子新剧周旋。他却没想到新剧的所以成为群众卑视的对象，种因者也有他在内！

新民和民鸣的作风是一样的。郑正秋、张蚀川、经营三、杜俊初四个人原来跟美国人合作组织亚细亚影片公司的时候就在一处，当时所拍的一些戏，据宣传是改良风俗破除迷信的戏，但看那些戏的节略说明，如《难夫难妻》《老少易妻》《风流和尚》《滑稽爱情》等等（都是新民和民鸣的演员演的），没有一个不荒唐无聊。亚细亚影片公司停顿了，新民影片公司又没有搞成，不得已而办新民剧社。这个剧社可以说一开始不仅没有宣传政治的目的，也没有艺术的目的，只是为了演戏维持一部分人的生活。如果说它也有提高表演艺术的企图，那是附带的事。新民社的家庭戏站住了脚，当初一同搞影片的另一部分人也想加入，但新民新剧社的演员不同意。经营三同张蚀川（经营三的外甥）就另外成立了民鸣社，同新民唱对台。新民的演员有一些被民鸣挖了去，原来一同合作的人几乎成了冤家。郑正秋不过是一个土行（卖鸦片烟的）的少老板，而经营三是上海的买办商人，无论是讲势力、讲"面子"、讲资本，正秋都不是他的对手，结果是彼此妥协，新民并入民鸣。经营三办民鸣目的只有一个，就是把好演员集中起来，开戏馆赚钱。民鸣一开幕的确常常满座，几个有名的演员也有人专门去捧场，可以说是极一时之盛，可是从此新剧就不折不扣变了商品。新民成立约有一年的光景就和民鸣合并了，在新民期间所演的剧目，就我所能查得到的有以下一些：

《恶家庭》（郑正秋编剧）、《火浣衫》（郑正秋编剧）、《义丐武七》（郑正秋编剧）、《遗嘱》（徐半梅编剧）、《家庭恩怨记》（陆镜若编剧）、《劫余灰》《婚变》（又名《抱牌位做亲》）、《张文祥刺马》、《恨海》（进化团钱逢辛根据吴趼人小说改编，又名《情天恨》）、《家庭惨史》等等。以及《珍珠塔》（原为进化团剧目，维扬人蒋四编剧）、《描金凤》、《祝英台》、《白蛇传》、《恒娘》、《马介甫》、《孝女藏儿》（《今古奇观·念亲恩孝女藏儿》）等，是由中国旧小说改编的。《血泪碑》、《妻党同恶报》、《杀子报》、《文字因缘》（又名《缘外缘》，取材《花田错》）、《黄孝子万里寻亲记》（取材《寻亲记》，朱双云编剧）等，是由中国戏曲剧本改编的。《空谷兰》、《梅花落》、《绿窗红泪》、《肉券》（即《威尼斯商人》，又名《女律师》，这也是幕表戏，根据《吟边燕语》改编）、《爱之花》（又名《儿女英雄》）、《血手印》等，是由外国小说改编的。

《恶家庭》据说是正秋得意之作，最初他编了一个戏叫《苦丫头》，一个戏叫《奶娘怨》，后来把这两个戏合并成为《恶家庭》。[64]戏的梗概是：有个叫卜静丞的家境不好，及至巴结到一个官，发了财，娶妓女新梅为妾，就把他的母亲、妻子闵氏和儿子宜男抛弃不顾。卜母带着儿媳、孙子和一个丫头阿蓬去找他，他拿棍子把她们打出来，听说卜母要去告他忤逆才勉强收留了她们，经常加以虐待。丫头阿蓬表示不平，被静丞打死，弃尸荒郊，宜男去哭她，见她还有气，就把她托给一个乡下老人，把她救活了。

卜静丞雇了一个女佣名叫小妹（有夫之妇），她禁不住静丞的威逼利诱，被静丞诱奸——静丞曾利诱小妹的翁姑和丈夫，但小妹被奸后，静丞非但一个钱不给还指使新梅骂她勾引主子。小妹被逼出外想自杀，遇到一个老讼师，为她设法报仇。讼师知道阿蓬在乡老家，他一方面让丫头阿蓬的父亲向静丞要女儿，一方面叫小妹藏起来，让小妹的丈夫向静丞要妻子。静丞不得已出钱讲和了事。

新梅和静丞的帮闲朋友曾怀仁私通，为静丞的母亲看见，告诉静丞，静丞不听，以此引得新梅大闹，卜母只得带着儿媳、孙子回乡。她们回乡以后，新梅和她的心腹钱妈商议，让钱妈的养女蓉花假装挨了打骂，求卜母保护，卜母留她住下，钱妈便去告卜母拐带，牵涉阿蓬的父亲黄老老、救阿蓬的乡老和那个老讼师三人一同入狱。卜母以年老保释，黄老老死在监里。阿蓬、小妹还有乡老的女儿二宝想联名上诉，道上遇见了投河自杀的蓉花——原来新梅怕蓉花泄露秘密，想把她卖到远方为娼，蓉花知道了，逃出门去想自杀，恰好遇见阿蓬等三人，便把新梅的阴谋告诉了她们。恰好有钦差路过，便去喊冤，静丞被革职下狱。新梅趁机和曾怀仁卷逃，中途遇盗被杀。卜母以爱子之故为静丞百计营谋，静丞得以出狱，一病不起，临死十分后悔，一连叫着："我对不起妈妈。"他的儿子宜男以悲伤几至失明，深得阿蓬看护，卜母做主让他们成了夫妇。

　　这个戏除掉为着吸引观众而定做出来一些曲折离奇的情节之外，看不出什么东西。这个戏全篇只是罪恶的描写，主人翁卜静丞，卑鄙凶狠淫乱到了极处，可是编者把所有的罪恶归到他的姨太太新梅身上，最后还极力为卜静丞开脱。而能够解决问题的正面人物就是一个老讼师、一个钦差大臣。编者给了阿蓬、小妹、蓉花一些同情，可是，小妹被卜静丞诱奸，事先卜静丞许给了小妹的翁姑和丈夫一些钱，他们为着贪钱也就点了头，因此小妹只得顺从。这种情节十分恶劣，而且不近人情，这是对穷人最大的侮辱。还有象阿蓬的父亲黄老老因为欠了卜家的钱，就把阿蓬押在卜家当丫头，后来被打死弃尸郊外，黄老老并不说话，及至讼师让他向卜家要女儿，他就去了，得一点钱了事；小妹自杀得救，小妹的丈夫也听了讼师的话去问卜家要妻子，卜静丞给他点钱也算了。那就是说，老讼师帮助黄老老和小妹的丈夫目的只在敲诈几个钱，这有什么意思？总的看这种戏因为只求情节曲折，所以头绪纷繁，既不近情又不合理，是非不明，中心思想当然更谈不上。才演的时候可能有些即兴的对话引起观众的拍手，如蓉花说出新梅的阴谋，观众必然称快，但已经是末节，要是连这一点都没有，观众就不看了。

　　正秋还编了一个戏叫《火浣衫》[65]，说的是叔嫂通奸谋杀亲兄，想嫁祸于人，牵连甚多，最后来了一个清官把案情判明，坏兄弟被判死刑。原来弟弟用绳子勒死了哥哥，就装在箱子里，半夜托流氓抬到郊外掩埋，被一个和尚看到，发现箱内的人没有死，就把他救到庵内出了家，一直没让他兄弟知道。当他兄弟判处死刑的时候，忽然他的哥哥出现在公堂上，因为顾念手足之情，

《自我演戏以来（1907—1928）》

为他兄弟请求减刑，兄弟二人抱头大哭，官也被感动了，就把死刑减为充军。忽然又来了一个仗义的妓女，愿意嫁给这个充军的兄弟，以延他家的嗣续。这个戏主要描写因奸谋杀、栽赃诬陷，比《恶家庭》情节还要曲折离奇，还要不近人情，还要没有是非。这个戏什么都谈不上，连封建道德都谈不上，这是个坏戏。

因为家庭戏卖了钱，而剧目还是不够，除掉把弹词小说改编之外，就把京戏里头比较卖钱的《妻党同恶报》之类的戏也改编上演。看见淫杀的情节有市场，甚至就连《杀子报》也搬上新剧的舞台。新民社这种做法留给后来的影响实在不好。

新民有几个比较好的戏，像《珍珠塔》《婚变》《恨海》《血泪碑》《家庭恩怨记》《张文祥刺马》《空谷兰》《梅花落》等，这些都可算当时他们的保留节目。其中以《空谷兰》《珍珠塔》最受欢迎。在这里我们不能过于低估当时观众的水平，同时新民有不少有才能的演员，的确把几个戏演好了，也就把那一时期新剧的场面撑持起来了。

郑正秋，广东潮州人，他的父亲是鸦片烟商人，开了一家相当大的土行（鸦片烟批发站），据说他是领的儿子（一说是庶出）。所以在家里地位不高，双云说他很会做生意，曾经赚过大钱，后来因为"所托非人"，大部分受了亏损。他从小就抽鸦片烟，烟瘾大得惊人，他能够把生烟膏和在茶里喝下去。最初他很爱听京戏，经常写剧评，为着一个腔可谈上几个星期。有一年谭鑫培到了上海，因为年纪大唱不动了，他去叫了一个倒好，而且在报上写了批评文章，引起了风波，从此他就被人看做〔作〕不畏强御的剧评家。他从组织新民社起才开始搞新剧，他又编又排又演。他特别注意舞台效果，所以他编的戏情节曲折，噱头比较多。最初他是男女老少都演，滑稽角色也来。象《义丐武七》，他演武七；《张文祥刺马》，演马星贻；《武松与潘金莲》，他演武大郎；《恶家庭》，演老太太；《珍珠塔》[66]，他曾经演过方卿；后来他就不演了。爱情小生他很少演，大约他自己也觉得不太适宜，而且当时能演小生的相当多，轮不到他，他演中年人演老旦比较好。他是个聪明人，很能干，能够领头。他大概是1890年生的，办新民社的时候，他不过二十三岁，尽管抽鸦片烟，究竟是年富力强，还是很有干劲。而且他很会交朋友，从来不大跟人吵闹，也从来不在外边胡调，人家都当他是一个可亲近的人。他办了明星电影公司之后，一般年轻演员都称他老夫子。他能屈能伸，新民社他是领头的人，新民和民鸣合并后，他就专门做演员。1915年他退出民鸣办大中华新剧社，[67]1918年又组织药风剧社[68]在亦舞台演出，1919年入笑舞台和平社新剧部[69]，1921年他曾经一度登报脱离新剧界去做交易所[70]——这本是买空卖空的赌博生意，他赌输了，又从新搞新剧。1923年赴汉口老圃新剧团搭班，后来再回笑舞台和平社新剧部。[71]以后他就参加了明星公司，专搞电影。他和张蚀川由合而分，由分而合。最后他同张蚀川、周剑云合办明星影片公司，[72]赚了钱，就成了资本家。

看他的经历，从新民起一直到笑舞台结束为止，约计干了十年新剧。在他成立药风剧社（药风是他的笔名）后，他编了些侦探戏和侠客的戏，此外他也编了些反映有关当时政治问题、社会问题的戏。如：

《隐痛》——又名《说不出》，这个戏以哑剧形式演出，配有音乐，我记得用的曲牌是"柳摇金"。内容主要是描写殖民地的人民所受的苦痛，也有对袁世凯和军阀讽刺的部分。当这个戏在汉口演的时候我看过，观众中有不少人唏嘘长叹。"柳摇金"本是个很普通的曲牌，可是那个演奏的人把它拉慢了，改变了一个味道，听起来好象很凄凉似的。

《徐锡麟秋瑾合传》[73]——这本来是王钟声演过的戏，正秋把它加工整理过。

《石家庄》[74]——演的是吴禄贞的故事，过去刘艺舟曾演过《先烈吴禄贞》。

《桃源痛》[75]——演的是宋教仁一生的事略。从他参加同盟会起一直到被刺为止，共分十五场。

《蔡锷》[76]——演的是蔡锷云南起义的故事，演到蔡锷死为止，分四大本。

《中山被难》[77]——写孙中山在伦敦公使馆脱险的故事。

《窃国贼》[78]——根据莎士比亚的《汉姆莱特》改编，讽刺袁世凯称帝。

《日本之天灾》[79]——借一对情人的关系用双关的话来谈真亲善和假亲善。因为日本遭了震灾，中国人捐了不少救济金。有人认为日本侵略中国，就不应当捐钱救济他们的天灾，正秋认为这是两回事，他认为站在人道主义的立场应当救济，同时也说《二十一条》是罪恶。当然在那个时候还提不出日本的政府和人民的区别。

《女学生的觉悟》——这个戏说一个女学生原来订了婚，又爱上另外一个青年，后来发现那青年曾经害死过一个女子，因此她弄得不上不下，甚至于想自杀，幸而她原来的未婚夫还是爱她，便仍然和她结婚了。编者的说明认为中国职业社会上没有女子立足之地，应当提倡妇女解放；他又说离婚不能草率，非到无法挽回不能离婚。

从以上这些剧目看，正秋还是关心一些政治问题和社会问题的，不管他的见解有多少正确性，他还是爱国的，是有正义感的。他经常对新剧日趋堕落发出慨叹，而且他未尝不想加以挽救，他一方面叫出要演好戏，同时为着维持生活，他又不能不把侦探戏还有象《狸猫换太子》一类的戏搬上舞台。这种矛盾也可能使他感觉着有些痛苦。正秋也还是有些艺术头脑，但就他的思想本质看，还只是商业的。

民鸣一开始以演连台本戏《西太后》[80]《三笑姻缘》[81]为号召。张蚀川、顾无为揣摹〔摩〕着小市民观众的心理，头一炮打响了。辛亥革命以前，皇帝神圣不可侵犯，宫庭〔廷〕是一个神秘的地方，尤其西太后那拉氏这个人物，传说最多，茶余酒后往往会谈到她，把她的故事编成戏，不用说是有号召力的。《三笑姻缘》这个小说差不多谁都知道，经过说书先生的渲染，唐伯虎点秋香便描写得格外生动。这个戏最能号召女客，女客来得多，男客也就跟着来了。民鸣的老板是懂得生意经的。

民鸣是新民的劲敌，新民斗不过民鸣，便并入民鸣，连戏带人全部移交过去，因此民鸣就成了好演员集中、卖钱的戏最多的一个剧团。新剧发展到民鸣的阶段，可称是全盛时期，从这以后就一步一步走向衰败。

从新民到民鸣，《空谷兰》[82]仍然是很卖钱的戏，这个戏因为演得回数多，搬到民鸣来格外熟练了，对话都固定下来了，比起别的戏来就显得格外完整。

《空谷兰》据说是英国小说改编的，故事梗概如下："陶纫珠，一个美丽温和的女子，跟着他的叔父住在乡下。她哥哥是一个陆军军官，在战争中牺牲了。和他一起作战的子爵兰荪把这个消息带给纫珠，相识之后彼此相爱，就结了婚，生一子名良彦。兰荪的姨妹柔云，从小寄养在兰荪家里，本想嫁给兰荪，见他娶了纫珠深怀嫉妒，便从种种方面挑拨离间，兰荪居然因此而疏远纫珠。纫珠想自杀，他的婢女翠儿出主意和她一同出走，她们分两条路想回到乡下。纫珠到了家。翠儿不幸被车辗死，因为她穿了纫珠的衣服，就以为死的是纫珠，兰荪便和柔云结了婚。纫珠的儿子良彦常被柔云虐待。恰

《自我演戏以来（1907—1928）》校勘及研究

好兰荪要为良彦请一个家庭教师，纫珠化妆〔装〕应聘。良彦忽患重病，纫珠昼夜看护，此时柔云想趁机药死良彦，为纫珠发觉；柔云因奸谋败露，想远行暂避，途中翻车身死。兰荪的妈妈发现了那家庭教师就是纫珠，兰荪也被感动了，复为夫妇如初。"这个戏的情节许多是巧合和人为的曲折；没有什么思想性，艺术性也不高，只是夫妻母子间感情的描写有动人之处，合乎当时一般小市民的胃口，所以比较卖座。

这个戏的几个主要的演员，象凌怜影的纫珠、汪优游的柔云、王无恐的兰荪，都有特点，都能够创造出角色的鲜明形象，尤其象汪优游，扮一个大户人家的、读过书的、能说惯道的、聪明泼辣的尖嘴姑娘，有独到之处，有些观众一连看好几遍，有的甚至能把台词中的警句背下来。

当时演悲旦的，春柳剧场就有马绛士，新民、民鸣就有凌怜影和陆子美。春柳剧场的悲剧是比较硬性的，凌怜影和陆子美所演的悲剧多半是悱恻缠绵的。马绛士一出台，他的样子就显得悲苦，他演《家庭恩怨记》的梅仙、《不如归》的帼英，都很动人，都演得那么凄凄惨惨。他善于发出一种苦涩的声音，有人说猿啼鹤唳，一听就会心酸。凌怜影善于表演天真善良温柔甜蜜的女子，说他的扮象美得怎么样也不一定，可是上台很能吸引观众的注意；他说话的声音不大，可是伶牙利〔俐〕齿，他的表演从来没有过火的地方，他演《空谷兰》《恨海》两个戏最有名。陆子美据朱双云的意见说他以娇憨胜，最宜于演史湘云一类的角色，说他演林黛玉一类的角色是用违其才，可是他最拿手的是《血泪碑》《合浦还珠》这一类的戏——都是一个善良的少女受委屈受磨折的故事。他以态度温婉见长，往往受了委屈低头不语，或者是嘤嘤啜泣，最为人所称道。他和凌怜影所演的角色，大多数是代表着被封建恶势力压迫、受尽折磨而无可如何的女子，也正是以此取得了观众，尤其是妇女们的同情。而在当时的男人又特别同情能够逆来顺受的女子，对于反抗性较强、行动比较激烈的人物，似乎不大习惯，所以春柳有些悲剧在当时吸引力就不如这些悱恻缠绵的戏。

《恨海》[83]的故事梗概如下："一个做京官的陈棨有两个儿子，长子伯和同粤商张鹤亭的女儿张棣华订了婚；次子仲蔼和一个亲戚家的女儿陈娟娟自幼相爱，他们也订了婚。因义和团事变，三家人家都分散了，陈伯和兄弟都没来得及结婚。陈伯和在避难途中冒领了别人的八口箱子，里头有不少贵重物品。伯和得此横财，到上海大事挥霍，娶了个妓女，又抽上了鸦片烟。后来被那妓女卷逃一空，及至被他的岳父张鹤亭发现，已经流落在街头。张棣华用尽方法想去挽救她的未婚夫，但陈伯和始终不改，首先他不肯戒烟。及至伯和重病入院，她还去服侍他，他这才有些感动，他死了，棣华就出了家。娟娟的父母死后，流落为娼，他的未婚夫陈仲蔼也出了家。"这个戏都是只演到陈伯和死为止。

《恨海》这个戏重点放在描写鸦片烟的毒害，张棣华是作为一个痴心女子的典型来演的，在当时的确有它的社会意义，所以很受欢迎。至于《血泪碑》是一个情节曲折传奇式的戏，不如《恨海》那样有现实意义。

《血泪碑》原来是根据冯子和演的时装京戏改成新剧的，场子和京戏一样，一共八本分三天演完。说一个女学生梁如珍和一个男学生石如玉相爱，订了婚。有一个坏蛋叫陆文卿，看见如珍漂亮，就扮成一个女的到梁家去当女佣，因为没有机会下手就和如珍的姐姐如宝私通了。如宝怕如珍泄露她的秘密，想拉如珍下水，陆文卿也想一箭双雕。如珍不从，陆文卿就设计陷害如珍，先后陷害她三次——中间穿插着强盗误杀梁母的情节，如珍被诬指为因奸杀母入狱。第二次文卿掐死石如玉，如珍又被诬指杀人论绞，可是石如玉受伤没死，当如珍临刑时他奔向法场把她救了下来。第三次是梁如珍的父亲去剿匪，陆文卿通匪，与匪做内应，如珍的父亲被杀，如珍就被陆文卿卖到妓院。后来石如玉得信，把她赎了出来，正好团圆的时候，如珍因为饱经磨折一病不起，临死要如玉替她报仇。如玉便杀了陆文卿和梁如宝，剜了二人的心到如珍墓上去祭奠，他也以头触墓碑而死。这种连台戏接着演三天，其实是三个故事硬把它连串起来，十分生硬，一些紧张场面都是硬编出来的，也不合情理，整个戏也没有中心。当时之所以受欢迎，主要是由于冯子和的表演，因为场面变化多，所以他可以尽量发挥，而且那个时候，时装京戏还不多，冯子和又在戏里加上了弹钢琴唱歌之类的穿插，这都是从来没有过的，因此就感觉新鲜。当时有一个人写剧评说这个戏剧本芜杂，只有冯子和的表演可看，其他的场子都没有什么道理，所以看戏象沙里淘金。这个说法我认为还是公允的。但是奇怪的是把这个戏改作新剧上演，把剧本原封不动搬过来，除去掉了唱工丝毫没有改动，而在人物处理方面却把冯子和好的地方改掉了。例如如珍的姐姐如宝逼如珍叫坏蛋陆文卿姐夫的时候，冯子和演如珍是她不肯叫，打她姐姐一个耳光，还抢过陆文卿手里的刀要和他拼命。她说："只要有我一天在，你们就休想安稳，不要看我是个弱女子！"可是陆子美演的时候，就只剩一味哀求，从这里也可以看得出艺术见解不如冯子和。当时新民、民鸣的家庭戏只想把女人的委屈去挤观众的眼泪，倒不如京戏演员冯子和还能够把一个受害受委屈的女子演得比较强烈而有些骨气。但是这个戏把糊涂官形容得淋漓尽致。原来在中国舞台上从来对官就不大表示好感，辛亥革命以后格外加强了对官的讽刺。在新剧舞台上这一点尤为突出，也颇能吸引观众的注意。

当时新民把京戏唱红了的戏搬过来改为新剧上演，不仅是《血泪碑》，其他如《妻党同恶报》《杀子报》[84]都是原封不动的（当然表演和对话大半让演员自由发挥）。《杀子报》除掉把砍八块改为把儿尸抛到井里之外，其余毫无变动，一来是为着省事，二来也可能是无力加工，这不能误会为无条件接受遗产而加以肯定。

新民、民鸣接受了当时其他剧团的保留节目，新编的戏除掉《空谷兰》《梅花落》《合浦还珠》之外也没有什么更好的，还有一些象《离恨天》《胡宝玉》《可怜的姨太太》《三雌老虎》等等，都是不值得一谈的。可是由于新民、民鸣合并，好的演员一时就更集中了，卖座的情形相当好，演员飘摇不定的生活得到一个时期的安定，这就使他们能够在表演技术方面彼此互相研究、观摩、比较、竞争，就一天一天有所提高。他们生动地描绘出了种种色色的人物形象，尤其是小市民阶层各种人物形象特别生动。他们很能注意中国社会的风俗习惯，又能巧妙地运用方言，因此使观众对他们的表演感到亲切。在这个时候观众也渐渐把话剧当戏来看，而且也有不少人对它发生了兴趣，觉得新戏有东西可看，那就是以前旧戏舞台上所完全看不到的东西。京戏舞台上演时装新戏如《血泪碑》《新茶花》之类，那是受了新剧的影响才有的。1907年以后夏月珊他们所办的南市新舞台，因为受了新剧的影响，开始了在京戏舞台上用幕，又派人到日本去，通过市川左团次聘来了一个日本的布景师洪野，这才开始在京戏舞台上用布景；还建筑了转台。在这个时候排了《新茶花》，接着又排了《血泪碑》，还有《红菱艳》等戏；以后又排了《黑籍冤魂》。南市新舞台遭了火灾，搬到九亩地，又新造了舞台，排了《拿破仑艳史》、《牺牲》（雨果作）等西装戏。此后有许多京戏场子编得比较集中，也是

《自我演戏以来（1907—1928）》

受了新剧的影响。我和周信芳合作时，他就和我谈起过把场子集中的问题。

当专以言论为主的宣传戏已经吃不开，而袁世凯为着排除异己，布置在各地方的爪牙嫉视新剧并加压迫的情形之下，新剧走向演家庭戏，有它客观的原因。还有就是对于当时的家庭生活和围绕着家庭的一些人物，演员们比较熟悉，因此就容易演得象。演员在演家庭戏当中得到锻炼，便创造出许多鲜明的人物形象：中上家庭的老爷、太太、姨太太、少爷、少奶奶、丫头、男女用〔佣〕人；妓女、流氓、巡捕；买办、小商人、摊贩、城市贫民——卖花的、倒马桶的、扫街的；三教九流人物——和尚、道士、医生、卜卦算命的、三姑六婆；男女学生、私塾的先生等等，以上这些人物他们都下工夫去模仿过。有些演员为着演某种角色的确下不少工夫去研究：例如王无能、陆笑吾演道士，就真的请道士来做一次道场，花钱向他们学会了念咒、敲击法器，所以他们一上台，观众一看就发出惊异的笑声说："真象真象！"还有些角色，如妓女、流氓、巡捕、算命先生、鸦片烟鬼、拆白党等等，他们的语调、语气、职业的习惯动作，真是极细微的地方都体会到了。有些演员对家庭妇女体会得特别深，所以像汪优游、凌怜影、陆子美、李悲世、徐寒梅、张翠翠、张双宜、邹剑魂、郭咏馥、顾觉英等等描摹各种妇女都有独到之处。象萧天呆、沈冰血演老夫子；演江湖好汉象秦哈哈的窦一虎、顾无为的张文祥、谭志远的马永贞之类；演弹词戏象查天影的方卿；滑稽角色象徐半梅、王无能、陆笑吾等，当时都是有定评的。在这里我不打算把所有的角色都加以品评，在本文的范围内也不可能那样做，不过就记得起来的随便举几位来说明当时表演艺术一个大致的轮廓，挂漏之处应请原谅。还有些角色像汪优游，生、旦、老旦、正派、反派、喜剧、悲剧都能演，而且都演得好，这样的演员当然不多，可是能演各种不同性质的角色的却也不少，只是不象汪优游那样宽广罢了。

由于许多有才能的演员，在创造人物形象方面下了苦功，表现了他们同时代人的一些生活，就把新剧从只注重言论的类似活报式化妆〔装〕演讲式的表演，引到了反映日常生活，刻划〔画〕人物，这是一个进步。这样就把新剧作为一个新型的剧种肯定下来了。在这个时候，不用幕外戏，观众也逐渐习惯了；戏也有了保留节目。这种形势对新剧的发展是有利的，但是编剧和演员因为有几个戏受了欢迎，增加了收入，有些表演经常得到人家的喝彩，就昏了头脑,以为新剧不过如此,"放马过来""台上见",反正有的是方法让观众哭、让观众笑,满足在那么一个阶段,也就停滞在那么一个阶段,堕落和衰败的恶因也就深深地种下了。

民鸣盛了一个时期,可认为保留节目的只有那几个,太久了也就不能维持市面,演员满足于已有的一点成绩,不再钻研,看来看去只剩那么老一套,观众就容易厌倦;同时还有些人退出民鸣另组剧团——象郑正秋组织大中华剧社,陆子美到苏州——因这种种关系老板对于新剧这项买卖就不大感兴趣,他们觉得赚钱不够多,要做更能赚钱的买卖,当时经营三、张蚀川积了更大的资本,在西藏路办起了新世界游艺场。[85]民鸣新剧社就趁着剧场要加房租的理由停办了(1916年2月),[86]春柳是在前一年解散的。

启民、开明、民兴诸剧社

启民社1913年10月成立,1914年3月15日正式演出,大约两年多就解散了。[87]主持人是孙玉声,社员有周剑云、凤昔醉、高梨痕等人。根据他们的社章:"抱着启发人心,改良社会的志愿","以实行社会教育为宗旨",所以命名为启民新剧社。这个社演的主要是家庭戏。有《钗光剑影》《薄幸郎》《彩儿》《恶嫂嫂》《侠儿女》《爱之害》《双金锭》《启民钟》《女丈夫》《花小桃》《阿珍》《月帘花影》《鸳盟离合记》等。启民社的人到杭州演出的时候,曾经编过一出《征鸿泪》,其中有"开救亡大会"一场,由剧中一个学生孙次云作长段的演说,呼吁国人抵抗日本侵略,那时新剧中这种激于义愤的演说已经是不常见的了。

开明社1912年5月成立,12月到四川,1913年又从四川回到上海。以后又到过南洋、日本等地演出。[88]这个剧团的主持人朱旭东,原来是在一个军乐队里吹喇叭的,他能吹小号和黑管,他有好几个儿子都会吹管乐。这个剧团的组织是家庭式的,由朱旭东父子和他的几个学生组成。台柱是他的义子史海啸,扮西洋女人很漂亮,拿手戏是《复活》和《茶花女》,另外还有些歌舞节目。在这个剧团解散以后,海啸就一直没演戏,后来他做了烟草公司的代理人,发过大财,据说他收入最多的时候,每天可进白洋三万元。

民兴社[89]是苏石痴主持的,他原是新民社的演员兼后台主任,因和王无恐、汪优游不合,就退出另组民兴社,在法租界共舞台,首创男女合演。演员最初有任天知、吴寄尘、王幻身、顾雷音、罗笑倩、赵燕士及女演员沈侬影、梁一啸等,以后吴我尊也一度加入。[90]苏石痴,广东人,原来以镶牙为业,因正秋的关系,参加新民当演员。他办民兴社只是同新民争气,搞男女合演也不过是借以号召。这个人很庸俗,后来一直在法租界巡捕房当包探。[91]他办剧社当然什么都谈不上。以后有些人离开了,梁一啸当了妓女,苏石痴也满意他的洋奴生活不再搞新剧了。

这一时期在各省起了些比较进步的剧社,北京周铸民、史俊民、史醒民、王辅民等组织的牖民社[92],他们所演的戏有《猪仔记》《越南亡国惨》《宦海潮》《新茶花》等。京戏花旦诸茹香、荀慧生曾加入演出过。1913年周铸民被捕入狱,这个社就解散了。[93]

在河南有孙宗文(春柳社社员,就是在东京演《茶花女》饰配唐的)组织的两河文明新戏社,辛亥秋季成立,为官方禁止,民国成立又办起来,曾邀刘艺舟、汪优游等参加演出。

福建有原春柳社友林天民所组织的文艺剧社[94],1912年演出第一个戏《北伐》(反映辛亥革命),1913年第二次公演,演出了《爱国魂》——说一个日本政治家的妹子,爱上了一个中国留学生,他因为中日有国仇就拒绝了她。另外还演出了《遗产》。1915年又曾公演过几次,演出了《茶花女》《不如归》《血泪碑》《血手印》等;还编了《社会流水账》《国民捐》《钟馗降鬼》等滑稽戏及《哭穷途》、《落伍》(写一个老同盟会员的悲哀)等悲剧。1916年演出了《卖国奴之末路》(讽刺袁世凯卖国)。他们所演出的剧目,大都是反映当时政治时事的戏,据林天民的自述说,他所编的戏大部分是和军阀土豪作对的。据说当时福建的布景做得最好,以后上海许多京戏的机关布景都是福建人做的。

还有一个春柳社社员在广东起了个剧团,我看过他们的演出,可是忘了他的姓名。这个剧团以后加了唱工,给了粤剧不小的影响。此外象苏州、杭州、无锡、绍兴、长沙、芜湖、汉口等地都有新剧活动,不一一细谈了。

笑舞台[95]

　　1916年民鸣社解散后由朱双云、汪优游、徐半梅等七人发起，邀集民鸣社的一些重要角色，租了广西路笑舞台开演。他们的做法是"兄弟班"性质的。剧团没有名称，就叫笑舞台。[96]开始卖座很不错，戏也演得比较规矩。接着欧阳予倩、查天影也参加了，演出了几个红楼梦戏，甚为叫座。那时便有流氓资本家组织一个"银团"，想把一般能叫座的演员全部买收，用长期合同固定下来，实行垄断。笑舞台有大部分的演员签了字，迟疑不肯签字的受到要挟。欧阳予倩、查天影费了不少周折，脱离了笑舞台。此后大家以为有了银团有了老板生活更有保障，演戏越来越马虎，而银团老板对后台也越来越不客气，矛盾尖锐起来，银团也就解体了。笑舞台地点适中，舞台也颇为合用，1919年郑正秋加入和平社新剧部在笑舞台演出，1921年一度离开，1923年再回笑舞台。[97]洪深1922年冬从美国回来，他写的《赵阎王》即于1923年阴历二月在笑舞台演出。[98]他和秦哈哈、李悲世等合作，自己担任主角赵阎王，这是他回国以来第一次的尝试，但演出的效果并不很好。那时他认为在上海笑舞台是唯一可以利用的剧场，但是过了不久，笑舞台的房东为着想收更多的租金，就把这个剧场改建了市房，从此文明新戏失掉了最后一个剧场，许多演员们各自分散，只得在各个游艺场将就演出，勉强维持生活。以后顾无为当了大世界的经理，虽然在那里做过比较大规模的演出，但也维持不长就消沉下去了。

　　从1913到1916的下半年，可以说是新剧的最盛时期，但是为时很短。新剧的基础完全没有巩固。首先在编剧方面一直穷凑，除了极少数几本戏外没有什么可以保留下来的剧本，这是致命伤。日本的新派戏最初也有过剧本还没编好、戏没有排熟就上台、类似幕表戏的东西，可是后来演的戏一直都有剧本，还有专门为新派写剧本的作者，所以日本的新派能够不断地有所发展。作为一个剧种有它的观众，剧本是很重要的。

　　文明新戏在表演方面有一定的成就：反映了当时的社会生活，创造了许多人物形象，这是应当肯定的。但是因为演员在台上一直是自由发挥，没有统一的组织，因此动作前后不贯串，风格不调和。演员在台上的表演有好的地方，也有极坏的地方，一直没有谁把经验总结一下，保留起精华的部分，去掉它的糟粕,而且正相反,越到后来坏的东西更加发展,好容易积累起来的一点好的经验,都被湮没至不为人所认识。这是应当深切反省的。

幕表戏[99]

用幕表演戏是文明戏的特点,但不是文明戏所独有,京戏和地方戏排新编的戏的时候,往往也没有完整的剧本,只靠一张"提纲"(就是幕表)——老年间有些戏本子是保守秘密的,在排演的时候,只给比较重要的角色每个人发一个"单片"(只属于他个人的剧词),演完戏就马上收回。提纲也是一样,谁排戏谁就保存那个提纲,不许人抄。事实上演员不识字的多,给他全本也没有什么用处,有许多角色得了单片,还要请人帮他念,他只能死死地记住。可是在上海排连台新戏,往往就单片也不发,排戏的只谈一个轮廓。旧戏有一定的规矩,有些场子就用旧节目当中的场子去套,戏排过之后,就由演员和自己有关的角色去合计;武戏就按着一定的套子去编排,有什么新花样新套子,也得反复排练几次才能上台。这样排出来的戏,因为没有固定的剧本,往往就有许多"水词"(顺口溜的唱词),只要仔细去看、仔细去听,就会看出许多毛病。所以戏曲演员只要稍微爱惜自己的艺术的,就要求有"准纲准词"。他们认为为着赶排新戏卖钱,来不及写完整的剧本,不可能有准纲准词,那是不得已的。因为当时在上海那些连台新戏,多半只靠离奇的情节、噱头和机关布景卖钱,戏的本身怎么样——是不是合理,是不是有艺术价值,是不是能够发挥演员的长处,从来全不顾及。而且即使有了剧本,老板限期克日催着要演,而演员连台词都没有记熟,打鼓的对场子也还弄不大清就上去了,有时就弄得很乱。这种情形无论是编戏的也好,演员也好,音乐方面的人也好,都是心里非常难过的。可是新剧的幕表戏怎么样呢?

幕表戏就是没有剧本只靠一张幕表演戏之谓。编剧的人并不写出完整的剧本,只根据传说、笔记或者小说之类,把故事编排一下,把它分成若干场,每一场按照故事的排列分配一些角色,有时写明上下场的次序,有时不写,有时注上按照情节非说不可的台词,有时连这个也没有。排戏的时候,只要把角色派好,把演员的名字写在剧中人的下面;大家聚拢来,把戏的情节和上下场的次序说一说,那就编和导的责任都尽了。有时候大家聚不起来,编戏的人就找机会分别和演员去谈，必须碰头的人就拉拢来斗一斗榫；不需要碰头的，就让他去各干各的。最初就是宣传革命的戏也还有些组织，越到后来就越随便。编戏的人以为只要情节弄得复杂离奇一点，不管合理不合理，台上有噱头就行，这就觉得编剧也没有什么困难，拼着一晚不睡觉或者一个下午不打麻将不上茶馆，就可以赶出一张幕表来。演员胆子也越来越大，反正家庭故事，大致都差不多，只要记住了剧中人的名字和他们的关系，知道故事的大致轮廓，就可以上台去扯一通，而且包管获得掌声和笑声，这样也就不愿意排戏。甚至于有在上台之前，坐上了化妆〔装〕桌子还不知道上台去应当干什么，编戏的人一面看他化妆〔装〕，一面把戏的情节说给他听，然后上一场说一场。可是演员往往以此自鸣得意，从场上下来满面笑容说："我刚进来的时候一点不知道今天晚上演什么，可是刚才这场，居然不坏，台底下还是吃。"大家想想这样下去还能演出好戏吗？但这是不是说用幕表演的戏就没有演好了的戏呢？那也不然。有的戏因为组织得严密一点，编戏的人有比较详细的计划，规定了应当说些什么不能说些什么这样一个范围；再经过演员们一些共同的研究，这样在台上就不至于纯任自由发挥；这样的戏经过多次演出之后，可以由生到熟，由参差到比较整齐，由没有剧本演到好象有剧本，例如《空谷兰》《恨海》就是这样。还有一个戏的某些场子，由于演员配搭得好，经过他们相互的研究，想出许多法子，就片断地把戏演好了。例如《珍珠塔》里方卿见姑娘唱道情，这样的场子，就在整个戏里片断〔段〕地被肯定下来了。这类的地方从演员的表演看是有些好的经验可以总结的，但不能说这就是幕表戏的优点。如果有剧本，演员还可以做得更好。当时文明戏不用剧本，除了每天换戏来不及写剧本之外，还有就是那个时候还不可能产生职业的剧作家，许多编戏的都是初学乍练，边做边象的。编剧的很难把一个剧本包下来，他只能够写一张幕表规定一个大体的轮廓，让演员来替他补充。这样的编剧者如果也称他为作家，那恐怕他自己也不一定好意思承认。我以前也写过幕表，可是过后翻开节目单看一看，有某些戏写着"予倩编剧"，我就满身都起鸡皮疙瘩。可是现在为着要肯定文明戏一些成绩，就把幕表戏作为一个创作方法；称写幕表的为作者；把大家来随便拼凑看成是集体创作；今后会不会发展这样的集体创作而显出它的优越性，我无从有预见，但是就我个人的经验：我写过幕表戏，演过好几年幕表戏，我在台上也很少

《自我演戏以来（1907—1928）》

被人难住过，可是把用幕表演戏称为"幕表制"，要把它作为一种创作方法，我根本不能理解。我回想过去，我的眼前出现一张张的幕表，也出现一群群的观众对我拍手发笑或者流眼泪，而我只为着怕人说我是"死口"就随便胡扯，拿着不成熟的、杂乱无章的东西去蒙混他们、赚他们几个钱，这是多么痛苦的事啊！但是观众是不能欺骗的。就拿解放前的京戏为例，有些剧场因为拿不出真正的货色，就拿低级趣味的东西充数，开始也卖满座，后来就不行了，就听到有很多人发出慨叹，说："这样下去京戏要完了！"的确象解放前上海有些剧场那样的搞法，如果不是解放了，得到挽救，那京戏的衰落也就会成为意中事。文明戏的衰败更是有力的明证。

有人说幕表戏可以迅速反映现实，的确过去曾经有把头一天的新闻报导第二三天就在舞台上反映出来的事。[100] 但如果满足于那样的反映现实，那也简单之极，剧本也就成为多余。无奈那样的做法，怎么也不会成为戏剧。一个比较好的活报也要一定的时间才能编成。活报要短，要简单，要观点明确，要善于运用标语口号起宣传鼓动的作用；对于敌人要能一下就击中要害。但这和戏剧的性质不同，戏剧反映现实的方法也跟活报不同。当然活报因为要紧急处置就来不及慢吞吞地写剧本，可以用各种方法求其迅速实现，但一个正规的戏剧，用活报的方法来处理却不会有好结果。

题材广泛并不是只有幕表才能做到，写剧本也未尝不可以运用各种不同的题材。弹词戏曾经用幕表演出过很多，是不是有了剧本就不便于演弹词戏了呢？事实上有了剧本会把弹词戏演得更好。古装戏、时装戏、西装戏都是一样。就是现代的话剧对题材也并没有限制。说用幕表不用剧本题材可以广泛些的理由并不存在。

有人说有了剧本对话就会不自然，也有人说台词要背熟了就会象背书，这两种说法意思大体相同，就是不想要剧本，可以更自由发挥。戏剧必须有组织——要有主题思想，有贯串动作，有恰切的对话，有最高任务才成为戏剧。剧作家所画的蓝图不能包括舞台上的一切。舞台上的事情，主要是靠演员来完成的，但是绝不能没有剧本，没有剧本就没有依据。在不得已的时候，在特殊情况之下，可能剧本还没有完全写好就开始排练——如南国社初期，田汉的剧本头几幕已经在排，戏也要上了，最后一幕往往还没写完。他是一面写一面排的，那是一种紧急的战斗。但必须指出，那时候的戏是有剧本的，不是用幕表演的。跟文明戏用幕表演出的那种情形完全不同。所以南国社的戏一上台,完整的剧本就出来了。那是一种有组织有领导的集中的行动。南国社的戏从来没有哪一个演员在台上不顾剧情自由发挥。至于念台词自然不自然的话,那看演员会不会念,懂不懂得念台词。根据剧本念台词,首先就要把剧中人的话变成自己的话,连记都记不住,要求把台词念得自然,那是不可能的。如果由演员自由发挥才能够说得自然,那只能演员说他自己的话,或者是把剧中人物不根据剧作者的意图、只根据演员自己的假定来处理。即兴的台词很容易歪曲一个戏的主题思想,破坏戏的统一,还容易使人物的性格前后矛盾。还有,即使自己的台词准备好了,不知道别人要说些什么,往往两人一碰面就说得牛头不对马嘴;有时两个人对好了口,一到台上忽然灵机一动,词儿变了,这也是极平常的事——在这种场合就得临机应变,有时也可能忽然说出些有趣的话,也可能双方对扯,弄到不可收拾;也可能一方咭咭其谈,对手弄得很窘;不过无论怎样没有下不了台的,因为并没有准纲准词,错了就将错就错,蒙过去就算。"幕表制"就有这样些"好处"!靠幕表演惯了戏当然受不了剧本的拘束,就说那样的演法可以使人物的形象鲜明活泼,也可能就会有人附和那种说法。其实那样极容易定型化,而且极容易千篇一律。一个演惯了迂腐老夫子的,就在任何戏里都是那付〔副〕腔调,离开了那付〔副〕腔调没有噱头,又很难创造出第二付〔副〕腔调,其他的脚〔角〕色也有同样的情形。

　　说是幕表戏演员可以帮助"作者"丰富戏的内容,补作者经验之不足,可以代替作者创造人物形象,这样的看法的确想得很美,但事实上这是一种极不切实际的如意算盘。一个戏里头有许多演员,用什么方法使这些演员的看法想法、思想企图和幕表作者一致呢?一个演员即使他是个天才,他也无法代替作者来做全面的计划,根据那个计划来创造自己的角色;而且除他之外还有其他的角色,他又怎么管得着?别的角色也和他一样,只能够自己管自己,还有就是为着自己不出岔子,极力和同场的人私下合计一下,免得上台砸锅——这种要求一般是一致的,但最多也只能做到这样。有时候因为太仓促了,或者因为这一场的主角十分大意,就连事先逗一逗头都做不到,又怎么谈得上帮助幕表作家编戏呢?而且演员的生活经历也并不一定就多于作者,很多演员只大体熟习一两种人的生活,他又拿什么来帮助作者创造新的

《自我演戏以来(1907—1928)》

人物形象呢?

因为没有剧本,演员在台上就可以自由发挥,有人可能以为这样可以给演员更多创造的机会,可是这种无组织无中心意识的自由发挥,会给戏剧带来怎样的后果,恐怕也不是很难明白的事。张三自由发挥,李四也不甘示弱,就是一个小角色也总要有一点噱头才好下台,真是"八仙过海,各显神通"。我在《自我演戏以来》里所举我跟顾无为、任天知同场那种不能下地的情形并不是特殊的,而是当时舞台上极普遍的现象。几个有代表性的演员,都感觉在台上随时要准备应付突发性的情景(因为没有剧本所给与〔予〕的规定情景,突发性的情景就随时存在),其他也就可想而知了。[101]

用幕表演戏,在初期话剧是给与〔予〕了一些便利的,因为那时候,每天要换戏,就不得不那样。到了今天就没有那样的必要了,又何必在这个时候来提倡幕表戏呢?如果认为没有剧本比有剧本更灵活、更容易反映现实起宣传鼓动作用,那也很好,可是事实上不是那么回事情。匆匆忙忙凑起来一个戏,能够保证观点正确吗?演员在台上自由发挥,能够保证不出毛病吗?我们要求一个戏要思想性跟艺术性相结合,要用艺术为政治服务,如果一个戏的对话都没有准稿子,又怎么能够做到思想性和艺术性相结合呢?一个戏没有严格的规定情景,没有确定的贯串动作,没有统一的台词,又怎么能够表达主题思想达成最高任务呢?

通俗话剧可以根据它的传统,运用它那独特的、跟现代话剧多少不同的表现方式,发扬它在表演方面的许多优点。它可以保持它的风格,成为一个流派,但必须要有剧本。如果我们认定通俗话剧是戏剧艺术的一个流派,那就决不能把它当作没有剧本、凑凑就行的简单的东西,而对它做出降格的要求。通俗话剧,通俗是它的优点,通俗的艺术,也是艺术,通俗艺术的好处就是能够深入浅出、雅俗共赏,但是做到这点很不容易。并不是说否定了用剧本、提倡了用幕表就能解决问题。正相反,要使戏剧艺术深入浅出、雅俗共赏,要使人民大众喜闻乐见,首先要有好的剧本。如果我们不从这方面去帮助通俗话剧发展,而只是怀念过去,要把萌芽时代在不得已的情况之下所用的方法在今天来重复,那并不是帮忙,而是帮倒忙。前回我见了滑稽的演员俞祥明、范哈哈、文彬彬、嫩娘等同志,他们一致强调剧本的重要。当然写好了剧本,在演出当中演员还是有很大的自由可以发挥创造的。认为剧本只能起限制作用那种看法是错误的。一个剧团所用的剧本，并不是固定一个人写的，也并不至于固定一个题材。在今天我们深入生活的机会非常多，创作有充分的自由，作家也好，演员也好，生活的范围只有一天天扩大，眼界只有一天一天开展，认为只有用幕表才能使演出节目多样化这也是错误的。

初期话剧（文明戏）为我们话剧艺术做了奠基工作，开辟了道路，在一个时期展开了一个新的局面；给了中国的戏曲以新的影响，还帮助了电影发展；在表演方面直接反映了社会生活，创造了以前舞台上从来不曾出现过的许多人物形象：这些功绩是不能埋没的。它之所以趋于衰败，最主要的原因，就是在辛亥革命失败，政治低潮、局面混乱的那个时候，找不出发展的方向，也没有正确的有力的领导；演员品类不齐；剧场都抓在流氓买办和唯利是图的商人手里，使演出日趋于粗制滥造，甚至于腐化堕落，因此即使有有志之士也感觉一筹莫展。到了今天一切都和过去不同了，这一个已经衰败的文明新戏，如果要使它复兴，就必须加强领导——政治的领导、艺术的领导；要有剧作家替他们写剧本，写多色多彩雅俗共赏的剧本，而决不是让他们自己弄一张幕表，到台上去自由发挥一下就能解决问题。我们很难要求通俗话剧每天演活报，它也不可能经常反映头一天的新闻记事。通俗话剧也和其他的剧种一样，要演戏，要演整整齐齐象样的戏。要知道没有剧本的戏要演得象有剧本那么整齐，那是非常不容易的，必须经过很长的时间。把排得不熟练不整齐的戏给观众看，很容易失掉信用，一度失掉了的信用就很难挽回的。三四十年前观众对新剧还看个新鲜，差一点也能得到原谅，可已经就因为经常把粗制滥造的东西给观众看失掉信用而趋于衰败，何况今天的观众水平提高了，对艺术的要求也高了。更何况有许多剧种在比着，如果贴张幕表就上台，又怎么能和别的剧种竞争呢？我看还是不要那样吧。

角色的分派

角色分派也有人看做〔作〕是文明戏的特点之一，最初是朱双云搞起来的。[102] 照他的分法，生类分为"激烈派、庄严派、寒酸派、潇洒派、风流派、迂腐派、龙钟派、滑稽派"；旦类分为"哀艳派、娇憨派、闺阁派、花骚派、豪爽派、泼辣派"。他是根据当时某些演员擅长演哪一类的人而分的，这种做法可以说是毫无道理，春柳就反对这样的做法。可是当时也有人认为应当这样分，甚至于有些角色，就按着这些标准去发展，把自己的演技局限在一个小圈子里，不管什么戏都来那么一套；有些角色范围比较宽广也并不受这样子的拘束；有的是标上什么派也不过是做广告，如陈大悲自称为天下第一悲旦，凌怜影归到哀艳派之类，也不过说说罢了。这里特别要提一提的就是言论派正生，顾名思义就知道他是经常发议论的。这样的角色多半属于爱国志士一类，这类角色最初曾起过一定的作用，可是他们的议论是即兴的，因此不可能有什么标准，高兴起来就完全不顾剧情，大放厥词，把其余的角色僵在台上，说完一通再来做戏。最初是为了宣传革命，后来就成了演员自我表现。像任天知、刘艺舟文化程度比较高，往往言之成理；像顾无为、潘月樵（新舞台的京戏演员）就往往说得很长而词句不通，有时前后矛盾，可是他们也有一种本事，往往到最后提高了嗓门，鼓足了气大声一叫，也博得台下的彩声，但不久观众也就厌倦了。我搭民鸣的时候[103]，任天知、顾无为还经常有演说式的台词，我往往是扮一个小姐和他们恋爱，所以当他们发抒高论，不管他说些什么，都以满腔热情的样子表示钦佩。到笑舞台就不大听到议论了。我到新舞台潘月樵的言论也收了，因为不时兴了。在今天我们不能设想再把角色分什么派，或者是再搞言论正生那么一套。关心通俗话剧的朋友们，也不要把这一套作为传统来谈，这并没有什么好的经验可供参考的。

在这里我想谈一谈文明戏里边的滑稽角色，有些真是即兴喜剧非常好的演员。当初每天必有一出滑稽戏，演在正戏之前。在正戏里头也有喜剧场面，如果是不好的演员，就会为了滑稽破坏整场戏甚至于整个戏，好的演员就也能够运用适当的笑料，或者幽默的词句，把戏弄得更活泼。文明戏多年的舞台积累，的确出了不少喜剧演员，这些演员当然有好有坏，就好的演员而论，他们除了本身有演喜剧的才能，还吸收了京丑、昆丑的表演技术，和说书、滩簧中一些幽默部分，他们的表演的确受到观众的欢迎，增加了观众对新剧的兴趣。但是也有些为着博得观众哄堂一笑，就在台上不惜破坏剧情尽情胡闹，给新剧造成了很大的损害。

在自由发挥的表演当中，滑稽角色往往特别突出，有些地方虽然不合情理，可是大家都觉得有趣。例如：一家人家有病人或者是死了人，请道士来念经，就做起法事来，装道士的装得很象，他一本正经念着经，可是念的不是经文，整篇都是奚落道士的，让人一听肚子都要笑痛。又如：为问休咎请一个走阴的婆娘来，她装腔做〔作〕势好象真正到了阴间，看见他家里什么祖先，引得这一家人都紧张起来，妇女们都掉着眼泪，到临了主人问她："我们家里祖爷爷还有什么话没有？"她就说："没有别的话，他让你们好好做人，要信菩萨，还关照多给我两块钱。"除此之外对于和尚、算命的瞎子、媒婆都可以用同样的方法来讥讽。这样的表演往往是与剧情不调合〔和〕的一种穿插，可是颇能起一些破除迷信、揭露社会黑暗面的作用，而当场取得喜剧的效果，而且他们经常扩大讽刺的对象，而所讽刺的都是大家比较熟悉的某种人和某种社会现象。他们又能巧妙地运用种种俗话和方言，所以效果特别好。

几十年来在新剧的舞台上所培养出来的好演员，以喜剧演员为有更多的发展，好些滑稽角色，在新剧趋于衰败的时候，他们演了"独角戏"。现在的滑稽戏和他们有密切的关系，可以说从他们一条线发展下来的。现在的滑稽戏尽管是加了唱，他们那些表演的方式，当然比过去会更丰富些，但是他们是由文明新戏派生出来的，他们还有广阔的发展前途。

通俗话剧[104]

随着时代的进展，人民的生活水平、文化水平、思想水平会不断地提高，群众对戏剧艺术的要求也就会有所不同。任何一个剧种不管它过去有多大的光荣历史，不管它过去受过群众怎样热烈的欢迎，如果时代变了，人民看戏的标准提高了，或者出了更配广大群众胃口的新剧种，而它仍然停滞在过去的阶段不能前进一步，不能满足新时代观众的要求，那就必然要失败，甚至于逐渐趋于衰落。戏剧艺术决不能听其落在时代的后面。古典戏剧的杰作在今天还有它的艺术生命，但是在今天对作品的处理、演出的方法、舞台条件，从理论到实际都是一套新的东西，这就使古典作品重新活在今天的观众面前。有人说"莎士比亚生在英国，今天活在苏联"。但是尽管如此，古典戏剧究竟和我们还是离得远一点，我们必须要有丰富的、好的现代作品，因为广大群众是这样要求。光有旧时代的东西，不论如何精美，是不能满足新时代的人民的要求的。所以要保存一个旧的剧种，或是复兴一个曾经衰落了的剧种，并不是容易的事情。首先必须使它能顺应时代不断地有新的发展。文明戏自从衰落以来经过了约三十余年，其中尽管有些演员在各种形式的演出当中，也做了些有益的事，总算到现在还保持着一些基础，但是几十年来在它本身很少新的发展，没有新的可保留的节目，这是个显著的事实。我们今天不仅是要把这个剧种保存下来，使它得到中兴，而是要使它有新的生命，能够为今天的人民群众服务。要不然，保存也好复兴也好都将成为空话。因此我们不能仅止于吹嘘过去某些成绩，光只打打气鼓励鼓励不解决问题；单只强调传统，对今天人民群众的要求不作正确的估计，那也会走错路。我们应当批判的尊重传统、承继传统，不能一谈到传统就把所有旧的东西都认为是好的。现在我们必须实事求是的来研究一下作为通俗话剧究竟应当怎样发展。

最初上海的学校剧尽管说是受了教会学校神甫牧师们所介绍的宗教剧的影响，但是从那些戏的编排来看他们并不懂得分幕的方法，他们还是依照章回小说那样，把一个戏分成若干回——其实就是场。自从春阳社演《黑奴吁天录》，才开始尝试用幕用布景；到陆镜若和王钟声合作演出《社会钟》，才比较完整地把话剧分幕的方法介绍过来。所以文明戏是先学习了我们戏曲的编制方法，又接受了从日本间接传来的欧洲话剧的分幕方法（前面说过春柳有所不同，它是先学会了分幕分场的编剧方法，回国以后又受了戏曲传统的影响的）。但不管怎么样，中国的话剧接受了外来形式是事实。当文明戏的阶段，就已经把分幕的方法用得很习惯，民鸣社时期观众对于没有幕外戏的戏也习惯了。中国的初期话剧从日本间接学习了欧洲浪漫派戏剧的创作方法；[105]"五四"运动时期我们又直接学习了欧洲近代剧的写实主义创作方法。日本新派戏的蓝本是欧洲浪漫派的戏剧，它们的先生是雨果、萨都、斯克里勃，主要是雨果。可是为了政治宣传、为了反映社会问题，很快就采用了写实的演法。中国的初期话剧间接、直接受了日本新派剧很大的影响，有不少戏是从日本搬过来的，这些戏都带着浓厚的浪漫主义色彩。我们自己编的戏一方面接受了中国传奇剧的一套方法，一方面受了从日本搬过来那些戏的影响，所以初期话剧带着很重的浪漫主义气息是很自然的。但是也正因为要反映那个时代的现实生活，表现在舞台上的却是要求形象的真实，是比较写实的。

"五四"运动以后中国的话剧运动有新的发展。当时认为职业剧团经常受着商业剧场的支配，不可能自由研究艺术，就发起了爱美剧运动——就是非职业的戏剧运动。从事爱美剧运动的中坚分子（有些是原来演文明戏的），他们向往着欧洲近代剧，接受了写实主义的创作方法，并介绍了萧伯纳、易卜生、罗曼·罗兰、王尔德等的作品并以革新的姿态鼓吹着科学的写实主义；从新肯定了戏剧的艺术地位和文学地位，这是好的。但另一方面否定了初期话剧的传统，并且还有些人对中国悠久优良的戏剧传统也采取了否定的看法。还有就是爱美剧运动只在较高级的知识分子当中兜圈子，其中有些活动分子比春柳同人还要高自位置，这就脱离了广大群众，所以推行不广。大革命时期许多知识青年有了新的觉悟，话剧运动和政治运动又结合起来。南国社会集了许多爱好戏剧的进步青年以生动活泼的演出形式，反映了当时的一些社会问题和一些知识分子心中的苦闷。"五四"运动时期，由于胡适等的错误思想所起的影响，话剧和中国的戏剧传统曾有一个短时期的脱节，南国成立，田汉同周信芳、高伯〔百〕岁、欧阳予倩等合作，话剧才又同中国的戏剧传统接上了线。及至左翼戏剧家联盟在上海成立，进步的话剧运动者间接直接接受了中国共产党的领导，使话剧运动结合着革命运动走上了新的道路，出了许多剧作家、导演和演员；运动一天天开展，在革命的文艺战线上经过坚苦锻炼，打了很多胜仗，蓬勃地发展起来。但是原来的文明新戏却停滞在一定的阶段很少前进，这也是无可讳言的事。文明新戏就是话剧，通俗话剧这个名称是否妥当我想也还可以研究，可是通俗话剧只能作为话剧的一个流派，不能算是一个独立的剧种似乎是肯定的。

现在通俗话剧这个名称似乎已经成立了，不管名称是不是十分恰当，打定主意从通俗的路上去做，总不会有什么错误。现在我们不妨从编剧、导演、表演各方面来研究一下。剧本是灵魂，没有剧本什么都谈不上。通俗话剧需要怎样的剧本呢？

一、题材：

（1）现代题材应当是主要的，文明戏之所以受到欢迎最大的原因是因为反映了同时代人的生活。在今天它必须负起用通俗的表演来教育群众的责任。所以演现代题材的戏，就成为主要的。但现代题材的范围并不限于目前的时事，例如抗战时期的故事、解放战争时期的故事，都可以算作现代题材。

（2）历史题材包括历史故事和传说、旧小说（包括弹词小说）以及杂剧

《自我演戏以来（1907—1928）》

传奇等的改编。

（3）外国小说外国戏改编或者是正式介绍外国戏。此外也可以演一些短小的讽刺喜剧，有必要的时候，也可以演一点类似活报性质的东西。这样在题材方面就异常广泛，不会有没有东西演这样的忧虑。选择题材当然要看是否有一定的教育意义，或者在某种程度上能提高观众的艺术欣赏力。增加新的剧目是迫切需要的，还有过去受欢迎的剧目认为可以保留下来的，可以加以整理，整理得好，今天也还是可以以新的姿态面对观众。

二、剧本的编制：

（1）要有完整的故事。就是说故事要有头有尾，有起有结，让观众一看就能得到一个完整的印象。还有就是主题思想要鲜明，要让观众一看就知道这出戏是要说明什么，不要让人看了似乎很高深，而作者的意图究竟是什么却捉摸不定。

（2）线索要清楚，叙述要集中。完整的故事最好能够源源〔原原〕本本加以叙述，但不能够象章回小说那样，也不能完全象中国的传奇那样。一方面要求源源〔原原〕本本，同时要求集中，要不然就会弄得散漫冗长，浪费时间分散观众的注意力。故事的排列方面我们的梆子二黄都比传奇要集中，而线索是清楚的，可以向它们学习。可是近代话剧分幕分场布置高潮等的方法，的确很经济，集中而扼要，我们也要学习。易卜生的戏是非常精炼的，有时只要忽略了一两句对话，后头的情节就可能看不懂。他为着谨守"三一律"就多用倒叙的手法，他的笔墨真是干净到一点多余都没有。好不好？好的。但是通俗话剧就要采取另外一种手法。顺叙要多于倒叙，可是为着集中也不能完全不用倒叙，我们的京戏就有许多地方也用倒叙的方法，因为交代清楚所以比较容易看懂。为着让人家容易看懂，交代清楚很有必要。这里有一个明场暗场的问题；明暗场的安排是编剧的重大问题之一。简单说有关重要关键的情节必须明场表演自不用说，为着线索清楚，让观众容易看懂，有时即使是次要的情节，也必须在观众面前交代。但是我们必须要善于用暗场，不善于用暗场就会妨碍观众对主要场子的注意。过场戏必须尽可能减少，如果认为必不可少的，就应当用写主要场子同等的力量去写，有时过场戏比主要场子还难写，有经验的剧作家就是这样告诉我们的。

（3）情节不妨曲折，但不要离奇。情节平直的戏是不大容易受欢迎的，但是情节曲折必须入情入理，曲折到离奇的地步，那就很难入情入理，即使让观众拍案惊奇，也必须在我们的经验和理解之中，牵强附会、夸张失实都是不行的。

（4）人物形象要鲜明。戏曲中的人物，好人坏人让观众一看就知道，欧洲各国在写实主义以前的戏剧差不多也都是这样。自有了写实主义，对人物的分析就格外细致了，在有许多戏里好人坏人一眼不容易看清，有的显然是好人或者是坏人，有的就好象不好不坏；有的由好人变坏人，或者由坏人变好人，转变过程描写得很细密，要用心看才体会得到——例如心理描写；有的要看到戏将结束才知道是好人还是坏人……各种各样的处理不及细说，但对通俗话剧来说这些似乎都不完全适宜。我们并不要象关羽、曹操那样一看红脸、白脸就能肯定他是好人还是坏人，但也不宜让观众老猜不透。戏最好多费点观众的心，少费点观众的脑子——也就是说多诉诸观众的情感，少诉诸观众的理智——不要强迫看戏的一面看一面想，看完戏回家还要想。人物形象不鲜明的戏很难突出主题思想，而且很容易使作品的倾向性模糊。

（5）对话要简单明了，最好是开门见山，不要过多的拐弯抹角。不要只为显示深刻而多打埋伏。不要用僻典。不要跩〔转〕文——旧文新文最好都不跩〔转〕，运用成语不在跩〔转〕文之列。不是绝对必要最好不用长段的对话。人说话总是有目的的，所谓明了就是要让人一听就懂得是为甚么说那句话；戏剧不象小说可以前后反复翻阅，台词一下就过去，所以要简明；还要善于运用重复。

（6）要注意舞台效果。我们坚决反对用低级趣味去迎合观众，也反对生硬地去逗观众笑或挤观众的眼泪，但是舞台效果千万不能忽略。观众反映不强的戏，一定是不大受欢迎的戏。戏剧必然要写人与人的关系，就必然有矛盾冲突，戏剧性也就在这里。矛盾冲突不尖锐，戏剧性也就不强，戏剧性不强的戏，动作性就不强，就不容易吸引观众的注意。过去文明戏很注意舞台效果，随时留神观众的反映，有些做法是好的，但是有些做法，今天决不宜重复，我们所需要的是入情入理能够感动人的戏剧，舞台效果也就在这里。这不仅是演员导演的事，也是剧本作者所必须着重加以注意的。

（7）通俗话剧的剧本要通俗。通俗不是徇俗，就是要深入浅出，使人易于理解易于接受，易为人民所喜闻乐见，易于起预期的教育作用。所以通俗的戏剧必定要有思想性，也必定要是能引人入胜的艺术，如果从字面看以为可以降低要求，只要把过去那套做法搬过来就行那是错误的。

三、关于表演：在表演方面充分给演员以发挥才能发挥创造的自由是绝对必要的，但必须有计划有组织，有剧本为根据，还应当有导演。无论什么戏必须做到前后一贯、风格统一，演员不顾剧情任意发挥，在今天的舞台上是不许可的。但是另一方面，绝对不应该把演员弄得十分拘谨，没有一点活泼奔放之气。还有最重要的，不要为了追求内心忽略外形，把观众弄得闷闷悠悠。前回通俗话剧在北京上演，我看了两出戏：《张文祥刺马》和《光绪与珍妃》[106]，总的说比过去整齐统一，看得出是经过排练的，但是演员似乎有些拘谨，不如过去那样活泼生动。现在我们两者都要，又要整齐统一，又要生动活泼。但在这里绝对不要误会以为有了剧本就不能生动活泼，那种看法是错误的。

四、关于舞台美术：就最近我看到的《张文祥刺马》《光绪与珍妃》，所用的布景比较简单，接近于风格化，我觉得这样的做法还是很好。布景可以风格化也不一定要风格化，这是要让导演和舞台美术工作者根据每一个戏的需要来决定的。但是布景不宜过于复杂过于笨重却是肯定的。复杂笨重的布景并不一定好，简单轻便的布景不一定就不能发挥艺术创造，通俗话剧和滑稽戏似乎都没有追求复杂笨重的布景的必要。在这里不由得使我想起几十年前我们的布景，把桌椅板凳画在幕布上，就是解放以前，我们用的布景往往一关门连全部的墙都振动。解放后的短短七八年当中，因为领导上对舞台美术工作者的培养和物质供应的丰富，舞台美术的进步异常显著，但是复杂笨重的多，简单轻便的少，我们对这方面应当有所选择。

五、关于接受遗产：我们的初期话剧，无论在编剧方面表演方面，受戏曲的影响是相当大的，这是个很好的传统，要继承起来；还可以更多的向戏曲艺术学习，学习那种集中扼要明快准确的表演方法。还有我想特别提出一点，就是在中国戏曲里头，从来不用公式化概念化的东西，所以也用不着长篇大套的演说，观众同情白素真〔贞〕反对法海，并不因为戏里头有反宗教的演讲，《宇宙锋》里也并没有反封建的口号。这种地方是最值得学习的。但是学习不是抄袭，古人有句话："善学者师其意"，也就是这个意思。

还有一方面向我们固有的传统学习，也还要学习新的文艺理论，还要向世界各国特别是苏联的进步戏剧艺术学习,这也是很重要的。[107]

滑稽戏[108]

现在的滑稽戏是在抗战时期由一些演"独角戏"的艺人,集合成小型剧团而创立起来的。谈到独角戏就会想起推销梨膏糖作广告所唱的"小热昏"。上海象江笑笑、王无能所演的独角戏,性质就跟"小热昏"不同了,它们有了新的发展。他们在出"堂会"的时候编出各种滑稽小品(并不是戏)以娱宾客。这种小品最初类似相声,没有唱,后来有一些加上小调,其中有很聪明很富于趣味的东西。这些小品除堂会之外,也曾在电台广播。抗战时期因为堂会没有了,电台也不能去了,那些艺人就集合起来在舞台上化妆〔装〕表演,才逐渐具备戏剧的形式,发展成为现在的滑稽戏。上海独角戏的艺人象江笑笑[109]、王无能[110]、张冶儿[111]、陆笑吾[112]、伊方朔[113]等都是新剧演员,所以滑稽戏在表演方面可以说和新剧的滑稽戏是一脉相承的。近十年来滑稽戏有很大的发展,已经成了一个为人所公认的独立的表演形式,它拥有很多的观众,有的剧团曾经一出戏演上一年而上座不衰。象《三毛学生意》这样的戏,经过几次修改之后,的确成了好戏。另外象杨华生、绿杨他们的剧团还演出了《阿Q正传》那样的戏。滑稽戏当中有很多好演员,有些表现着特殊的才能。滑稽戏正在朝气蓬勃日趋丰富日趋成熟的阶段,也正在这个时候是一个紧要的关头,应当如何使它健康发展,文艺领导方面应当深切研究给予应有的帮助。喜剧是人民不可缺少的精神食粮之一种,健康的笑是可以增进人们身心健康的。观众看了台上的阿Q、台上的三毛都会发笑,同时寄与〔予〕深切的同情。在喜剧中一样可以出现正面人物;而在革命当中那些走向没落的,落后的,掉队的,老犯错误、思想糊涂的,行为不检、违法乱纪的以及右派分子等等,都可做〔作〕为讽刺的对象;还有就是善意的幽默引起会心的笑,也可以产生积极的教育作用。滑稽戏的题材也应当以现代题材为主,可是历史的题材也不妨占一定的份量,外国的喜剧也不妨选择最好的适当地作一些介绍,这样做题材的范围也还是宽广的。目前的问题就是需要剧本,也需要导演,导演最好是从他们的剧团中自己产生。关于剧本希望作家们在这方面下些工夫,尤其希望产生新的青年喜剧作家。

结语

通俗剧和滑稽戏都是我们所需要的,两者情形不同,但是要确定发展的方向,要有新的剧本,要有导演,要培养新的演员,这些要求是共通的,也是迫切的。我们不宜过多的怀念过去,应当全心全意来考虑在今天怎样为工农兵服务。只要能这样做,我们就会得到人民的支持,向无限广阔的前途发展。

注释:

1 欧阳予倩是中国早期话剧运动的亲历者,文中提及的剧社和历史人物大抵在不同程度上都与其有涉。传统的话剧史研究者认为,新剧(文明戏)自 1914 年"甲寅中兴"之后便全部进入了衰落期,从此一蹶不振,中国早期话剧发展的脉络就此中断。欧阳氏本人虽基本上持认同此观点,但他毕竟是文明戏变迁、发展历史过程的亲历者和见证者,故而在该文中以较为隐晦的笔触记述了中国话剧运动另一条"隐匿"的发展路径:文明戏→通俗话剧→滑稽戏。欧阳氏的这一观点长期以来未能受到学界足够的关注。事实上,当下话剧史普遍关注的现代话剧是 20 世纪 30 年代之后方才正式兴起的,而中国早期的话剧运动在经历了最初的学生演剧之后,便进入了以幕表为主要表演形式的新剧时代,即文中所指的文明戏。为了能够面对激烈的市场竞争,新剧运动一方面大量借助于传统戏曲、小说改编和国外译作等作为职业演出的主要内容,一方面也积极采纳西方现代话剧的演剧理论和表演形式,逐步过渡为白话新剧、通俗话剧,长期以游艺场所、百货商场和各大饭店为依托,进行商演。其中的方言表演和滑稽派别的表演日渐融合,成为通俗话剧新的分支和变种——滑稽戏。通俗话剧在上海的职业演剧,一直持续至 20 世纪 60 年代初期,方全面终止,新剧(文明戏)遂成绝响。

2 按,朱双云 1914 年版的《新剧史》书中记述了圣约翰公学 1899 年的学生演剧,未注明具体剧目,只是说"所演皆欧西故事,所操皆英法语言,苟非熟谙蟹行文字者,则相对茫然,莫名其妙也"。而欧阳氏文中所述 1899 年圣约翰书院演出的剧目为《官场丑史》,不知据从何出。有关圣约翰书院演出《官场丑史》一说最早见诸汪优游的《我的俳优生活》一文:"开幕演的好像是一出西洋戏,我因为听不懂他们说些什么,没有感到什么兴趣,后来演的才是一出中国时装戏。剧名有些模糊了,好像是《官场丑史》一类名称。"故而 1899 年圣约翰书院是否用中文演过《官场丑史》,尚待详考。且圣约翰书院最早的演出亦非 1899 年,1896 年圣约

《自我演戏以来（1907—1928）》校勘及研究

翰书院学生剧团成立，用英文演出了《威尼斯商人》（事见《圣约翰大学五十年史略（1879—1929）》，上海档案馆，编号 Q243-1-1471）。欧阳氏文中之"1889年"应为 1899 年。

3　按，朱双云《新剧史》载："庚子冬十二月，上海南洋公学演剧一次。"朱双云未说明庚子年十二月的具体时间，以阴历庚子年十二月初一计，应是阳历 1901 年 1 月 20 日，故南洋公学学生演剧的时间应在 1901 年 1 月间而非文中所述之 1900 年。

4　按，《二十世纪大舞台·记育材学生之唱戏》（1904 年第 1 期）："沪城育材学堂之学生，自去冬以来，即亲自排演各新剧，迄今半载有余，业已演就纯熟。前因八月二十七日，系先圣孔子诞辰，该学生等遂发起举行祝圣典礼，即于是晚八点钟起至二点钟止，在校内开演，并预送入场券五百张。其戏目第一出《刺马》，即张文祥故事，子目为被虏、结义、私逃、投曾、立功、受职、背盟、行刺。第二出《拘叶》，即粤督叶名琛故事，子目为闻警、召衅、攻城、焚馆、下书、陷粤、出虏。第三出《张廷标被难》。第四出《监生一班》，子目为乡试、回乡、访友、开学、散馆、遇骗、醉酒、被劫、遇友、约亭、行窃、报官、质审、押候云。又其两壁，以五色菊花扎成'金声玉振'四大字，并悬挂花灯甚多。"1903 年孔子的圣诞日为 1903 年 10 月 17 日，与文中所述"去冬以来"大致相当。

5　按，《新闻报》1905 年 2 月 14 日"文友会聚会"条："闻本埠文友会学生定于本月十五夜六点钟，在城内昼锦牌楼陈家宅本会内串演新戏。"《时报》1905 年 2 月 19 日"又有文明游戏"条："昨晚城内昼锦牌楼文友会中人为贺元宵上大舞台演戏，自午后六点钟开台，所有一切与戏台上无异。演时其描摩〔摹〕人呆笨处，更为伶人所不及云。"

6　按，文友会的演出，应该有三出戏。据汪仲贤《我的俳优生活》（《社会月报》1934 年第 1 卷第 2 期）记载："文友会演的三出戏，第一出采用《大舞台杂志》刊载的剧本《捉拿安得海》，我扮演一个总兵，居然拿了长枪在台上大掉枪花，把台上挂的万国旗都挑了下来，引得看客哄堂大笑，我却一点不觉得难为情。第二出是有一位曾经在育材学堂演过《江西教案》的朋友，他以为这出是他的拿手好戏，竭力主张重演一次，要我扮演戏中的糊涂知县，结果弄得一塌糊涂。第三出是另有一位朋友编的，戏名情节我都忘记了，只记得我扮一个姨太太，演得简直不知所云。因为那位编戏的是一个出名的胡调朋友，他原来是抱了胡调宗旨来的，自己又担任扮演主角，弄得几乎不能下台，只好不了了之。"

7　按，朱双云《三十年前之学生演剧》一文道："是年（1906）冬十二月，愚与同学王伟生、周启明、张汝范、汪祖绶等，发起开明演剧会，于翌年岁首，假上海东门内仁和里道前小学，演剧三日。其会员除民立、南洋两中学及南洋公学学生之外，有闻当日教育界之地理教员姚孟埙师（名明辉）、体育教员张俊甫师（名志豪）均来参加。俊甫师且手编《军士改良》一剧，自任剧中主角，当开明演剧会之肇也。"汪优游《我的俳优生活》一文道："开明会原欲连演五日，后来恐怕力量不济，只演了三夜，共演新戏十出，已经打破了上海学生戏的纪录了。他们的戏名，都取改良二字，如《政治改良》《军士改良》《家庭改良》《教育改良》等，隐然以改良风化自负。"鸿年《二十年来新剧变迁史》一文道："越二年，朱云甫、汪仲贤、瞿保年等，又因新年年假，发起组织开明演剧会，假座小东门内仁和里为剧场，开演之日，极一时之盛。"

8 按，留日清国学生上演《黑奴吁天录》的时间为明治四十年（1906）的六月一、二两日，据日本《读卖新闻》10678 号载："本乡座下月一日、二日下午一点开演的清国留学生的新派剧，由东京美术学校的留学生李哀、曾延年两人发起。二人曾创立春柳社文艺研究会，设有诗文、绘画、音乐、演艺诸部门。特别戏剧方面改良清国旧剧的缺点，试演新派剧。此次的《黑奴吁天录》五幕，正是曾延年改编的美国某作家的作品，舞台背景由李岸负责。"

9 按，《新闻报》1907 年 11 月 1 日广告："九月廿九、三十、十月初一日，春阳社社员假座圆明园，演唱西国著名戏剧，译成中国词曲、说白，并用西国鲜明服饰，装点山海园林风雪各景。此三日内所得戏资，悉数充助云南旱赈云。本社系商学界组织而成，新排《黑奴吁天》，专为唤醒国民。是剧本西国名构，今译成华词，谱为新剧。其关目悲欢离合，皆令人可泣可歌，可惊可愕，而诨谐处尤足拍案叫绝。至所装园林山水、风雪景致，惟妙惟肖，恍如身入画图，为吾中国所创见。近因云南旱灾，尚需急振〔赈〕，爰集沪上学、商两界鲍鹤龄、陈运新、孙芝圃、赵宣堂、钱秀山、毛祝三、骆秉坤、管西园诸君清客串，并邀请丹桂菊部诸名伶，义务登台助演。定期本月廿九、三十及十月初一等夜，即西人赛马期，假座圆明园路外国戏园开演。社备西式茶点，以助雅兴。每夜八钟启门，入场券头座二元，二座一元。园中座位限定，按日照票不更，谅之。一品香、一枝香、旅泰、本戏园门首，均有出售。所得看资，悉数充振〔赈〕。届时务祈绅、商、学界，联袂光临，同襄善举，是所盼祷。"

10 按，朱双云《新剧史》载："夏六月（1908），汪优游、朱双云、任天树合组一社，演于天仙，得资助赈。是年东粤洪水，待赈甚迫。优游、双云、天树等乃合组一社，于季夏二十三日演于天仙，剧为《新加官》《一剑愤》《诉哀鸿》《烈女传》等，售券得八百元助赈。"

鸿年《二十年来新剧变迁史》一文道："一社排演之剧凡二：一为《豫让刺智伯》故事，系用锣鼓加唱；其外一剧乃时事新剧，取名《九件衣》。"《豫让刺智伯》一剧即为《一剑愤》。

11　欧阳氏此述不确，王钟声在张园文艺新剧场演剧的广告中，未见《宦海潮》《新茶花》和《官场现形记》三剧。

12　按，《申报》1908年4月29日广告："通鉴学校演艺名剧《迦茵小传》，四月初三日起接演一礼拜。一幕男爵内室，二幕公园婚约，三幕败塔寒月，四幕病室情缘，五幕情天魔鬼。"1908年5月2日至6日，在天仙茶园逐日演出。

13　按，《时报》1910年7月30日广告："张园文艺新剧场择日开演。暑假矣，留学日本研究新剧诸君子归来矣，海上提倡新剧诸巨子无事矣，初创新剧之钟声来沪矣，因而合同组织，制新装，添新景，串演模范新剧一次，并备全班西乐，以助雅兴，及常便各色特等洋酒荷兰水，取法乎上，贡其所长。至与可以为模范新剧否，开幕时希辱临教益。此启。"1910年8月6日（清宣统二年七月二日），张园文艺新剧场正式开演，首演剧目为"模范新剧"《爱海波》，主要演员有王钟声、徐半梅、陆镜若、陆露纱等。

14　按，1910年8月9日，张园文艺新剧场上演"模范新剧"《猛回头》，8月10日上演《仇情记》，8月11日上演《秋瑾》，8月12日上演《禽海石》，8月13日上演《爱国血》，8月14日上演《猛回头》，8月15日上演《徐锡麟》，8月16日上演《孽海花》，8月17日上演《张汶祥刺马》，8月18日上演《沉香床》《大将军》《夺人之妻》等。

15　按，《时报》1912年7月27日新剧同志会开幕广告："新剧《社会钟》是剧为日本佐藤红绿氏原译，系一主张社会主义之悲剧。其中情节慷慨激昂，布景高尚优美，脚〔角〕色练习纯熟，诚今日罕有之佳剧也。兹定于七月二十八日（即阴历六月十五）日间一时、晚间七时，假座英大马路东首谋德利戏园开演。售券处：同盟会机关部、九江里新剧俱进会、望平街新世界社、海宁路本会事务所。届时务请诸公早降为幸。"

又据《菊部丛刊·歌台新史·春柳始末记》："辛亥秋，义军崛起武昌，春柳社员，归自日本，奔走国事。及南北议和告成，各社员多集于上海，研究剧学，编撰剧本。复联合国内名流，组织新剧同志会，陆镜若被推为剧务主任。壬子正月，苏州官绅以水灾急赈，邀新剧同志会同襄义举，陆镜若与全体会员偕往。初六、七、八，在全浙会馆演义务戏三日。初九起移至城外开演（今民兴社址），与昆剧同班，售座称盛。二月初九兵变之役，戏园停演。新剧同志会归沪，会员聚居鹿鸣旅馆。某夕，旅馆毁于火，衣装布景，悉付一炬，会员仅以身免，乃设事务所于海宁路。三月二十九日，纪念黄花岗烈士大会举行于上海新新舞台，来会者数千人，正厅包厢，竟无容膝地。是日之《黄花岗》新剧，即由新剧同志会担任……六月十五日陆镜若所译之《社会钟》剧本，经庄思缄、吴稚晖两先生校定，乃假座南京路谋得利戏园，演《社会钟》两次，日夜连演。七月应某界之请，在张氏味莼园演剧三日。"

又据《新剧同志会之新消息》(《时报》1912年7月24日)一文："记者昨访新剧同志会，接待者为陆君镜若。当记者之初入门，即见新剧道具纵横厅事，会员诸君或手脚本，高声朗诵，或对镜研究表情，客来略不顾瞻，盖其会律如是也。而会员诸君之热心研究，又记者所未见。据陆君言脚本之选择困难，排演尤难，而上海预备道具，诸多不便，亦大困难问题也。此次深承吴稚晖先生赞助，春柳社旧同志欧阳君予倩亦新自湘来，殊可庆幸。该会准于七月廿八日假座谋得利戏园开演，剧名《社会钟》。是剧本于日本脚本家佐藤红绿氏所译之《云之响》，是剧感于社会道德有个人之冲突而作，寓意高远，词气激昂，诚新剧中之佳作而今日社会之警钟也。"

由上引资料可知，《社会钟》一剧应演于1912年的阳历7月28日，而非书中所述之"1911"年。

16 按，欧阳氏此述甚为重要，中国早期的话剧运动，实则是西方的艺术形式加上中国传统的文化内容，是中西方文化交流的产物。故而，讨论中国的话剧运动，不能简单仅以西方的艺术理论为标准，而是充分顾及中国传统文化、中国社会现实等诸多因素，予以综合考虑。

17 任天知（1870—1927），名文毅，艺名天知。北京汉军镶黄旗人，中国早期话剧奠基人之一。早年留学日本，1905年在东京加入同盟会。因其入日本籍，又名藤堂调梅。1907年回国到上海开展新剧活动，1910年冬创办进化团，其成员均为当时新式学堂的学生，如陈大悲、汪优游、顾无为等，皆隶其麾下。任天知的进化团，开新剧职业化之商演先河，曾在长江流域巡回公演近两年，以"天知派"新剧为号召，影响甚广。任氏能编能演，擅长在演出中随机应变穿插议论，发表演说，宣传革命。所编剧本《东亚风云》《共和万岁》《黄金赤血》等，为天知派新剧之代表作。辛亥革命后，任氏率进化团回沪，1912年4月4日在新新舞台与旧剧同处一台，尝试商演，旋即失败。

18 春阳社演《黑奴吁天录》，分三日进行。有关此次演剧之详情，据《神州日报》1907年11月6日《春阳社演剧纪事》载："春阳社开演《黑奴吁天》，假座博物院路之外国戏园。记者于前日之夜往观，先由王熙普君演说开社编剧之本意，次则丹桂演戏，小连生、沈飘香及两小童演《桑园寄子》，颇有特色。再次则同春会友演《战蒲关》《捉放曹》二出，皆有声有色。到此，另换场面而演新剧，所演'送学''索债''规夫''别妻'，足令观者忽惊忽喜，忽哭忽笑。每剧之余，助以军乐，诚海上未有之剧。观此为第一日，闻第二、三日更加特色，容再续报。"《神州日报》1907年11月7日《春阳社演剧再纪》载："春阳社第二日演剧，先由丹桂戏园演旧剧三出，次则春阳社演《黑奴吁天》之'窃听''夜遁''落店''索奴'四出，较之第一日尤有精神。其演黑奴困苦情形，淋漓悲痛，闻者多为之注下，其感人也深矣。"《神州日报》1907年11月8日《春阳社演剧三志》载："春阳社第三日演剧，先由丹桂戏园孙菊仙、小子和演《三娘教子》，次则同春会友演《盗骨》《九更天》《乌盆计》诸剧，再次则春阳社员演《黑奴吁天》之'索奴''追逃''遇友''取汤'四出。此次春阳社之演剧助振〔赈〕发起诸君，咸抱非常热诚，实堪深佩。演剧时观者无不拍掌赞美。最终增加《滑稽魂》一种，又可谓穷形尽相。当时本馆将邹君烈士小像及绝命书并汤迪臣殉路历史，印成多张，在会场布散，阅者皆大为感动。二烈士之舍身与黑奴之无告，其悲惨同出一辙矣。"

19　欧阳氏此述，将王钟声春阳社《黑奴吁天录》的演出，"作为话剧在中国的开场"，而并未将日本春柳社的演出作为中国话剧的开场，值得高度关注。话剧运动（并非政治用语，而是指话剧的演剧与社会发展的互动关系），不单纯是艺术范畴的，更是社会范畴的，故而考察话剧运动之发展，不能单以艺术为准绳，而尤须注重话剧与社会之关系。作为一种外来的艺术形式，话剧传入中国，首先是新式学堂学生课堂外语教学的一种辅助手段，进而引发起新式学堂学生的普遍关注与兴趣，学生演剧遂成风尚，并迅速由学校涉及社会。尽管其艺术形式十分原始，但相较于传统戏曲，无疑是一巨大之变革，即由对传统的关注转变对现实的关注。故而学生演剧作为一种全新的艺术形式，对于近代中国社会产生较大的历史作用和影响，是中国话剧运动之滥觞。而春阳社成员的构成，即以当时新式学堂的学生为主。这场演出在国内进行，直接面对上海的市民观众，其社会影响力远较海外的春柳社为巨。

20　欧阳氏此述似有误，当时各报刊均作"熙普"，未见"希甫"。

21　按，《申报》1907年8月5日："念五日，曾少卿、马相伯、王熙普三君柬邀沪上绅商学界、各报馆主笔，在旅泰十七、十八号，会议戒烟善后问题，已议决一面设立戒烟医院，一面调查各种戒烟丸药。医院则由李云书、刘伯生、李平书三君共任开办经费，择地兴办；调查戒烟丸药则由沈仲礼、曾少卿、马相伯、王熙普诸君担任经费，择日集会，当场化验。一会而成两大件公益问题，实不可多得之举也。"

22　汪笑侬（1858—1918），又名孝农，号竹天农人。满族，北京人。自幼聪颖好学，喜好戏曲，汪是当时誉满京城的京剧名家，汪派的创始人。以擅长演唱表达悲愤慷慨情感的《战长沙》《文昭关》《取成都》而著称，有"隐伶"之谓。早年在上海参与创办《二十世纪大舞台》杂志，编有《缕金箱》和《长乐老》剧本。

23　王钟声（1880—1911），名槐青，字熙普，艺名钟声，浙江上虞人，我国最早倡导话剧运动的戏剧家之一。清光绪二十四年（1898）赴德留学，回国后任广西法政学堂监督及洋务局总办。不久，因不满清廷腐败而辞职赴沪。光绪三十三年（1907）八月十五日（阳历9月26日），与马相伯、沈仲礼等组织春阳社，上演《黑奴吁天》《血手印》。1908年3月7日，将春阳社改组为近代中国第一所话剧学校——"通鉴学校"，培养新剧人才。1909年，他带剧团到北京，与著名京剧演员杨小楼、梅兰芳等同台表演。1911年初，他率剧团在京津各剧场演出《热血》《鸣不平》《官场现形记》及《秋瑾》《徐锡麟》等戏，引起了强烈的社会反响，也引起清政府的注意。辛亥革命爆发，王钟声参加光复上海，任沪军都督府参谋。年底，北上天津编演《官场现形记》《宦海潮》等剧，又"谋运动军界，以为内应"，在津奥租界与革命党人酝酿起义，事泄，被清政府逮捕遇害。

有关王钟声遇害之事，郑逸梅记述道："钟声王姓，讳熙普，则为革命而牺牲。其死也，人言人殊。予所闻者，钟声负陈英士先烈之命，往北方从事革命运动，卒被陈夔龙诱至花园中，杀而埋尸于眢井，予且记之。其时陈尚健在，不欲直书陈之所为，乃只谓被某清吏所杀。某清吏者，实指陈夔龙也。"

有关王钟声之生平，《新优界王钟声小史》一文云："王钟声以能演新戏名于时，此次忽被警厅传讯，京师一般舆论，诋之者以为钟声藉新戏以行其奸，固当有是；袒之者则谓钟声牺牲色相，不惜自卑其身，以图社会之改进，决不当有是。聚讼梦如，莫能决也。因叙述其所知于钟声者，以告当世。钟声王姓字熙普，以字行，原籍浙江绍兴，其父以游幕得官，筮仕贵州，钟声盖生长于此。或谓其父曾官于湘，钟声幼养于湘，莫能详也。与海上名优汪笑侬为僚婿，王久游不归，汪为育其妻子。钟声返，乃以拐骗妇女，讼笑侬于官。幸事白未成谳，而汪、王之谊，卒以是衰。其未唱戏时之历史，人鲜知之者。据所自道，则云曾中举人，其后游学日本，习法政，更之德国习医。又以医虽仁术，无急效。因有志于美术，时时与乐部中人相往来，遂工音律娴曲本。归国后受知于滇督丁振铎，创美术学堂于滇中。继见赏于前桂抚张鸣岐，充法政学堂教员。然询之德国游学生及日本游学生，盖无识其人者。或谓钟声留学在戊戌己亥之间，其时外游者犹少，宜人莫能详也。惟钟声性颇便给，于新出书报，亦稍稍涉猎，故应对晋接，能各如其人之所好，而钟声之名遂张。其始至沪也，曾以戒烟之说进于海上某君，欲■集资本如千万，设一大公司，制造戒烟药剂。某君为介于海上名流，方欲有所作为，后以其言大而夸，恐不足恃，遂中辍。然钟声每遇公众集会，必插足入门。遇便亦往往发抒其意见，法律名词，滔滔如也。有人藉报访为名，进瞰其室，则行李至萧瑟，仅有上下被及架上置药水数瓶而已。退而语人曰，吾今日所得于钟声者有三：其语音时带贵州土音，则知其生长于黔，或久居于黔。见广西法政学堂撮影一枚，中有张坚白、余寿平与王钟声，则知其曾任事于广西法政学堂。至其架上药水，或足为其学医之据。然叩以日语不能答，叩以德语亦不能答。法政之书，刀圭之属，亦无一备。其果曾留学与否，则吾不敢决也。无何钟声知其计不行，则改而从事于新剧矣。"（《申报》1911年7月30日）

"其时海上名优汪笑侬辈，方以旧剧窳败不足观，汲汲图改良，为当世士大夫所心赏。而海外留学生亦相与组织春柳社等于日本东京，思藉新戏以演进社会。钟声固自云工音乐，善曲本者也，遂以演唱新戏之说进于时。海上人好奇而炫新，则为之集款若干，组织所谓春阳社，以钟声为教师，而令人从学新戏。然所教无一成，而集款则已告尽。闻钟声好冶游，既得款，即日日鲜衣华服，遨游于花柳丛中，卒以罄所有云。社成既数日，钟声谓从学者业既成，可以登台。然钟声固不名一钱，伙具无一备。于是资以开办之费者有人，假以衣服首饰之属者有人，为奔走售销入场券者有人，唯恐其功败于垂成也。布置既定，钟声遂得始演于张园，观者殊不乏，皆以为目所未曾寓，则稍稍誉扬之，而钟声遂以能演新戏名于沪上。"（《申报》1911年8月1日）

"钟声名既张，则益事征逐。剧资所入，盖远不敷。于是举债累累，而向之资以衣服首饰者，亦复久假不归。沪上人知其不足恃，则稍稍向之索，钟声无所偿也。索之急，乃潜遁。资之者愤白其事于官，获其副，而钟声则已鸿飞冥冥，莫知所适矣。顾受其绐者多闻人，且钟声所犯亦无大恶，积久渐不以为意。钟声遂又稍稍出，举凡名胜之区，如汉口，如南京，如奉天，如哈尔宾〔滨〕，如天津，如北京，足迹无所不至。至必演新剧以自活，亦必有人资其日用衣服首饰，为之奔走，与在沪无异。钟声之所以遇此等人者，亦与在沪时无异也。故所至辄不能如志，甚或为官中所缉，其始到津也。与某侍郎公子善，公子为所愚，损失几及万金。会天乐园主田际云闻其名，乃以重币延之来，使演新戏，且以压台。京例非至有名者，不敢压台。钟声顾当之无难色，京朝人趋之若鹜，莫不动色相告，以为得未曾有也，于是钟声遂享大名于京师。曾与某报记者讨论唱工、说白之利害，旋又受聘于文明戏园。去冬出京赴津，田际云被逮，钟声始还京。外间谓其曾于庆邸演剧之暇，上书痛言时事，王为感动。其书稍稍传布。事之有无，莫能■也。及前月遂以窝娼聚赌，为警厅所逮。至其被逮与被逮后之情事，则已累志本报，不再列。"（《申报》1911年8月6日）

24　据《中国革命记》第九册载："十月十三日，清直督陈夔龙侦知民党至津谋起事，王熙普为之魁，自称北军都督。捕之于奥租界，获王熙普、刘子良、朱埧、佟尧山、吴楚湘、陆金浦、曹恩祥等七人……十月十四日，清直督陈夔龙杀在津民党首领王熙普于营务处，其告示则斥之为匪棍，谓其意图乘机扰害，供证确凿，业已将王熙普尽法惩治。余六人监禁递解，此外概未深究，以省株连云云。"

25　按，欧阳氏此述不确。《张汶祥刺马》一剧演于愚园，而非辛家花园，剧名亦非《张汶祥刺马》，而是《中国之武士道》。1908年5月23日（阴历四月二十四日）

《自我演戏以来（1907—1928）》

《神州日报》广告："通鉴学校新剧《中国之武士道》，本朝张汶祥之事实。编戏用意在推尊国法，描摹人情，不讥刺时事，不涉及政体。质言之，在规人于正。内容分为五幕：一、见色而起淫心；二、欺朝廷断手足；三、匹夫饮恨；四、校场遇害；五、明正典刑。"

26　按，1908年5月2日至6日，通鉴学校的《迦茵小传》演于天仙茶园。

27　按，顾无为是在南京认识任天知、参加进化团的，而非进化团回沪后才认识的，欧阳氏此述待考。据鸿年《二十年新剧变迁史》一文："宣统末年，天知……忽在《新闻报》上登一小广告，招请■剧员，为爱演新剧者如汪仲贤、王蕙生、任公等所见，当即前去接洽，天知尽罗致之。天知既得汪、王等演员，即托人往南京接洽戏馆。至年终时，方始成行。天知偕汪、王等同往，惟任公则为家庭所阻未去。抵宁之后，顾无为本系站岗巡警，为天知花言巧语，诱以重金，即辞去巡警职务，改演新剧。"

28　有关进化团在新新舞台演出之情形，朱双云《初期职业话剧史料》一书载："一九一二年，即民元壬子二月，新新舞台工程完竣，定期开幕。进化团商排节目，汪优游、顾无为等，都主张以《血蓑衣》为与沪人相见之第一声。独汪君良则主张以《尚武鉴》为打炮（《尚武鉴》即日本小说《鬼士官》），因《尚武鉴》所用服装，为完全新制的和服，借此可以一新观众耳目。天知因演《血蓑衣》之辛玉洁，非常繁重。为自身省力计，遂纳汪君良的主张，决演《尚武鉴》。优游、无为力争之，天知不为动。于是汪、顾等相约为消极的抵制，拒绝扮演剧中重要角色，而各扮一滑稽兵士以塞责。上海英工部局的章程：戏园夜戏，不得超过下午十二时。《尚武鉴》一剧，需时三小时，开幕的那一晚，时钟已指十点半，而最后一出京剧——潘桂芳之《打棍出箱》，尚未登场，经新新舞台经理孙玉声之再三催促，《打棍出箱》始于十一时二十五分钟毕演。因此一出《尚武鉴》，只有半小时可演。为了时间限制，不得不将剧情减头去尾。因剧情的减头去尾，致观众看得莫名其妙（《尚武鉴》共分十二幕，是夜仅演第三幕及第五幕之上半截）。又因汪优游等不扮重要角色，致演出上缺乏精彩。更因日本装束，平时没有训练，所以上得台去，都是手足无措——尤其是扮女角的。有此三因，进化团天知派新剧，不但不受观众欢迎，且为观众所唾骂。除了天知本人，以及几个滑稽角色之外，都挨了倒好。演到第五幕上半截，因法定时间已到，不待台词念毕，突然闭下幕来。致惹起一般不满意的观众，纷纷将橘皮、香蕉等等，乱掷台上，秩序因此大乱。如火如荼之进化团，至此宣告失败。"

29　按，1912年4月3日《新闻报》新新舞台广告，"新开中国第一大戏园新新舞台，特聘天知派改良新剧大家，准期十七夜，一起登台"。首演的剧目为《尚武鉴》，参加演出的新剧演员有任天知、曾存无、黄喃喃、汪优游、顾无为、王无恐、陈

307

无我、查天影、陈镜花、吴一笑、冯怜侬、范天声、萧天呆等。演员中之"曾存无"即是曾孝谷。

30 按，进化团先行在南京、芜湖、汉口等地旅行演出，回沪之后，才进入新新舞台。进化团在新新舞台演剧失败之后，曾于当年底由顾无为率众离沪赴江苏镇江演剧。《大共和日报》1912 年 11 月 29 日《镇江进化团全体被捕》一文道："新剧进化团自八月由沪来镇演剧，颇受社会欢迎，曾演《赵声》一剧，淋漓尽致，慷慨激昂，由是益受一般人士崇仰。现因编排《庄镜蓉》新剧，虽已悬牌，尚待排练，故犹未开演。讵警务长钱亚栋受劣绅吴泽民运动，禁止该团开演，缮条令巡警送至该团所寓之源兴客栈。条文云：顷接本邑绅商函请，本总所禁止该进化团不得演《庄镜蓉》戏，立即将悬牌取消，违即封闭，提案执办。该团团长顾无为见之大怒，谓新剧为通俗教育，未可与旧戏班相比，亦非官力所可压制。纵欲取销此剧，亦当声明不可开演之理由，正式通知，安得以淫威恫吓，乃答书云：何物警务所敢擅作威福，本团如有违法行为，尽可用法律解决，遽可出不敬之语。持去后，不及半小时，钱忽派巡警五六十人，荷枪佩刀，如临大敌，驰至源兴栈，将前后门围住，逢人便捕，团员十余人，全体捕去。一时市民咸疑捕拿巨犯，全市惊惶，秩序大乱。既至警务总所，钱自知理屈，亦不讯问，命人出为调停，劝令归寓。顾等以体面攸关，无辜被捕，请与钱亚栋同赴法庭起诉。钱恼羞成怒，以电话召宝盖山兵队到所威吓。讵所来兵士，稍有知识，见是非昭然，不能为钱所用，望然而去。钱见势成骑虎，乃出野蛮行为，命巡警将各团员横拖倒曳，押送城内地方检察厅惩办。既到厅，厅长传问原由，知钱亚栋实违法捕人，乃婉言安慰各团员，劝令暂归，俟明日再行解决。顾等以受辱已极，必令传钱到庭质讯。经厅长再三劝慰，并觅定附近客寓，嘱为暂居，众始允诺而退。此二十七日事也。"

31 按，1915 年 7 月 5 日，"新剧先进任天知、春柳派巨子第一名旦欧阳予倩"于当日同时加入民鸣社演剧，所演剧目为《梅花落》。《新闻报》1915 年 7 月 5 日广告道："新剧先进任天知，养到工深，声容并茂，十余年前已经大有声名。第一名旦欧阳予倩，流利轻盈，丰神绝世，无论何人莫不以第一名旦称之。兹者新剧先进与第一名旦今日登台，排演第一名剧《梅花落》。以最有价值之演员，演最有价值之新剧，必能有美悉臻，无美不备。况从前天知君在开明，予倩君在春柳，亦皆演过此剧。但多以配角不得其当，以致多不能大展其长。兹以正秋君饰李公佐，优游君饰柯林森，笑吾君饰葛兰荪，剑魂君饰冰娘。聚有一无二之人材，演可一不可再之新剧。爱观新剧诸君，幸各早临为望。"1915 年 7 月 8 日，任、欧阳二氏又同在民鸣社演出《大明亡国惨》。

32 按，进化团曾名醒世社，据《申报》1911 年 9 月 19 日《醒世社即进化团之化名》

一文："湘抚前准鄂督咨开，昨有学生多人，创设醒世联合社，前来汉口，拟演新剧，内以任文毅为领首。访闻该社原名进化团，曾在宁省演剧，以怒骂政界为主义，几酿事端。嗣到芜湖演唱数日，即被驱散。转至安庆，该省行政官知其在宁、芜两处行径，立即驱逐。此次来汉，并不遵章先禀警务公所核准，辄即择日开张，亦可见其平日行为，不知循守法律。当以该社既失纯正，汉口华洋杂处，良莠不齐，深恐开演以后，有碍治安，业予严行禁止，饬令即日出境。惟查该社之人，均曾就学各项学堂，乃竟不为进德修业之谋，而作游戏无益之举，且肆意诋毁政治，毫无忌惮，实属不知自爱，有玷学界，亟应量予惩革，以儆放纵。除分咨外，合亟开单咨明查照，希即转饬单开各学堂，查明入社各学生在堂曾否毕业，分别酌量革退及追回文凭，勿任害群，是为至要等因。湘抚准咨后，随即札饬提学司，分别查明，从速具报，以便核咨。"

33 徐半梅《话剧创始期回忆录》："辛亥革命之役，进化团的团员，死亡独多，这也是受了任天知的影响。"

34 按，汪优游组织的文友会、朱双云组织的开明演剧会、一社和仁社以及沪学会演剧部等，都是以学生为主体的业余演剧团体。

35 按，关于早期新剧的流派，除了欧阳氏文中所述之春柳、进化两派之外，陈大悲认为还有所谓的药风派，即郑正秋所倡导的家庭伦理戏，进而引发了新剧的癸丑、甲寅中兴。

36 按，欧阳氏对于新剧同志会之评价，有言过其实之处。以陆镜若为代表的新剧同志会之春柳派，带有明显的日本演剧风格，其内容和形式均与当时国内观众的审美、认知有距离，故其演剧的社会实效并不理想。为了赢得市场，争取观众，新剧同志会亦不得不变革其演剧风格，加入"旧派歌剧"，以趋于时。

37 按，欧阳氏将整个新剧运动划分为这三个阶段，不甚准确。1924年之后，欧阳予倩本人基本不再涉足新剧，然新剧运动则沿其固有之轨迹继续发展，并呈现出新的时代特征。为了更好地开展职业演剧，进一步降低演出成本，扩大受众群体，除笑舞台之外的新剧团体几乎都选择进入了游艺场所，与曲艺、杂耍共处一室。新剧进入游艺场所，一直以来都被话剧史学者认为是一种"沦落"和"失败"，似乎话剧运动只有在大剧场进行演出方为正途。孰不知进入游艺场所的新剧团体，以广大下层民众为对象，以廉价、通俗为特点，长期在游艺场所进行职业演剧，为中国话剧运动日后的进一步发展培养了广大的观众群体。此外，随着新剧运动的日渐发展，其演剧场所亦由游艺场所向百货公司、旅馆饭店发展之多元化趋势，并有重返独立演剧场所之势，值得重新审视。

38 按，1917年9月7日民鸣社在杭州城站第一台"留别纪念"演出；1915年6月13日新剧同志会在春柳剧场最后一次演出。

39 按，1918年6月3日，郑正秋的药风新剧场在"三马路大新街亦舞台原址"开幕，演出的剧目为《新跳加官》《淌白总会》和《窃国贼》。1918年10月23日至27日，药风新剧场"留别纪念"演出。药风新剧场结束后不久，1919年7月7日郑正秋组织的大风社在上海大戏院开幕，至9月9日大风社结束。9月10日，郑正秋领导的和平社在笑舞台正式开幕，首演剧目为《新青年》。

40 按，笑舞台因房屋老旧，遂于1929年8月底被拆除。

41 按，笑舞台被拆除之后，上海的新剧运动继续呈蓬勃之势，除大世界外、新世界等游艺场所外，四大百货公司的屋顶花园均有专门演出新剧的场所；至20世纪30年代，上海的各大饭店亦有新剧团体驻入，如东方饭店的东方剧场、中南饭店的中南话剧场、大中华饭店的大中华话剧场、国际饭店的国际剧场等。

42 按，欧阳氏此述与新剧发展的实际情形不符。1917年之后，上海的新剧运动，继续以其特有的形式活跃于市民社会之中，成为上海市民大众，尤其是下层民众文化娱乐消费的主要形式之一。1917年，上海大世界落成，新剧便成为大世界吸引游客的重要娱乐项目之一，自优美新剧社入驻其中之后，大世界的新剧演剧，一直延续不辍。与之同时，笑舞台亦成为上海新剧职业演剧的重镇，一直持续至1929年。此后，新剧逐渐发展为通俗话剧，继续以游艺场、百货公司、宾馆饭店为"根据地"，开展职业化商演，成为上海都市一道特有的风景线。直至40年代初期，永安公司天韵楼、大新公司游乐场内，仍有通俗话剧商演的身影。

43 按，1914年10月21日，任天知在民兴社出演《双金锭》；1918年2月14日，任天知赴苏州民兴社演剧，当日的日戏为《三笑》，夜戏为《月里嫦娥》。

44 有关任天知早年的经历，《申报》1911年8月17日《新优任文毅之历史谭》一文道："任文毅，北京镶黄旗人，隶汉军二甲赖宝常佐领下，后迁居台湾，入日本籍，易名藤堂调梅，曾任日本西京法政大学讲师。光绪三十一年来京师，探访局疑为党人而拘之，由日使署保释，遂成彭翼仲、辛斋之狱。去年复来京师，适钟声、木铎以善演新戏著名，欲藉为牟利，深与结纳而不能合，乃上书监国条陈时事。监国知其已入日籍，未之理也，任以是怏怏。南下至沪，继遂赴宁，与文杰、崇光、松绅、汪效曾、王惠声、顾翼胞、钱逢新、郝梗人、何德培、萧春霆、朱安侯、陈桂林、陈凤翔、葛人龙、陈月波、甘泽民、黄惟宝、黄振华、沈仲颖、莫银、涂光烈、张锡侯、李俊、王凤麟、袁虎生等组织进化团，演唱新戏，专以怒骂政界为主义。官中方欲捕之，而任等已赴芜湖，不数日即被驱散。转至安庆，安庆官中知其素行，即不待其演，■之出境。于是任文毅遂率其党至汉口，易名醒世联合社。鄂督恐为地方治安之害，亦严禁之，饬令即日出境，通咨两江、四川、江西、浙江、湖南各省督抚及陆军各镇，量予革惩。以社中人多各学堂学生，且有军界中人故也，并由鄂督、警道先后电达政府，政府以呈监国，即交谕民部，提署顺天府、直督，一体严禁。而任等果由京汉车北来，至保定闻京中已得鄂电，■绕丰台至天津。现任等既不敢来京，又不能南旋，蛰居津门，大有进退维谷之势云。"

辛亥革命胜利后，上海张园组织了庆祝东南光复的纪念大会。据《申报》1911年12月21日《十一月初四初五两日假张园开东南光复纪念会》一文："呜呼，降旜四出，大元帅之壁垒一新，虏穴孤悬，小朝廷之根株未断，爰整师旅，尽扫凶顽。此其时矣，惟自起义至今，已阅两月，军储支绌，将伯频呼……兹有沪上名校书谢莺莺、缥缈楼林謦卿等，拟于十月初四初五两日，邀集姊妹行，假张园唱书，即以入场券售得之资，充助军用。同人等嘉其热诚，代为点缀，并定名曰东南光复纪念会。是日会场除花会唱外，并有……时事新剧《黄金赤血》等类……所得之资，悉充军用，并登报端，以昭实在。"任天知作为此项活动的发起人之一，其领导的进化团在上海张园演出了《黄金赤血》一剧。

45 刘艺舟（1876—1937），一名霖，又名必成、木铎，湖北鄂州人。早年留学日本早稻田大学，结识黄兴、宋教仁等，入同盟会。《清稗类钞》载："木铎者，鄂人刘霖也，尝留学于日本早稻田大学，未卒业而回国。在杭州之求是书院为教员。转徙至京津，为大学堂通译员。其在京时，好冶游，善唱二簧，与优人狎。寻与钟声合，而以改良戏曲递呈民政部，是为吾国学生演新剧之鼻祖也。"宣统二年（1910），在北京与王钟声入田际云的玉成班，演唱《爱国血》《张汶祥刺马》等剧。宣统三年（1911），刘艺舟在大连、安东、威海卫等地组团演出。适逢辛亥革命爆发，他将团员武装起来，率全体乘船从海上攻占山东登州（今蓬莱），后又联络当地民党，收复了台、黄县，遂被推举为临时大都督。民国二年（1913），刘艺舟反袁失败，流亡日本，以演剧为生，并筹款接济流亡海外的革命党人。全面抗战爆发后，刘艺舟创作汉剧《百灵庙》，赞扬绥远军民的抗战。1937年5月30日，病逝于武汉新市场的耀华旅社，享年61岁。

46 欧阳氏原文为"卫疗束手"，今据《菊部丛刊·刘艺舟传》改之。

47 欧阳氏原文为"夸耀"，今据《菊部丛刊·刘艺舟传》改之。

48 按，《菊部丛刊·刘艺舟传》为"砗骨"，疑有误，欧阳氏书中遂改之为"碎骨"。

49 按，原文出自《菊部丛刊·伶工小传》中《刘艺舟传》所附之《组织励群社小启》。

50 据《时事新报》1914年4月13日《春柳剧场开幕宣言》："民国三年四月十五，春柳剧场假南京路外滩口谋得利开幕，新剧同志会会员，悉隶之其间。"首场演剧为《飞艇缘》。1915年1月23日，春柳剧场迁入四马路石路南首的新民舞台。1915年4月12日，春柳剧场迁出新民舞台，再度迁回外滩的谋得利戏园，至5月8日，正式上演《重相见》。1915年6月13日，为春柳剧场最后一次演出，日戏为《夺嫡奇冤》，夜戏为《李大奶奶》《黛玉葬花》《鸣不平》和《神圣之爱》。

51　按，春柳剧场1914年4月19日、5月3日、5月22日、8月23日上演了该剧。

52　按，未见春柳剧场演出是剧。

53　张冥飞（1894—1937），名焘，字季鸿，号冥飞。湖南湘乡人。工诗文，擅医术，曾任上海南方大学教授。南社成员。20世纪30年代初离沪后，居无定所，客死他乡。著有武侠小说《江湖剑客传》《荒山奇侠》等，另与何海鸣合著《朔方健儿传》。

54　宋痴萍（1885—1926），名一鸿，字心白，号痴萍，别署忏红，江苏无锡人。1912年8月29日经傅熊湘、黄钧、郑泽介绍入南社。早年就读上海南洋公学，曾参加云社、春柳剧场。一度客居长沙，编辑《长沙日报》，与宁调元、傅熊湘往还，多有唱和之作。后赴上海，执教湖州旅沪公学。又加入上海明星影片公司任编撰，并常在银幕上客串出镜。主编《明镜报》，中有颇多电影花絮。晚年赋闲家居，先后任《苏民报》《新无锡报》编辑，著有《如此江山》《是非图》等。

55　按，1913年上海新剧是"甲寅中兴"之前奏，史称"癸丑演剧"。甲寅之际的两大新剧团体——新民社和民鸣社都成立于1913年，孙玉声领导的启民新剧研究所和任天树、李君磐领导的高等新剧团亦于同年成立，中国早期话剧运动的职业化演剧始于1913年，上海市民对于新剧观念的转变亦肇始于是年。"今岁海上新剧之盛，一日千里，各新剧团已成立者有六七处之多，社会心理亦皆信用新剧，渐启厌恶旧剧之观念。"（《生活日报》1913年12月31日）

56　据《新剧史》载："（辛亥）夏四月，进化团由南京至芜湖。进化团与升平园仅订合同三月，期既满，乃相将至芜湖，假中江大舞台开演，卖座极盛，首日演《恨海》。"又"（壬子）夏五月，进化团如甬。进化团之于新新舞台也，既见嫉于旧戏班，复不惬于众股东，更不重于观剧者，无地可容，因去之甬，演于甬江，大为时重"。

57　据《新剧史》载："（癸丑春正月）是月，新剧同志会之湘。同志会屡踬于吴下，乃思迁地为良。会湘省拟兴新剧，遣使来沪，物色人材。同志会应其选，遂之湘而演于长沙。湘人雅嗜文艺，故赏之者甚重。"

58　据杨德惠《上海影片公司沧桑录》（《中国电影画报》1940年第2期）："当亚细亚影片公司在开业拍片的时候，张石川、郑正秋、经营三、杜俊初四人，曾有新民公司的组织，这公司是承办亚细亚公司拍片进行上的一切事务。自亚细亚影片公司宣告停闭以后，这个新民公司依然存在，因为养有演员，所以从事新剧工作。"

59　据《郑老夫子生平略历》（《电声》1935年第4卷第30期）："郑正秋初名伯常，

为广东潮州巨商郑洽记之螟蛉子,幼延庄乘黄先生(民国元二年尝为《中华民报》撰述社评)教读。弱冠时,特〔持〕母金二万元,来沪业商,惟于戏剧有特殊兴趣。在清末宣统年间,于右任氏在沪创办《民呼报》时,即署名药风作'丽丽所'剧谈,为中国剧评之始。时徐卓呆等正发起新剧连动,邀往虹口观日本话剧,郑兴趣大增。不二年,张石川所组亚细亚影片公司失败,郑乃袭用其全部人员,组新民新剧社,假座博物院路兰心大戏院表演,生旦兼长。"

60 朱双云《新剧史·郑药风传》(文汇出版社2015年2月版)载:"溯自进化亡、开明败,剧之于沪,不其成为绝响。既绝响矣,而复得有今日,何哉?曰是在郑药风,因为郑药风传。郑药风,号正秋,粤之缅阳人,世业商。药风尝为吏,顾宦海茫茫,不可以居,因洁身而退,来沪习商。君固精于筹算者,赢无算。嗣以托诸匪人,致遭大挫。君于是心灰气沮,不问人世事矣。家居抑郁,无以为欢,乃寄情优孟,久之有得。因为剧评,偶投诸报,蜚声四起。《民立报》固聘之,君因出而主报事焉。评剧旁征博引,纠谬绳衍,一帜独标,迥异侪辈。历主《民权》《中华》《民》诸报,在在有声。辛亥之冬,始创《剧报》,会李本初事,君誉益著,直声遍国中,几无人不知有郑正秋矣。癸丑秋七月,首创新民剧社。时新剧萌芽,摧残殆尽,而郑氏卒以回天之力,底于中兴,则其有功剧界,岂浅鲜耶。饮水思源,有不得不为郑氏传者。"

又,《申报》1913年9月5日首版广告:"今晚郑正秋先生暨各戏评家、新民社员演剧,剧场门口,亦可买票,座位无多,诸君请早,准七时开门。"按,1913年9月5日为阴历癸丑八月初五日,新民社开幕的时间应在阴历八月间,而非朱氏所说之七月。

61 按,1913年的9月5日新民社首演于第二代的兰心大剧院;1913年9月14日新民社迁到外滩附近的谋得利剧场;1914年1月29日迁到英界石路的天仙茶园旧址,改称"新民剧场",直至1914年7月22日离沪赴汉口止。1914年10月31日,新民社的原班人马由汉回沪,并将原石路南首的天仙茶园旧址改建为"新民舞台",继续上演新剧。至1915年1月18日,新民社与民鸣社合并。

《俳优杂志》记述了新民社创建之过程:"自癸丑之秋,新剧复兴于上海,赫然首揭起义之标帜者,厥维新民社。新民社者,新民影片公司之化身也,始美商某与郑正秋、张蚀川、经营三、杜俊福等四人组织影片公司,号曰新民,专摄中国人所扮演之新剧。会二次革命起,公司辍作而新民各演员闲居无聊,食用不给。郑君提议开演新剧,以资补救。杜、张、经三君赞成其说。遂赁爱地西外国戏馆演三天,每券售价二元。卒以新剧之信用既隳,一时不能恢复,故观者寥寥。耗去资本三百余元。杜、张、经三君以是举由郑君提起,故不愿担负亏耗,相率委之而去。郑君失败之后,意不自甘,复赁谋得利戏馆开演,与演员约,甘苦共之。

其开支至为省约，房租每月仅三百五十元。后演员每仅支夫马十五元，多者二十元，少者或七八元。来观者仍寥寥。其券价则分六角、四角、二角三等，每日所售，多仅二十元左右，敷开支而已，少时止七八元、三五元不等。郑君其初，固托身报界者也，深知报纸鼓吹之力甚强伟，乃遍托大小各报纸为之揄扬，已而其效彰矣，观客亦渐渐增多，每夜所入，渐有盈余。此时券价，虽仍旧而于特等名义上，又加一优等字样，售价一元。在理宜无人以一元之代价看是时草创之新剧，然而上海之一班豪客，恒具一种特殊之心理。彼以为不论戏之如何，苟不坐最高等之座位，不足以表其自己身分之高贵，于是六角之券一跃而至一元。风声所播，前此置诸不顾之经、张等人，又来提议扩充，欲与郑正秋合股。读者试思，正秋而非童骏也，则安有听他人坐分其利之理，乃拒其请。经、张等求之不得，乃易为攘劫之手段。利之所在，人必趋之，势固然也。"

62　按，1913 年 11 月 28 日，民鸣社首场演出于法租界的歌舞台旧址进行。1914 年 5 月 5 日，民鸣与新民、文明等六大剧团联合演出于民鸣社。1915 年 1 月 18 日，民鸣、新民两社合并。1914 年 10 月 10 日，民鸣社首演多本连台戏《西太后》，该剧成为整个民鸣社时期最为叫座的剧目。1916 年 3 月，民鸣社因租期届满而停演。1916 年 8 月 25 日民鸣社重新开幕，至 1917 年 1 月 3 日，民鸣社进行了最后一次演出。1917 年 4 月 30 日，民鸣社与爱华女子新剧社进行"男女合演"，场址迁至"郑家木桥南首，假座法兰西影戏院天声舞台原址"。1917 年 6 月 13 日（阴历四月二十四日），以汪优游为首的大部民鸣社旧部重新以民鸣社的名义，在杭州城站的第一舞台继续演剧。至 1917 年 9 月 7 日，民鸣社在杭州城站第一舞台进行了最后一场演出，郑正秋、汪优游等民鸣社元老，均参加了这场"留别纪念"演出。

民鸣社脱胎于新民社，据朱双云记载，"民鸣社是经营三、张石川等四人合资创办，因新民社之利市三倍，欲与正秋分润，为正秋所拒绝，忿〔愤〕而以重价挖了新民社大部分社员而组成的，于一九一三年即民二癸丑十一月，上演于法租界舞台旧址，营业相当之好"（朱双云《初期职业话剧史料》，文汇出版社 2015 年 4 月版）。

63　详见徐半梅《话剧创始期回忆录》，中国戏剧出版社 1957 年 7 月版。

64　按，《恶家庭》是早期新剧上座率较高的一出剧目，其剧情大意据《新剧史·补遗》载："《恶家庭》剧，系郑正秋得意之笔。原仅二本，一名《苦丫头》，一名《奶娘怨》，演于爱提西，大获时誉。当时饰阿莲者为黄小雅，饰奶娘者本拟徐半梅，嗣以喉病不克登场，乃由正秋为之。剧中主角，原仅莲妹二人，即卜静丞亦不过主中之宾。自编成全部以来，于是包讼师、曾怀仁、新梅诸角，咸为正场矣。当演于爱提西时，饰卜静丞者，第一天为郑正秋，第二天易以丁楚鹤。饰闵氏者，第一天为冯怜侬，第二天易以王惜花。饰新梅者为张双宜，饰钱妈者为郭咏馥，饰讼师者为钱化佛。饰曾怀仁者，第一天为丁楚鹤，第二天为马清风。饰卜母者为许瘦梅，饰宜男者为黄幼雅，饰黄老者为顾静鹤，至乡老则由双云为之。《苦丫头》自质女起至被捕止，凡十二幕。《奶娘怨》自毒打起至哭墓止，凡十幕。今则已多变迁矣。乡老一角，幕表无姓氏，以演者为朱氏，遂呼之曰'朱老乡'。奶娘一角，演之者有王惜花、有冯怜侬、有罗笑倩等，然匪失诸謇滞，即失诸矫操，责备求全，正秋尚已。顾正秋仅一演，故绝鲜知者。宜男一角，自以黄幼雅为巨擘，他如大小苏、陆雪梅诸人，均望尘莫及。樊琅圃今虽无闻，然当演于爱提西时，琅圃之为蓉花，甚至一句一采〔彩〕，正秋且谓'说破'一幕，从未有人能逮琅圃之神化者也。卜静丞原为卜秦丞，《申报》记者王钝根以'秦'字不宜取以为字，乃易'秦'为'静'。苏石痴之入新剧界，自演《恶家庭》始。剧中有一禁卒，本排钱化佛，乃石痴见猎心喜，拟试一为之，于是商诸化佛而一演禁卒。时新民正乏人，睹石痴剧尚善，遂礼聘之焉。禁卒虽非正角，仅寥寥一幕，然石痴为此，殊有独到，卓卓不群，人莫与京。《恶家庭》剧，时颇流行，且为中兴新剧之成迹品，予恐其数典忘祖，爰不辞简陋，拉杂书之如上。"

65 1914年3月18日，新民新剧社"二月念二夜戏正剧，头本江西奸杀奇案《火浣衫》"。

66 据《新剧史·轶闻》载："《珍珠塔》本于说部，旧剧界恒演之。顾其情节，与今日各剧社所演者，亦各有异同：邱六桥在旧剧界演之，为一劫杀人之大盗，而在新剧界演之，则为一闾巷之侠。故其结果，一则置之于法，一则赐之以官。新旧不同之点，当以此为最甚。新剧界所演之《珍珠塔》，出版蒋四手笔。蒋四，维扬人，佚其名，以序行，人都以蒋四呼之。其人熟读稗官，娴于平话。当进化团在扬时，即以其稿售诸该团，该团连演二次，四座辄为之满。当时饰方卿者为优游，饰陈琏者为无为，饰采苹者为悲世，饰翠娥者为大悲，饰方母者前后段均由衡山扮演（即有若无）。惟落庵、庵会、守夜等幕，则由优游为之。饰陈妻者为剑魂，饰红云者为冶儿，饰陈宣者为龙钟。人材济济，盛极一时，并闻尔时所演，言语举止，俱有定规。迨乎今日，诸多变迁矣……去年春，优游等去扬之湘，演于湘地，大为时重。该地之旧剧界，效而演之，亦能哄动。于是《珍珠塔》一剧，遂盛行于湘省矣。冬十一月，优游等由湘来沪，演于新民，座无隙地。今春重复演之，亦等昔日之盛，于是各剧社遂踵而效之。药风为方卿，慨于道情之俚而不文，因易其词……文词优美，识者称之。顾优游为予言，此阕词固优美，然唱时不能随意言出。文情相生，反不若陈词之利。"

67 据《菊部丛刊·汉上梨园五年记》载："（甲寅）冬十一月，郑正秋办大中华新剧社于汉大舞台，新民社员全体莅止，人材完美，营业发达，可称汉上新剧极盛时代。惜该社败类黄鹍声不安本分，引诱良家妇女，秽德昭彰，大受舆论攻击，遂至根本动摇。乙卯秋八月，开往长沙。"

68　按，1918年6月4日，位于"三马路大新街亦舞台原址"的药风新剧场正式开幕，郑正秋于两天前发表《药风宣言》。该剧社由郑正秋任编演总主任，傅秋声任总干事，谭志远任副干事，主要演员有"优美小生戴一飞、优美悲旦李玉魂、优美花旦夏天人、优美泼旦冯毓秀"等。

69　按，笑舞台和平社于1919年9月10日（阴历七月十七日）正式开幕，郑正秋任剧务主任，主要演员有"第一名旦张双宜、庄谐老生钟笑吾、庄谐小生黄鹏鸣、第一悲旦慎愁红"等。在正式开幕前一天，郑正秋发表了《打破混吹惯习的宣言》。

70　《郑正秋脱离新剧关系底告白》（《申报》1921年11月6日）发表之后，在新剧界引起轩然大波。原文如下：
"我把清白身体，跳进新剧圈，人家对我底批评，可分两派：一是可惜派，二是难得派。可惜派说："有官不做做戏子，可惜！""土行不开开剧社，可惜！""会董不当当后台主任，可惜！""报馆不办办戏馆，可惜！""少爷班子好出身，跟着新戏子一路混，可惜！""不享富贵清闲福，偏偏辛苦做下流底事业，可惜！"难得派说："牺牲几万金钱，提倡社会教育，难得！""众醉独醒，众浊独清，始终讲道德，不染恶习气，难得！""在这萧伯纳剧不能立足于新舞台底时期，居然常拿少幕底新文明剧，贡献给社会，难得！"可惜呢？难得呢？我可都不在意。我以为新剧场，比宣讲场更重要，新戏子比学校教师更重要。我又以为人格有高低，职业无高低，在社会上工作底人，分什么贵贱呢！不问人格高低，凡是戏子都看轻这种人，自己底人格已经有了欠缺了。新戏既然是通俗教育，我又为什么要脱离哩？唉！富贵人家底眷属，拿着她当家刻薄得来给她底买笑钱，拼命催新剧家人格破产，社会上只见剧界龌龊，对于别一方面底不干净，就不以为罪恶，因为他们富贵底关系，就不敢指名批评一批评，这种不公平底待遇，大可以截断剧人自新之路。我虽然天天叫他们尊重道德，那里中用呀！做戏的不尊重人格，那是戏底人格也就跟着要破产了。但看穷凶极恶底强盗戏、不合情理底胡闹戏、大团圆底弹词戏、卖行头卖布景底连台戏，比前两年盛行起来了，叫我怎么再忍得下去！为这种种原因，所以从本月四日起，完全脱离新剧关系。好得当初把清白身体跳进去，现在还是清白身体跳出来，这一点，还可以无愧于心的！脱离新剧之后，专诚替大同交易所谋发达，一得机会，马上就要求发起人同股东、经纪人、大小职员等底同意，赶紧开办大同第一义务学校，将来纯益金多，能抽得几分之几，专门做教育基金，使得大同第一、第二、第三，一直排下去底义务学校，逐步加多起来，岂不是比未必成功底通俗教育剧，来得强吗？我对于现在底社会，已经有八成绝望了！除去希望，（希望心地清白底儿童）将来起来创造少年新世界之外，简直没有再妥当底办法了。制造这班新少年底机关在哪里？就在学校。唉！教育经费大半上了武人底腰包了，穷苦子弟，难道不准他在少年世界上立足吗！一样是人，也该给他受教育呀！'五四'以来义务教育最有成绩，故此我决意进大同，脱离新剧关系，借大同提倡义务教育，效验如何，将来看罢！"

71　按，1923年9月19日，笑舞台和平社再度开幕，此为后期和平社。

72　按，《新闻报》1922年2月18日首版刊登《明星影片股份有限公司招股启》，故而明星公司成立于1922年2月，郑正秋任明星影片公司协理兼明星影戏学校校长。次年，他编写了我国第一部"正剧长片"电影剧本《孤儿救祖记》，后续又编导了《玉梨魂》《最后之良心》《上海一妇人》《盲孤女》《二八佳人》《挂名的夫妻》《一个小工人》《自由之花》《春水情波》《姊妹花》《女儿经》《热血忠魂》等影片，为中国早期电影业的发展做出了较大的贡献。

73　按，1918年10月19日该剧首演于药风新剧场。据郑正秋《新剧考证百出》载："《徐锡麟秋瑾之合传》，药风社剧本，正秋编。"

74　按，1918年10月6日该剧首演于药风新剧场。据郑正秋《新剧考证百出》载："《石家庄》，药风社剧本，正秋编。本剧系演吴禄贞一生事略，分言志、致士、闹店、挫日、交美、讥徐、婴伶、辞督、被命、结仇、密报、杀妾、议刺、遇害、炸良十五幕。"

75　按，1918年9月30日该剧首演于药风新剧场。据郑正秋《新剧考证百出》载："《桃源痛》，药风社剧本，正秋编。本剧系宋渔父一生事略，分捕父、瘐毙、同盟、光复、入见、招忌、买刺、省亲、别母、贿武、杀宋、长别、捕应、抄家、惊耗十五幕。"

76　按，1918年9月14日该剧首演于药风新剧场。据郑正秋《新剧考证百出》载："《蔡锷》，药风社剧本，正秋编。本剧系演松坡事略，自中日交涉悬案起，至反对帝制、功成身退、养病日本、临死勖勉国人止，分四大本。"

77　按，1918年8月29日该剧首演于药风新剧场。据郑正秋《新剧考证百出》载："《中山被难》，药风社剧本，正秋编。本事：西历一千八百九十五年，中国革命党初创之兴中会，发难于广州，不幸失败，中山先生避祸伦敦，遭中国公使馆之诱捕，幸得西仆通信于其友唐德黎夫妇，百计营救，卒由英政府之干涉，中山先生得庆甦〔苏〕焉。"

78　按，1918年6月3日该剧首演于药风新剧场。

79　按，1923年9月19日和平社再度开幕之当夜，该剧首演于笑舞台。1923年9月19日《申报》广告载："笑舞台和平社开幕露布，夜戏《日本之天灾》。风摧屋倒又着火，日本天灾戏怎么做呀？日本天灾景怎么布呀？不易做而居然做，不易布而居然有法子布，大家不妨来看一看，究竟有没有新鲜好意思。情节曲折，由中而日，借重儿女深情作戏骨子，再把报仇作线索，而以救灾作归宿。戏中有戏、言外有言、意中有意、仇外有仇、计上加计、爱之又爱、情而又情的种种特别大优点，台上当场坍屋，连着就是火烧，布置也很佳妙。末场对于中日关系大发挥，很足以促彼人之觉悟。"

80　按，1914 年 10 月 3 日该剧首演于民鸣社。

81　按，1914 年 10 月 17 日该剧首演于民鸣社。

82　按，1914 年 4 月 25 日，《空谷兰》首演于新民社；1915 年 1 月 19 日，该剧首演于民鸣社。

83　按，《恨海》又名《情天恨》，《新剧史·轶闻》载："《情天恨》本于吴趼人先生之小说《恨海》，进化团钱逢辛编为戏剧，都凡二十二幕。前丹桂第一台所演者，乃逢辛原本也。嗣有嫌其冗长者，为之杀青，改为一十九幕。予友优游，犹以其过于繁琐之有损全剧精采〔彩〕也，因费一夕之力，删为九幕。今各剧社所演者，多本于优游者也。《情天恨》剧本有三，一为逢辛所编，一为药风所编，一为优游所删。逢辛所编，有联军入京、李氏议和等幕，并有陈仲蔼、王娟娟一段公案。药风则悉准原书，不加增损，且不偏于伯和一面，而以仲蔼并重。尝于谋得利演过一次，药风为伯和，清风为仲蔼，予为归筌书等。一现之昙花，故绝鲜知者。优游删芜存菁，编为今本，精神贯注，演者宗之。"

84　按，《杀子报》一剧有三种不同的版本，据《新剧史》载："《杀子报》剧，派别纷繁，约而言之，厥有三种：一为旧戏园所演者，此派流传已久，昭昭在人耳目，可置勿论之列；一为民鸣社所演者，民鸣社演此标名《恶晚娘》（有时名《新杀子报》），系袭《佛无灵》而成，剧中情节多所异同，其最异之点，则在分尸七块，而为沉尸窨井；一为新民、开明所演者，新、明演此，大致与旧剧派同，不过以和尚通奸改为先生猎艳，且多一义贼，以资破案云。"

85　1915 年 8 月 4 日，上海新世界游乐场正式对外开放，至 1916 年 4 月，新世界游乐场在二层楼加演"女子文明新戏"，这是新世界游乐场有话剧演剧最早的记录。

86　按，是说不确。据《初期职业话剧史料》载："到了明年（1916）二月底，民鸣社与房东所订之租期届满，房东欲增租金，民鸣社不允加租，谈判遂告破裂，民鸣社因而停顿。"

又据《神州日报》1916 年 3 月 11 日《民鸣新剧社又辍演矣》一文记载，民鸣社于 1916 年 3 月 9 日停演。但此次停演，并未导致停办。至当年 8 月 12 日，民鸣社在报端刊出《民鸣社演员公鉴》称："本社开幕在即，凡我境内境外各演员，务望于阴历七月十六日齐集上海英租三马路大新街本社，幸勿延误。此布，民鸣社编演部启。"1916 年 8 月 25 日，民鸣社复演，当日上演的剧目为《复活缘》。1917 年 1 月 4 日，民鸣社停止在沪演出；同年 6 月 11 日，部分民鸣新剧社成员赴杭州城站第一舞台，继续以"民鸣社"的旗号进行演出。至当年 9 月 7 日，民鸣社在杭州的演出终止，民鸣社遂彻底结束。

87 按，欧阳氏此述有误。据《初期职业话剧史料》记载："启民社是孙玉声主催的，它只有半年的历史，从一九一三年即民二癸丑十二月始，到一九一四年即民三甲寅五月止。"自启民社成立至其正式演出，有一时间间隔，据《申报》1914 年 4 月 8 日广告载："启民新剧社在英大马路小菜场北首广西路德仁里对门，三月十五夜开幕。本社成立于客秋阴历九月，集合敦品励行之诸同志，编排社会及家庭等种种新剧，经营半载有奇。现设剧场于广西路，定期三月十五夜开幕，坐位清洁，空气充足，声浪透彻，彩景新奇，服装整齐，转台灵快。"欧阳氏书中所述启民社开幕之"3 月 15 日"乃阴历，阳历应是 1914 年 4 月 9 日，且启民社十分短寿，至 1914 年 9 月 1 日后便无演剧讯息，仅存世 5 个多月。朱氏之说较为确切。

88 据《新剧史》载："（壬子夏五月）是月，李君磐、朱旭东合组之开明社，演于大舞台。"另据《时报》1912 年 6 月 21 日《开明社新剧开幕有期》一文："自开明社新剧出现后，社会之观念一变，盖其所演各剧无不兼重歌曲，又加之以跳舞，和之以音乐……今该剧团徇各界之请，已定于端午后三日起在英大马路东段谋得利外国戏园，逐晚七时开演中西新剧云。"

89 按，民兴社成立正式开幕的时间为 1914 年 9 月 23 日，当晚上演的剧目为《芙蓉屏》。

90 据《新闻报》1914 年 9 月 14 日广告，民兴社开幕之际的主要演员有洪警铃、林孟鸣、罗笑倩、许灵隐、陈素素、凌怜影、吴我尊、任天知、苏石痴、王幻身、傅秋声、葛剑胆、顾雷音、曹龙钟、翁雪雁、沈侬影、董天厄、吴寄尘及苏石痴的两个儿子苏痴生、苏痴儿等，共 53 人。原春柳社员吴我尊在民兴社成立之初，便加入其间，而非日后加入。至 1914 年 9 月 30 日，"女子第一名旦"梁一啸加盟民兴社。

91 据《大美晚报》1938 年 10 月 10 日消息，"法捕房督察员苏石痴君，服务以来，前后已达十七载，成绩优良，素为当局所器重。惟苏君近因年迈，已向法捕房总监要求准予退职矣"。

92 据《民主报》1912 年 11 月 30 日"牗民社"义务夜戏广告："启者，敝社全人因边患日深，非国人力加振作、共谋竞存，不足以挽危局而全领土。兹假同乐园演剧二日，命名《西北风云》，专写库伦伪政府之内幕及明白时局蒙古王公心向民国、运动取消库伦独立之奔走、科乌两城华商逃亡之惨状，虽未敢自命为唤醒国人，亦足以辅助报纸讲演之不逮云耳。望各界同志，惠然肯来，指导一切，不胜盼祷。再者，本社此次对于社会尽纯粹之义务，概不卖票，戏园灯茶各费，不得不略收微资，以充开销。此布。"

93 据剑啸《中国的话剧》(《剧学月刊》1933年第7、8期)一文："关于牖民社，民国二年，正当贿选闹得天翻地覆的时候，周铸民突以某种嫌疑被捕入狱，牖民社主持无人，旋即解散。"又据《北京戏剧通史·民国卷》(北京燕山出版社2001年12月版)："1912年正月，周铸民组织牖民社，在孝顺胡同燕喜堂演戏，所演剧目有《猪仔记》《越南亡国惨》《宦海潮》《新茶花》等。此时的观众已不再感到新奇，卖座情况并不好。因剧社演员多属义务演剧性质，故能维持。1913年北京贿选风波时，周铸民突然涉嫌入狱，民社旋即解散。"

94 林天民(1887—1948)，字希实，福建闽县人，林徽因的叔父。据清光绪三十二年十月初一(1906年11月16日)的《学部官报》第六期刊登的《福建省留学日本私费生调查表》："林天民，福建闽县(人)，童生出身，十九岁……三十一年十二月出洋"，入东京帝国大学学习电气工程。林氏在其《三十年来我们的新剧运动》一文道："我是学电气工科的……我回家乡是在民国纪元前一年。在东京留学的当儿，已经有了新剧的嗜好。欧阳予倩先生在东京组织的'春柳剧社'，我是社员之一。当时记得公演过《黑奴吁天录》《一个假须》《浊血》等等……前后公演五六次，给予了我许多经验和兴味。"关于文艺剧社，林氏在《三十年来我们的新剧运动》文中道："回国以后，欧阳予倩先生便在上海开始他真正的艺术生涯，我却跑到福州家乡里当了一个工程师，看到福州戏剧的落后，和社会上种种怪相，便决心来试一试我的新剧运动。""经过许多努力"，并"费了很大的力量"，成立福建近代以来第一个话剧团体文艺剧社，并于1912年11月在"省庆纪念日"当天上演了新剧《北伐》。1916年后，因战乱而辍演。

95 按，笑舞台是中国话剧运动发展进程中一处重要的演剧场所，更是一个重要的时代。笑舞台之前的剧场，其场址与剧社呈一一对应之关系，即何剧社入驻其间，便以何剧社名之，如新民社进入谋得利剧场，该剧场便以"新民社"名之；待新剧同志会进入后，该剧场便以"春柳剧场"名之。而笑舞台则情况迥异，自其建成之后，不论何剧社入驻其间，对外一律称为笑舞台而不再以剧社名之，如朱双云的大成社在对外宣传的广告中便以笑舞台名之，乃至于后人误认为朱双云组团的剧社没有名称，其后不论是郑正秋的和平社，还是邵醉翁的罗汉剧社，对外均以"笑舞台"名之。不仅如此，笑舞台更是中国早期新剧向成熟话剧转变、过渡的一个重要历史阶段。随着职业化商演的日益发展，为了进一步提升演剧质量，持续提高上座率，笑舞台演剧在形式和内容都相应地产生了较大的变化，由此前新民社提倡的家庭剧、民鸣社提倡的清宫戏，逐步发展为关注当下、关注民众生活的"时事新闻剧"；与之同时，郑正秋率和平社进入笑舞台之后，大力提倡白话演剧的方式，努力使此前的新剧运动向着"白话新剧"的方向发展，并适时地吸纳了"爱美剧运"的相关理论。除此之外，笑舞台对于 20 年代后期新兴的电影技术亦十分关注，努力尝试将电影新技术与话剧舞台表演相结合，上演"连环戏"，聘请洪深担任笑舞台的灯光专家，改革舞台照明、布景等。由于笑舞台持续商演的时间长，其间培养了众多的白话新剧演员和大量的话剧观众群体，为 30 年代现代话剧的进一步繁荣，奠定了社会基础。

96 按，欧阳氏此述有误。据 1916 年 3 月 13 日刊登的《笑舞台改演男子新剧咸安大成公司广告》："兹由咸安公司租定广西路七十一号半笑舞台房屋，与大成公司订立合同，组织男子新剧社开演优美新剧。所有前台一切交接各事由咸安公司完全担任，后台一切交接各事由大成公司完全担任。旧时女子新剧如有一切缪辖，均归民乐、进兴公司理楚，与咸安、大成不涉。特此声明。"朱双云所组剧团即为大成社，《初期职业话剧史料》书中《笑舞台的前前后后》一节，专门有述。

97 按，欧阳氏此述不确。1919 年 9 月 9 日和平社成立，第二天在笑舞台正式开演，上演的剧目为《新青年》。至 1922 年 6 月 11 日，和平社在笑舞台"作最后一日之临别纪念"演出，演出的剧目为《金刚钻》和《难言之心事》。1923 年 9 月 17 日，和平社再度重返笑舞台，上演的剧目是《和平之爱》。至 1926 年 9 月 28 日，"笑舞台和平社因改组内部关系，已于昨夜起暂行停演"，和平社自此退出笑舞台。

98 按，1923 年 2 月 6 日，洪深编导的《赵阎王》在笑舞台演出，仅演一天，当日为阴历壬戌年腊月廿一日。而"1923 年阴历二月"已是当年的 3 月，欧阳氏此述有误。

99 按，该文原题为《谈幕表戏》，发表于 1957 年第 4 期《戏剧论丛》，1959 年 12 月版的《一得余抄》收有该文。

幕表是早年话剧演剧过程中，各剧社通行的一种排演方式，是由早期话剧向成熟期话剧过渡的一个特定阶段。20 世纪 30 年代之前，职业编剧这一社会职业尚未正式形成，而新剧职业化商演的市场竞争十分激烈，为最大限度地招揽观众，保持上座率，各演剧团体均从小说、旧剧、戏曲和译作中汲取大量资料，作为新剧演剧之内容。由于编剧、导演等职业尚未形成，为了面对几乎每天更换新剧的巨大演出压力，各团体几乎都采用了"演出提纲"式的排演方法。至 30 年代，这种以演员为中心的演剧方法，渐为新式的表演方式所替代，一些新剧团体积极尝试新的表导演方式，以应时趋。

100 按，幕表戏演出的快捷，是其一大特点。新中国成立初期，上海的通俗话剧团就采用了幕表戏的方式,创作了一出新剧《手足情深》,引起了社会的关注。"这个戏的故事取材于 1956 年 12 月 17、18〔日〕两天上海报纸上的一段新闻特写,记述同胞兄妹二人五十年离别重逢的遭遇。这里暂且不谈故事内容具有相当强烈的戏剧性,更值得我们注意的是:这个戏从编写幕表到舞台演出,仅仅用了十天左右的时间。由此可以看出,这种编剧方法反映事物的迅速,不能否认这是它的突出优点。据说过去往往能把头一天发生的事情,隔日就演出来和观众见面。在艺术上,幕表制也并非完全没有可取之处。特别是它能刺激演员创造角色的热情,许多好演员都是在这样的锻炼中成长的。尤其在锻炼演员的机智、对角色的钻研、对舞台环境的适应、对表演技巧的发挥等方面都有其积极的好处。幕表制的演员实际上也是剧本的参预创作者。"(陈丁沙《看上海通俗话剧会演》,《人民日报》1957 年 1 月 29 日)。

101 舞台上随时出现的突发情况,对于演员灵活处置的能力是一极大的考验。南国社时期,田汉与唐槐秋曾搭档演戏,便遇忘词之窘境。"戏剧家田汉在南国剧社的时候,有一次忽然想过戏瘾,就与唐槐秋合演他自己编的某剧,排练了有一个星期。在正式开演的那一天,演到半中间,突然忘了台词,急忙静听后台的提示,可是一句都听不出。在没有办法之下,只好逼出一句'啊呀,我的肚皮痛了'。同场的唐槐秋听见呆住了,因为剧本上根本没有这句词儿,所以也有些慌了。这样田汉更急了,他本来想唐槐秋能够接下去,谁知他竟不开口,只好再说一次'我的肚皮更痛了'。舞台管理知道不对,连忙闭幕,可是田汉已满头大汗啊。"(《田汉肚皮痛》,《中国艺坛日报》1941 年第 39 期)可见舞台上的随机处置,亦是演员重要的能力之一,与是否有完备之剧本,并无直接之联系。

102 按,早期新剧演剧的派别,并非朱双云"搞出来的",而是当时新剧舞台上通行的一种表演方式,朱双云对此进行了总结,他在《新剧史·派别》一章写道:"剧史氏曰:人心不同,有如其面。不区为派,安所适从,因作派别,以示学者。"朱双云将当时的新剧演员分为生、旦两大类,生类中有所谓激烈派、庄严派、寒酸派、潇洒派、风流派、迂腐派、龙钟派和滑稽派;旦类中有所谓哀艳派、娇憨派、闺阁派、花骚派、豪爽派和泼辣派。对于旦类中的泼辣派,朱双云认为不妥:"顾今之论者,辄以泼辣二字连用,殊不知失之毫厘,谬以千里矣。泼者蛮悍之谓,辣者阴狠之谓。《马介甫》之尹氏,泼者也,《风月鉴》之熙凤,辣者也。苟以尹氏之做工,移而至于熙凤,未有不失身份。故泼辣二字,万万不可误会。陈镜花、张双宜,皆以泼辣派称者,其实皆泼也,而非辣也。惟汪优游之柔云,斯可谓之辣矣。"欧阳氏书中所述,完全依据《新剧史》之记述。

103　按，《新闻报》1915年6月24日广告，民鸣社上演《借债割肉》《热血》时，"特请春柳诸巨子欧阳予倩、吴我尊"加盟。据此可知，欧阳予倩加入民鸣社的确切时间为1915年6月24日。

104　按，所谓通俗话剧，是与早期新剧有着深刻的联系、部分吸纳了现代话剧的演剧理论，又保留有诸多文明戏印记的一种仅见于上海地区的舞台艺术形式，或者说是一种以沪方言为主要演出形式的另类话剧。曾亲身经历新剧发展历史的徐半梅，曾以一种十分调侃的笔触写道："我们自愿降低一级，决定改称'通俗话剧'，表示是话剧的次货。所以通俗话剧四字，是绿宝时代产生的。"（徐半梅《话剧创始期回忆录》，中国戏剧出版社1957年7月版）徐氏认为，通俗话剧有三大特点：
第一是演员万能。"通俗话剧一切依靠演员，不用剧本，不用导演，演员不仅创造角色，也创造台词及一切"。
第二，"通俗话剧对于九流三教的人物，似乎很有研究"。
第三，"通俗话剧的闭幕，大有章回小说中'欲知后事如何，且听下回分解'的笔法"。
关于演员万能论，徐氏说道："通俗话剧不但没有剧本，也没有导演，只有演员，最初甚至连前台卖票的也是演员……派到一个角色，要自己动脑筋，去计划如何扮演这个剧中人。设计了这个人物的形象，还得设法让他开口，这就是创造台词。还要和同场的人接洽，这一切的一切，没有人帮助，都要演员自己来干。后来虽然产生了剧作者、导演等专业，但是通俗话剧仍不需要，因为我们的特点就是以演员为主，有了演员就万事亨通；有了剧本，有了导演，演员们有时反觉得受束缚。"（徐卓呆《漫谈通俗话剧》，《剧本》1957年第66期）

105　按，欧阳氏此述有待商榷。中国话剧受西方戏剧的影响，并非"假道"日本而传入中国的。上海开埠之后，西方殖民者在沪上的戏剧活动，对于话剧"舶"入中国，更是起到了直接的影响。

106　按，系指1957年6月26日上海通俗话剧团赴京汇演时在中国青年艺术剧院剧场，曾上演过《张文祥刺马》和《光绪与珍妃》两剧。《张文祥刺马》一剧，由周天悲、武太虚整理，该剧系根据清朝史实编写，系通俗话剧早期的代表作品之一；《光绪与珍妃》一剧原为民鸣社1913年演出的八本连台本戏《西太后》中最后的一出，当时的剧名为《光绪痛史》。该通俗话剧团由陈无我、王美玉、田驰、董天民、刘一新、秦哈哈、王雪艳、王曼君等人组成的。

107　按，笔者认为，通俗话剧和现代话剧同脉同源，两者之间注定有相互的联系和相互的影响，如：人员、场地上的交互，著名通俗话剧演员顾梦鹤在进入绿宝之前就是当时颇有名气的现代话剧、电影演员，著名现代话剧演员孙景璐、陆露明以及中国旅行剧团亦曾进入绿宝剧场进行演出；剧目上的借鉴，通俗话剧借鉴改编了现代话剧中不少优秀剧目，如田汉的《湖上的悲剧》、曹禺的《家》《雷雨》，甚至莫里哀的《伪君子》等，都先后被改编为通俗话剧的形式上演，而通俗话剧中的代表性剧目《啼笑因缘》《恨海》等，也被改编成现代话剧剧目演出；在演技上互补，通俗话剧与时而进，学习了现代话剧中的导演中心制、剧本制，极大地提高了演出水准，而现代话剧团体为了应对激烈的商演竞争，为吸引观众，在其演剧中所采用的诸多"噱头"等许多技法，也是从通俗话剧中汲取的。通俗话剧与现代话剧两者之间，可谓你中有我、我中有你，两者之间并不存在着不可逾越的鸿沟。中国现代话剧和通俗话剧都源自新剧，其中以陆镜若为代表的这派演剧体系在经历了对文明戏彻底的扬弃之后，充分接纳了"五四"新文化运动的产物——"爱美剧运"理论，并在左翼文学思潮的进一步砥砺之下脱胎而来，成为现代中国话剧的主体形式之一；而继续活跃在笑舞台、导社和诸多游艺场内的文明戏演剧，不自觉地部分接受了现代戏剧理论，以改良的方式自新，以适应上海都市文化发展变化之需求，逐步完成了由文明戏向现代话剧的转型，在保持用上海方言演剧形式的基础上，发展成为富有上海地域特色的通俗话剧。此外，通俗话剧由于其使用方言演出，故而在一定程度还影响到上海戏曲的发展，如上海的滑稽戏、越剧等，都在不同程度上受到通俗话剧的影响；当时有不少通俗话剧的演员，后来直接进入戏曲界，为戏曲借鉴话剧的表导演体制，做了不少有益的工作，如通俗话剧演员刘一新、陈秋风等，对于日后越剧的改革，都起了很大的作用。

108 按，20 世纪 30 年代，新新屋顶花园易方朔、张冶儿合组的精神团是较早开始滑稽演剧的新剧团体，与同处新新屋顶花园的钟社之间，进行激烈的商演竞争。易、张二人此前均为新剧界知名的滑稽派演员，其二人为代表的滑稽演剧风格，日渐成熟而脱离新剧母体，自成一派。故而滑稽与话剧之间有着深刻的历史渊源，解放初期上海军管会对上海话剧团体和滑稽剧团成立的专门委员会，便称为"话滑会"。

109 江笑笑（1900—1947），浙江杭州人，早年曾在饭店学厨师，后拜双簧艺人黄杏珊为师习艺，是滑稽戏的代表性人物之一。

110 王无能（1892—1933），原名念祖，小名阿魁。江苏苏州人。幼好戏曲，曾在上海外商公平会洋行充仆役期间学习英语、各地方言等，后为文明滑稽派演员，擅演书童、小贩等穿马甲类小人物，故有"马甲滑稽"之谓。1931 年联合江笑笑、刘春山、丁怪怪、陆奇奇四档独角戏合组"五福团"，为滑稽戏的形成做出贡献，被誉为"滑稽鼻祖"。

111 张冶儿（1894—1962），原名景华，江苏吴县人，祖籍安徽。1912 年先后加入进化团、新民新剧社，擅演丑角，以趣剧获誉。新中国成立后，张冶儿曾组建星艺、奋斗等滑稽剧团，所演趣剧被整理汇集为《滑稽小戏》。

112 按，原文有误，应为陆啸梧（生卒年不详），苏州吴县人。早年曾在进化团、新民社任新剧演员，以滑稽表演著称。1919年陆啸梧在上海笑舞台和平社演出《郑元和教歌》，自扮扬州阿二，与张冶儿所扮苏州阿大被称为滑稽"双杰"，是和平社的"四大金刚"之一。陆啸梧擅演苏滩、小热昏等，有唱春第一人之谓。

113 按，原文有误，应为易方朔（1891—1960），原名易祥云，浙江绍兴人，早期话剧演员，以滑稽演技见长，后成为滑稽戏的主要创始人之一。

《自我演戏以来（1907—1928）》校勘及研究

我怎样学会了演京戏[1]

　　行家说学玩意儿有四步：会、通、精、化。单只会而不通，不算好玩意儿。通了还得求精。精益求精这才慢慢儿走入化境。化就是随心所欲，无不如意。在我的题目里提出一个"会"字，似乎并非夸大，可是回头一想，京戏里头我不会的玩意儿还多着呢，怎么就能说会？再一想，舞台上混了十几二十年，一点儿不会也说不过去。算会一点儿吧，我就来谈谈怎样学会了这一点儿。

　　旧日的科班，用暖房养花、火逼花开和填鸭子的方法，教小孩子唱戏，有很多地方是不合理的，可是它能限期刻日教会小孩儿上台。三年坐科出来，不管保成个角儿，也总会一套基本技术。梨园世家有的把小孩儿送进科班，有的请先生在家里教。小孩儿有父兄管着，不会浪费时间；上台的机会多，戏也看得多，这就容易学会。还有师傅带徒弟，要指着徒弟赚钱，就得使出全部精力培养徒弟。所以"内行"（职业演员）学戏特别专，就是说精力特别集中，而学的比较全面。不象票友只是业余活动，除少数例外大多数是单凭个人兴趣，很少可能按步〔部〕就班进行刻苦的锻炼。

　　我不是科班出身。算票友吧，从来没参加过任何票房，单凭醉心戏剧，便选定了自己的职业，经过相当长时期的寻师访友，走过不少弯环曲折的路，碰过不少钉子，也栽过筋斗，这才也算在舞台上占了一个小小的位置。整整演了十五年，而被承认某人是个唱戏的。

　　我搞戏，家里人一致反对自不消说，亲戚朋友有的鄙视，有的发出慨叹，甚至于说欧阳家从此完了。我妻韵秋受了各方面的压力，写信劝我回家，我回信说挨一百个炸弹也不灰心，她也就不再说什么。及至我要"下海"演京戏，就连平日同在一块儿演新戏的朋友也来反对。有一个同学拉住我的手说："予倩，你怎么搞的！你怎么得了！搞搞新戏嘛，还可以说是社会教育，搞旧

《自我演戏以来（1907—1928）》

戏这算什么呢！……"此外还有不少人见着我就作怪相，还会说些冷言冷语，大概他们自以为是最聪明最高尚最有出息的人物，因此才看不起我，我也就不理睬他们。象这样，我学京戏只有人反对，没有人赞成，更没有人帮助。尤其困难的是演新戏的收入仅仅只够吃饭，又没有任何别的经济来源。那个时候出门经常没有车钱，想买张票看戏都很不容易。还记得梅兰芳第一次到上海，[2] 我很想看，可是只看过一次。

在以上的情形之下，我学戏只能是断断续续的，碰上机会就学一点儿。一丝一缕慢慢儿积累起来，由一句半句到一段两段，再拼凑成一个整出，尤其是最初的两出，费的时间特别长。当时我很羡慕人家有留声机，可是那种"奢侈品"在和我接近的朋友当中都很少有。

学京戏分四个重要的部分：唱、做、念、打。以歌剧而论，唱工当然是特别重要，可是中国的戏曲，对做工也非常重视。这和西洋大歌剧不同，它们是以声乐为主，对于做工——动作表情比较看为次要。中国戏曲是唱、做并重，其中还有特别注重唱的"唱工戏"和特别注重做的"做工戏"。所以在四个重要部分当中，做工单列一门。至于念，就是道白，也就是台词，京戏特别讲究，艺人们认为比唱还难，有"四两唱，千斤白"的说法。打，就是武工。我们经常说"打武"，这两个字似乎不够通顺，好在打字可以作种种解释，说惯了也就没有什么。至于京戏中的武戏，原来是单独的一个部门，如果从汉朝的百戏谈起，可以说源远流长。它可以和文戏截然分开，可是在戏曲中早已一步一步与文戏相结合而产生文武并重的戏。武戏以武术为主，所谓打武，是一种节奏非常鲜明、舞蹈性非常强的武术动作，也可以说把武术的动作舞蹈化了。从中国的历史记载看，往往把武术、杂技和舞蹈混为一谈。现在京戏把武术和舞蹈融合起来，就是文戏的动作，也是舞蹈性的。但尽管如此，这些都不可能单独提出来当作舞蹈看，必须要与戏相结合，得到适当的运用才有生命。同时如果学京戏不把那一套舞蹈性的动作运用得异常熟练，就绝对演不好。演戏是身体的艺术，必须先锻炼身体——要使身体健康，发育平均，关节灵活，线条美丽，反应灵敏，节奏准确，这就必须练武工和学习舞蹈。老先生们说演戏要有武戏的底子，武戏要有幼工，这完全是正确的。唱文戏也必须要练腰腿，练舞蹈，对身体有个全面的要求。当我学戏的时候，还无从懂得这些道理，也因条件不够，不能作正规的学习。开始我只注意到

《自我演戏以来（1907—1928）》校勘及研究

唱工，以为唱好了就万事具〔俱〕备，这是错误。本来旧式的青衣专重唱工，不过几段死唱究竟不行，这一点当时我是明白的。

一、学唱

  我的唱最初是零零碎碎跟许多朋友学的，只要听见谁会唱，我就设法去和他拉点儿交情，慢慢儿向他请教。一开始什么都唱，后来慢慢儿发现我的嗓音，不能唱花脸也不能唱老生，只宜唱青衣。这才专门学青衣。东学一点，西学一点，胡唱乱唱，经过三年，及至认识了小喜禄——姓陈名祥云，在南边有名的青衣——才知道我所唱的全是南派的腔，不行时的，这才跟他从新学北派。

  据我的体会，所谓南派，就是从徽班一直传下来的老腔，北派就是经过余紫云、陈德霖、王瑶卿等许多位名家改造过的腔，有的是完全不同，有的只差几个工尺，主要的差别是在风格和韵味方面。1918年前在上海的舞台上还可以听到像薛瑶卿、伍月华等几位老先生唱南派的腔调，以后便成了绝响。老派的青衣没有什么花腔，经过北京许多名艺人发展和创造，才成了今天的样子。南边青衣的唱工一直是保守着老一套，它的衰败和北腔的风靡一时并不是偶然的。

  我那时候学唱，既不会记谱，又没有什么录音的工具，这就只能死记，教的人不可能给我很多时间，我也不好老去缠着他们，有的人愿教，有的人只欢喜自己研究不愿意教给别人，我有时听听，有时学学，一点一滴的把腔儿暗记下来。有的腔学两三遍就会了，有的学五六遍都不会，那就只能搁下再说，回到寓所一遍一遍自己琢磨，有时候好几天都弄不出来，想去找人再给说说又有困难——有些朋友非得陪他闲聊，非趁他的高兴不可；有的还有怪脾气，白天死睡晚上才起床，不容易找到，那就只能随时随地从各方面留神，听别人唱，或者把自己学会了的腔反复着哼，有机会就学一点，这样不知不觉就能触类旁通，不会的忽然会了，记不住的也记住了。想学玩意儿第一要有耐性，不能急；不能一来就发脾气；条件不够，时间可能长一些，只要肯不断地往里钻，没有学不会的。当时我就是这样：除掉跟人学，不管是在戏馆里，在马路上，在酒馆里，旅馆里，或是朋友家里，只要听得到有人唱戏，我就可以留恋不走。住的地方因为人多，不好大声唱，我就在被窝里头轻轻地哼。这样发疯似的整整一年，就把一些基本腔调大体学会了，还学了一出完整的《彩楼配》，接着又学会了一出《宇宙锋》。从此以后就越来越快，越学越多。唱学得差不多了，就开始学身段，便不免急于想上台去试一试，而且自以为有好几年演新戏的经验，上台是决不会怯场，可是陈祥云说："不妨试一试，可还不行呢！"

一个偶然的机会，我演了一次堂会戏，演的是《彩楼配》。据说大体不错，只有两只袖子还得练练，于是我便借了一件旧青衣拼命练袖子、练脚步。又多学了几出戏，大约经过半年，就在上海第一台打了三天炮。那时候正当吴彩霞演期满了，第一台没有找到适当的青衣，便来邀我。经过一番斟酌，陈祥云极力怂恿，我便正式下海，搭了班子。

偶然演两三天，只要没闹什么笑话，觉得颇为过瘾。一到搭上班子，那情形便大不相同：会的戏太少，舞台生疏，技术锻炼不够，越来越感觉到不能应付，每天都在紧张忙乱之中。

我第一次搭班子，拢总只会七出戏。照过去的情形这也勉强可以对付。后台管事照顾角儿，尽管不会硬派你演不会的戏，可是预先情商你也不好意思推却，这就得赶快找人学。一边演着一边学着，一百二十个耐心向人请教，一下后台，对所有的有关的配角，都得老老实实说明自己对那出戏不会，请他们给说说。往往他们以为没什么的地方，非常容易，在一个新的角色看来，因为没有试过就摸不着门，与其台上砸锅不如台下多问。因为我的态度十分诚恳，后台待我都不错，谁都愿意详详细细给我说，有的说得对，也有的说得不对，甚至于有的是瞎说，我都好好儿听着，再去请教别的内行，加以辨别订正。这样增加了不少知识，同时学会了不少出戏。但是这些戏都是赶着挤着学出来的，所以就不够细致。你既是应青衣的行当，那属于青衣的戏你就不能不会，所以当时我决心赶着多学，应付了演出再设法慢慢儿磨光。这种搞法滋味不佳，情绪也不可能很愉快，尤其是赶出来的戏，好比大锅菜，是不大下饭的。可是尽管如此，这还是一种有益的实际锻炼。

舞台不熟悉，技术锻炼不够是一个很大的困难：我学唱的时间比较长，我有一条相当好的嗓子——有高有低，能宽能窄，又脆又亮，可刚可柔，这就是本钱。有本钱如果不会用那也是白饶。我对唱工尽管下过不少功夫，台上要个把腔也有人叫好,可是越唱越觉得不归宫——就是说只凭嗓子好,使劲的唱,如同叫喊,抑扬转折之间总不够韵味,这就不可能十分悦耳,还可能刺耳,那就更谈不上表达感情。我每听到在台上直着嗓子喊的,就感觉心神不安,我便常去打听人家对我的唱是怎么个看法,他们大都是称赞我的嗓子,我对自己也就不能满足。可是这也急不来,功夫究竟是功夫,找着窍门不是一天的事,一个上台不久的演员凭什么可以自满呢!

我在台下唱着玩的时候,未尝不感觉到"还不错呢",可是一到台上就大不相同:胡琴的地位离得远了,再加上锣鼓;要顾住身段表情,还得跟别的角色配搭,想做到得心应手真不容易。

我自信不会荒腔走板,可是越唱越觉得节拍不容易把握,每一段唱,根据人物的感情,根据特定的情景,有它最适合的节奏,差一点就不行,如果机械的对待节奏,那唱出来的调子必然是呆板的;或是就不管西皮、二黄反正千篇一律,那还有什么滋味?有许多人当学唱的时候用脚或者用手打拍子,如果要把板眼弄得很清楚,用手来拍个明白确有必要。学昆腔叫作拍曲子,拍是学曲子的初步过程,可是一上舞台,手脚要为动作表情使用,绝不许用来打拍子,所以要有"心板"。就说心板也不能一直暗数着拍子唱,例如一个拉三拍、四拍的音,如果唱的时候一二三数着拍子,那就会显出棱角,这是很微妙的一工劲。必须要把唱的技术练得很熟,音和拍子要非常准,字正腔圆,这一些都要下意识地掌握住,唱起来就好象日常说话一样,意念一动,声音和节奏即刻伴随着表达出来,这才能够谈得上表达人物的感情。嗓子就是乐器,必须每天练,还要练的得法,才能运用自如,发出正确悦耳的声音。我经过将近二十年的舞台生活,深深感觉到这对于歌剧演员是个严重的课题。

在京戏班里如果讲究唱工,经常感觉困难的就是不容易跟场面配合得好。现在的场面有很大的进步,以前上海的场面完全就是大锅菜,除非是特别的大角儿自己带一班场面,次一点的就只能自己专用一个琴师,不然就只能将就官中场面(公共的)。很早以前老辈子演戏从来没有个人带场面或带琴师的。后来唱的技术发展了,新腔增多了,尤其是产生了新的剧本,排出新戏非有熟场面不可,所以京角儿出码头多半是自带场面。武生为着适合于自己的习惯和花招儿打得格外合拍,也带一堂场面,至少也得带一个打鼓的。我经常带一个琴师、一个打鼓的,出码头也带一堂场面(七个人),在上海搭长班子就可以不必，只带一个琴师也就行了。我现在想谈的是角色在舞台上，必须要能够自己掌舵。要搭班子非得练会一套通大路的活儿，要公共的胡琴也能将就唱。如果除了自己带的胡琴就张不开嘴，那就会弄得非常别扭。有一次我唱《玉堂春》那样重头的戏，临时琴师因故告假，只得请人代替。代替的那位并不错，可是我因为不习惯，心里直嘀咕。慢慢原板过去了，偏偏一到快板张嘴不是地方，唱走了板。台底下没有倒好，也没有敞笑，可是一股热气直冲我的脑门，好容易才定下心来把戏唱完了。当时我口里不说，心里不免有些怪鼓板和胡琴。我一面卸妆一面生气，我说："今儿个可砸得惨呢！"一位管事的用安慰的口吻说："没什么，不显。"另外一位年纪大一点儿的好象在自言自语，他说："这就真不易！慢慢儿来。"我听着很难过，只得鼓着一肚子闷气回家。第二天吊嗓子再唱快板，我的意思要证明自己没错，谁想一张嘴又不在板上，再唱还是一样，我正端着一杯茶，一气就把茶杯摔了，一连摔了两个茶杯，祥云在一旁只顾笑。这才发现我唱快板本有毛病，而前几次感觉唱对了是偶然的，胡琴、鼓板也为我弥补了一些。这才重新下工夫练，一次被纠正过来就永远不会错，如果自以为是那就会错到底。我在舞台上还是上过先入为主、自以为是的当，以致〔至〕于走了许多弯路，阻碍了进步。

二、学做

（一）步法

关于做工我想先谈谈脚步。一开始我对京戏"脚步"的解释是错误的。我以青衣花旦的走道只要模仿女人就行。如果是那样，那我很有经验。我演过好几年新戏，扮过各种不同的女人，研究过各种女人的步伐和姿态。在日本的时候为着演《热血》中女优杜司克，每天上火车站和银座一带去研究西洋女人的走法、姿态、表情等等；回国以后，对中国各阶层的女人——太太、小姐、妓女、丫头、老妈、农妇、卖花的、卖菜的——我对他〔她〕们的外形和脚步都曾经常分别地加以研究，而且每一个人的脚步各有不同的样子，不同的风度。我以为把这套经验搬上京戏舞台就行，没想到京戏的脚步是一种舞蹈动作，必得特别下一番工夫。有一次我在台上听得后边有人在说：

"嗬，这两步儿走！"我一下台见一个人挺大嗓门儿在说话，那声音正是那挑眼儿的，我就问他："我的脚步挺难看吧？"他说："谁说？挺好吗！"旁边一些人好像在附和着他，相顾示意。我把这事告诉祥云，他不说什么，只抿着嘴笑，我懂得他的意思，也就不再说什么。最有效的回答就是照规矩下工夫练。

且角的脚步大约是根据小脚女人的走法加工创造出来的，看上去比真正的小脚女人来得健康而有风度。求其与全身的线条取得谐合〔和〕，又和古式的服装相配称，这就有一些技巧。

且角根本走的是细步。练的时候把两腿夹得很紧，膝盖和膝盖几乎不离开，脚跟先着地，一步一步量着走。走的时候身子要直，两肩要平，一步一步由慢而快，由快而慢，这样来锻炼脚和腿的工〔功〕夫。以前有些老先生教徒弟，让徒弟在两膝当中夹一根竹管，走起来竹管不许掉，这当然是过分一点。可是我看见过有个元元旦，他的脚步就是这样练出来的。他出台的时候，好像脚步不动，只见他裙子起着微微的波纹，人已经到了台前；跑起圆场来就跟燕子似的。

跑圆场[3]是一门重要的功课，跑起来步子要细，要平，要一点儿不乱。一个人练的时候，大致是顺着左云手，两膀向右，身向左转，一圈圈的跑；再反过来顺着右云手，两膀向左，身向右转跑。两个人练的时候就可以每人举一根枪杆子交叉着，围着一个中心转。初练的时候腿脚非常酸，跑不到一会儿步子就乱了，身子就会一高一低的跳，跑好了之后那真是肩膀上搁一碗水都不会洒，人就好像在水上一飘〔漂〕一飘〔漂〕似的。这样练过，步法就算有了基础，其他的一些也可以迎刃而解。京戏中青衣花旦的脚步大致可分为以下几种：

慢步。

快步。

大步——前面我说且角的步法基本是细步，可是有时也需要用大一点的步子。

小步——《洛神赋》："凌波微步，罗袜生尘。"[4]诗里也有"纤纤作细步"的话。可是后台不说微步细步，只说小步。

碎步——多半是表示小姑娘的跑，也可以用在急忙匆遽的时候。

挫步——就等于齐步走的换脚。主要是快步或走圆场里头用。后台常常会听见来个"小挫步儿",可是没有说大挫步。

衬步——换脚换步的时候中间有个转折叫衬步。

垫步——例如出场的时候略停、抖袖,掏着腿再起步时用后面的一只脚轻轻一垫往前走,身子随和着显出微微的摇曳。这种垫步或大或小,可以看情形变化应用。

云步——原来是作为神仙腾云用的,以后也作各种的用法。云步有两种走法:一种是两脚尖相对一分一合用脚跟移动,横着往左或往右走,上身要平,腰部随着微微的摆动;一种是两脚相并,两脚尖和脚跟替换着向左或向右横着走,身子可以微微的有点起伏,腰部可以略微多扭动一点,好像船浮在水上,被轻微的浪推动似的。在必要的时候,云步也可以让身子的起伏更大一些,那就是脚一边移动,膝盖可以应节曲〔屈〕伸。

掏腿——就是一条腿向另一条腿的后边一摆,交叉起来。掏腿的用处非常多,差不多旦角站住总掏一点腿。掏着腿身子无论是向前向后或是左右摇动都非常自如,姿态也容易好看,因为掏着腿容易掌握重心。接连掏腿也可以向左右横走。

存腿——就是略微把腿弯一弯。有的旦角嫌自己身子太高,便借着裙子的蔽掩将腿略弯,身子往下略蹲,这叫存腿。这样会显得矮一点儿。难处在存着腿要身子一点不弯,还要保持着姿态的美。有的时候象进船舱或者进窑都要存腿。

跨腿——例如被人一拉,你就往那边一窜,这种时候就用得着跨腿,比方向左去就提高右腿跨过左腿,这是比较大的动作。《南天门》曹福搀着曹瑞莲过独木桥的时候一同跨三大步。

花梆子——原来是跷工的一种走法,青衣从来不登跷没有走花梆子的。可是近年来青衣花旦不大分,舞蹈的动作增多了,大脚片儿有时也采用一点花梆子的步伐。

旦角的步法大致是如上几种,还有像跌、滑、斜步、转身、鹞子翻身、卧鱼、上船、下船、出门、进门、上楼、下楼之类以及跳跃膝行,这些都不仔细谈了。此外穿不同的鞋也得经过些练习,像花脸、武生、老生、小生等——特别是花脸,穿高底靴演戏那得经过长时间的实际练习。旦角穿的是薄底鞋,可是有时要穿一种底子比较高的叫船底鞋,还有就是演旗装戏得穿花盆底的旗鞋，那都得经过练习。我最初一次演旗装戏的时候，老师教给我穿旗装要挺直腰板，头别太摇晃，一步一步要走得大方、洒脱，身上得放松了。当时他说的意思我能够领会，可是我从来没有见过旗人妇女，我看过些象〔相〕片可无从知道她们走道的样子。那时我的琴师是个旗人的宗室，他说给我许多旗人的生活习惯和礼节等等，我跟他学会了请双腿安，又借了一双旗鞋穿着来回走给他看。这个人有点儿马马虎虎，问他他老说是很好，第一次上台演《探母》，后台说我走路像"改造子"（放脚女人）。为着旗装的几步走，我下过不少工夫，当然也有进步，不管值不值得，总之凭空模仿不会有好玩意儿。

我最初以为京戏的步法是机械式的、死板的、程序化的东西。运用得不好的确会是这样，但只要是一个懂得表演艺术的演员，不会拘泥于程序，而使自己的表演丧失灵魂。基本的工〔功〕夫必须练好那是没有疑问的。要走得好，走得漂亮，要和手眼身段完全调和，更重要的是要合乎戏情。步法既是一种舞蹈动作，那就一步一步都得合乎节拍，这也是不消说的，可是这并不是说要一拍一拍去数，而是要很自然地使进、退、动止、回旋，无不应节，无不合乎人物的感情。我们不妨举一个简单的例子，就说《御碑亭》吧，王有道的妻子匆匆忙忙从娘家赶回婆家，天黑了，遇见大雨，她用袖子盖着头，一颠一滑地奔向御碑亭去避雨，只要看她的脚步就知道她又急又怕；到了第二天清早，雨停了，她放心回家，脚步当然会轻松些。还有比方一个人心情很愉快，或者是有沉重的心事，一边走着一边想着；又或者他很烦闷，绕着屋子转圈儿：这些都可以从他的脚步里看出他的心情。所以没有基本工〔功〕夫绝对不行，可是专靠一点基本工〔功〕夫，或者专模仿某一个名角的漂亮动作，绝演不出好戏。我在台上也偶然有些体会，有时候觉得把握不住，有的时候就觉得不管踮起脚来望望也好，低头转个身也好，向前走两步或者退后两步，每一步都合乎节奏，而每一步都包含着很深的感情。当然在商业剧场里每天去应付一些庸俗的连台新戏一类的节目，那就这些都谈不上。可是一个有良心的演员，怎么会甘心让自己的艺术一天天流于油滑呢！

（二）手势

要问旦角的手势有什么特点，那就是无时无刻不在划〔画〕圆圈儿。京戏的全部舞蹈动作可以说无一不是圆的，昆曲也是这样，我想说京戏在舞蹈

《自我演戏以来（1907—1928）》

动作方面承受了昆曲划〔画〕圆圈的艺术，看来这也就是中国古典舞蹈最显著的特点。

现在我不打算也不可能过于详细的列举旦角的各种手势而加以说明，只提出几样动作来看一看它的规律和特点。手的动作总的说可分三类：一、徒手的；二、用袖子的；三、用道具的。姑且谈谈抖袖吧。

抖袖——原来只是整理整理衣裳，把袖子抖抖平整，一经成为舞蹈动作跟剧情相结合，便表现出各种的变化。这个动作主要的是将手垂下去，先向里后向外划〔画〕一个圆圈。说起来是很简单的，一个手的抖袖（左手或右手）叫单抖袖，两个手同时来叫双抖袖。我想抖袖可能是古代舞蹈大垂手、小垂手的遗法，双抖袖可能就是双拂，故宫绘画馆展出的《韩熙载夜宴图》，舞妓王屋山六么〔幺〕舞的动作就很象双抖袖。

单抖袖的时候另外一只手可以平放，也可以高举成另一种姿势，也有掬腿蹲下去抖袖的。抖袖有轻、重、大、小、快、慢、强、弱之分，动作有时可以花描一点，有时就应当简单一些，这些完全是依据角色的性质和剧情的发展而变化的。《汾河湾》柳迎春出场的抖袖和《贵妃醉酒》的抖袖当然不一样；生气的拂袖和夫妻调笑时的轻轻一拂（例如《贩马计》），所用的劲不可能一样。这样一说就可以明白学习抖袖仅止于姿态的模仿那是不对的。旦角关于袖子的动作本来不很多，但是三十年来不断的有些发展，舞蹈动作加强了，袖子变化也就增多了，因此就有"耍袖子"之说——不管合不合剧情，合不合角色的性质，只是为着热闹花描乱耍一通，那是要不得的。关于袖子的技术我想只谈这一点。

整鬓——整鬓的动作可以说是旦角的基本动作之一，整左鬓则右手放在左肘处，整右鬓则左手放在右肘处，有时另外一只手可以不必随着，左右整鬓连起来，再加上扭腰看裙子，动作就加大了，复杂些了，这样一发展就变成另外一种舞蹈姿态。整鬓的动作有时也可以用以表示思索。

指——旦角的手基本是拇指掐中指余三指翘起，成为兰花手（当然有各种变化）。指出去的时候，手腕用暗劲划〔画〕一个圆圈，食指本身也划〔画〕一个小圆圈，两个圆圈套起来就成为一个姿势（指的姿势变化颇多拟另详谈）。手的每一个动作必有起番儿，起番儿的意思就是作势——每一个动作必定从相反的方向做起。凡向外指，手必定先向里缩回划〔画〕个圈指出去，向左指必从右起，向右指必从左起，向上向下都是一样，所当分别的就是圈圈的大小、手伸出去的尺寸和姿态的刚柔。

指的动作可以用一个手，也可以用两个手指同一的方向，我想可以叫做〔作〕单指和双指。双指的动作也和单指一样，可以放得很大也可以收得很小，在这个当中全靠演员根据剧情和角色的感情来处理。双指放大了圈圈就成为晃手，刀马旦常用。有人问我手的动作圈儿要划〔画〕多么大才对？我说只要合乎戏情划〔画〕多么大都行。这是我演了好几年戏才体会到的。而且从旦角的手势看，往往用很微细的动作表达内心的波动，这也是中国古典舞蹈的特点之一。

除此之外关于袖子有双折袖、单折袖、单举袖、双举袖、挥袖、晃袖（用晃手的动作挥动双袖）等。手的动作还有仰掌平伸（摊手）、复掌平伸与平开及腕节的波动、山膀、云手等。每一种动作都有它的用法，一种动作也可以作好几种用法，各种动作经常是连起来用，其中强弱、大小、快慢、刚柔相互配合，产生变化，这里很难列举加以说明。

此外使用道具都有一定的方法和姿势，如鞭、扇、针、线、桨、带、巾、盘、蝇帚、刀、剑等等，每样东西都有不同的拿法，不经过学习和锻炼就不能运用自如。

以上单就旦角的动作约略一谈，如果学武戏，玩意就更多了，还有生、净、武生、武丑、武旦等角色的手脚变化，那就更复杂。略加研究便感觉京戏中的舞蹈动作是相当丰富而富于变化的。我以前都是就每一出戏零零碎碎学的，最初只不过是模仿（模仿，最初可能也是必要的，由模仿到灵活运用，再从事于创造，这在学京戏可能是必经的过程），一直到演了好几年戏，经过不断的学习才慢慢儿摸着些门路，也就不免走些弯路。当初如果能够加以分析，一定会学得更快更好一些。今后如果要好好的发展它，那么分析整理还是很必要的。

（三）眼神

京戏最突出的特点就是节奏鲜明，跟着那种特别鲜明的节奏，眼神的运用也就有它的特点，最显著的是手到眼到，手指到哪里眼睛必然跟到哪里，还有所谓"领神"，就是说要用眼睛领着观众的注意力集中到台上。初上台的人往往会感到手没处搁，还有就是眼睛不知道望什么地方好。话剧演员就会

《自我演戏以来（1907—1928）》

提出望第四堵墙的哪一点这样的问题。京戏老师会教给学生出台要看得平，还有些庸俗的搞法就是花旦出台必须转眼珠，照顾到全场的观众。就说眼到手到也绝不宜机械地去处理它，有些老师教给学生手从某一点指到某一点，眼睛死跟着，结果做出来的动作不是很僵，就会让人感到可笑。有些花旦转起眼珠来好像钟摆似的，机械而单调。眼睛是最灵活的器官，旧时有"眉听目语"这样的话，那是形容女人的聪明伶俐，我们乡下说一个人"眉毛都会说话"，那就是形容他很灵活而厉害。不管怎么样，眼睛是最能够鲜明地深刻地表达感情的工具。

　　我的眼睛有点近视，看远不行，看近相当清楚，在台上扔东西接住不会失手，可是怕眼睛不够灵活，我从演新戏的时候起，就每天练习眼睛，每日清早用淡盐水洗洗眼睛，把眼睛睁大，向左转若干转，再向右转若干转，使劲往上下左右看；用手划〔画〕着圆圈儿，眼睛跟着转；这样不断地练习，眼睛自然会越来越灵活，然后根据剧情、根据角色的性质、人物的性格感情在每一刹那之间找你眼睛最适当的地位。有些演员习惯于低头看台板，那是最糟的，四处乱看也不对。还有些话剧演员极力避免自己的视线与观众相接触，不敢面对前台那也是错误的。但是歌剧和话剧究竟有所不同，因为唱的时候决不能背着观众（倒板例外），而武戏的亮相多半是正对观众，这和话剧是不一样的。关于手到眼到，我曾经加过"心到"两个字。我以为不从角色的感情出发，所有的动作都是死的。至于"领神"，也就是领观众的神，我是这样看：演员在台上任何时间都要把精力集中在一点（当然那个时候我不懂得什么叫注意力集中）。我说眼睛所到的地方全身的每一个细胞都要跟随着。只要你能够钻到角色里头去，表演的方法又用得对，在一定时间内哪怕你在台上坐着不动不说话，观众也不会讨厌，而且会特别注意到你，这种时候眼神是最重要的。所以一个好的演员才能在台上站得稳坐得稳。眼睛只要用得对，对观众并不会有错处。即使你背对着观众，你的眼睛在凝望，只要用力用得对，你的感情又能够支持你的眼睛，观众就能从你的背后看到你的眼神。当初我尽管有这一点体验，但当我对于京戏的表演技术还不够十分熟练的时候，我不知道演京戏究竟应当怎么办，在摸索当中也就免不了模仿与抄袭，有时也不免以一得之愚沾沾自喜，一转眼又便自己否定了它，经过几番反复之后才觉得有些心得，渐渐地能够跟着剧情的进展，为达到一个特定的目的，把歌唱、动作、表情等比较合理地、有效地结合起来，然后在台上会感觉更顺一些，舒服一些。

三、学念

我是湖南浏阳人，浏阳话是属于江西语系的，大致象江西萍乡话，又有点象广东的客家话。我们那里的人学外省话多半不大行，我祖父和我外祖差不多半辈子住在北京，就不会说京话。可是我妈妈是在北京长大的，在我小的时候，她经常教给我唱些北京小孩儿唱的歌，还学一些北京叫卖的声音，我很小就会吆喝"清水萝卜赛落梨，辣来换"。我和弟弟妹妹全象我妈妈，口齿特别清楚，还有就是耳音好。我自幼就学会了说长沙话和湖北话，十四岁在北京念过一年书。[5]这样，我的京腔虽不地道，说说普通官话还算勉强。日本时期的春柳社员中，李涛痕的京话最纯粹，我经常向他请教。上海时期春柳社社员中只有冯叔鸾一个人是在北京生长的，马绛士是东北人，其余大部分说的是蓝青官话[6]，所以我的京话在他们当中还算是不错的。当时上海一般的新剧团体在台上多数的演员是用苏白，春柳同人从来不用苏州话，可是京话又说得不大好，这可能是失败原因之一。我当时极力纠正说北京话的字音和语调，同时花了两年的工夫一字一句地学会了苏州话。及至春柳散伙，我曾经和徐卓呆、朱双云、汪优游他们合作，便也跟随着他们用苏州话演过很多戏。我的苏白在台下还算不错的，可是一上台就还是"强苏白"，不是过于柔软便是显得生硬，好容易慢慢儿才顺一些。

学京戏得会两种白口：一种韵白，一种京白。京白用的是地道的北京话，可是语调要夸张一些，节奏配合着敲击乐器特别鲜明；韵白是韵语、半韵语和口语组成的，韵语部分有诗有词有对偶句；半韵语是和口语经常结合着成为一种朗诵式的台词。京戏的韵白和普通的北京话比起来，有些人以为这是完全脱离日常生活的话，其实就他〔它〕的字音和语调来看，原来的底子是湖北话。所以汉戏、湘戏、桂戏尽管都用韵白，而在湖北、湖南和广西人听起来除掉觉得言词文一些之外，并不会感觉到和日常的语言脱离得太远。但是韵白就它的文体、结构、节奏、表现方法等方面看，的确是中国戏曲特有的形式。

《自我演戏以来（1907—1928）》

要学好京戏的说白，最初不能不有所模仿，有许多戏的白口是经过名演员一再研究，千锤百炼的，挑选最好的模仿一下并没有什么坏处，学得多了，找到了它的规律，就自然会有发展。我学《玉堂春》的时候，公堂上那一段词儿，我完全照着老师所教的语调，一遍一遍反来复去〔翻来覆去〕的念，念过六七十遍之后，觉得字音准了，节奏也对了，声音的高低、轻重、刚柔、抑扬顿挫能够有把握了，我才开始研究照老师教给我的念法和我所体会到的角色的感情是否对头。比如："……启禀都天大人，犯妇之罪，原非犯妇所犯，只因裴氏上下行贿，将犯妇买成一行死罪，临行起解之前，监中有人不服，替犯妇写下申冤大状，又恐被裴氏搜去，因此藏在行枷之内，望求都天大人开一线之恩，当堂劈轴开枷。哎呀，大人哪……"这最后几句有的人从开字起就把声音提高一点，一个字一个字节拍加紧，到"大人哪"的"哪"字提高嗓子尽力一放，好像要把一腔怨气用全身的力量叫出来，这样颇容易博得观众叫好，我最初用的就是这个方法。后来我想苏三遭受黑天冤枉，屈打成招，被解到省城受审，这是决定她生死最后的一堂，她又是悲愤又是恐惧，然而在绝望之中露出了一线生机，可是在她看起来希望虽不算很大，也可能有比较清廉的官，给予哀矜而得到昭雪，在这种心情之下，这一段话是不是以凄切婉转的声音念出来比较合适一点呢？于是我从"望求都天大人"鼓起勇气以微微颤抖的声音提出恳求，念到"大人哪"的"哪"字，从低半音渐渐儿提高，最后慢慢一放声泪俱下，成为惨痛的申诉。我这样试过许多次，感觉着似乎还顺，可是台下不一定叫好。我提起这个并不是表示我会念白，只不过体会到了念白的确不易。

念白第一字音要正；音的轻重长短要配置得好；使用声音要有变化，角色的感情要体贴入微，声音跟着感情起伏流转，然后才能吸引观众的注意，抓住观众的感情，把演员的心和观众的心相交流，这才真正能够达到演戏的效果。在这里我们可以认识到要让观众听得明白这是起码的要求，专求调子好听，也还是十分不够的。

如果以为韵白只是一种简单的、程式化的东西，只要学会它的调子就行，那就不对。但也的确有很多人只注意到形式，只研究怎样能够博得台下叫好，即以旦角而论，有些演员专求柔媚，有的就专门模仿名角的声调，把角色的身分和感情看为次要，弄得不好，听着就会显得肉麻。

《自我演戏以来（1907—1928）》校勘及研究

　　《打渔杀家》里桂英儿的语调总不能念得和林黛玉一样吧！首先她应该刚健一些，有些演员把桂英儿演成十分脆弱，即如"打鱼"一场，他劝父亲不要做河下生理，萧恩说：本当不打鱼，只是家贫无以为生。桂英一听就"呵呀"一声哭出来，这是不真实的，违反常情的。很少有父女谈家常，一句话提到生活困难，女儿便哇的哭出声来，这种地方只要望望父亲低头长叹也就够了。桂英虽然不过是一个不满二十岁的姑娘，她生长在贫苦忧患之中，同时还受着赃官恶霸的压迫，母亲死了，父亲老了，她的心情是可想而知的；可是她在父亲面前显得是一个温顺而活泼的孩子，她对恶霸和那些走狗恨得牙痒痒的；象这样的角色，她的台词应当怎么念，大可研究。如果把桂英仅仅当作一个娇柔的年轻姑娘来演，我想是不够的。

　　又如王宝钏这样的角色，演《彩楼配》《三击掌》《探寒窑》《武家坡》这几出，每一个段落情景不同，感情也当然不同，台词的声调、节奏就不能不有变化。象《武家坡》这样的戏，看起来好象并不难演，可是要把当时王宝钏那种又惊、又喜、又疑、又憎，而心的深处带着哀愁那样的心情曲曲传出，却也不易。有的演员单纯的拘于韵白的程序，在跑坡的台词里不适当地用上些"呢""么"等字，而以曼声出之，显得那个王宝钏只是娇里娇气，这似乎也不妥当。

　　京戏念的部分，分量的确相当重，生角有些戏是完全靠念白的，青衣戏即如《宇宙锋》的"金殿"一场也就有大段的念。我还演过一出戏叫《龙凤环》，是根据绍兴文戏《龙凤锁》改编的。这个戏故事比较曲折，简单的说：就是有一个少年追求一个豆腐店的姑娘金凤，有一天晚上以借灯为由走到金凤屋里去了，二人私订〔定〕终身，少年送给金凤一个龙凤环；金凤的父亲回来了，少年就藏在柜子里头，结果闷死在里面，金凤以谋杀论罪，经过一些周折，最后得到昭雪。金凤有三场很重的戏，一场是《借灯》，一场是《监狱》，一场是最后的《大审》。《借灯》和《监狱》这两场都是唱做并重的戏，主要的唱工是在《监狱》的一场——女禁子同情金凤，知道金凤被判死刑，在头天晚上预备一点酒菜给她吃。她心里明白，当然吃不下，那天晚上也不可能睡着，同监的犯人也不知道怎么安慰她，就这样等到天亮，被带出监去，但并未执行，遇到一线生机，提堂重审。《会审》一场演四十几分钟和《玉堂春》的《三堂会审》一样长，可是全部是念白。我演金凤《公堂》一场扎实

《自我演戏以来（1907—1928）》

下过一番工夫，可是只要念得好还是可以得到一定的效果：台底下一直很静，从头到尾没有人叫好——台上台下呼吸交流比起哄叫好要舒服得多。只要感情真实，表现的方法是可以灵活运用的；只要感情真实，任何格律也好，程式也好，必然成为次要。对韵白就可以这样看。

我除青衣戏之外还学过不少花旦戏和一些刀马戏，这些戏大多数是用京白。最初我以为韵白比较难，京白比较容易，事实上京白比韵白更难。韵白因为有那么一套腔儿调儿还多少能遮点儿丑，京白就是所谓"大白话"，跟日常生活特别接近，说得有一丝儿不对就会被人听出来。当然京戏的京白和日常说的白话是不完全相同，就和话剧的念台词也不同：它是精炼过的、经过艺术的加工的、和歌唱相结合的一种舞台语——其中也有韵语，如念诗念对之类，也有半韵语和纯口语；它的语调比较夸张而有一种特殊的风格，这类台词不经过学习和锻炼是绝对念不好的。

在我所学的花旦戏之中，如《双钉记》《双铃记》《十二红》之类，学会了因为我不欢喜，从来没演过；《戏凤》《浣花溪》《胭脂虎》《战宛城》等演过的回数不多；《乌龙院》比较演得多。我觉得《乌龙院》这个戏编得不错，下的工〔功〕夫也不少，可是最初演四五次总感觉词儿念不好，尽管字音没错，调子也算对了，就是话不像从角色的心里说出来的，这就不容易引起观众的共鸣。

念白首先要读准字音——弄清"出字归音"，分清尖团，辨别阴阳，自然不消说得；此外还要练"喷口"，练喷口就是要练嘴劲——每个字从嘴里出去就好比枪子从枪膛里挤出去一样，口紧力大才能送得远，喷口好的演员说话不必大声嚷就能把台词一字一字送到最后一排座位。喷口之外还有气口，气口就是呼吸，无论唱歌念白用气和换气都非常重要，会用气口的无论多长的句子念起来都不吃力，换气的地方，非常自然，旁人听不出来。读准了字音，练好了喷口和气口，这就要看如何选择语调，如何运用声音，这两件事是要结合戏情和角色的性格来进行的。这也就是考验演员的一把尺。

我演戏的时候也和别人一样每天必吊嗓子，从无间断。唱完几段之后就练念白——一遍一遍地念，一个字一个字地研究，觉得有点儿不顺，便从头再来。这样做不可能没有丝毫进步，可是我学戏除请老师传授外多半是自己摸索，得朋友帮助的地方很少，正确的批评不易听到，请教人家不是随便恭维便是深藏不露,倘若在今天那够多么好!以前哪里有象今天这样多学习的机会、这样好的条件!

四、学打

演京戏没有一点武工的底子是不行的,我每天除了吊嗓子之外也还练武工学刀马戏。先后请过两位老师,一位是水上飘,一位是周福喜。在上海那种一楼一底的房子里练工是困难的,天井里打把子伸不开膀子,老师让我和他一同到大舞台去练工。

我起了个大早,老师早已等在门外,喝了口茶便出门,直奔大舞台。一到那里,看见台上一群孩子在翻筋斗,有的在拿顶(倒立),师傅在一旁指点;另一部分是大人,有的打把子,有的穿着胖袄,登上高底靴练身段。我和老师坐在台下看了一会儿,老师说:"咱们来吧!"说着一面脱棉袍就往台上走。我一看,练工的人多数穿着单小褂,要不就是小夹袄,大裤腿的裤子。只有我一个人西装皮鞋,一走上台便自己感觉不顺眼,至少是不大调和吧。而且人家都在练一套一套的,而我才象小学生刚刚开始,便觉得有些不好意思。

那时正是冬天,台上的过堂风吹得直起鸡皮疙瘩。这我倒毫不在乎——演惯了旦角从来就不怕冻,大雪天两件单绸衫上台也没伤过风——当时我把大衣和西装脱了,抓过一根藤子就打起把子来。打把子原来我也零零碎碎学过一点儿,那个时候我已经算是会打一套快枪和一些别的,可是老师让我从头学起,他说先要把"一二三"打好——左手托平枪杆,右手抓住枪把,全靠右腕的活力使枪尖上下摆动,嘴里就"一二三,一二三"数着。我以为这是再简单没有的,可是他强调这一手必须多练:要每一下都打在一定的地方,枪头摆动的角度不能过大过小,他让我每天对着柱子练,要多练。同时他教给我一两套最简单的,如"灯笼泡"之类的打法(这些只是基本练习,在台上用不着的),他非常注重步法,上步、撤步,差一点他都叫从头来过。当时我一面照着他所教的一遍一遍的练,可是我心里想这些我早会了,用不着过于麻烦,又是许多人看着,显得我真笨,这就有点练不下去。在休息的时候,我向老师建议,"一二三"之类的东西我可以回家去练,希望他教给我一点别的，比如"下场花"之类的东西换换胃口；同时我便把我学过一点的枪花耍给他看。他认为都不很对——当时他耍给我看，也教给我练习的方法，例如耍"劈猴儿"要面正对墙练，无论多快，枪不碰墙；"大刀花"是直的，要身子侧面靠墙练：这样练好了，手才有准，才能够每一下都是地方，这才不会碰着别人。我相信他所说的完全对，打定主意好好向他学，就这样接连不断上大舞台去过好多天。及至我搬了一所房子，有个比较大的天井，我就不大愿意上大舞台去了，练工慢慢儿也就松懈下来。尤其是老师要求比较严格，每天练的差不多都是同样的东西，很少增加新的，而我心里着急，只想快点上台去试试，于是催着让老师多教一点。大约他看出了我的意思，便不再严格要求我，不再批评我的错处，我要学什么他就教什么。他经常说要用三冬两夏[7]的苦工，可是我一冬一夏不满就学会了许多东西。每到后台就找着熟识的武行哥儿们对刀对枪，他们也乐意陪着我，旁边看的人每每伸出大拇指说："好，真有心胸！"有的说："真不赖，怎么没见你练就会这么多！"我无暇考虑他们的赞词是否出自真心，听着总还是觉得舒服，不知不觉露出自负的形色，以为技艺并非不能速成，还是有捷径可走，便否定了基本练习的重要，结果是好象样样都会，样样稀松。比如打快枪吧，学会那轮廓并不很难，如果要到台上应用，那就脚步手势以及枪的高低上下都要十分准确，所谓"下下着"，每一下都要打得是地方，要不然不是你碰着人家就是人家碰着你，所以就必须按着规矩练，练得纯熟之后，应用起来才能够心到、眼到、步到、手到，然后才能谈到表情。唱慢板还多少有思索的余地，打武戏一下接一下真是稍纵即逝，而且往往对象不只一个人，不能没有情景的偶然变化，因此，稍微有点儿稳不住，或者应付不得法，就会出岔子。一个初学的人，只要扎上靠戴上盔头就会不大能动，上台去不需要几个回旋就会上气不接下气，这全靠工〔功〕夫，工〔功〕夫！可是当时我偏偏自作聪明，避开了正规的训练，辜负了教师的好意，以致没把武戏的工〔功〕夫练好，现在想起来还觉遗憾！但是练过武工究竟不同，身段动作不自觉地进步得很快，有灵活舒适之感，身上的线条也就更美些。

　　两年之中，我也算学完了《破洪州》《湘江会》《虹霓关》等几出刀马戏（刀马旦的戏是半文半武的戏，但必须武工有根，还要善于念白和表情才能演得好）。同时我还练过跷工。听说跷工难练，因为没有尝试过就练着玩的。贾璧云听说我想练跷,马上送给我一副跷板,并教给我如何练法。他让我绑着跷扶着墙走走看,谁知我一绑上就能走,这样就练开了。跷工和脚尖舞一样,脚面要绷得直,膝盖要直,腰板要直。过去有些师傅怕徒弟练跷偷懒,便在他腿弯子那里给绑上一根两头尖的竹签子,只要腿一弯便会刺进肉里去,这当然是不合理的野蛮做法,可是练跷决不能蜷腿却是一定不移的。登上跷随便走走还没有什么,要把那两块木头使用得和自己的脚一样灵活那却真正不易。唱武旦的登着跷打把子,翻筋斗,甚至还从高处往下翻那是要经过长期的苦练才行的。初学跷的最怕站着不动,最初只能站很短的时间,慢慢儿一点一点增加。旧时师傅让徒弟登上跷站在板凳上一炷香才准下来;站过板凳还要站缸边,就是站在水缸边上,能够一炷香纹丝儿不动,那真到家了。我只在地板上站站,不到一刻钟两条腿便抖起来,越抖越厉害,抖得不能自制,腿便想弯,冬天还是满身大汗;地板、门窗、柜子、茶杯等等一齐颤动起来,好象地震似的劈里拍喇〔噼里啪啦〕响成一片。大约经过半年光景,我居然能够站一个小时不抖。贾璧云让我泼点水在水泥地上,登着跷在上面打打把子,我也试了。跷工练了一年,我便演了一出《浣花溪》,第一次的成绩不大好,因为我只走过硬的地板,一到那个又厚又软的地毯上就感觉两条腿都变了棉花,心里不免也就害怕起来,戏可是勉强演完了,反正够瞧的,一到后台就几乎动不得。可是我并没有气馁,此后还登着跷演过六出戏,一次比一次有把握,但我已经不感兴趣,就把那副跷板仍然送还给贾璧云。

此外我还跟一位武术家米剑华[8]先生学过两套剑:一套单剑,一套双剑。当时有七八个人和我同学,我是其中进步比较快的一个,学得差不多了,我便把这两套剑在一出新排的戏里用上了,也获得了一些彩声,实际上可是舞得不好。隔了差不多两个月,我再到米老师那里,我的那些同学都跑在我的前面去了,就再也追不上他们,我也就慢慢儿把它搁下没再继续用功。米老师本说要把他的本事传给我,可是那时候我对中国的武术没有足够的认识,同时我还有别的许多东西要学,就没有能够接受米老师的衣钵。

关于京戏的技术我就只学过以上所说的一些东西。总的说,我学戏的物质条件是很差的。陈祥云、贾璧云二位给我的帮助很大,不会的戏给我说;我没有的行头他们借给我,他们早死了,永远不能忘记他们!还有薛瑶卿先生热情地教会了我十几出昆腔戏——学得磁实,至今还能唱。

我想，如果不走弯路我所学的东西可以更多更好。我的毛病就是贪多、图快，想找容易走的路；还有就是在众人面前不敢暴露自己的缺点；同时我尽管和艺人们交朋友相当亲密，在内心深处未尝没有知识分子的优越感，对自己的见解多少总有点偏向，因此学习的态度就不够诚恳老实，还没学好就想改良，以致分心，不能专一。另外还有一点就是"五四"前后的风气对中国的传统艺术多半存着否定的看法，对戏剧艺术也提出了新的要求，而上海的各舞台又一直向不健康的路上发展，象我那样一个职业演员决不能无动于衷，"京戏向哪里去？"的问题在我的思想中不可能不被提出，于是便也会问："我怎么办呢？是不是永远演青衣花旦呢？"这样一想，对我所学的戏精益求精的进取心和竞争心便削弱了；对自己的生活方式，奋斗的目标都不能不考虑逐渐有所转变。

以下我想谈一点关于表演和我所编的和演过的戏，从这些方面可以多少反映一点当时的风气，或者也不是多余的吧！

注释：

1 按，该文始作于1953年冬，1959年12月版的《一得余抄》中亦收有此文。

2 按，1913年11月28日，梅兰芳首次在上海第一台登台演出。

3 按，"圆场"为戏曲舞台调度表演程式。演员在舞台上用走台步的形式，按规定的圆形或∞形路线绕行，以示转换戏剧环境。

4 按，语出三国魏曹植《洛神赋》："体迅飞凫，飘忽若神。凌波微步，罗袜生尘。动无常则，若危若安。"

5 按，该年为1902年。

6 按，所谓"蓝青官话"旧称夹杂别地口音的北京话为"蓝青官话"。蓝青，不纯粹之意。又据白虹《蓝青官话》(《新闻报》1935年12月3日本埠附刊)一文："蓝青者，乃南京之转音也……南京官话的特点，是平而不浊，有北平话之清，而无淮扬话之浊。"

7 按，三冬两夏即三两年之意，语出《后汉书·段颎传》："今若以骑五千，步万人，车三千两，三冬二夏，足以破定。"

8 米剑华（1867—？），曾任民国政府国术馆名誉教授、中华剑术研究所主任。

《自我演戏以来（1907—1928）》校勘及研究

我自排自演的京戏[1]

我自排自演的京戏，一共二十四个。其中我自己编的十八个：《晚霞》《宝蟾送酒》《馒头庵》《鸳鸯剑》《黛玉焚稿》《王熙凤大闹宁国府》《摔玉请罪》《鸳鸯剪发》《卧薪尝胆》《青梅》《仇大娘》《嫦娥》《申屠氏》《人面桃花》《哀鸿泪》《杨贵妃》《潘金莲》《最后知侬心》；跟张冥飞合编的两个：《晴雯补裘》《百花献寿》；跟张冥飞、杨尘因合编的一个：《黛玉葬花》；此外根据陕西易俗社的剧本改编的两个：《软玉屏》、《是恩是爱》（又名《韩宝英》）。

此外我还写了京戏本《荆轲》《梁红玉》《桃花扇》《木兰从军》《胜利年》《孔雀东南飞》，连改编的《玉堂春》《渔夫恨》共是八个。这八个戏我自己没有演，现在只就我自己曾经演过的某几个戏回忆一下。一个人到了晚年多爱叙述往事，可能毫无价值，也可能多多少少有某些可供参考的一点资料，作为自白的一部分或者也未尝不可。

我正式搭班演京戏，最初就凭十几出青衣、花旦戏对付着。这十几出戏我是怎么学来的，就怎么循规蹈距〔矩〕的演着，并不断学新的。有时派戏的忽然派一出我不会的戏，我就得临时找人去学，有时也事先通知，让我学演一些当时流行的如《妻党同恶报》[2]之类的新戏，我不能拒绝，可是一演再演觉得乏味也就演不好，我也就想排一点适合于自己演的新戏。偶然同杨尘因、张冥飞两位朋友谈起，他们用两天的工夫，就为我编了《黛玉葬花》，取材是《红楼梦》里《埋香冢黛玉泣残红》[3]的一回。戏分两场，第一场是黛玉自叹：引子、定场诗、话白、叙述身世，接着唱八句慢板西皮。第七句唱完加小过门，黛玉春倦无聊，走出门去，见花落花飞，更加伤感，便命紫鹃取花囊、花锄要去葬花。紫鹃劝她不听，只好任其前去。第二场，宝玉唱摇板上，把地上的落花扫起，用衣襟兜着，倒在黛玉葬花的香冢旁边，以表心意。

346

《自我演戏以来（1907—1928）》

此时远远望见黛玉走来，他便闪躲在石山后面。黛玉上场，发现香冢旁的花瓣，猜着是宝玉扫的，格外引起她无穷的心事。她开始葬花，唱长段反二黄，唱完念"侬今葬花人笑痴，他年葬侬知是谁"两句，呜咽不成声。忽听得身后有饮泣之声，回头见是宝玉，她匆忙拿起花锄就走，被宝玉挡住，彼此反复问答，最后经宝玉一再表明心迹，解释了误会。戏的结构大体就是这样，场子很简单，也还是根据旧套子安排的。第二场的对白，差不多完全用的是小说的原文。第一次试演是在春柳剧场，演宝玉的是陈祥云，演紫鹃的是谁忘了，演完之后，觉得大体不错，但也没有引起什么注意。我把剧本仔细研究了一番，发现了一些问题：第一宝、黛二人当时引起误会的事实，没有明场交代，因此末了解释误会就没有根据，因此我在前面加了一场。晴雯和碧痕吵了架，宝玉回怡红院，没人开门，好容易才叫开门进去。宝钗来访宝玉，宝玉亲自为她开门。宝钗进门不久，恰好黛玉也来看望宝玉，刚一叩门，就听见丫头在里面说："宝二爷吩咐，谁来都不开门"，她感觉诧异，正想再去叫门，忽听门内有宝钗的笑声，登时天旋地转，不觉哭倒在湖山石畔。在这里我用了几句独白，接着唱西皮摇板。我把小说反复读了好几遍，从各种角度体会黛玉那么一个人，那么一个父母双亡的孤女，寄居在荣国府那么一个阔亲戚家里，她的心情是怎样的，我当时觉得那几句摇板颇能唱出黛玉当时那种激越的情怀，也能传达她内心深处的幽怨。当唱完哭倒的时候，幻想着小说所形容的"呜咽一声犹未了，落花满地鸟惊飞"的情景。加了这一场，后两场的戏也就比较好做了；但因此自叹一场的引子、话白似乎可省，可是当时我并没有把它省掉。那个时候对青衣的唱工非常注重，观众也很欢喜听慢板，所以大段的唱，并不会显得很温。尽管如此，我总觉得老坐那儿唱显得僵，必须加些动作，因此我就把唱词略加修改，设想当时黛玉百无聊赖，想弹琴吧，琴也弹不成声；她便去调鹦鹉，想对鹦鹉倾诉一番，而鸟也不能给她慰借〔藉〕；她信步出房，见春残花落，叫紫鹃给她花锄要去葬花……这样就增加了动作，比试演那回活泼一些。但是调鹦鹉那一段第一次却闹了笑话：我特为去买了一只鹦鹉，养熟了拿上台去，起先还好，不想我刚一走近它，它张开翅膀就飞，飞不动，倒吊在架子上，哇哇大叫，几乎把戏搅了。幸喜我还能灵机应变——我本来有几句白，不说了，望一望鹦鹉，摇摇头，叹一口气，叫起来就唱，一面唱一面走向门外的方向，这样就把观众的注意转移

347

到表演方面，过了难关。从此我换了个假鹦鹉，后来率性把调鹦鹉一段删了。

《葬花》一场的身段表情倒没甚么困难，自己认为琢磨得相当细致；只是花锄如何运用却费了不少推敲。这在以前没有过——至少我没见过，要把林黛玉那样一个弱不禁风的少女举锄挖土的动作舞蹈化而适合于京戏的表演风格，当时的确难住了我。演了几次之后我认为解决了，但回忆起来也并不令人十分满意。

《葬花》演的场数很多，也比较最受欢迎。在第一台演宝玉的是周信芳，周先生当然演得好，但在当时，有些观众以为小生唱大嗓子不合乎京戏的习惯，颇不以为然。那时我们却已打破常规，《宝蟾送酒》周先生演薛蝌，《鸳鸯剑》他演贾琏。那时我们都年轻，高百岁初次搭第一台才十几岁，派戏的老让我陪他唱《武家坡》，颇有小女婿之感。信芳和我年岁相若（他小我五岁），身材长短、调门的高低都差不多一样，这就无论合演什么戏，都比较好办。可是百岁长得很快，一转眼就变得很魁梧，平常已经比我高大，穿上厚底靴，戴上盔头，我便更显得矮小了。生角和旦角身材大致相等才好，最好生角比旦角高大一点，如果林黛玉比宝玉高大得多，那就难办了。可是旧日搭班演戏，派戏的却不大管这些。你如果不暗中（其实是明的）塞点钱给他，他就会千方百计叫你好看。我在第一台大家相处得很好，还没有什么别扭，只可惜我那时对京戏的知识和台上的工夫都很不够。第二个戏我编排的是《聊斋》上的《晚霞》，失败了。

最初我只想到这个戏有些热闹场面，也有悱恻缠绵的爱情场面，可以编成比较动人的歌舞剧，至于如何具体在京戏台上表现出来却想得很少。例如龙宫里的许多舞队应当如何组织安排，我心中无数。我只有一种想象——夜叉部用十六位武行扮夜叉；柳条部用八位或十位戴紫金冠穿射衣的扮美少年；燕子部用八位旦角扮少女……如果有人问我：这些舞队应当怎样上场，用什么音乐，上场怎样舞法，等等，我都无从回答。幸亏信芳帮忙，这些场面都是他出主意排的。他很熟悉武戏的套子。夜叉部就根据武戏的"当子"走走队形，翻几个筋斗；柳条部（少年舞队）也差不多，一时不可能有什么新的表演。轮到燕子部那就要看我的了！当时勉强凑了四个旦角，连我五个人，我们要在仓促之间编出一段舞来，那时候是不可能的。结果只好看我单独表演。我去找了一个比较熟悉的昆曲曲牌，请张冥飞为我填了新词，再根据词

《自我演戏以来（1907—1928）》

意设计了一些身段。好容易把吹笛子的请到家里练了几遍，就在还没有十分把握的时候拿去和观众见面了。曲子填了新词，腔调就不能不有所改动；要配合身段，曲子的节奏也不免会有变更。当时排戏不可能过细，马马虎虎台上见，有时真把人急死。你想，只有一支笛子合过，场面都是生的，一到台上，吹的、打的、唱的还不弄成三下里？鼓催得快，笛子不能不跟鼓走，唱的使劲往后扳。幸喜我还没有着慌，半路上笛子跟上了我，可是身段乱了，只能敷敷衍衍把戏演完，以致阿端和晚霞相见的抒情场面也受了影响。观众虽然没喝倒彩，甚至在唱腔和表演方面还有彩声，我回到家里却通宵不能合眼。如果在现在，不会有这样的事，就是有了毛病也可以修改好了再演，但在过去是不能设想的。

这一次演阿端的是信芳，他并帮我排戏，那是真够朋友。像他那样一个头牌生角，热情地陪一个新进的旦角演那么多小生戏，从没有半点犹豫，在旧社会的舞台上实在难得。以后我编了《潘金莲》，信芳[4]、百岁[5]、五宝[6]一同在南国社的晚会上演出，证明我们几位的友谊一直建立在艺术创作的基础上。周五宝早死了，我和信芳、百岁能同在党的领导之下进行艺术活动，回忆过去更增加今天的喜悦。

由于排《晚霞》的教训，我便不再排用人多、费力大而不易讨好的戏。不久我排演了《宝蟾送酒》和《馒头庵》，这两个戏都出自《红楼梦》。《宝蟾送酒》说的是：薛蟠犯人命案入狱，他的老婆夏金桂看上了小叔子薛蝌。她叫丫头宝蟾送些酒菜给薛蝌吃，说他为他哥哥的事在衙门里上下打点费了力，略表谢意，其实是让宝蟾去为她穿针引线。不料薛蝌十分拘谨，无论宝蟾怎样敦劝，酒菜他丝毫没动，只好原样端了回去。就这么一点儿事，送酒一场要演三刻钟，唱、做、念白都相当重，还穿插了一小段歌舞。我是作为轻喜歌剧处理的。无拘束地描写了一个调皮的丫头，但并没有什么露骨的色情表演。因为轻喜剧式的变化多，台下不断发出笑声。例如她说怕外边黑，让薛蝌拿蜡烛送她，刚一出门她把烛给吹灭了，说声"明日见"，一回身她又进了屋子。等他点烛一看，她端端正正坐在当中。也就是这样开开玩笑。最后她去收拾杯盘，一边收拾一边瞪着他，嘴里叨囔着："你当是圣贤？就是个傻子。这都是孔夫子害了你。害了你们，活该。害死了我们可谁偿命！"这样的词儿也引起哄堂大笑。这个戏我也不知怎么会一时传播得很广，听说有的演得很不象样。我既没有发表剧本，也没有教过人，人家爱怎么演都管不着，甚至有人说我演得不对，也只能一笑置之。

逼着一个小女孩子去当尼姑，我总觉得是残酷的。小尼姑小的时候当丫头使唤；长大了，丑的做粗活，漂亮点的就当作摇钱树。《红楼梦》里所说馒头庵的老尼静虚，就是一个说媒拉纤、以势欺人的妖尼；她手下的小尼姑，都是拿来装幌子的牺牲品。秦钟看上了小尼姑智能，智能也就想依靠秦钟跳出牢坑。当然象秦钟那样的公子哥儿是靠不住的，可是智能的爱还是纯洁的，不过在那样的社会环境里，他们的结局必然是悲剧。《馒头庵》这个戏演到智能被逐，秦钟死为止。最后一场，秦钟在临死以前梦见智能，我是作为智能也死了的。台上用纱幕、云景。做了一个象秋千样的东西：用约一尺三寸长、五寸宽的木板，两头系上钢丝，吊在布景的天桥上面，有人从上面操纵，可以上下升降，可以回转，也能左右摇摆。演员站在木板上，腰里用两根包着铁丝弹簧的带子扎紧，外面套上长裙，再系腰裙，这样就铁丝木板都看不见，只见人在空中飘来飘去。只要腿有劲，一条腿悬空，一条腿蹲下去可以做卧鱼的姿式；站直了也能下腰。卧鱼的时候台下看着好像躺着在空中飞；一下腰好像人倒悬着在空中飞。那时候我年轻力壮，吊在空中唱大段反二黄。有一次我在新舞台演这个戏，因为舞台宽，天桥特别高，钢丝就不能不接长，夏月润在上边操纵，可能他用的气力过大一点，刚唱到一半，钢丝断了一根，脚下的木板一下就蹦到我的腋下，幸喜另外一根钢丝没断，我使劲用膀子夹住木板，还把一段戏唱完了。那时候我就会干这样的笨事。

我一共演了九个《红楼梦》的戏，其中以《黛玉葬花》《宝蟾送酒》《馒头庵》三个最受欢迎，其次是《晴雯补裘》《黛玉焚稿》和《王熙凤大闹宁国府》（我饰王熙凤，颇下过一番工夫）。《晴雯补裘》是张冥飞编的，原只有《补裘》一场，我在后面加了三场，一直演到晴雯死，我觉得这个戏还不错。从晴雯之死，可以看出荣国府生活的阴暗，晴雯这样的一个牺牲者是值得同情的。还有我最爱演的一出就是《鸳鸯剑》，我很欢喜尤三姐那样的性格。贾琏那家伙想把她姊妹当粉头取乐，她敞开来一闹，闹得他弟兄只好夹着尾巴逃走。可见她是有主意的，斩钉截铁的，人穷志不穷，可是在贾家那样的环境里，她也只有枉死。每次我演和贾琏使酒一场总是淋漓尽致，挥洒自如；演到自刎的一场，总不由得十分激动。这个戏原来是我在长沙办文社的时候，用话剧的形式编的，改成京戏话多而唱少是个缺点，因此不如《葬花》等戏卖座。

我第一次到杭州搭班子，恰好跟常春恒[7]同班。他是个相当精干的武生，年轻，精神饱满，嗓子好，工〔功〕夫好，扮相也好。我就为他编了《卧薪尝胆》。据说我们姓欧阳的是越王勾践的后裔，因为越的祖先封于欧余山之阳，这就是欧阳姓的由来。我的祖父和我的先生都曾对我讲说过越王勾践的故事，及至我读了《通鉴》《史记》和《吴越春秋》之后，我对越王勾践这个人并不是十分喜爱的。当时我排这个戏为着跟常春恒合作，主要的原因还是为着外患侵凌，想借这个故事鼓吹爱国，希望大家以卧薪尝胆的精神一致抵抗外侮。这个戏演出之后，效果是不坏的。不到一个星期我就把剧本写好了，交给常春恒的单片就有八页。我还记得他接到手里就叫起来："这样多啊！要黄要黄。"以后他见我的面老爱说："八张黄，八张黄。"在这个戏里，春恒演勾践。大家都让我演西施，可是我自己愿意演越王夫人，西施让另外一个花旦演了。有一场写勾践战败降吴后，暂时被放回国。越王和范蠡、文种讨论报仇之策，商订如何整顿军事，如何与百姓休养生息。勾践处理国事通宵不睡，这里有许多的白和大段的唱，还有拔剑起舞。他的夫人在旁伺候着，半夜端饭给他吃，他就把旁边放着的胆汁滴在饭里。夫人说："那么苦怎么吃得下？"他桌子上一拍说："难道还有比亡国更苦的吗？"接着站起来，唱着曲子舞剑。起四更，夫人苦劝他睡觉，他睡在稻草上面，夫人在一旁看守着，轻轻地给他盖上衣裳，这里夫人唱一段二黄。起五更，范蠡来请越王阅兵，越王惊起叫道："吴兵又杀来了吗？"这一场下来有阅兵、劝农的场面。夫人就有采桑、帮人家看婴儿的场面……末尾有大开打，勾践报了仇，雪了会稽之耻。他走进吴宫遇见了西施——这里我是这样处理的——他问西施："吴王死了，你打算怎么样？"西施略一迟疑说："我一女子不敢希求什么，愿借大王之剑死于大王之前。"她就拔出越王的剑自刎了。当时有些人认为这样不好，说是应当和范蠡去游五湖。我本想改着试一试，但因没有想出场面怎么安排，就因循过去了。常春恒演勾践还是恰到好处，以后有的武生就演得十分过火。可是这个戏一直是比较能叫座的。

我跟常春恒合作就只有这一次，此后我搭了别的班子，他回到上海搭了天蟾舞台，因为跟老板顾竹轩闹别扭，辞班出来改搭第一台，与天蟾唱对台，不久就被顾竹轩暗杀了。

有两个戏我费了很大的事编排出来，结果不如随便弄出来的小戏卖座。一个就是《杨贵妃》，另一个就是《申屠氏》。

杨贵妃和唐明皇相爱的故事，流传很广也很久，大家都认为他们是"在天愿作比翼鸟，在地愿为连理枝"，可是我的戏却认为李隆基并不真爱杨玉环，不过是把她当作玩物。当"六军不发无奈何"的时候就把误国的责任推在女人身上，赐她一死；反不如安禄山对杨玉环的爱是真挚的。这样就违反了一般的习惯看法。《马嵬坡埋玉》一场，照《长生殿》传奇是异常悱恻缠绵的。照一般的习惯，皇帝和妃子应当演得难舍难分，而杨玉环之死，也可以表现为忠君爱国、为国捐躯，我却把她演成激昂慷慨反抗封建帝王那种自私的、虚伪的爱。她临死拿起皇帝赐给她的白绫子，激动地唱着舞着，最后几句唱词是："……笼中鸟难把翅展，盆中花舒不开枝干，梦醒时不过刹那间，望远天边人不见！？白练啊！我爱你没染过的洁白，就与你终始缠绵！"唱完舞完，她就拿白绫子绕在脖子上由高力士把她缢死。我为这个戏编了宫女的队舞、番女的胡旋舞、盘舞和最后的白练舞；又为这些舞编制了好几段舞曲。还为七夕宫女的合唱编了新的曲子；我为白练舞花了整整半年的时间练习我自作的长绸舞，还琢磨了一些新的唱腔。因为编戏、排戏、编曲、编舞都由一个人包办，所以花的时间、劳力特别多，以为必定大受欢迎，结果是不过平平而已。观众的反映〔应〕不够热烈就是失败。我修改了好几次，但根本的东西没法子改。这个戏用人比较多，费的气力大，演的场数不少，而演出的效果不够好，是《晚霞》以后又一次的经验。申屠氏的故事载在《情史》，据说是福建的一桩公案。申屠希光，一个渔家的女孩子，她和她的哥哥兄弟都通文墨，能够吟诗。她有首律诗，后面四句是："雾里鸣螺分港钓，浪中抛缆枕霜眠。莫辞一棹风波险，平地风波更可怜。"她本来许了人家，不想被恶霸方六一看上了，硬要娶她，就买通县官，把她的未婚夫攀扯在海盗案中，死在牢里。把希光强行抢回家去，希光伺机刺死六一后自杀。这个戏观众认为太惨，后来我便把希光的自杀改成杀六一后逃出方家，许多家丁拿着兵器追赶，她逃到海边跳上船，她的哥哥迎着她，扯起蓬〔篷〕，摇着橹，向大海茫茫惊涛骇浪中驶去。这样似乎好一些，但是在台上很不容易形象化，似乎也并不是很好的方法——我在生活中有海上的经验，但在台上只有《打

《渔杀家》[8]《水斗》的经验，创造不出海上行舟的形象。可见创作才能的贫乏。这样的戏很容易演得单调，我本想把它从新写过，当时因为没有把握叫座就搁下了。

《聊斋》的戏我排演过四五个，《青梅》和《嫦娥》比较叫座。《嫦娥》也搞些歌舞，我和芙蓉草对舞彩球。[9]另外还布月宫景，搭起高台。我们又在高台上不记得舞了些什么，穷凑而已，观众却大鼓其掌。有一次我几乎失足从月宫的高台上摔下来。老实说这个戏是没什么意思的。《青梅》比较好，我欢喜演那样一个聪明活泼的丫头。《嫦娥》是照神话演的，《青梅》便把狐仙和相面等等都删改了。可是这两个戏结局都是一个男人娶两个老婆，原来的故事就是那样，没法儿改，我也只好让他去娶两个老婆。严格点说，不应该排这样的戏却是真的。

张冥飞还替我编过一个戏《百花献寿》，取材于《今古奇观》的灌园叟逢仙女。说一个园丁爱惜花木，当他的寿辰，百花仙子来为他祝寿。我扮百花仙子，少不得又是歌舞。在这个戏里我又表演了长绸舞，很受欢迎。舞的是两条长绸，一条绯色，一条湖色，先舞一条，最后加一条。人家说我舞的绸子有几丈长，实际长一丈九尺——我试过，再长半寸都不行——短了不得劲，长一点就舞不动。我的长绸舞是不用木棒的。先将长绸折迭〔叠〕起来，拿在手里，放出去，再收回来；扔一个头接另一头，倒换着一边扔、一边接，加上翻身和一些姿态，再双手接两个头，跟着几个鹞子翻身，将绸向空中一抛使成一个圆圈，人从圈里跳过去，反手将绸接住；然后拿起另一条绸子，两只手换来换去，让两条绸飘在空中，用几个快转身作为结束。舞绸颇容易出毛病，或者挂住头上珠花，或者缠在身上，要不然就扔出去接不中，可是我从来没出过错。算不了什么艺术，却也下过一些工夫。还有，我曾舞一对铜盘，里面盛满鲜花，盘底有一个很浅的小圆涡〔窝〕，用手指顶住，盘子就在指头上转。还做出些看来盘子很容易掉在地下的各种转法，我端着满盘花，取其中十余朵，一朵一朵撒在台上。然后用卧鱼的姿式卧下去，用嘴把花一朵一朵咬起来。精神气力好的日子可以连咬八九朵。起先慢慢儿卧下去，慢慢儿站起来，最后用快的动作，转个身突然卧下去咬起花来。这样显得有变化，容易使观众喝彩，但也是比较难做的：怕卧下起不来；又怕卧得不是地方，花离嘴远叼不起来；还怕手里的盘子滑掉。我每次都感觉紧张，都还没有出过岔子。我在汉口演这出戏是排在临别纪念那天的。我定制了两盘可以佩在衣襟上的鲜花,每朵都系上一片硬纸条,上面写一句如"康强逢吉""健康进步""民富国强"之类的话,一朵一朵抛向台下赠给观众。那时还有临别送相片的广告方法,戏馆老板就把我的相片并一朵花送给前排的观众。这样取悦观众,确是庸俗无聊,我却曾经这样做过。

紧跟着《百花献寿》我编排了《哀鸿泪》,这个戏主要讽刺发慈善财的,也顺带骂了军阀和土豪劣绅。老爷们看了当然大不高兴。有的人冷笑,有的人听人提到这个就沉下脸来一语不发。水旱灾害不断有,募款赈济也成了经常的善举。我离开南通那年,演了全本《岳飞》,戏里有水灾一场,我有所感触;又想起曾听到有人说:"某某先生者以慈善起家者也。"我就想编一个戏叫"慈善起家",后来觉得过于露骨,便改为《哀鸿泪》。我在里面扮的是一个逃荒的女子。她经过许多苦难,转徙流离,最后到了城市,得到一个同乡的帮助,以小贩为生。谁知这个同乡是个流氓,要把她出卖。她想逃回乡下去,又病又饿,走过一家军阀的门口,猝然倒下,被逮送警局,她死了。我演她当小贩的一场,挑几个西瓜去卖,唱了两支小曲:一支是苏州春调,另一支是满江红,用来诉苦,又讽刺时事。我随编随唱,越唱越多。即兴之作,只图唱个痛快,有些话过分刺激一点在所难免。这样的戏是不会成为保留节目的。不想"卖西瓜"却有了名气,我曾单独表演过好几次"卖西瓜"。

《人面桃花》也是多匆忙忙凑成功的戏,因为受了汉口的聘,怕没有新戏不能叫座,就想起了崔护乞浆的故事。[10] 我弄好了个轮廓就去找冥飞商量,他很高兴,马上为我写了两段唱词:"春来春去,无计留春住!争奈江关春暮——绿遍平芜,红添芳树!问东皇归期近也无?"这首词我很喜欢。还有一段二六。崔护离开长安一年,到哪里去了?冥飞出主意,说他到终南山读一年书去考"不求闻达科",后来我觉得擗[11]典不大好,改来改去改成现在发表的剧本那样。这个戏临上台还没有完整的剧本,是边演边改弄成的。离魂一场原来只用一个旦角扮桃花仙子,手里拿面大旗。第一次那个演员念的完全是"水词儿"(随便套用的台词,行话叫作放水,又叫水词儿):"吾乃桃花仙子是也,只因他二人有姻缘之分速速送她还阳,远远望见杜宜春来也!"当时也就没去管它。观众欢迎这个戏。有人就说离魂一场是迷信;还有人提出:人死了不会再活,崔护一叫那女子就活了,不合理,非改不可。这些意

《自我演戏以来（1907—1928）》

见可能还不是个别的。以后听说有女角在别处演我的戏就删去了离魂一场，并把杜宜春之死改为病重。我坚持要离魂那场，但觉最初演得太草率，就从新写过了。借桃花仙子的唱白，表达杜宜春的心情。照现在发表的剧本，当我演戏的那个年月是无法实现的。旧日搭班子如果想演新排的戏，只有极力把自己几场要紧的戏弄好，别的场子就只好将就一些。有人问我：为甚么忽然不唱戏了？本来我从1928年还能多唱八九年或者十一二年戏，但是自己无力找一班人组织剧团，搭班子又有种种困难，就只能改行。象我那时的情形，勉强演下去也不过听老板的指挥拿几个钱维持生活而已。

　　当我决定不再搭班子的时候，还能和信芳、百岁合演《潘金莲》[12]是最愉快的。《潘金莲》是我自编自演的最后一个戏，也是和信芳、百岁同台合演的最后一个戏，很可纪念。这个戏我把潘金莲作为一个叛逆的女性描写，当时颇受欢迎。我们在南国社的鱼龙会演出后，又为伶界联合会筹款在大舞台演了一次。[13]此后我短期间去跑了跑码头，演了我的几个熟戏，也演《潘金莲》，因为角色不同那就差多了，回到上海我便没正式登台演过戏。

　　演了十几年京戏，对戏曲改革有过些想法，也作过些尝试，虽没有甚么贡献而感情极深，我脱离了京戏舞台生活，但并没脱离后台。我还编过前面提到的《梁红玉》等七八个剧本，都在舞台上排演过多次。这七八个戏当时都是有为而作，《梁红玉》《桃花扇》《胜利年》《木兰从军》等都是为抗战作宣传；《渔夫恨》根据《打渔杀家》改编，加强了阶级仇恨的描写。至于这几个戏是怎样演出的，效果如何，不拟在这里多谈。我从编《潘金莲》起创作思想有所转变，写出了一些暴露国民党反动统治的短剧。由于"一•二八"事变的刺激，我的思想向前跨了一步，认识到只有工农、只有中国共产党能救中国。但并不懂得甚么是革命的人生观；也不懂得应当转变立场，更不懂得立场可以转变。我明确了艺术是革命的武器，但由于没有政治的指导，不懂得如何充分运用这个武器。所以尽管写了一些剧本，谈不到有任何成就。尤其回想过去：我当了近二十年的职业演员，一直没有追上真理的光明。我所受的困苦艰难并不少，而我的青年时代就在暗中摸索着过去了！今天看见中国的戏剧事业在党的领导之下突飞猛进，许多演员、导演在自由的空气中飞跃，真幸福啊！过去我们的舞台掌握在买办流氓和反动派手里，今天归了人民自己的手里，戏剧事业走上了百花齐放、推陈出新的正确道路，随着文化高潮，正在日新月异，蓬勃发展。面对万紫千红的今日，不禁想起霜风凄紧的当年，真觉等闲白了少年头也。惟有加倍努力，追上时代的步武，以迎接祖国共产主义文化辉煌灿烂的明天。

注释：

1　按，该文始作于1958年冬，1959年5月作为附录，随《自我演戏以来》一同出版。同年12月版的《一得余抄》，再次收录了该文。

2　按，《妻党同恶报》乃清末民初一出著名的新剧，其剧情大意据上海大东书局1920年第29期《戏考》："海上著名之青衣旦角，冯子和亦其间一份子。是剧由冯在新舞台开始串演，颇受观剧者之欢迎，风行一时，蔓延于各戏馆。而有名艺员，群起步其后尘，近今如赵君玉，亦属拿手。盖于哀情剧中，最有价值者也。兹就剧本中之大意述说之。江苏上元县，有稽善祥者，以商贾起家，各处往来款项，与长子广仁，分东西两路收取。媳柳氏，素称贤能，托其处分家务，冀无内顾之忧。夫人无论富贵贫贱，不生家庭之恶感，即享家庭之幸福，一有恶感，而幸福从此蠲除矣。即如善祥之继妻，有子，有媳，有孙，并有丈夫，一堂团聚，其乐陶陶。幸福正未有艾，乃为处分家务之细故，忌心一萌，杀心即因之而起。与其弟设谋，必欲致柳氏于死地，造作谣言，耸动广仁之听，使之夫妻反目，立逼柳氏然死。柳氏本图自尽，转念翁既未曾返家，不明此事之真相，死亦无名。然怨忿之气，难以消释。于是修书一封，托其子藏在身边，俟翁回来密呈，遂往莲花庵，削发为尼。后来广仁亦已醒悟，善祥痛惜柳氏负此不白之冤，率领子若孙，同到庵中迎回。柳氏坚决不应，善祥捐入重资，嘱住持老尼，加意调护。不料继妻丧尽天良，与其弟同恶相济，密议俟诸半途，截杀善祥等祖孙三人，连触神明之怒，为龙所攫去云云。"

3　按，即《红楼梦》第二十七回《滴翠亭杨妃戏彩蝶，埋香冢飞燕泣残红》。

4　周信芳（1895—1975），原名士楚，字信芳，艺名麒麟童，江苏淮安人。七岁登台，光绪三十四年（1908）入北京"喜连成"班，1912年返沪，在新舞台等剧院演出，形成独特的艺术流派——"麒派"，与马连良并称"南麒北马"。1927年入南国社，在《雷雨》一剧中饰周朴园。抗战前后演出《洪承畴》《徽钦二帝》《文天祥》等。新中国成立后，历任上海市文化局戏曲改进处处长、华东戏曲研究院院长兼华东京剧实验学校校长、全国人大代表、上海京剧院院长、中国戏剧家协会副主席等。

5　高百岁（1903—1969），北京人。十二岁入"富连成"坐科，十五岁拜周信芳为师，学习"麒派"。1948年应汉口新市场（民众乐园）之聘赴武汉演出。1949年参加中南京剧工作团的筹备工作，1950年任该团首任团长（1952年改为武汉京剧团）。他在"麒派"基础上，另创出"高派"唱腔。

6 周五宝（1889—1939），江苏南京人，京剧丑角。其父周来全，兄周四宝，亦为南方徽班名丑。周五宝幼承家传，京、昆、徽兼擅，曾先后在新舞台、大舞台、天蟾舞台等处演出。所演《洛阳桥》中的夏得海、《青石山》中的王道士、《晏婴使楚》中的晏婴等，均有绝技。他注重刻画人物性格，饰演配角亦善于衬托渲染剧情，诸多艺人均乐于与他配戏。周信芳在上海初露头角时，即与其同台，后长期合作。他对麒派艺术的形成起了重要作用。民国二十四年（1935）随周信芳由哈尔滨演出回沪后，即不常登台。

7 常春恒（？—1928），老生演员，直隶宝坻人。光绪年间随其父梆子名武生常国泰由津抵沪，搭大观茶园，拜沈韵秋为师，习武生，以盖申童艺名初露头角。民国六年（1917），改演文武老生。常氏演剧嗓音宽亮，扮相英伟，文武兼长。民国十六年（1927），他与刘筱衡一起脱离顾竹轩的天蟾舞台，合股经营丹桂第一台，编演《开天辟地》等神话题材的连台本戏，声誉日隆。第二年初，常便遭暴徒狙杀。沪上文艺界（包括欧阳予倩、周信芳、郭坤泉等剧界同人及顾竹轩的一些亲信）均认为此系顾竹轩所为，国民政府曾因此逮捕顾竹轩，后因查无实据而不了了之。

8 按，此剧名，1878年11月22日《申报》丹桂茶园的广告写作《打鱼杀家》，1903年12月22日天津《大公报》天仙茶园的广告则写作《打渔杀家》。

9 按，欧阳予倩与赵桐珊的合作，曾有一段不愉快的经历。据《申报》1921年6月26日《欧阳予倩启事》："芙蓉草君赵氏，字桐珊，三年前伴畹华游日本，归后即隶南通更俗剧场，方由梆子改唱二簧，随鄙人演剧者二年有余，并同往汉口演剧二次。鄙人见其材有可取，未尝以配角视之也。故重要之戏莫不试使任之，并为之理新腔、整舞态，且凡鄙人自编及与冥飞合编诸剧如《嫦娥》《人面桃花》《百花献寿》《长生殿》等等及《红楼梦》诸剧，举以援之，无少吝。今彼以求厚酬去矣，方望能为之多编新剧，以增重其声誉。不意彼在天蟾登台，所演除旧戏外，均吾之剧。而演《嫦娥》时乃用广告声明为彼与艳秋所编，并言配演者为艳秋，不知系何年何月事，甚为可笑。鄙人非褊窄，惟恐听闻淆乱，则人将以鄙人为盗而掠桐珊之美，故不能已于言，并望桐珊之善吾剧，勿任意改窜也。"

10 按，崔护（772？—846），字殷功，唐代博陵人。唐贞元十二年（796）进士及第，大和三年（829）为京兆尹，同年为御史大夫，后官至岭南节度使。唐代诗人，《全唐诗》存诗六首，尤以《题都城南庄》流传最广，后世戏曲小说中多有演绎此事者。宋官本杂剧有《崔护六幺》《崔护逍遥乐》各一本，宋金诸宫调有

《崔护谒浆》，宋话本小说有《崔护觅水》。元白朴、尚仲贤均有《十六曲崔护谒浆》杂剧，今佚。明冯梦龙《警世通言》卷三十一《金明池吴清逢爱爱》，亦以崔护故事为头回。

11　㪍，同"埤"，增加。

12　按，该剧本最初刊登于《新月》1928年第1卷第4期，1928年10月由上海新东方书店单独出版。欧阳予倩编此剧，既非宣扬女性主义，亦非替潘金莲"翻案"，今人学者对之多有曲解。欧阳予倩曾在该版的序言中写道："民国十四年，春末夏初，我别了奉天小河沿上挣扎着不肯化的雪，往看北平等着要开的丁香。看花的路上，有朋友买得一部旧板子《水浒》，无意中提起潘金莲；回来在津浦车中遇见傅彦长先生，彼此谈一些关于历史和小说的话。正谈着马可罗，一扯就又说道潘金莲身上。我当时就想拿潘金莲来作题材，编出独幕剧，及至回家来一想，无论如何，一幕不够；便改编计划，编成三幕。不久我拿"杀嫂"一幕大致编好，因为种种的打扰，前头几幕，没有动手，可是有两个日本朋友，早已经在报上给我介绍过了，惭愧惭愧。一直到十六年冬天，南国开游艺会，我才匆匆把它编好，试演过一次。有人说这完全是时代促成的作品，似乎不然。田汉先生说，我这本戏是四十以后的佳作，又说我好比姜一样，越老越辣；其实我今年才满三十九岁，还自以为是当令的青年。至于这篇戏，是三十六岁起草，三十八岁才得机会表演的，似乎不好算四十以后的佳作。田先生真是我的忘年之友！况且这篇戏，也称不得佳作，但是我必定在明年，编篇比较为可看的戏，来应田先生的预言才好。

"至于我编这出戏是偶然的，既不是有甚么主义，也不是存心替潘金莲翻案。不过一个女子，当了奴婢，既不能拒绝主人的强奸，又不能反抗主人的逼嫁，尽管有姿色有聪明有志气有理性，只好隐藏，尽量的让人蹂躏。除掉忍气吞声把青春断送，没有办法。这种境遇，又何以异于活埋？在软弱的女子呢，她只好听天由命；若遇着个性很强像潘金莲一流的人，她必定要想她的出路。潘金莲被张大户强逼收房，她立意不从；那张大户恼羞成怒，故意拿她嫁给丑陋不堪、没有出息的武大。她起先还是勉强忍耐，后来见着武松一表人才，她那希望的火，燃烧起来，无论如何，不能扑灭。倘若是她能改嫁武松，或者是能够像现时这样自由离婚，便决没有以后的犯罪。偏偏武松是个旧伦理观念极深的人，硬教武大拿夫权把她闭起来，她又如何肯便甘心？所以私通西门庆，已经是一种变态的行为。况且旧时的习惯，男人尽管奸女人，姘外妇，妻子丝毫不能过问；女人有奸，丈夫可以任意将妻子杀死，不算犯法。所以潘金莲时时刻刻有被杀的恐怖，结果激而至于杀人。平心而论，我们对于她的犯罪，应加惋惜，而她最后的被杀，更是当然的收场。

"我编这出戏，不过拿她犯罪的由来，分析一下，意思浅显极了，真算不了甚么艺术，并且丝毫用不着奇怪。男人家每每一步一步的逼着女子犯罪，或是逼着女子堕落，到临了他们非但不负责任，并且从旁边冷嘲热骂，以为得意，何以世人丝毫不异？还有许多男子惟恐女子不堕落，惟恐女子不无耻，不然那里显得男子的庄严？更何从得许多玩物来供他们消遣？周公之礼是无上的技巧，女人家几千年来，跳不出这个圈子，我这篇戏曲，实在太多事了！不过我赞成武松，他到底是个汉子。目下虽然是革命成功，看来看去，不知那里来那么多的张大户？多少伟人都不免崇尚张大户主义！留意世道人心维持风化的先生们，还是同情于张大户罢！"

周瘦鹃《哀艳雄奇的〈潘金莲〉》一文，记述了当年该剧演出的情况："最后的一出，便是人人所想望的《潘金莲》。此剧是欧阳予倩君新编的五幕歌剧，由《狮子楼武松杀嫂》改编而成，翻陈出新，引起了艺术界的注意。潘金莲一角，由予倩君自饰，是尽力地描写一个失意于婚姻而情深一往的少妇，直把伊相传下来淫毒而狠恶的罪名，一起洗刷干净了。伊对王婆说的一番慨叹的话，说'女子还是早死的好，年少时仗着美色，尚可博得男子们的爱，一旦年老色衰，便没有人爱了，所以还是早死为妙'。又说'少年美貌的女子都死完了，便可让男子们难受难受'，都名隽得很。其与西门庆调情并引起心爱武二郎的话，极为细腻。当西门庆听说爱武二，便怒极欲行，伊却宛转陈辞说'这番话是特地试试你的，你要是吃醋，才是真心爱我，尚不吃醋时，那就不爱我了'。座中女客听到这里，顾有为之忍俊不禁者。末尾武松横刀将杀潘金莲时，说要挖伊的心，伊很从容的袒开酥胸来对武松说道：'这雪白的胸膛里，有一颗很热烈很诚恳的心，本来早就给你的了，你不肯拿去，只得保留着。如今你要拿去么，那再好没有。好二郎呀，你慢慢地割罢，好让我多多的亲近你。'这是何等哀艳、何等热烈的话。而其以毒杀武大，归罪于张大户之强主婚事，更于婚姻不自由一端，痛下针砭。看戏至此，便不觉得潘金莲之可恨可杀，而转觉潘金莲之可怜了。周信芳君之武松，豪情壮概，虎虎如生。即使武松再生，想也不过如此。我以前所见武松多矣，未有如此君之壮快淋漓表情真切者。最后下刀杀潘金莲时，说'你爱我，我爱我的哥哥'一语，斩钉截铁而出。余音里，使人常留耳根，不易忘却。老友正秋，对于此剧最激赏信芳，确有见地。他如高百岁之西门庆、周五宝之王婆、焦宝奎之何九，也能尽心表演，不偷懒，不过火，难能可贵。"（《上海画报》1928 年第 312 期）

13 据《新闻报》（本埠附刊）1927 年 12 月 23 日《上海艺术鱼龙会》广告："空前之活剧大会，欧阳予倩氏创作《潘金莲》，欧阳予倩（饰）潘金莲，周慈湖（饰）西门庆，高宛平（饰）武松。"有关《潘金莲》一剧及鱼龙会的演剧情形，《民国日报》1927 年 12 月 24 日《鱼龙会》一则短文道："上海艺术鱼龙会开演至今，已逾五日，今日为最后一日，先将闭幕矣。兹将该会最近消息种种，汇志如左：（一）该会此次演剧目的，一在使戏剧科学生得实际演习的机会，藉以提倡戏剧运动，一在藉筹校款，以应目前急需，以故师生彻夜不眠，筹备良苦，结果虽以宣传不力，售票无多，而于精神上的成绩，所得良匪浅鲜，即戏剧界同志，亦无不许其有相当之成绩。殊有某报记者以为'啸聚胡调朋友过京戏瘾，藉以敛钱'。该会同人闻之，以为与事实不符，拟请其从速更正，否则于其私人将有相当手段之对付。（二）鱼龙会之名称，外界殊有难解者，即郁达夫氏亦曾询田汉氏以取义所在。其实不过该会演员中有鱼有龙，聚集一起，为鱼为龙，成就各别耳。导演除田汉、朱穰丞、唐槐秋三氏外，昨又有该校戏剧科教授孙师毅氏为导演，其所改译之《未完之杰作》一剧，已于昨夜起开演，成绩亦颇优良。舞台装置，悉出赵太侔氏之手。京剧节目皆经戏剧文学教授欧阳予倩氏选择，所谓京剧界名角如宛平侠士、慈湖野人、王泊生吴瑞燕夫妇，固剧界一时杰出人物，非'胡调朋友'可比也。鱼乎龙乎，不待言矣。（三）昨夜欧阳予倩新编之古装剧《潘金莲》曾第一次在该会表演。是戏共分四幕，重要演员为欧阳予倩、慈湖野人、宛平侠士三氏，是剧成绩极博得观众之爱好。闻今晚又有王泊生吴瑞燕夫妇之《梅龙镇》一剧，最后一晚，节目尤多，预料是夜会场座位，恐不敷用。"

《潘金莲》一剧，欧阳予倩除了与周信芳合作之外，还与俞珊有过合作，且由原先的女主角改饰武松。据《庸报》1935年12月12日《欧阳予倩与俞珊合演〈潘金莲〉》一文："这一次田汉与洪深、欧阳予倩、应云卫等在南京公演《洪水》《械斗》等戏，引起了很多人的注意。他们这次演戏，演员方面从上海拉了顾梦鹤、舒绣文等去之外，还从北平拉了前在南国时演《卡门》著名俞珊女士到南京。俞珊女士自与山东大学校长赵太侔结婚之后，已久不见到她的戏，也久不闻她的消息了。俞珊女士在不久之前和丈夫分居了，到北平去投入了京剧名教师的门下，现在已正式下海演平剧了。这次到南京来，是因为田汉一再邀请。俞珊到了南京，田汉瞧着却想起欧阳予倩的旧作《潘金莲》来了。据说他就请欧阳予倩和俞珊合演一次《潘金莲》，不久也许会实现。从前欧阳予倩曾和平剧名伶周信芳、高百岁等合演过《潘金莲》这一出新型平剧，周、高等饰演武松，欧阳予倩自己饰演潘金莲一角。现在田汉要求欧阳予倩和俞珊合演《潘金莲》，俞珊在北平已经实行下海做平剧花旦了，在这《潘金莲》里，自然演金莲这热情女子，而且预料她能演来很好。但是欧阳予倩呢，在过去演《潘金莲》是饰演的女主角，这次却要饰演武松这一位英雄了。欧阳予倩过去在舞台上，不论是话剧平剧，演的都是女角色，有一时在平剧界是与梅畹华一样受人欢迎的，他从没演过男角色吧？但这一次演《潘金莲》，却要演男角，而且是武松那么一个男角色，怎不引起我们的兴趣呢。"

广东戏剧研究所的经过情形

《戏剧》杂志记者

一、总述

广东戏剧研究所,是由李任潮[1]先生发起,约欧阳予倩先生到广东来创办的,经费由广东省政府拨给,即归广东省政府直接管辖。[2]

此事发起于1927年的夏天,那时因为欧阳先生一时不能离开上海,直到1928年的冬天才成事实。[3]

欧阳先生因为对于广东的情形不熟悉,到了广州两个月之后才有具体的计划,其中经过种种手续,[4]才于1929年2月16日成立。[5]

计划大体如下:

所的本身为戏剧的研究机关,以创造适时代为民众的新剧为宗旨。

所的组织分三股:总务、剧务、编纂。总务办理所中一切事务,庶务、会计属之;剧务办理关于戏剧上之设计及表演诸事,演员及舞台装置等等属之;编纂办理关于戏剧文学及出版诸事,编辑及剧本评判等事属之。以上三股统属于所长指挥之下。——所长欧阳予倩,总务主任周于清,剧务主任唐槐秋,编纂主任胡春冰[6]。

所中附设戏剧学校(原名演剧学校)以养成学艺兼备健全的演员为宗旨。

又附设小剧场一所,以为研究和练习之用;大剧场一所,以备对民众公开表演。

以上计划均经省政府会议通过,任欧阳予倩为所长,奉令积极进行。[7]

所址既定,戏剧学校也跟着成立,任洪深为校长;1929年2月开始招生,[8]即于4月1日开学。洪深回沪,便由欧阳予倩代理,现在由胡春冰主任其事。

学校开学不到一个月，杂志刚刚发稿，粤桂之战[9]发生，即于同年5月奉省府令将所停办。停办之后，学校当然解散，杂志总算出了第一期，其他的计划尚未着手，便全不成问题了。真如先生于文艺颇有心得，所以他办这件事，本抱着极大的决心；但其时在香港，因英皇酒店被焚，先生正住在这间酒店，从楼上跳下来，伤了右边臀骨，进了医院。[10]又当政局急转直下的时候，也就无暇过问，及至病愈回省，颇不以停办为然，当时他问予倩有无决心，予倩毅然自承，于是从新计划，核减经费之半，再行开办。这是1929年7月的事。[11]

凡属无论甚么事情，一经停顿，再行开办便和创设一般，以前的功夫完全白费；何况新设未久的呢。当时所虽恢复，一切都非另起炉灶不可，办理之困难自不待言。而且预算之中并无演剧学校一项，所以只好组织一个演剧实习班，办法和爱美剧团相似。经过三个月后，至1929年9月方始设法又将演剧学校恢复。[12]到1930年9月，已经一年了。

1930年夏季，成立管弦乐队；同年秋季，成立音乐学校；又演剧学校添设戏剧文学系。兹将全部组织表列如下：

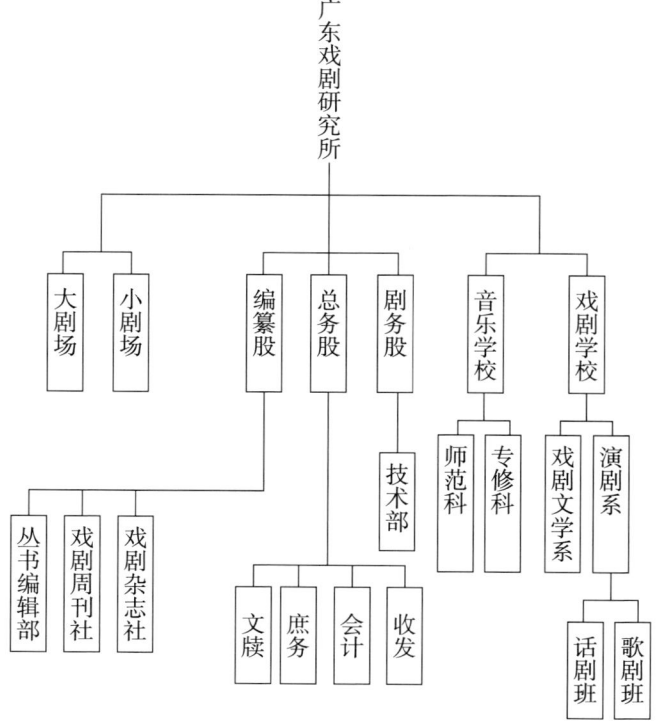

二、演剧学校

演剧学校现有学生五十余人，其中三十余人属演剧系，二十人属文学系，演剧系三十余人中，半习歌剧半习话剧。[13]

最初演剧学校原有学生六十余人，旋经解散。迄第二次恢复，便只额定四十人，但是收进的却不止这些，以后有的甄别，有的开除，有的自行退学，结果所余不过三十余人。其中虽半习歌剧，半习话剧，却没有什么很严的界限，在教职员中也有主张绝对分开，各不相涉的，但在事实上做不到。现在上课有时分开，有时合班，有时彼此通融，也没有什么流弊。

演剧系的学生，原来招考的时候，大部分注重在表演方面，所以其他的学科，没有定十分严格的标准。一系之中，有的是高小毕业程度，有的是初中程度，有的已经进过大学的。似这等程度不齐，教授上不免发生困难，有时课程表颇难订定，往往随时更改，也成了当然的事实。

文学系的学生比较程度一律些。但因投考的资格，标准较高，竟至一个女生都没有录取。这或者是因中国的女生一般的程度比男生低些，不过程度够得上投考的女生，又多半有入大学的力量，她们也就不来学戏剧了。

目下两系的学生，似乎是截然分开，因为程度不同，课程不同，入学的先后不同，情形当然是这样。至于到将来，演剧系的学生是否专当演员，文学系的学生是否专从事于戏剧文学，此时不能预定；只希望他们对于预备工〔功〕夫，把根基打稳固些，便可就其性之所近自行选择。照现在的情形，是在共同的目的之下，分两边进行，无论如何，步骤是一致的。

就话剧而言，有西洋的成规可循，有日本新剧运动的径路，足资借镜，进行上并没有什么困难。至于歌剧方面，除掉音乐的改革，决非一时所能实现外，其他如剧情的内容、剧本的组织、演出法、表演法、舞台装置，以及化装种种，均不难使之面目一新。就是音乐，虽不能急切有整个的创造，也可以随时注入些新的血液，这是把握的。歌剧班便是根据这个原则，要在最短的时间内，具体的使之实现。

戏剧文学系开学还不到一个学期，其中学生比较程度整齐些，而且大部分很努力作功夫。只是教员颇不易聘。因为经费有限，从他处专聘教员，在所难能，请人兼课，又时时发生困难。第一学期的功课，往往一个人兼教几门；第二学期甚希望能多到几个人。那就比较完备了。

音乐学校是和戏剧文学系同时开学的。现有学生三十人，其中习钢琴的占大多数，习小提琴的次之，吹乐器又次之，学中提琴的现在还只有一个人。因为所中成立了管弦乐队，所以各种乐器的教习都不发生困难，学生也颇为热心，只要能不断地加以训练，总可以有些成绩的。兹将两校的课程表及入学章程附揭于下，一览便可以明白些。[14]

一、戏剧学校简章（即演剧系章程）

（一）本校附属于广东戏剧研究所，定名为广东戏剧研究所附设戏剧学校。

（二）本校以养成学艺兼优、努力服务社会教育之演员，建设适时代为民众之戏剧为宗旨。

（三）本校学科为：三民主义、国文、国语、外国语、戏剧理论、中西剧本研究、戏剧艺术史、编辑术、表演术、化装术、发音术、武术、跳舞、音乐、小曲、粤剧、皮黄、昆曲、历史、小说研究、社会常识、舞台装置、美学。

课程编配[15]如下（每十星期为一学期）：

【第一学期】国文（四小时）、国语（六小时）、粤剧（八小时）、戏剧理论（三小时）、化装术（二小时）、表演实习（二小时）、武术（三小时）、音乐（至少习一种乐器，二小时）。

【第二学期】国文（四小时）、国语（六小时）、武术（三小时）、音乐（至少习一种乐器）（二小时）、粤剧（六小时）、戏剧理论（三小时）、跳舞（一小时）、表演术（二小时）、表演实习（二小时）。

【第三学期】国文（三小时）、国语（六小时）、粤剧（六小时）、戏剧理论（三小时）、表演实习（六小时）、武术（三小时）、跳舞（一小时）、音乐（三小时）。

【第四学期】国文（三小时）、国语（四小时）、粤剧（六小时）、外国语（三小时）、戏剧理论（三小时）、表演实习（六小时）、武术（二小时）、历史（一小时）、跳舞（一小时）、音乐（三小时）。

【第五学期】国文（三小时）、粤剧（六小时）、外国语（三小时）、编剧术（三小时）、表演实习（六小时）、武术（二小时）、历史（一小时）、跳舞（二小时）、音乐（二小时）、中西剧本研究（二小时）、昆曲或皮黄（三小时）。

【第六学期】国文（二小时）、粤剧（六小时）、外国语（三小时）、编剧术（三小时）、表演实习（六小时）、武术（二小时）、历史（二小时）、跳舞（一小时）、音乐（三小时）、中西剧本研究（二小时）、昆曲或皮黄（三小时）。

【第七学期】国文（二小时）、发音术（三小时）、外国语（三小时）、编剧术（三小时）、表演实习（六小时）、武术（二小时）、历史（二小时）、小曲（二小时）、音乐（三小时）、中西剧本研究（二小时）、昆曲或皮黄（三小时）。

【第八学期】国文（二小时）、昆曲（二小时）、外国语（三小时）、小说研究（三小时）、表演实习（六小时）、武术（二小时）、历史（一小时）、音乐（三小时）、中西剧本研究（三小时）、昆曲或皮黄（三小时）、小曲（一小时）。

【第九学期】国文（二小时）、昆曲（三小时）、外国语（三小时）、小说研究（三小时）、表演实习（六小时）、武术（二小时）、音乐（三小时）、社会常识（三小时）、舞台装置法（二小时）。

【第十学期】国文（二小时）、昆曲（三小时）、外国语（三小时）、戏剧艺术史（三小时）、表演实习（六小时）、社会常识（三小时）、音乐（三小时）、美学（二小时）。

（四）凡年在十四岁以上二十岁以下有高小毕业程度经本校试验合格者，得入校肄业。

（五）本校入学试验科目为三民主义、国文、体格检查、声带试验、动作试验、常识试验。

（六）本校学额暂定为五十名，男女兼收，分班教授。其中以四十名专习演剧，以十名专习音乐。

（七）本校不收学、膳宿费，惟制服费须自备。

（八）本校与其他学校性质不同，一切假期不能与其他学校一律，应由本校按情形酌定之。

（九）本校修业年限两年半毕业，毕业后须在本所服务两年，分赴各处实地演习，并补习各种功课，以求深造；在服务期内当由本所按月给以相当津贴，至服务期满，即由戏剧研究所聘充为基本演员。

（十）服务期内应授之课程另订之。

（十一）本校于相当时期添设研究班一班，以期高深之造就，两年毕业，其详细章程另定之。

（十二）本校附设特别班，招收年龄稍长较有戏剧知识者，入校练习一年半毕业，其详细章程另定之。

（十三）本校学生除研究班及特别班两班外，均须在本校宿舍住宿，女生另有宿舍。

（十四）本校学生须绝对遵守校章服从纪律。

（十五）本校学生入学前须填具志愿书，并具妥实保证。

（十六）本校正科学生不得中途退学。

（十七）本校简章如有未尽事宜得临时修改之。

（以上章程在实施上颇有更订。）

二、演剧学校戏剧文学系简章

（一）本系定名为广东戏剧研究所附设戏剧学校戏剧文学系。

（二）本系为演剧学校之一部，附设于广东戏剧研究所。

（三）本系以普及戏剧教育造就戏剧文艺专门人材促成戏剧运动为宗旨。

（四）本系修业年限为二年。

（五）本系所授功课戏剧概论、文学概论、艺术概论、现代思潮、当代文艺、名剧研究、编剧术、音乐理论、戏剧史、导演术、话剧实习、外国语（日文、英文、法文）。

（六）本系入学资格须有初中毕业程度，经过入学考试，填具志愿书，并有切实保证，始得入学。

（七）入学试验课目为：国文、国语、外国语、常识、体格。

（八）学生不收学、膳费，书籍、文具自备，制服费十元在入学时交清。

（九）学生不得中途退学，违者追缴学费及一切费用。

（十）学额暂定二十名。

（十一）本系每日授课时间为上午八时至下午三时。

（十二）学生男女兼收。

（十三）本简章如有不适用时，得由校务会议修改之。

三、演剧学校各系功课表[16]

戏剧文学系功课表（1930年9月5日实行）

日曜＼课程＼时刻	上午 8—9	9—10	10—11	11—12	下午 1—2	2—3	3—4
月	国语	文学概论		小说研究	国语	乐理	
火	英语		戏剧概论		西洋思想史联		
水	英文文学选读		剧本研究		近代思潮		
木	国学概论		小说研究		国语	乐理	
金	英语		词曲研究			艺术概论	
土	国语文		戏剧史		文艺思潮		

第一学期讲完文学概论、剧本研究词曲研究，及戏剧概论；第二学期加国剧研究、人生研究、社会研究、西洋名剧选读、话剧实习，至于发音术、动作术、化妆〔装〕术等，就在演剧术和话剧实习中教授。

演剧系歌剧班功课表（1930年10月27日实行）[17]

日曜＼课程＼时刻	上午 8—9	9—10	10—11	11—12	下午 1—2	2—3	3—4	4—5	6—7	7—8
月	男 舞歌动 蹈剧作 女	歌剧实习		女 唱歌	男女 武术		歌剧	音乐		
火	仝上	国语	男 戏剧概论 女 国 文		歌剧		歌剧实习			
水	仝上	仝上	男 剧本研究 女 国 文		女 歌剧实习		歌剧		音乐	音乐
木	歌剧实习		女 唱歌舞蹈 男 歌剧动作		男女 武术		歌剧	歌调		
金	男 女 跳歌动 舞剧作	国语	男 歌剧 女 英语		女 歌剧		歌剧			
土	仝上	国语	歌剧实习		文艺思潮					

演剧系话剧班功课表（同前）

日曜\课程\时刻	上午8—9	9—10	10—11	11—12	下午1—2	2—3	3—4	4—5
月	女 跳舞	女 歌剧实习 男 文学概论	女 唱 歌 男 小说研究	话剧实习		男 英语		
火	仝上	国语	男 戏剧概论 女 国 文	仝上		歌剧实习		
水	仝上	仝上	男 剧本研究 女 国 文	女 歌剧实习 男 近代思潮		话剧实习		
木	女 歌剧实习 男 文学概论	女 唱 歌 男 小说研究	女 舞蹈	话剧实习		男 英语		
金	女 舞蹈	国语	女 英语	仝上				
土	仝上	仝上	女 歌剧实习 男 戏剧史	文艺思潮				

四、音乐学校简章

（１）定名　本校定名广东戏剧研究所附设音乐学校。

（２）宗旨　本校以培养音乐专门人材，创造中国新音乐，促成新歌剧之实现为宗旨。

（３）校址　本校暂设广州泰康路回龙下街广东戏剧研究第二院。[18]

（４）学制　本校采用学科制，毕业无一定年限，及格之学科准予毕业，不及格之学科仍须继续在校学习。

（５）分班　本校分专修班与师范班二部，专修班分预科及本科，曾在本校预科学业或有相当程度者始得入本科。修业师范生须曾在高级中学毕业，并须受严格之入学考试（本简章十条）。

（６）年龄　入学年龄专修预科由八岁至十六岁，专修本科由十岁至二十岁，师范班由十八岁至二十五岁。

（７）学科　本校设以下诸学科：

必修科——党义、读谱、乐理、和声学、音乐史、艺术论。

主科——唱歌、钢琴、小提琴、中提琴、低音提琴、大提琴、横笛、高音箫、低音箫、大喇叭、小喇叭、大号、小号、竖琴。

副科——英文、法文、体育。

必修科之外主科与副科各任选其一或二，惟钢琴、小提琴与低音提琴不得兼选。

（8）特约学校　本校与明远中学及其附小订有特约，凡属本校专修班学生均得在该中学及其附小选修以下诸科：国文、数学、历史、地理、自然、公民、美术。

（9）入学　凡品行端正，符合本简章第六条规定年龄，并自信能不惮劳苦力学到底之学生，不论男女均得报名投考，经取录者须有可靠保证人，填具保证书，缴纳校费，方得入学。

（10）入学考试科目　专修预科——体格、国文、常识、听音。专修本科——体格、国文、常识、听音、读谱、初步乐理、器乐或声乐。师范班——体格、国文、听音、读谱、乐理。

（11）纳费　各级学生每人每学期应纳校费如下：

专修预科——（不收学费）堂费、讲义费、杂费共十元，制服费十元，共毫洋二十元。

（12）乐器　各生须自备应用乐器。学钢琴、大提琴者如不能自购，可由学校代赁，每学期每人酌收琴费十元。

（13）考试　本校每月举行小考一次，每年（暑假前）举行大考一次，由校长临时组织考试委员会负责评判三次，小考不及格之学生不得参加大考。

（14）奖状　每年大考后由考试委员会颁发以下奖状各若干张：

　　专修预科一、二、三等奖状

　　专修本科一、二、三等奖状

　　师范科一、二等奖状

（15）毕业　得一等奖状之学生即在该班、该科毕业，另由学校给予毕业证书。

（16）特别奖励　凡品学兼优之学生由校务会会议议决分别给与〔予〕下列特别奖励：

（一）免费；（二）奖金；（三）褒状。

（17）本章程如有未尽事宜得由校务会议修改之。

五、音乐学校课程

星期＼时间	8时至8时50分	9时至9时50分	10时至10时50分	11时至11时50分	1时至1时50分	2时至2时50分	3时至3时50分	4时至4时50分
一	练习	钢琴	钢琴	赛罗	练习	乐理	视唱练习	
		提琴	提琴					
二	英文	英文	练习	铜乐	练习	练习	练习	
三	练习	钢琴	钢琴	克拉林溷	近代思潮	近代思潮	练习	
		提琴	提琴					
四	练习	钢琴	钢琴	赛罗	练习	乐理	视唱练习	
		提琴	提琴					
五	法文	法文	练习	铜乐	练习	练习	练习	
六	练习	钢琴	钢琴	克拉林溷	文艺思潮	文艺思潮	练习	
		提琴	提琴					

至于管弦乐队，在音乐改革的进程上实为不可少之组织。本所的管弦乐队，动议于1929年12月，当时因马君思聪回国，便想留住他在广东，欧阳先生和他商量，要组织管弦乐队。于是由他计划了一个方案，经省政府通过成立。对于这一队的组织，颇费了不少的周折。因为中国乐师不易雇到，所以只好用菲律宾人和俄国人，为这个事，来往沪、粤之间，费了许多的金钱才弄妥一部分：有的订了约中途不肯来，有的来了又发生问题，以后便决计完全用中国人组织，把聘定的外国人全辞了。总算凑巧，居然聘到十九个中国人，一切问题便都解决了。本来找几个演奏普通曲子的乐师并不甚难，因为研究所的乐队演奏的曲子，是以欧洲古典交响乐的名曲为主，[19]所以非常的难于得人。照目下的组织，弦乐器还嫌少些，只是在中国除了上海公共租界市政厅的乐队之外，还找不出第三个呢。现在马思聪[20]君又到法国留学去了，队长由陈洪君担任，音乐学校也是他主持。

研究所的小剧场，还没有新的建筑，只在所内大厅上搭起一个小小的舞台，借资练习；有时也公开表演，演员全是学生，人不够的时候职员也一齐加入。表演所用的言语，只是粤语，用国语的时候很少；因为学生十分之九是广东人，他们的国语程度固然有限，而观众听国语的了解力也不充足。不过校中对于国语一科极为注意，希望将来他们能在省外表演。

最初公演的时候，全系送票，来看的人很少。一二次以后决计售票，每券小洋四角。售券以后，来看的人却渐渐增多，近来满座的次数已经不少了。话剧在广东是一定可以发展的。

歌剧与话剧的训练，本没有难易之分，只是歌剧比较难于上演。普通一个人学歌，至少没有两年的苦功，简直拿不出去。从前的科班用小孩子在三个月内就要逼出一出戏来。那种方法最坏，那样教出来的小孩子，是没有用的。研究所的方法是在鼓动学生的兴趣，使之自然进展，虽然起初觉得慢一点，收效却靠得住些。

目下话剧的公演，除在外面去演以及重演的不计外，已经有了九次。表演过的戏将近三十出；其中翻译与改译的剧本占大多数，创作嫌少一些，这实在是没有法子的事。兹将演过的戏，表列如下：

剧名	著者[21]
《未完成的杰作》（The Sin of David）	费利浦
《最后的拥抱》（即《热血》）	萨都原著，欧阳予倩改编
《同胞姊妹》	顾仲彝
《屏风后》	欧阳予倩
《贼》	前田河广一郎
《婴儿杀戮》	山本友三
《百廿五两银子的脸子》	巴蕾
《女店主》	哥尔多尼
《可怜的裴迦》	曹靖华译
《白茶》	班诃著，曹靖华译
《未成的诗》	
《千方百计》	亚穆伯著，曹靖华译
《父归》	菊池宽
《海之勇者》	菊池宽
《茶花女》	小仲马
《怒吼罢，中国》	崔捷可夫著，陈豹隐译
《白姑娘》	欧阳予倩

续表

剧名	著者
《国粹》	欧阳予倩
《买卖》	欧阳予倩
《杨贵妃》	欧阳予倩
《熊》	契诃夫
《男人》	
《空与色》	欧阳予倩根据谷崎润一郎原作《无明与爱染》改编
《史推拉》	哥德
《皮格马林》	舒弥得邦作，欧阳予倩译
《招认》	王尔德
《自由的范西》	亨顿
《有家室的人》	高尔斯华西
《迷眼的沙子》	拉碧西

以外尚有四五出，兹不具列。

最初，平均一个半月公演一次，近来约一个月一次。从1931年起决定每月演二次。照莫斯科艺术剧场每个戏排练的时间往往到七个月以上，不过在我们这种情形之下，不能不要快些。

等到学生的能力增长些的时候，便拟多介绍些西洋比较好、比较更新的剧本；一面极力搜罗创作——不久想筹一笔经费，专事奖励，一则使国内比较好的作品不致埋没，其次使作家有些出路。这在戏剧运动上是一件很重要的事。

以上对于演剧学校音乐学校小剧场之情形大略述过，这下要谈一谈杂志和周刊的情形了。

杂志《戏剧》在戏剧研究所停办的时候出了一期，以后恢复以后又才继续出版。[22] 这个杂志有三重困难，一时很不易打破：第一，不能多出稿费，稿子要全靠所里几个人来维持，每期平均十万字颇不容易。（若是专办杂志本不成问题，但是各部的职员都有许多事忙得很，分出一部分来执笔，时间上、精神上都发生问题。譬如春冰、予倩除办公外，每礼拜多的时候要担任廿四小时以上的功课。）其次，广州的印刷不便，而最感到困难的便是发行。

第一卷的杂志出了六期，从第二卷第二号起便托上海神州国光社出版，以为可以减少印刷和发行上的困难。几经周折，第二卷第二期虽已出版，可是已在预定日期两个月以后了。现在第二卷第三四期合刊本已经付印，以后总希望不再误期。

无论如何这个刊物总要维持得使之逐渐发展，成为更有力量的刊物。有人说，内容似乎过于专门，但是这单纯一致的态度，是始终不能变的。

说到周刊，在研究所成立的时候已经就出版了，那时附在《民国日报》的副刊里。研究所停办的第二日，该副刊的主任先生便将那个地位给了别人，也没有半个字的通知。恢复以后，我们便自己印刷发行，出了十五期，又与《民国日报》合作；现在已经不断地出到七十六期了。[23]

戏剧研究所开办未几即遭战事停办，在恢复以前所用的力量，完全没有结果。恢复以后到现在恰好一年零四个月了，在这个短时期之中，也不敢说有什么好的成绩，不过大家的努力一天一天正在增加，一切的事情，也不能说没有进步。各界所给与〔予〕的信用和同情，也算有了相当的基础；以后只要能按步〔部〕就班做去，没有意外的扰乱，新戏剧的创造对于民众所希望的效果必能有相当的把握。但是那种效果，决不是可以幸致，全视乎精神与时间之充分与否以为断的。

所中经费原定四千余元，以后核减为二千余元，时时还要打八折，搭库券；现在战事已经结果〔束〕，情形好得多了。

以二千余元的经费，办一个杂志，一个周刊，可以够了，再办一个有歌剧、有话剧、不收学、膳费的演剧学校便嫌不够。

今年加办音乐学校、乐队，演剧学校又添设文学系，当然更为不敷，于是重新改组，呈请省府加拨经费，每月经常费增至毫洋六千元。真正讲起来，拿这个钱正式组织一个音乐学校，都嫌不够，何况还有其他许多的组织，不过在现在的中国这已经是了不得的事，除了山东教育厅所办的实验剧场每月支大洋八千元外，就要算广东戏剧研究所经费充裕了。（北平艺专和中国戏曲学院的情形不知如何。）可是研究所事业的范围太宽，每月不敷颇巨，最可喜的是全所教职员有一致的决心和丰富的兴趣，决不因经费不充而有退却之意；或者因为经费不敷，大家的团结力更是加倍的坚固。所希望的两校的学生乐队队员等对于艺术对于社会有更深切的认识，将来的成就一定就更可靠些。

《自我演戏以来（1907—1928）》校勘及研究

  以上这篇记事是所里一个职员写的，1931年2月发表。[24] 同年6月演剧系学生毕业一班；7月研究所被裁撤停办。杂志《戏剧》出至二卷六期，《周刊》出至一百十一期停版；[25] 文学系、音乐学校、管弦乐队同时停顿；经过种种设法，自行继续维持了四个月，而所址被政府收回，遂告终结。[26]

予倩识

注释：

1. 李济深（1885—1959），字任潮，原名李济琛，广西梧州人。黄埔军校副校长，原国民党高级将领。中国国民党革命委员会主要创始人，后历任中华人民共和国中央人民政府副主席、中华人民共和国全国人民代表大会常务委员会副委员长、中国人民政治协商会议全国委员会副主席。又，此段与1933、1939年版略异："广东戏剧研究所，是由陈真如、李任潮先生发起，约欧阳予倩先生到广东来创办的。"按，陈真如即陈铭枢（1889—1965），字真如，广东合浦人。曾任淞沪警备司令、京沪卫戍司令长官。参加"一·二八"淞沪抗战。1933年因在福建成立"中华共和国人民革命政府"被革职并被开除国民党党籍。新中国成立后曾任全国人大常委、全国政协常委、民革中央常委。

2. 广东戏剧研究所之设立，完全是当时广东民国政府之官方行为，研究所经费亦由广东省政府下拨。据《广州民国日报》1928年12月17日《筹设国术馆戏剧研究所近讯》一文："李主席济深为提倡国术、改良戏剧起见，在省政府提议，筹设国术馆及戏剧研究所，经省政府议决交教育厅审查……戏剧研究所组织内容，亦由教育厅审查完竣，经政府昨十四日第一百十七次会议，决议照审查意见通过，并委任欧阳予倩为戏剧研究所所长，俟呈奉政治公会核准后，即明令委任，积极筹备。查教育厅审查戏剧研究所组织之意见，拟暂不设大剧场，先行成立戏剧研究所云。"

3. 按，1928年11月17日，欧阳予倩搭乘法国邮轮"布以介"号，随同"政治分会主席、省政府主席、第八路总指挥"李济深于11月19日抵港赴粤。"欧阳予倩先生，为改良戏剧巨子，现任南京改良戏剧委员会委员，此次随同李主席由京南下来粤，拟在粤考察粤剧，有所贡献改良云。"（《广州民国日报》1928年11月19日）

  有关欧阳予倩抵粤之情形，他在《粤游琐记》一文中写道："我到广东来的话，是在五个月以前就提起的,当时陈真如先生写信给我,叫我来帮助些粤剧改良的事。我因为不明了广东剧界情形未便一口答应,但是我和真如是朋友,很相信他,所以也想来看看。以后接着又两次的通信,事情却还没有决定,可巧他到了上海,彼此相见畅谈了一回。他又介绍我见了李任潮主席,李对我说:'广东的民众极有进取的精神,而且凡办一件事,力量容易集中。'我说:'好,就随主席看看情形吧。'这次谈话以后又停了差不多将近六个礼拜这才同船来的。"(《南国月刊》1929 年第 1 卷第 1 期)

欧阳予倩被正式任命为广东戏剧研究所所长一职的确切时间为 1928 年 12 月 27 日。据《广州民国日报》1928 年 12 月 28 日《欧阳予倩任戏剧研究所长》一文:"广东戏剧研究所设计概略,业经省府照教育厅审查意见议决,照所拟派欧阳予倩为所长,令知即行筹备,另令财厅先拨筹备费三千元在案。昨二十七日省府明令委任欧阳予倩为广东戏剧研究所所长云,为令委事,案据教育厅呈称,为呈复事,现奉钧府教字第二二三号训令开,案查本府李主席提议设立广东戏剧研究所,附同该所设计概略,请公决一案,业经第四届委员会第一百一十三次会议议决,交教育厅审查,并呈奉政治会议广州分会核议通过在案,合将广东戏剧研究所设计概略抄发,令仰该厅,迅即遵照,审查具报,此令等因,计抄发广东戏剧研究所设计概略一份下厅。据此,当经本府第四届委员会第一百一十七次会议,议决照所拟派欧阳予倩为所长,令知即行筹备。另令财厅先拨筹备费三千元,并呈奉政治会议广州分会核议通过在案。除令复暨分令外,合行令委,仰即遵照,克日到差,速行筹备,仍将遵办情形具报,此令。计抄发原缴审查广东戏剧研究所设计要图意见书一份。"

4　据《广州民国日报》1929 年 1 月 3 日《戏剧研究所筹备近讯》一文:"欧阳予倩自奉省政府委为广东戏剧研究所所长,即已着手筹备。惟政府尚未拨定适当地点,日来正在派员分头勘视,一俟觅得妥地,即行赶速成立。闻其内容,拟于所内附设小剧场,为学员实地演习之处。研究所内分历史、社会等系,及导演、音乐、配景各组,分别研究,采改良、创造与蒐〔搜〕集三个方法,一面邀集社会名流、艺术人材,征求建议,积极创造改革,使成为中国的模范戏剧。日来欧阳氏经向上海聘请有名戏剧学家,及物色粤中名家,充任该所导师,一面物色音乐家,先成立音乐组,并设研究会,讨论进行。现正分头搜集研究材料。关于历史、社会、通俗一切剧本、歌谣均在蒐〔搜〕求研究之列。日昨中山大学语言历史研究所,特函请欧阳氏前往参观指导。欧阳氏于是日下午,邀请健全君同往。对于各种陈列,细为浏览。表示此次之参观甚有兴趣,并谓戏剧研究所,与语言历史研究所,有极大关系,将来对于研究材料,多要借镜。并拟将该所贮藏之蒙古车王府曲本二百八十余本抄去,以资学生研究。此本为中国近代旧剧之结晶,于艺术上,极

《自我演戏以来（1907—1928）》校勘及研究

有价值云。"

5 据《广州民国日报》1929年2月16日《省立戏剧研究所今日举行成立典礼》一文："广东省立戏剧研究所，自择定南关增沙上街十一号为所址后，现定于二月十六日（星期六）午后一时，举行成立典礼。业已发礼帖，遍请各界社团参加指导，查该所预定之典礼秩序：（一）肃立（二）奏乐（三）向党旗国旗总理遗像行三鞠躬礼（四）恭读总理遗嘱（五）所长报告筹备情形并进行计划（六）党部代表训词（七）省政府代表训词（八）来宾演说（九）所长答词（十）奏乐（十一）摄影（十二）茶会。"

广东戏剧研究所成立当日，广东省党、政、军、学、商各界均派代表出席，场面颇为壮观。据《广州民国日报》1929年2月19日《戏剧研究所成立纪》一文："广东戏剧研究所经省政府委任欧阳予倩为所长，筹备就绪，并经省政府拨定泰康路回龙桥回龙上街十一号土地裁判所旧址为该所所址。于昨十六日下午一时，举行成立典礼，同时欧阳所长宣誓就职。是日到场者有省政府代表龙思鹤，省政府孙秘书长，王、钟两秘书，省党部代表，省民训会代表，市党部代表，建设讨论会委员彭一湖，总指挥部副官处长李青，十一军办事处代表，第四军代表，教育厅代表，两广国术馆长万籁声，财政厅代表，交涉署秘书易健全，教育局代表，各机关代表，暨省商民协会，广东全省工联会，中山大学，海外同志社，八和总工会等各团体代表来宾共二百余人。首奏乐，行礼如仪，次欧阳所长报告筹备经过，及进行计划。首言戏剧对于社会文化之重要，次言戏剧为站在民众面前的艺术。省政府提倡改良戏剧，特设机关，用意至深且厚，在中国历史上实可为一新纪录。本人不敢自信能胜任愉快，惟在此过渡时期，不能不竭尽绵力，为艺术建造一初步之基础。至进行计划，又分五部：（一）设演员养成所，以造就改良戏剧的基本队伍。（二）建立小剧场，为研究比较专门文艺的戏剧之试验场。（三）建立大剧场。（四）仿照欧美办法建立希腊式可容三万人之外露天大剧场，以充分发挥平民精神。（五）发行戏剧杂志，举关于戏剧的问题，作有系统之研究。对于音乐，则古乐已替，新乐未成，中国民众直可谓之无音乐，今当以中外古今音乐之精神，合而冶之，以期能造成代表民族精神的音乐，成为民众的音乐。但此事甚为重大，非朝夕所可能奏效，并且情形复杂，非三数语所能尽，举凡一切进行，此后应根据事实并以吾党及平民的精神，努力不断，尚望各界人士共加策励云云。次省府代表龙思鹤训词，略谓在总理倡革命的时期，满清未倒，本党曾有一班同志，组织优天影剧社，其所演剧多含有革命的精神。顷欧阳所长所言，端在民众面前的一语更为深切。政府感觉得戏剧为社会教育重要部份，感觉近今粤剧种种不适合处，实有改良之必要。惟从前只有派员审查纠正之消极方法，目下在训政时期，应建设之事甚多，一方固注重物质建设，而同时亦注重精神心理的建设。李主席

《自我演戏以来（1907—1928）》

月前由京回粤，特面约欧阳先生来粤，陈主席赞助于后，遂得成立此戏剧研究所，事属创举。不知者以为革命政府所应作为者甚多，何以对戏剧加以注意，是未知戏剧之作用，诚如欧阳所长所言改良戏剧，所以求精神心理上之建设也。昔孟优以戏寓谏，而历史成名，拿破仑言戏院为大学校，此言虽出于帝制时代，然亦可以见戏剧效用之宏，与其责任之大矣。至于音乐方面，中国确系缺乏民众的音乐，按音乐各处不同，然皆可以代表其精神，欧阳所长发此宏愿，欲取世界古今之音乐合冶，而民众的音乐，更当取古今戏剧合冶而成之。时代民众的戏剧，欧阳所长为戏剧家，又为文学家，必能将其文学与艺术结晶于戏剧，以为广东民众精神心理上之建设，足为吾人所期望者云云。次省党部代表、市党部代表、教育厅代表、教育局代表，均有恳切演说，旋欧阳所长宣誓及答词，摄影茶会而散。"

6 胡春冰（1906—1960），浙江绍兴人。北京大学毕业后赴广州，曾任知用中学、越山中学等校国文教员，后被聘为中山大学外文系教授。热心话剧运动，曾因加入中国左翼作家联盟而遭逮捕。1937年出任《中央日报》总编辑，1945年任《中山日报》社长。1949年定居香港，继续从事话剧创作。

7 据《广州民国日报》1929年2月1日《戏剧研究所筹备进行概况》一文："李主席以戏剧为社会教育之一，故戏剧之良否与社会有重大关系。惟查粤省戏剧所演者，绳为神怪海淫之剧，欲求一二能有益社会教育者，实不可得。故为改良与纠正粤剧之弱点起见，特于去年由宁回粤时，特偕同戏剧专家欧阳予倩回粤创办戏剧研究所，并委欧阳予倩为所长，及指定回龙桥土地裁判所为所址。现该所已根据组织法筹备，先在所内筑一小舞台，以为实习之用。该台现已开始建筑，约在下月中旬便可竣工。至该所之工作，亦经分配以严工上担任音乐。查严氏精于电影戏剧，音乐尤以三弦及昆曲为所最精，且严氏对于方言，亦颇有研究，现任中华全国国语教育促进会研究股干事。至舞台装饰，则亦指定邵知归担任。查邵系上海艺术大学毕业，精于舞台装置，故欧阳所长特聘其来粤担任改良舞台装置。至关于跳舞一科，亦经聘定唐槐秋担任。查唐氏曾留学法国，毕业于飞行学校，现为万国飞行队员，跳舞一科在法时曾悉心研究，故在巴黎为著名之跳舞大家云。又欧阳予倩以服装一项，于戏剧一时代上占重要位置，故决定日间请中大、岭南两大校校史学教授共同研究各时代之服装，以为改良戏剧之准备云。"

8 按，广东戏剧研究所附设广东演剧学校招生工作，自1929年2月25日，一直持续至3月7日止。据《广州民国日报》1929年2月25日《广东戏剧研究所附设广东演剧学校招考》广告："本所奉省政府指令附设演剧学校以养成学艺兼优、努力服务社会教育之演员，建设适合时代、为民众之戏剧为宗旨，暂定正科学额五十名，四十名专习演剧，十名专习音乐，特别班学额五十名，均系男女兼收。兹定于二月二十五日起开始报名，三月六、七两日在本所举行入学试验。凡有志入学者，可随带四寸半身相片两张，至广州市南关回龙上街十二号本校报名。校章函索即寄，此启。广东戏剧研究所所长欧阳予倩、附设戏剧学校校长洪深。"

9 按，1929年5月5日，粤桂战争爆发。蒋桂开战之后，蒋介石命令何键部由湘入桂，陈济棠由广东的肇庆，龙云由广西南部，三路合击桂系。针对这一部署，桂系决定对湖南采取守势，全力进攻广东陈济棠部。5月5日，李宗仁通电组织护党救国军，自任总司令，所部分兵两路，分别由黄绍竑、白崇禧指挥，合击广州。5月18日，桂军强渡北江，击败粤军。至22日，两路桂军在白泥与粤军激战，战败退回广西，粤军溯西江北上攻占梧州，粤桂之战结束。

10 据《民国日报》1929年3月12日《港英皇酒店大火，陈铭枢夫妇跌伤》一文："陈铭枢改乘法轮'拨多士'，定于十二日启行，十日晚偕夫人赴友宴，至夜深未返湾仔原寓邹宅，改入英皇酒店三楼。三时三刻酒店被焚……陈发被焚，急奔至二楼时消防队至，陈呼救，跳下救生帆布中，夫妇均伤，即入国家医院……陈伤腿面，现由四医料理，据云三星期可痊……陈之秘书钟喜赓焚毙。"

11 据《广州民国日报》1929年6月22日《广东戏剧研究所恢复旧观》一文："广东戏剧研究所，前因军事时期，库款支绌，省政府着令暂行停止进行，俟库款稍裕，即行恢复。欧阳予倩所长奉令后，即将所务结束。省政府近以大局敉平，戏剧一事，于社会文化，均有重大关系，在革命策源地之广东，应有积极的建设，该所为研究及指导机关，理宜赓续办理。日前经决定续办，并于昨日训令欧阳予倩所长遵照。该所经费原定四千余元，现变更工作范围及办法，减为二千余元。欧阳昨经着手将内部略为改组，积极进行。同时对于粤剧各戏班，积极援助其发展，并集各界剧团戏剧家、音乐家等共同研究。所有编剧排演种种办法，均已具体准备，目下先从调查入手云。"

12 据《广州民国日报》1929年9月27日广告《广东戏剧研究所恢复演剧学校招生》载："话剧班十五名，歌剧班十五名，音乐班十名，男女兼收，一年半卒业。凡年在十四岁以上，二十岁以下，受过相当教育而有演剧之才能与兴趣者，即可报名。报名自即日起至十月六日下午五时截止。八日考试，详章向本市泰康路回龙上街十二号本校函索即寄。"

13 据《戏剧研究所附设演剧学校开学》一文载："广东戏剧研究所附设演剧学校，于三月二十八日下午二时，召集教职员全体会议，通过一切重要事项。昨一日上午十时在回龙桥该所内举行开学典礼，到者有所长欧阳予倩、教务长唐槐秋、教授厉厂樵、何勉仲、严工上、胡春冰、邵知归、麦君博及林、梁、方、鲍诸教授，均于九时齐集，及学生七十余人，次第到齐。行礼如仪后，由欧阳所长训话，略谓演剧并非游戏，社会与人生都自戏剧中看出，其重要概可想见。目前来作改革事业，人才、经济，自不能谓为已足，但努力不息，终有成绩表现，定有成功之一日云。次介绍各教职员与学生相见。次唐教务长训话，略谓吾辈来习演剧，信条有五：（一）确认戏剧为正当而重要之事业；（二）认清目标，决定志向；（三）要作有思想、有学问的演员；（四）要注意学校的纪律；（五）台上台下两样生活，均宜分清。次易秋霜、厉厂樵皆有长篇演说。至下午一时，始摄影而散。现因校舍修理，尚未工竣，决定由八日（下星期一）起正式授课，现学生陆续迁入校舍云。"（《广州民国日报》1929 年 4 月 2 日）

又据《戏剧研究所附设演剧学校开课》一文载："广东戏剧研究所附设演剧学校已于本月一日开学，该校教室宿舍，现已修理完竣，昨日（八日）已正式开课。课程项目，有十余种，戏剧理论与演剧实习并重，正科特别班学生共八十余名，现已完全到齐，精神甚为焕发云。"（《广州民国日报》1929 年 4 月 9 日）此二则报道中所说之学生人数，与欧阳予倩文中所述不一。

14 按，欧阳予倩自沪抵粤从事戏剧运动之动因，有一篇寄自广州、署名"青青"的欧阳予倩访谈录，记述了当时的详情。兹全文附录于后：

自命为艺术的伶人之欧阳予倩，在沪提倡西门庆、潘金莲主义，唱了一出《潘金莲》，不能得到一般社会及学术界、艺术界共同的欣赏，于是跟了陈铭枢，到广东去了。予倩的红楼梦戏，却是独倡。他狠〔很〕想把中国的戏剧改良，但是因为生活的关系，一方面唱高调，一方面依旧挤在上海卑俗的戏剧（予倩自己说的）舞台上做戏，所以行为矛盾。他的戏剧革命，总不能澈〔彻〕底，他曾在南通办伶工学校、在上海导演电影，总没有多大的成绩足以支配社会，革戏剧的命。此次在广东，想借政府的力量，来革新粤剧，现正从事计划粤剧之改良。我得友人之介绍，得与作一谈话，写在下面，以便上海关心予倩的朋友们看看。

记者问：我听说你在上海正和田汉、洪深他们做戏剧运动，不久就有联合公演，怎么突然跑到广东来了？

欧阳君答：我到广东来的话，是在五个月以前就提起的。当时陈真如先生写信给我，叫我来帮助些粤剧改良的事，我因为不明了广东剧界情形，便一口答应。但是我和真如是朋友，很相信他，所以也想来看看。以后接着有两次的通信，事情却还没有决定，可巧他到了上海，彼此相畅谈了一回，他又介绍我见了李任潮主席，李对我说："广东的民众极有进取的精神，而且凡办一件事，力量容易集中。"我说："就随主席看看情形罢。"这次谈话以后又停了差不多将近六个礼拜，这才同船来的。

问：然则上海的事情怎么样呢？

答：上海就我所知道的，有四个新剧团体，南国剧社田汉在那里主持，戏剧协社有洪深作代表，辛酉剧社是朱穰臣〔丞〕他们办的，新月一派徐志摩、余上沅要算中坚份子，这四个团体声气相通，没有隔阂，目下正在积极进行。我想总有相当的成绩,我到了广东如若有办法可以与上海诸同志互为声援,不然我回去还是和他们一起,田汉或者也要到广东来一趟,但是很说不定。

问:据你看在广东有没有办法?

答:广东是革命的策源地,而且得李、陈诸君有力的提倡,当然应当有办法。

问:你以为中国的戏剧运动,还是靠政府的力量去做的好呢?还是纠集几个同志过苦日子的好呢?

答:还是个问题。在这一点田汉和我意见不同,他以为无论如何最好不借重政府,他有他很充足的理由。我呢,以为借重政府,效果或者快些。我们一班同志差不多个个都是穷光蛋,卖文不足以维持生活,当当又没有东西,每逢公演,总是一块二块的去凑,凑不齐便延期。衣装布景一些没有,怎么样呢?若得政府帮忙,多少总好些。像李、陈诸君,他们在军政繁剧的时候,想到艺术的重要,要想在广东立一个戏剧的新基础,这是值得我们佩服,而且不能无所感动,所以我就要来了。

问:照你这样说,你对于在广东的戏剧运动是狠〔很〕有把握的?

答:不然,还要办起来看,我才来还没有头绪。不过一个人的梦不必要急切求其实现,总理对于中国对于世界的梦何尝实现?总理为中国、为世界,我们为戏剧。"麻雀虽小,肝胆俱全。"我们看戏剧正和总理看全人类一样,我们只要走着不停,一时的成功与失败毫不萦怀,何必要有把握才干呢?

问:你看过广东戏没有?

答:看过。

问:你以为怎么样?

答:我以为有她〔它〕的好处。

问:好处在那里?

答:简单说,她〔它〕是通俗的,游戏的,又比较平民的,从前坪内逍遥博士说日本的歌舞伎最好是游戏的精神,我对于广东近来的戏也相当的说这句话。

问:就没有坏处吗?

答:当然有,第一就是一切太不统一,太不调和,不够个戏剧的组织;至于戏中人格的建筑、性情的描写,与乎内心的素养,那更是谈不到,不过这不能独责备广东戏。

问:上海的本戏和广东的本戏比较如何?

答:上海的本戏在表面上看起来似乎比广东本戏有片段的进步,其实也很不实在。上海的本戏内容形式都和广东本戏不同,但是广东本戏烦琐的场子较少,不演连台戏。这两点我认为比上海本戏好。然而,在上海一本戏至少能够连演一个月,所以排练以及衣装布景上有充分的时间来预备,比较整齐些,也郑重些。可

《自我演戏以来（1907—1928）》

是拿戏剧的眼光来做严格冷静的整个的批评，那就狠〔很〕难说了。在上海广东两处的旧剧界有一个同样的苦闷，就是……旧的差不多完全破坏了，新的建设丝■没有，所以我很希望他们虚心忍耐，容受些新的理想。

问：你若是改革广东戏是不是拿京二黄作为标准？

答：决不然，京二黄和广东戏同出一源，又同处在过渡时代，互相联络切磋，是应当的，可是谁也不能作谁的标准，而且广东戏已经拿旧的程回（式）规律打破了。我们可以不必再走回头拿旧的程式规律去范围他〔它〕，只要就目下的情形引导着向进步的路上就得了。

问：然则拿什么作标准？

答：内容以民众为标准，形式一切以世界戏剧共通的趋势为标准。详细的话一时来不及多说，总而言之，要民众的、中国的、世界的。

问：你这次来到广东，广东的伶界对于你了解不了解？

答：日子还浅，当然不能澈〔彻〕底了解。但是我想渐渐总有相当的认识，因为他们的苦闷，正和我的苦闷一样。

问：我想政府，要给你一个名义。

答：不，我不希望。我不过是一个普通伶人，便拿伶人的资格和伶界同人说话，同时集合伶界同志，养成新演员，站立在社会民众面前说话。我是个平民的艺术研究者，并不要带上特别的色彩，以自外于民众，以自取隔阂。

问：但是这个事是由政府办的，自然是要拿政府作后盾。

答：不错，要知道我们的政府是拿民众作后盾，所以我们也是拿民众作后盾。尤其戏剧家的对象是民众，从前私家养歌僮时代，戏剧不过是贵族阶级的娱乐。民国以来，北平的政治都是前清遗老作背景，所以北平的伶人都在遗老军阀卵翼之下。试看他们的戏那一出不是专配遗老、准遗老■类的味口的？上海是完全为买办流氓所支配，所以上海的戏剧，都是迎合低劣趣味，带着流氓道德和存在主义的色彩。北平戏剧，多半是玩物的戏剧；上海的戏剧，多半是卑俗的戏剧。这不能全怪伶人，这是社会的不良的影响。我狠〔很〕希望广东不蹈这种覆辙，我想广东决不会，可是香港便狠〔很〕难说。这回畹华在香港演戏，港督去看戏，园主使叫后台立刻跳个加官，加官条上大书"大英国政府万岁"。即此一端，多么可怕呵！我希望我们伶界的同人，大大的觉悟，脱除一切的拘绊枷锁，整饬自己的人格，要漂漂亮亮站在民众的面前才有办法、才有希望呢。（青青《欧阳予倩到广东去了》，《小日报》1928年12月13—18日）

15 按，1931年发表于《戏剧》杂志第2卷第3—4期的《广东戏剧研究所之现在与将来》一文中所述之课程设置与该版有较大之差异，该表将原表中每学期所列两课时的《三民主义》课程悉数删除。

16 按，该表格与 1931 年发表于《戏剧》杂志第 2 卷第 3-4 期的《广东戏剧研究所之现在与将来》文中之表格有异，1931 年版表格中附有任课教师的姓氏。

17 按，因排版格式之差异，此版本与 1931 年发表于《戏剧》杂志第 2 卷第 3-4 期的《广东戏剧研究所之现在与将来》文中表格略有不同，原表格中之"全右"，改为"全上"，原表中亦注明授课教师之姓氏。

18 按，《广州民国日报》1929 年 2 月 25 日《广东戏剧研究所附设广东演剧学校招考》广告，广东戏剧研究所的地址为"广州市南关回龙上街十二号"，而文中音乐学校校址则为广州泰康路回龙下街广东戏剧研究第二院。"戏剧研究院"与"戏剧研究所"是否为同一单位，尚待详考。

19 按，此处与 1931 年发表于《戏剧》杂志第 2 卷第 3-4 期的《广东戏剧研究所之现在与将来》一文有异，原文为"是以欧洲 Classic Synphony 的名曲为主"。1931 年版中的 Synphony 拼写错误，应为 Symphony。

20 马思聪（1912—1987），广东汕尾海丰人，小提琴家、作曲家、音乐教育家。1950 年出任中央音乐学院首任院长，并兼任中国音乐家协会副主席。

21 按，此段与 1931 年发表于《戏剧》杂志第 2 卷第 3-4 期的《广东戏剧研究所之现在与将来》文中的版式差异较大，1931 年版中注明剧名、原名和著者，且国外著者的名字均为英文。

22 按，《戏剧》月刊首刊于 1929 年 5 月，第一期发行之后研究所即遭遇战事而裁撤，该刊遂停刊，至同年 7 月研究所恢复后方出刊第二期，出版亦无周期和规律可循，有时一月一期，有时两个月一期，有时数月才出一期。因广州印刷、发行有诸多困难，遂从第 2 卷第 2 期起移至上海神州国光社出版发行。至 1931 年研究所最终结束时，该刊共出版了 2 卷 12 期。

23 据姜明统计："民国十八年春，广东省政府主办的广东戏剧研究所，在欧阳先生主持下成立了，这件事给了华南戏剧界一个大骚动。当时里边负责的，计有周于清、唐槐秋、胡春冰、洪深诸先生，当时里边的组织是戏剧学校，内计演戏系、戏剧文学系、演剧系，中有歌剧班、话剧班，音乐学校中有专修与师范两科，剧务股负责技术的训练，编纂股负责周刊杂志丛书的编辑。当时共公演过九次，演过将近三十个戏，周刊一共出了十六期，杂志第一卷出了六期。"（姜明《五十岁的欧阳予倩先生》，《中国艺坛画报》1939 年第 5 期）

24 按，该文最初以《广东戏剧研究所之现在与将来》为题，发表于《戏剧》杂志 1931 年第 2 卷第 3-4 期合刊上，并未收入 1929 年《戏剧》杂志连载的《自我演戏以来》之中。1933 年上海神州国光社版单行本之《自我演戏以来》，首次将该文收录。

25 按，《戏剧周刊》创始于 1929 年 8 月，时值广东戏剧研究所恢复建设不久，便与《广州民国日报》合作成为其副刊。《戏剧周刊》创刊时刊名亦为《戏剧》，至第 74 期时改称《戏剧》周刊，由原先的一版扩为两版，内容上亦添设"戏剧讲座""戏剧批评""艺术论文""剧本翻译""戏剧消息""书籍介绍"等新栏目。至第 84 期时更名为《戏剧周刊》，并附有几个专号：第 71 期为"有家室的人专号"，第 78 期是"学校戏剧运动专号"，第 84 期是"广东戏剧研究所第十一次公演专号"。1931 年 7 月，《戏剧周刊》出至 100 期后因研究所被裁撤，便从第 101 期始以"戏剧周刊社"的名义继续出版。文中所述之 111 期刊物，目前尚存 101 期。

26 按，广东戏剧研究所停办之后，欧阳予倩和研究所"差不多全班的人马，返到上海，在闸北江湾路组成了'现代剧团'。成立了不久，'一·二八'事件发生，首当其冲的毁灭了现代剧团的一切，就是连人也被困在炮火的氛围中。幸亏他（欧阳予倩）机警，才能毂〔够〕率着一群人走出了闸北来，可惜以后现代剧团竟成了历史上的名词了。当时参加现代剧团的唐槐秋先生在'现代'停止后，过了一些时候，才组成了中旅剧团"（姜明《关于欧阳的补充》，《中国艺坛画报》1939 年第 11 期）。

后 记

欧阳予倩的《自我演戏以来》是新中国成立后一部重要的话剧文献。该书始撰于1929年,是当时欧阳予倩在广东戏剧研究所任所长期间撰写的一部自传性的史书,连载在欧阳氏主编的《戏剧》杂志上,后又于1933、1939年由上海神州国光出版社出版、再版。新中国成立后,该书经作者增删之后由中国戏剧出版社再版,目前市面流行的版本大多都是1959年中国戏剧社的版本。

该书虽为欧阳氏本人之自传,然因欧阳氏独特的人生经历、复杂的社会关系,且所记内容与中国早期话剧运动之发展,大体同步,故而对于研究晚清民初的新潮演剧和中国早期新剧的职业化演剧等,均有十分重要的参考价值。

与绝大多数回忆录相似,因作者记忆的偏差、政治观点的变化等主观因素,书中涉及的诸多内容或语焉不详,或记述有误,由于欧阳予倩在新中国成立后特殊的社会地位和学术影响,该书自1929年首版以来,一直未有学者对该书中的舛误之处进行勘误、校注,使得该书中蕴含的丰富史料未能充分发挥其重要的价值,至为可惜。

本人长期从事中国近现代话剧史文献的整理和校勘工作,曾先后校注了与欧阳予倩同时代的朱双云、郑正秋、徐半梅等人的话剧史著作,《自我演戏以来》也是本人一直重视、关注的话剧史料之一。

与朱双云、郑正秋、徐半梅等人所不同的是,欧阳予倩交集甚广,经历复杂,除戏剧之外,还涉足电影、音乐、舞蹈等领域。新中国成立后,欧阳予倩在艺术界、文化界享有崇高的地位,是中央戏剧学院的首任院长,其著作之影响力远在朱、郑、徐等人之上,备受学界推重。然金无足赤,欧阳氏之著作中,亦多有瑕疵。在其作出版之初,便有学者评价该书"内容丰赡,趣味盎然"，但文体不严谨，书中涉及的历史事件亦不注确切的时间。书中的某些论断和记述，囿于其个人之见解，或有失公允，或过于简陋，使得后世学者之引用，常有失偏颇。为之，本人以当年报刊资料、演出广告等为据，逐一校注了原书中时间、事件等记述之不确之处，对于原书中记述过于简陋之处，亦加以补充，以求翔实。

欧阳予倩是中国近代以来戏剧界、文艺界的重要历史人物，本人以为对其研究不能仅限于戏剧一隅，而应将其视为中国近现代社会发展进程中的一位重要历史人物，以社会学、历史学的视角，予以全方位的审视、考察和研究。历史时期的历史人物，自然不可避免地带有特定时代的生活印记和政治立场，留有那个时代的烙印。故而对于特定历史时期历史人物的考察和研究，切不可以今人之观念去随意附会历史、曲解前人，而应当坚持唯物史观，重视史料，以辩证、客观的视角，以史为据，论从史出，不虚美、不隐恶，追求历史之真实，方是当下学者应当秉持的研究态度。

该书之校勘，历时四年有余，其间经历了肆虐的疫情，本人身心俱损，幸赖家人之扶持，始克完成。该书之付梓，得到汕头大学李斌教授主持的国家社科基金重大项目"欧阳予倩文献深度发掘整理、研究及数据库建设"（批准号21&ZD350）、湖南浏阳市"欧阳予倩文艺创作奖扶专项资金"、上海戏剧学院陆军教授主持的国家社科基金艺术学重大项目"中国话剧编剧学理论研究"（批准号22ZD07）和"上海校园戏剧文本孵化中心"之资助，特此鸣谢。书中涉及的大量文献，得到宁波财经学院李歆副研究员，上海戏剧学院图书馆胡传敏馆员，上海图书馆韩春磊处长、祁飞先生和国家图书馆罗嘉老师的帮助，在此一并感谢。

特别感谢张舒萌律师将其父亲张伟先生生前花费巨资收藏的春柳社在日本发行的10枚明信片之清晰图像无偿赠予我，为全书添色尤多；特别感谢中国艺术研究院话剧研究所所长、知名学者宋宝珍先生拨冗作序，对我长期以来所从事的话剧史料整理、研究工作，予以肯定和鼓励。

是为记。

赵 骥

2024年4月23日志于金陵旧宅